As-C-VI-31

Neue Forschungen in Afghanistan

Schriften des Deutschen Orient-Instituts

Neue Forschungen in Afghanistan

Vorträge auf der 5. Arbeitstagung
der Arbeitsgemeinschaft Afghanistan
in Mannheim 1.-3. Februar 1979

Herausgegeben von Carl Rathjens

mit Beiträgen von
Gerhard Moltmann, Jan-Heeren Grevemeyer,
Mohammed Naim Assad, Amin Barin-Zuri,
Günther Schweizer, Wolfram Fischer, Albrecht Jebens,
Siegmar-W. Breckle, Clas M. Naumann,
Klaus Krumsiek, Eugen K. Kempf, E. Heintz,
Robert Kostka, Erwin Grötzbach, Dietrich Wiebe,
Daniel Balland, Micheline Centlivres-Démont,
Bernd Glatzer, Klaus Fischer, Heinz Gaube,
Werner Herberg, Georg-Werner Gross,
Paul Bucherer-Dietschi

Leske Verlag + Budrich GmbH, Opladen 1981

CIP-Kurztitelinformation

Neue Forschungen in Afghanistan: in Mannheim,
1.-3. Februar 1979 / hrsg. von Carl Rathjens.
Mit Beitr. von Gerhard Moltmann . . . — Opladen:
Leske + Budrich, 1981.
(Schriften des Deutschen Orient-Instituts)
(Vorträge auf der . . . Arbeitstagung der
Arbeitsgemeinschaft Afghanistan; 3)
ISBN 3-8100-0326-3
NE: Rathjens, Carl (Hrsg.); Moltmann, Gerhard
(Mitverf.); Deutsches Orient-Institut (Hamburg):
Schriften des Deutschen . . . ; Arbeitsgemeinschaft
Afghanistan: Vorträge auf der . . .

©1981 by Leske Verlag + Budrich GmbH, Opladen
Druck und Verarbeitung: Hain-Druck KG, Meisenheim/Glan
Printed in Germany

Inhalt

Vorwort des Herausgebers 7

Tagungsprogramm 9

1. Beiträge zu Politik und Zeitgeschichte

Gerhard Moltmann
Afghanistans schwerer Weg in die moderne Welt – ein Bericht über die letzten
15 Jahre politischer Entwicklung des Landes 15

Jan-Heeren Grevemeyer
Bericht über die publizierte afghanische Historiographie 27

2. Beiträge zur Wirtschaft des Landes

Mohammed Naim Assad
Die Probleme der Mitarbeiterführung in den afghanischen Unternehmen 41

Amin Barin-Zuri
Wesen und Ausmaß der ländlichen Unterbeschäftigung in Afghanistan 55

Günther Schweizer, Wolfram Fischer, Albrecht Jebens
Wirtschafts- und sozialgeographische Untersuchungen zum ländlichen Heimgewerbe in Nord-Afghanistan 65

3. Beiträge der Naturwissenschaften

Sigmar W. Breckle
Zum Stand der Erforschung von Flora und Vegetation Afghanistans 87

Clas M. Naumann
Die zoologischen Forschungen der letzten zwei Jahrzehnte in Afghanistan 105

Klaus Krumsiek
Neuere geowissenschaftliche Arbeiten in Afghanistan 115

Eugen K. Kempf
Quartärgeologische Forschungen in Seistan 121

E. Heintz
Recherche sur les Vertébrés fossiles en Afghanistan 125

Robert Kostka
Exploration Pamir 75: Zielsetzung des Unternehmens, Allgemeiner Überblick
über die Ergebnisse, das Kartenprogramm 129

4. Beiträge von Geographie und Ethnologie

Erwin Grötzbach
Fragestellungen und Ergebnisse geographischer Afghanistan-Forschung in den
letzten zwei Jahrzehnten 135

Dietrich Wiebe
Probleme stadtgeographischer Forschung in Afghanistan – Wandel und Beharrung afghanischer Provinzstädte 149
Daniel Balland
Réflexion d'un géographe sur une décomie de recherches francaises en Afghanistan 163
Micheline Centlivres-Démont
Recent Swiss Researches in Afghanistan 179
Bernd Glatzer
Ethnologisch-biologische Forschungen bei nomadischen und seßhaften Paschtunen in Westafghanistan 181

5. Beiträge zur Kultur- und Kunstgeschichte

Klaus Fischer
Archäologische Forschungen in Afghanistan 1974-1978 189
Heinz Gaube
Herat und sein näheres Umland im 15. Jahrhundert nach literarischen und archäologischen Quellen 203
Werner Herberg
Neue Forschungen zur Baugeschichte von Ghor 215
Georg-Werner Gross
Motivwanderungen vom Mittelmeerraum nach Baktrien-Gandhara – das Metopen-Motiv in der Gandhara-Kunst – mit möglichen Spuren in der recenten Volkskunst Afghanistans 225

6. Dokumentation

Paul Bucherer-Dietschi
Die Bibliotheka Afghanica und ihre Zielsetzungen 241

Adressen der Autoren 245

Vorwort des Herausgebers

Die Arbeitsgemeinschaft Afghanistan ist ein loser Zusammenschluß von Interessenten der Afghanistanforschung, der von den verschiedensten wissenschaftlichen Fachdisziplinen bis zur Praxis der Entwicklungshilfe und Entwicklungspolitik reicht. Die Hauptziele der Arbeitsgemeinschaft bestehen darin, Informationen untereinander auszutauschen und die interdisziplinäre Zusammenarbeit anzuregen sowie die Öffentlichkeit, Behörden und Projektgruppen sachgerecht über das Land und über neue Ergebnisse der Forschung zu orientieren. Diesen Zielen dienten auch die bisherigen gemeinsamen Publikationen der Arbeitsgemeinschaft, die Afghanistan-Bibliographie (Hamburg 1968/69) und die Ländermonographie Afghanistan (Tübingen 1972, 3. Auflage 1975). Mitglieder der Arbeitsgemeinschaft haben ihre speziellen Kenntnisse und Erfahrungen an vielen Stellen zur Verfügung gestellt.

Seit ihrer Gründung im Jahre 1966 mit Hilfe des Südasien-Instituts in Heidelberg hat die Arbeitsgemeinschaft eine ihrer Hauptaufgaben in der Abhaltung von Arbeitstagungen gesehen, die nacheinander in Bochum, Bonn, Tübingen und Saarbrücken stattfanden und deren Referate großenteils veröffentlicht werden konnten. Die letzte Tagung wurde vom 1. bis 3. Februar 1979 in der Universität Mannheim durchgeführt; wir sind Herrn Professor Jentsch und seinen Mitarbeitern vom Geographischen Institut dieser Universität für die Organisationsarbeiten vor und während der Tagung und die Druckvorbereitung der Ergebnisse zu großem Dank verpflichtet. Die Stiftung Volkswagenwerk hat das Zustandekommen der Tagung dankenswerterweise durch einen finanziellen Zuschuß ermöglicht.

Seit der vorangegangenen Tagung der Arbeitsgemeinschaft in Saarbrücken waren mehr als vier Jahre verflossen. Dies erklärt sich aus der Entwicklung der politischen Lage in Afghanistan, die für die deutsche Afghanistanforschung und für die Tätigkeit vieler Mitglieder der Arbeitsgemeinschaft manche Unsicherheiten mit sich gebracht hat. Auf der anderen Seite machte dieser lange Zeitraum eine sorgfältige Analyse der veränderten politischen Situation, der Möglichkeiten für eine weitere Betätigung im Lande und Überblicksreferate über den derzeitigen Stand unserer Kenntnis von Afghanistan notwendig. Die rege Beteiligung an der Tagung, auch von verschiedenen Wissenschaftlern des benachbarten Auslandes, zeigte die Bedeutung des durchgeführten Informationsaustausches.

Diese Gesichtspunkte haben das Programm der Mannheimer Tagung 1979 bestimmt. Deshalb halten wir die Ergebnisse der Tagung für wert, über den Kreis der Mitglieder der Arbeitsgemeinschaft hinaus einer breiten Öffentlichkeit, die an der Forschungsarbeit im islamischen Orient interessiert ist, bekannt und zugänglich gemacht zu werden, und danken Herrn Dr. Steinbach für die Aufnahme in die Schriften des Deutschen Orient-Instituts in Hamburg. Die Drucklegung wurde, wie schon die Tagung selbst, durch einen namhaften Zuschuß der Stiftung Volkswagenwerk ermöglicht, wofür die Arbeitsgemeinschaft besonders zu Dank verpflichtet ist.

Im Sommer 1979   C. Rathjens, Saarbrücken

PS.
Während die Vorträge der Mannheimer Tagung 1979 für den Druck vorbereitet wurden, haben sich in Afghanistan zwei weitere politische Umstürze ereignet, die zum Bürgerkrieg und zur militärischen Besetzung des Landes durch sowjetrussische Truppen ge-

führt haben. Die Zukunft Afghanistans ist zur Zeit völlig ungewiß. Trotzdem glauben wir, daß das Land auf die Dauer auf seine deutschsprachige Bildungstradition und auf die vom westlichen Auslande geleistete kulturelle Arbeit nicht wird verzichten können. Diese Arbeit hat immer auch das Ziel verfolgt, dem Lande Afghanistan selbst seine Eigenart bewußt zu machen und bei aller Notwendigkeit moderner Reformen bewahren zu helfen. Wir sind daher zuversichtlich, daß dieser Band keinen Schlußstrich unter die bisherige Tätigkeit der Arbeitsgemeinschaft zieht, sondern einen kleinen Baustein für den künftigen friedlichen Wiederaufbau des Landes zu liefern vermag, den wir unseren afghanischen Freunden von Herzen wünschen.

Im April 1980   D. O.

Arbeitstagung in Mannheim 1. bis 3. Februar 1979

1. 2. 1979	Anreise der Teilnehmer
19.30 Uhr Wartburg-Hotel Mannheim, F 4, 4 – 11	Mitgliederversammlung und Beisammensein der Teilnehmer
2. 2. 1979	
9.00 Uhr Schloß, Hörsaal EO 123 Ehrenhof – Ostflügel	Begrüßung der Tagungsteilnehmer durch den Veranstalter, den Prorektor der Universität und den Vorsitzenden der Arbeitsgemeinschaft AFGHANISTAN

9.30 – 12.30 Uhr

1. Fachsitzung:
"Aktuelle politische Entwicklung, Zeitgeschichte und Wirtschaft"

Sitzungsleitung:
G. *Moltmann*, Hamburg; *H. Bergner*, Mannheim.

G. *Moltmann*, Hamburg:
"Afghanistans schwerer Weg in die moderne Welt". (Übersichtsreferat)

G. Knabe, Köln:
"Versuch einer Analyse der jüngsten politischen Entwicklung seit 1978".

J.-H. Grevemeyer, Berlin:
"Geschichtsschreibung in Afghanistan im 20. Jahrhundert".

K. Jäkel, Bochum:
"Staatliche Entwicklungspolitik, die Handelsbourgeoisie und der Wirtschaftsnationalismus in Afghanistan 1921 – 1947".

M. N. Assad, Bonn:
"Die Probleme der Mitarbeiterführung in den afghanischen Unternehmen".

A. Barin-Zuri, Bochum:
"Probleme der Unterbeschäftigung in der Landwirtschaft Afghanistans".

14.30 – 18.00 Uhr
Sprachlabor EO 194
Hörsaal O 169, Schloß

2. Fachsitzung:
"Neue Forschungen der Naturwissenschaften, Expeditionsberichte, Dokumentation"

Sitzungsleitung:
H. Freitag, Göttingen; *E. Grötzbach*, Hannover.

S.-W. Breckle, Bonn:
"Stand der Erforschung von Flora und Vegetation Afghanistans". (Übersichtsreferat)

W. Frey, Gießen:
"Arbeiten im Rahmen des SFB 19 – Tübinger Atlas d. Vord. Orients – über die Vegetation Afghanistans".

C. Naumann, Bielefeld:
"Zoologische Forschungstätigkeit in Afghanistan in den letzten zwei Jahrzehnten".

K. Krumsiek, Bonn:
"Geologische und paläontologische Forschungen in Afghanistan in den letzten zwei Jahrzehnten". (Übersichtsreferat)

E. K. Kempf, Köln:
"Die geologischen Züge Seistans – Ergebnisse des interdisziplinären Seistan-Projekts".

R. Kostka, Graz (A) u. *G. Patzelt*, Innsbruck (A):
"Berichte über Forschungsergebnisse der Exploration Pamir 1975".

P. Bucherer-Dietschi, Liestal (CH):
"Die Bibliotheca Afghanica und ihre Zielsetzungen".

20.00 Uhr Hörsaal O 169 Schloß, Ostflügel	Öffentlicher Abendvortrag (gemeinsam mit dem Geographischen Institut der Universität)

C. Naumann, Bielefeld:
"Afghanischer Pamir – ein Blick in die verschlossene Welt Zentralasiens".

3. 2. 1979 8.30 – 13.30 Uhr Hörsaal O 169 Schloß	*3. Fachsitzung:* "Neuere Forschungen der Geographie, Ethnologie und Kulturgeschichte"

Sitzungsleitung:
H. Hahn, Bonn; *K. Jettmar*, Heidelberg.

E. Grötzbach, Hannover:
"Fragestellungen und Ergebnisse geographischer Afghanistan-Forschung in den letzten zwei Jahrzehnten". (Übersichtsreferat)

D. Wiebe, Kiel:
"Probleme stadtgeographischer Forschungen in Afghanistan – Wandel und Beharrung afghanischer Provinzstädte".

K.-H. Hottes, Bochum:
"Forschungen und Vorschläge zur Regionalisierung der Grundsteuern in Afghanistan".

G. Schweizer, W. Fischer u. *A. Jebens*, Tübingen:
"Geographische Untersuchungen zum ländlichen Heimgewerbe in Nord-Afghanistan".

H. Gaube, Tübingen:
"Herat und sein näheres Umland im 15. Jahrhundert nach historischen und archäologischen Quellen".

D. Balland, Paris (F):
"Recherches françaises récentes en Afghanistan dans le domaine des sciences naturelles et humaines".

K. Ferdinand, Aarhus (DK):
"Danish Ethnological Research in Afghanistan 1975 – 1978".

M. Centlivres-Démont, Neuchâtel (CH):
"Recherches ethnologiques récentes en Afghanistan".

B. Glatzer, Heidelberg:
"Bericht über ethnologisch-biologische Forschungen bei nomadischen und seßhaften Paschtunen in Westafghanistan 1975 – 1977".

M. Klimburg, Heidelberg:
"Paschtunwali und paschtunischer Nomadismus".

W. Steul, Baden-Baden:
"Paschtunwali – ein Ehrenkodex und seine rechtliche Relevanz".

K. Fischer, Bonn:
"Archäologische Forschungen in Afghanistan 1974 – 1978". (Übersichtsreferat)

W. Herberg, Berlin:
"Neue Forschungen zur Baugeschichte von Ghor".

G. W. Gross, Friedberg (Hessen):
"Motivwanderungen vom Mittelmeerraum nach Baktrien – Gandhara".

Schlußwort des Vorsitzenden der Arbeitsgemeinschaft AFGHANISTAN

Begleitende Ausstellung von Schriften und anderem Material zu Afghanistan im Raum EO 193

Nicht alle Vorträge der Tagung konnten in diesem Band abgedruckt werden, da einige nur als vorläufige Information gedacht waren, andere bereits eine vorherige Publikation erfahren haben oder an anderer Stelle veröffentlicht werden sollen.

Auf eine Redaktion im Sinne einer Vereinheitlichung der Transkription afghanischer Fachausdrücke und Namen wurde bewußt verzichtet, um in die individuellen Regelungen der einzelnen Fachgebiete nicht einzugreifen.

1. Beiträge zur Politik und Zeitgeschichte

Afghanistans schwerer Weg in die moderne Welt - ein Bericht über die letzten 15 Jahre politischer Entwicklung des Landes

Gerhard Moltmann, Hamburg

I. Der Rückstand Afghanistans erklärt sich weitgehend aus der selbst gewählten Abschließung gegen die Außenwelt im vorigen Jahrhundert. Damals stießen die Expansionsgelüste Rußlands und Englands in Afghanistan aufeinander, und das Land konnte sich nur behaupten, indem es sich beide möglichst vom Halse hielt und sich mehr oder weniger einigelte. Die Afghanen blieben lieber frei und arm, als sich unter die Kolonialherrschaft der Großen zu fügen. Sie verharrten in ihren alten Traditionen und Lebensformen.

Sie schnitten sich damit aber ab von den geistigen, sozialen und technischen Fortschritten, die die ganze Welt zu verändern begannen und auch in Ländern unter Kolonialherrschaft positive Auswirkungen hinterließen, wie auf dem indischen Subkontinent zu sehen war.

Den ersten Versuch zur Durchbrechung dieser Selbstisolierung machte bekanntlich der König Amanullah, der 1919 die äußere Freiheit erstritt und dann bald weitgespannte und radikale Reformen im Lande einleitete. Amanullah hatte zwar etwas Gutes und Notwendiges im Sinne, aber durch die Überstürzung der Neuerungen, durch die mangelnde Vorbereitung des Volkes auf die Veränderungen und vor allem auch durch die Verletzung herkömmlicher und religiöser Tabus scheiterte er und mußte das Land verlassen, das in die alten Verhältnisse zurückfiel.

Erst ab Mitte der 50er Jahre unternahm der Ministerpräsident Prinz *Mohammed Daud,* Vetter und Schwager des Königs Zahir Schah, erste praktische Schritte, Bewegung in die Entwicklung des Landes zu bringen. Der Wirtschaft wurden durch den 1. Fünfjahresplan 1956 – 1961 neue Impulse gegeben. Dafür versicherte man sich erheblicher ausländischer Hilfe. Für das soziale Leben Afghanistans wichtiges Ereignis war 1959 die Aufhebung des Schleiers der Frauen. Außenpolitisch betrieb Daud eine Schaukelpolitik zwischen der Sowjetunion und den USA. Nach dem mißglückten Besuch des US-Vicepräsidenten Nixon im Dezember 1953 in Afghanistan wandte sich Daud verstärkt der Sowjetunion zu. Die von Daud gleichzeitig forcierte Paschtunistan-Politik brachte das Land aber in schweren Konflikt mit Pakistan und führte zur Schließung der Grenzen und Abschneidung des lebensnotwendigen Transitweges über das südliche Nachbarland. Afghanistan war damit praktisch wieder in einer Selbstisolierung. Daud hatte sich in einer Sackgasse verrannt und mußte am 3. März 1963 zurücktreten.

II. Der König *Zahir Schah*, der bisher immer nur im Hintergrund gestanden hatte, übernahm jetzt selbst die Initiative, um für Afghanistan den Anschluß an die moderne Welt durch entsprechende Maßnahmen in der inneren und äußeren Ordnung des Landes zu erreichen. Er berief – zum ersten Mal in der Geschichte Afghanistans – einen Mann an die Spitze seiner Regierung, der nicht der königlichen Familie entstammte, sondern aus bürgerlichem Stande kam und zur Gruppe der jungen, im Ausland gebildeten Afghanen gehörte. Es war Dr. Mohammed *Jussuf*, der seine Studien in Deutschland absolviert hatte.

Diese Veränderung in der Führung war mehr als ein Regierungswechsel, es war ein revolutionärer Akt. Er leitete die von oben gewollte Umwandlung von einer absoluten zu einer konstitutionellen Monarchie ein mit allen Konsequenzen, die dies auf das innere Leben des Landes haben sollte. Aus einem Feudalregime sollte ein moderner Rechtsstaat, aus Untertanen sollten Bürger werden. Eine schwere Aufgabe in einem so armen und unterentwickelten Land und einer weitgehend ungebildeten und in alten Traditionen verhafteten Bevölkerung, die in verschiedenste Stämme aufgesplittert ist und kaum Berührung mit der Außenwelt hatte.

Wenn der König jetzt diesen Schritt wagte, dann nicht nur, weil die Zeit drängte, sondern wohl auch wesentlich deshalb, weil ihm der fortschrittliche Schah von Iran kurz vorher bei seinem Besuch in Kabul guten Rat in diesem Sinne gegeben hatte. Wir sehen da gewisse Parallelentwicklungen dieser beiden Nachbarländer, die wir bis auf unsere Tage weiterverfolgen können.

Der König Zahir Schah und sein Ministerpräsident Dr. Jussuf hatten zweifellos das Schicksal der Reformbemühungen des Königs Amanullah in den zwanziger Jahren im Auge, als sie ans Werk gingen. So machte die neue Regierung sich wohl mit großer Tatkraft, aber auch mit großer Behutsamkeit an ihre schwere Aufgabe. Dr. Jussuf mußte sich überhaupt erst einmal einen Namen schaffen bei einer Bevölkerung, die gewohnt war, von ihren etablierten Stammesführern und Fürsten regiert zu werden. Dr. Jussuf hatte keine Hausmacht, kein Vermögen, keinen Rückhalt in einer mächtigen Familie. Er brachte für sein hohes Amt nur seinen eigenen Verstand und das Vertrauen des Königs mit.

Dies beides wußte er zu nutzen. Schritt für Schritt ging er voran, ein kühnes Programm zur Erneuerung des Landes zu verwirklichen. Den ersten Erfolg konnte er buchen mit der Beilegung des fruchtlosen Konfliktes mit Pakistan und der Öffnung der Grenzen. Dadurch kamen Handel und Wandel wieder in Bewegung, die wirtschaftliche Entwicklung normalisierte sich. Ausländische Wirtschafts- und Entwicklungshilfe, darunter vor allem die amerikanische und deutsche, flossen wieder. Wichtige Bauprojekte konnten fertiggestellt werden. Dr. Jussuf begann – etwas ganz Neues für Afghanistan –, die Öffentlichkeit durch Reden und Zeitungsartikel an der Entwicklung seines Programms zu beteiligen. Die Menschen faßten Vertrauen.

Kernstück des Programms war eine neue Verfassung, die eine demokratische Öffnung auf der Grundlage einer konstitutionellen Monarchie bringen sollte. Diese Verfassung wurde sehr sorgfältig nach französischem Vorbild erarbeitet und entsprach unseren Vorstellungen von einer modernen, demokratischen und rechtsstaatlichen Grundordnung. Anfang September 1964 berief der König die traditionelle Stammesversammlung, die "Loy Jirga", nach Kabul ein. In 10tägiger Beratung billigte sie die Verfassung mit einigen Ergänzungen und am 1. Oktober 1964 wurde sie vom König verkündet. Damit hatte Afghanistan ein gesundes Instrument moderner Staatlichkeit.

Das in der Verfassung vorgesehene Parlament, bestehend aus Volksrat (= Unterhaus) und Ältestenrat (Senat = Oberhaus), sollte aufgrund von Übergangsbestimmungen etwa 1 Jahr später gewählt werden. Bis dahin wurden ihre Kompetenzen noch von der Regierung ausgeübt, die inzwischen die notwendigen gesetzlichen und praktischen Voraussetzungen zur Ausführung der Verfassung und für die Wahlen zu treffen hatte, einschließlich eines Wahl- und eines Parteiengesetzes.

Bis dahin hatte die Regierung unter der Autorität des Königs ziemlich freie Hand. Sie machte hiervon wohlbedachten Gebrauch und machte die Öffentlichkeit langsam mit den Gedanken und Zielen der Entwicklung vertraut. Gleichzeitig konnte die Regierung mit wirtschaftlichen Fortschritten und Erfolgen aufwarten, die nicht zuletzt durch wachsende ausländische Hilfe gefördert wurden. Außenpolitisch verfolgte die Regierung eine Politik strikter Neutralität. Russen und Amerikaner, Deutsche und andere Europäer wurden in gleicher Weise und in friedlichem Nebeneinander am Aufbau des Landes beteiligt. Die Stimmung in der Bevölkerung hatte sich gelöst. Man sah die Fortschritte und war voller Hoffnung für die Zukunft. Diese beinahe euphorische Stimmung wurde auch von den ausländischen Beobachtern geteilt, die Afghanistan auf dem richtigen Weg in eine bessere Zukunft sahen.

Die orthodoxen Geistlichen, die Mullahs, die allen Modernisierungsmaßnahmen mißtrauisch gegenüberstanden und schon die Reformbestrebungen Amanullahs zu Fall gebracht hatten, waren auch jetzt ein Element, das Dr. Jussuf in seiner Planung berücksichtigen mußte. Er tat dies in geschickter Weise, indem er konservative Kräfte in die Regierung aufnahm, sie frei und kritisch reden ließ und damit den Eindruck erweckte, daß die alten Auffassungen auch in der neuen Ära anerkannt und ihren Platz erhalten würden. Er band damit konservative Kräfte fest an das Neuerungsprogramm und begegnete dem Widerstand der ewig Gestrigen.

Nachdem im Mai 1965 das neue Wahlgesetz erlassen worden war, das freie, allgemeine, geheime und direkte Wahlen vorschrieb und auch den Frauen das aktive und passive Wahlrecht zusprach, fanden im August/September 1965 die ersten Wahlen statt. Die Wahlbeteiligung war sehr gering, um etwa 15 – 20 %. Dies zeigt, wie wenig sich die Gedanken moderner Demokratie durchgesetzt hatten und wie schwer es ist, Menschen in diesen Ländern auf das Neue vorzubereiten und dafür zu gewinnen. Sonst brachten die Wahlen keine Überraschungen. Die prominenten Politiker wurden in ihren Wahlkreisen sicher gewählt. Darunter waren auch Progressive wie Babrak Karmal, Frau Dr. Anahita Ratebzada und Hafizullah Amin, auf deren Namen wir später noch stoßen. – Die Frage war jetzt die der Gruppierungen im Parlament. Erste Aufgabe sollte es deshalb sein, ein Parteiengesetz zu beschließen.

Der König erklärte in seiner Rede zur Eröffnung des Parlaments am 14. Oktober 1965, daß eine neue Epoche für das Land angebrochen sei. Leider aber zogen unerwartet dunkle Wolken auf. Als am 24. Oktober der Volksrat zusammentreten sollte, um der Regierung Dr. Jussuf das Vertrauen auszusprechen, kam es zum Auflauf und Demonstrationen von Studenten und Schülern um das Parlamentsgebäude. Die Unruhen dauerten am 25. Oktober an und wurden schließlich durch Militär mit Gewalt beendet, wobei eine ganze Anzahl Toter und Verletzter liegen blieb. Die Verantwortung für diesen heftigen Einsatz wurde dem Schwiegersohn des Königs, dem Prinzen Abdul Wali, zugeschoben, der als Chef des Stabes, des ersten Armeekorps in Kabul, den Befehl gegeben hatte.

Der Volksrat sprach zwar unter dem Druck der Umstände in geheimer Sitzung am gleichen Tage der Regierung Jussuf das Vertrauen aus, doch dankte Dr. Jussuf am 29. Oktober 1965 ab.

Die überraschenden und von niemandem erwarteten Unruhen sind anscheinend auf eine Verkettung unglücklicher Umstände, aber wohl auch auf planmäßige Verhetzung zurückzuführen. Das in Afghanistan völlig ungewohnte Tauziehen um die Regierungsbildung und die nach außen dringende Kritik boten offenbar kommunistischen Drahtziehern die willkommene Gelegenheit, die Studenten aufzuputschen. Diese Hetze, dann aber auch die Neugierde und echtes Interesse veranlaßte den Zustrom von mehr als 1000 Jugendlichen zum Parlament, das mit nur 70 Zuschauerplätzen solcher Menge natürlich keinen Raum bot. Das Parlamentspräsidium war hilflos und reagierte ungeschickt. Spätere starke Gegenmaßnahmen der Regierung schürten nur den Unwillen der Demonstranten. So kam durch falsches Verhalten auf der einen und der anderen Seite die Lawine ins Rollen.

Die Vorfälle lösten in der Bevölkerung eine Welle der Kritik und Empörung aus, die sich in erster Linie gegen die Regierung richtete, aber auch den König traf, da — wie gesagt — sein Schwiegersohn für den Schießbefehl verantwortlich gehalten wurde. Darüber kam es wohl zwischen dem König und Dr. Jussuf zu einer Verstimmung. Es mag daher das Rücktrittsgesuch Jussufs dem König nicht ungelegen gekommen sein, Dr. Jussuf zum Sündenbock zu machen und dem Volkszorn zu opfern.

Die Ereignisse waren ein entscheidender Bruch in der so hoffnungsvoll eingeleiteten Neuerungsphase Afghanistans. Der König Zahir Schah und sein bürgerlicher Ministerpräsident Dr. Jussuf hatten es unternommen, den notwendigen Wandel Afghanistans herbeizuführen, um dem Land ein Fortkommen in der modernen Welt zu sichern. Sie sind mit Bedacht und Behutsamkeit vorgegangen, sie hüteten sich, von Revolution zu sprechen, wie es sonst so gern von Neuerern getan wird. Ihr Vorhaben war aber tatsächlich eine Revolution, die sich von oben und ohne viel Wind vollzog. Aber Afghanistan war noch nicht genügend vorbereitet auf die neue Entwicklung und die freiheitlich demokratische Ordnung.

III. Auf Dr. Jussuf folgten 4 weitere Ministerpräsidenten:

— der fortschrittlich liberale Mohamed Hashim *Maiwandwal*
  (November 1965 bis Oktober 1967),
— der konservativ realistische Nur Achmad *Etemadi*
  (November 1967 bis Mai 1971),
— der langjährige Parlamentspräsident Dr. Abdul *Zahir*
  (Juli 1971 bis Dezember 1972),
— der junge Vertraute des Königs, Mussa *Shafiq*
  (12. Dezember 1972 bis Juli 1973).

Alle waren in ihrer Art gute und für ihre Aufgabe qualifizierte Persönlichkeiten. Aber sie alle scheiterten an der mangelnden Zusammenarbeit zwischen Regierung und Parlament, die nun einmal unabdingbare Voraussetzung einer funktionierenden parlamentarischen Demokratie ist, obwohl Etemadi in richtiger Erkenntnis sich gerade dieses Zusammenwirken der Verfassungsorgane zum Hauptziel gesetzt hatte und nach seinem vergeblichen Bemühen von Dr. Zahir aufgrund seiner langjährigen parlamentarischen Erfahrung eine Besserung erwartet wurde.

Die Hauptursache für die Fehlschläge im Demokratisierungsprozeß Afghanistans ist nicht in der Person des jeweiligen Regierungschefs zu suchen. Sie liegt vielmehr in dem mangelnden demokratischen Verständnis in weitesten Kreisen der Bevölkerung, was sich wiederum erklärt aus dem außergewöhnlich niedrigen Entwicklungsstand des Landes und dem sehr geringen allgemeinen Bildungsniveau.

So ist es nie gelungen, eine arbeitsfähige und ihrer Aufgabe bewußte Volksvertretung aufzubauen. Es wurden zwar 1965 und 1969 in freien Wahlen Parlamente gewählt, aber die gewählten Abgeordneten waren regionale Interessenvertreter, die schwer zu mehrheitlicher Meinungsbildung zu bringen waren. Die Väter der Verfassung hatten dabei in weiser Voraussetzung die Bildung von Parteien vorgesehen, die erst ein Funktionieren der parlamentarischen Demokratie ermöglichen. Das geforderte Parteiengesetz wurde im Parlament schleppend behandelt, aber schließlich doch im Mai 1968 verabschiedet und dem König zur Vollziehung zugeleitet. Der ließ es jedoch in der Schublade liegen, und das Gesetz ist auch bis zum Umsturz vom Mai 1973 nicht in Kraft gesetzt worden. Hierin liegt einer der Grundfehler, die den Demokratisierungsprozeß in Afghanistan hinderten. Die Regierung krankte daran, daß sie mangels politischer Parteien keinen Rückhalt im Parlament hatte. Das Parlament erschöpfte sich in Kritik an der Regierung und vernachlässigte seine eigentliche Aufgabe der Gesetzgebung. So wurde nichts geleistet, und der Demokratisierungsprozeß kam ins Stocken.

Aber auch in der wirtschaftlichen Entwicklung des Landes war seit 1965 kein Fortschritt spürbar. Die vom Ausland gebotenen Hilfsmöglichkeiten wurden bei weitem nicht ausgeschöpft. Der dritte Fünfjahresplan (1967—72) blieb völlig stecken, und im allgemeinen Wirtschaftsleben war weitgehende Stagnation zu verzeichnen.

Im Volke und vor allem bei der jugendlichen Intelligenz waren mit der Verfassung von 1964, mit vielen wohltönenden Reden und Regierungsprogrammen große Erwartungen geweckt worden, die aber nicht erfüllt wurden. Enttäuschung und Unmutsäußerungen waren die Folge. Seit den Unruhen vom Oktober 1965 kam es zu immer neuen Unruhen der Studenten und Schüler, die bald auch auf Arbeiter und Angestellte übergriffen. Ab 1968 wurde der 1. Mai regelmäßig besonderer Anlaß zu gemeinsamen Demonstrationen. Die Universität Kabul war ständiger Unruheherd, wodurch auch unsere Partnerschaften litten.

Kommunistische Gruppen Moskauer Prägung versuchten, sich durch die Blätter "Khalk" (Volk) und "Parcham" (Banner) zu Wort zu melden, während eine chinesischhörige Gruppe mit dem Blatt "Scholae Jawed" (Ewige Flamme) hervortrat. Sie alle wurden verboten, wirkten aber geheim weiter.

In dieser Situation des Unbehagens und Unmuts wurde der Ruf nach dem starken Mann immer wieder laut, wobei auch der Name Daud fiel. Dieser Wunsch sollte sich bald erfüllen.

IV. Am 17. Juli 1973 stürzte *Daud* mit Unterstützung meist jüngerer, überwiegend in der Sowjetunion ausgebildeter Armeeoffiziere sowie linksorientierter Akademiker die Monarchie und rief die Republik aus. Die Verfassung wurde suspendiert und das Parlament aufgelöst. Der Staatsstreich fand wenig Widerstand. Der König, der sich z. Zt. des Umsturzes wegen eines Augenleidens in Europa befand, dankte ab und verblieb in Italien.

Wenn mit Daud wegen seines Herkommens und seiner Einstellung auch keine wesentlichen Veränderungen zu erwarten waren, so kommen mit ihm doch erstmals Kräfte hoch, die nicht nur einen Wechsel des Herrschers, sondern grundsätzliche Reformen der politischen und sozialen Struktur anstrebten. So enthält das Regierungsprogramm auch gewisse fortschrittliche Akzente. Aber viel geworden ist daraus nicht.

Dauds Regierungsstil zeigte sich bald als ziemlich autoritär. Er setzte sich über das als Führungsgremium eingesetzte Zentralkomitee hinweg und fing mit taktischem Geschick an, seine revolutionären Helfer einen nach dem anderen beiseite zu schieben. Im Laufe der Zeit entließ er 6 Minister, die der Linken zuzurechnen waren. Damit schuf er sich Gegner, ohne daß er sie besonders ernst nahm. Die so entstehende Gefahr wurde aber noch schlimmer dadurch, daß nicht nur soziale Reformen unterblieben, sondern auch die wirtschaftliche Entwicklung zu kurz kam. Nach 1 1/2 Jahren hatte er seine wirtschaftspolitischen Darstellungen und Ziele noch nicht formuliert. Der angekündigte Sieben-Jahresplan geriet völlig in Rückstand. Es erwies sich, daß auch Daud keine Wunder vollbringen konnte, um dem Land den erwarteten und notwendigen Aufschwung zu geben. Er hatte zwar das Glück, daß sich dank zweier guter Erntejahre die Lage etwas erleichterte, aber sonst herrschte allgemein Stagnation.

Daud frönte seiner alten Vorliebe für die Außenpolitik. Sein erster offizieller Auslandsbesuch galt der Sowjetunion, um die Freundschaft zu diesem großen Nachbarn zu unterstreichen. Allerdings trat bei den Sowjets bald Irritation ein, weil Daud auch die Beziehungen zu seinen anderen Nachbarn Iran und Pakistan verbesserte, so daß er größere Unabhängigkeit und Handlungsfreiheit für sein Land erreichte. In Moskau verstimmte außerdem aber noch die innenpolitische Entwicklung in Afghanistan, die auf Ausschaltung der Linken hinzielte.

Zur Festigung des Regimes sollte eine neue Verfassung dienen, die endlich nach 3 1/2 Jahren im Januar 1977 von der Großen Nationalversammlung angenommen wurde. Sie lehnte sich zwar an die Verfassung von 1964 an, war aber durch die Einführung des Präsidialsystems mit starken Vollmachten viel reaktionärer. Der Volksmund sprach deshalb von "König Republik". Durch die Bildung einer staatstragenden Partei sollte die Stellung des Regimes im Lande noch gesichert werden. Das Parteistatut blieb nur auf dem Papier stehen. Um die Bildung des Zentralrats der Partei, des höchsten Gremiums von Partei und Staat, kam es im November 1977 zu einem innerpolitischen Eklat, als 5 Minister ihren Rücktritt erklärten, um ihre Mißbilligung mit der von Daud vorgenommenen Bestellung der 4 Mitglieder des Zentralrats auszudrücken, wobei sich ihre Kritik vor allem gegen den von Daud bevorzugten jungen Finanzminister Said Abdulilah richtete. Es war dies eine starke Herausforderung gegen Daud. Dieser konnte die Minister zwar zur Rückkehr überreden, aber seine Autorität hatte sehr gelitten. Hinzu kam wachsende Unruhe wegen sonstiger personalpolitischer Fehler und wegen selbständiger Entscheidungen, durch die die wirtschaftliche Entwicklung des Landes vernachlässigt und sogar behindert wurde.

Gleichzeitig waren die Linken nicht untätig. Als das Daud-Regime durch die neue Verfassung seinen reaktionären Charakter offenbarte und ihnen zum Sturz reif erschien, fanden sich die beiden linken Oppositionsgruppen "Parcham" (unter Babrak, die zunächst Daud unterstützt hatte, dann aber auslaviert worden war) und "Khalk" (unter Taraki, die abseits geblieben war) im Juli 1977 zu einer Aktionsgemeinschaft zusammen.

Mehr und mehr zeigten sich die Schwächen des Daud-Regimes, die auch durch Krankheitserscheinungen des Präsidenten selbst sowie das Fehlen eines Nachfolgers genährt wurden. Auch Daud war nicht der Retter in der Not. Er hat dem Land nicht den neuen Impuls geben können. Als Alternative blieb nur der Umsturz, der diesmal von links kommen würde.

V. Und so geschah es. Nach der Verhaftung einiger Führer der Linken schlugen am 27./28. April die um Kabul liegenden Panzer- und Luftwaffenverbände los, deren Offiziere, bis etwa zum Major und Oberstleutnant, in ihrer Mehrheit vorher für die soziale Revolution gewonnen worden waren. Der Putsch war erfolgreich. Daud, seine engsten Mitarbeiter und ein großer Teil seiner, d.h. der königlichen Familie wurden getötet. Die militärischen Träger des Umsturzes überließen die Macht gleich den politischen Führern, die einen Revolutionsrat der Demokratischen Republik Afghanistan gebildet hatten.

Dies ist nach der stillen Revolution vom Jahre 1963 der zweite tiefe Einschnitt in der neuesten Entwicklungsgeschichte Afghanistans. Der Versuch einer freiheitlich-demokratischen Lösung ist gescheitert. Wird nun die sozialistische Lösung das Heil bringen?

Nach dem Umsturz gingen die beiden linken Gruppen vereint unter dem Namen "Demokratische Volkspartei" mit Taraki (Khalk) und Babrak (Parcham) an der Spitze sogleich daran, ihre Macht zu konsolidieren. Alle hohen Stellungen in Regierung und Verwaltung wurden neu besetzt; alle potentiellen Gegner wurden eliminiert. — Bald aber gewann die zahlenmäßig stärkere und besser organisierte Khalk-Gruppe unter Taraki die Oberhand und schaltete die Parcham-Gruppe aus (Juli 1978). Ebenso erging es den zunächst in die Regierung aufgenommenen Militärs (August 1978). Die Macht liegt jetzt bei *Mohammed Taraki,* Präsident des Revolutionsrates und Ministerpräsident, und *Hafizullah Amin,* stellvertretender Ministerpräsident und Außenminister.

Der Lebenslauf von Taraki ist von *Klaus Jäkel,* Bochum, im Afghanistan Journal, 1978, Heft 3, S. 105 ff., ausführlich dargestellt. Daraus ergibt sich, daß Taraki ein Mann mit Bildung und Erfahrung ist, der sich schon frühzeitig für soziale Reformen einsetzte. Seine Verbindung mit Babrak geht auf das Jahr 1950 zurück. Über seinen Stellvertreter und engen Vertrauten, Hafizullah Amin, ist nicht so viel bekannt. Aber auch er ist gebildet. Er studierte an der Pädagogischen Hochschule und der Universität Kabul, danach an der amerikanischen Universität Beirut und der Columbia Universität (USA).

Die Partei wird getragen von der neuen afghanischen Mittelschicht, die aus den bereits gut ausgebildeten jüngeren und mittleren Beamtenrängen, den Dozenten und Studenten an der Universität sowie den Majoren und Oberstleutnanten von Armee und Luftwaffe gebildet wird. Ihnen allen gemeinsam ist eine tiefe Verbitterung über die Stagnation in der wirtschaftlichen und sozialen Entwicklung des Landes.

Wenn das neue Regime es auch ablehnt, sich als kommunistisch oder marxistisch bezeichnen zu lassen, und wenn es auch seine Eigenständigkeit beteuert, ist doch aus seinem ganzen Verhalten, Vorgehen und Vokabular eine immer stärkere Anlehnung an das sowjetische System unverkennbar.

Aber die Basis des Regimes ist klein im Verhältnis zur Gesamtbevölkerung, zur Ausdehnung und auch zur Rückständigkeit des Landes. Allerdings hat es in der jungen Intelligenz ein wichtiges Potential. Zur Festigung des Regimes wird — mit Hilfe ausländischer Berater (!) — der Parteiapparat ausgebaut, der in alle gesellschaftlichen Einheiten, wie Verwaltungsbezirke und Gemeinden, Behörden, Schulen und Betriebe und besonders alle militärischen Verbände eindringen und später zur Massenpartei ausgebaut werden soll. Neben und in der Parteiorganisation werden überall "Ausschüsse für die Verteidigung der Revolution" begründet mit der Aufgabe, antirevolutionäre Aktivitäten aufzudecken und zu bekämpfen. Das Regime geht rigoros gegen alle tatsächlichen und vermeintlichen Gegner vor.

Widerstand gibt es vor allem von Seiten der religiösen Kräfte. Aktive Opposition bereiten auch die paschtunischen Stämme, meist unter religiösem Banner, aber ebenso aus traditionellem Widerwillen gegen eine zu starke Zentralgewalt.

Außenpolitisch betont die Regierung die Wahrung der Unabhängigkeit des Landes und die Pflege freundschaftlicher Beziehungen zu allen gutwilligen Staaten. Tatsächlich ist aber auch hier eine starke Hinwendung zur Sowjetunion (SU) feststellbar.

Das Interesse der SU an Afghanistan ist offenkundig. Eine aktive Beteiligung der SU am Umsturz vom April 1978 ist aber eher unwahrscheinlich. Nachdem sich jedoch in Afghanistan ein sowjetorientiertes Regime etabliert hat, nimmt sich die SU verstärkt seiner an. Dies findet Ausdruck in dem vermehrten Einsatz sowjetischer Berater in Afghanistan (etwa 3000 auf technischem und 2000 auf militärischem Gebiet). Es findet aber auch nach außen seine Bestätigung im Abschluß des sowjetisch-afghanischen Freundschaftsvertrages vom Dezember 1978. Der Vertrag lehnt sich zwar an andere Freundschaftsverträge der SU mit Ländern der Dritten Welt an, hat aber hier doch besondere Bedeutung; denn es bestand keine Notwendigkeit für den Abschluß eines solchen Vertrages mit Afghanistan, da erst im Dezember 1975 anläßlich des Besuches von Podgorny der Neutralitäts- und Nichtangriffspakt von 1926 (erneuert 1931) wieder um 10 Jahre verlängert worden war. Kernstücke des neuen Vertrages sind die Konsultationsverpflichtung in allen wichtigen internationalen Fragen, die militärische Zusammenarbeit und das Bekenntnis zum sowjetischen Sicherheitssystem für Asien. Afghanistan ist damit voll auf die sowjetische Linie eingeschwenkt und in das sowjetische System kollektiver Sicherheit in Asien eingebaut.

Trotzdem ist die Bundesrepublik Deutschland — wie auch der Westen schlechthin — grundsätzlich bereit, die alten freundschaftlichen Beziehungen zu Afghanistan aufrechtzuerhalten und damit eine unabhängige und weltoffene Politik des Landes zu erleichtern. So wird auch die bisher Afghanistan geleistete Hilfe auf Wunsch der afghanischen Regierung fortgesetzt.

In der inneren Entwicklung des Landes, dem Kernproblem überhaupt, steht das neue Regime vor denselben Schwierigkeiten wie die vorherigen — Schwierigkeiten, die weitgehend durch die bestehende Rückständigkeit des Landes bestimmt sind und deren Überwindung zielbewußter, ausgewogener und zäher Bemühungen bedarf, für die bisher aber noch keine durchschlagenden Ansatzpunkte zu sehen sind und für die Zustimmung und Mitarbeit weitester Kreise der Bevölkerung Voraussetzung sind.

Nachsatz (Februar 1980)

Im vergangenen Jahr überstürzten sich die Ereignisse in Afghanistan. Die Situation im Lande verschlechterte sich zusehends und führte um die Jahreswende 1979/80 mit der sowjetischen Besetzung Afghanistans zu einem bösen Ende.

Das Regime konnte die bestehenden Schwierigkeiten im Lande nicht bessern. Es vermochte die versprochenen Reformen zur Förderung der sozialen Verhältnisse und zur Überwindung der Rückständigkeit nicht wirkungsvoll anzupacken und auf einen aussichtsreichen Weg zu bringen. Vor allem vermochte es nicht, das Vertrauen des Volkes für sich zu gewinnen.

Die Basis des Regimes blieb zu klein im Verhältnis zur Gesamtbevölkerung (rd. 16 Mio Einw.). Der ursprünglich auf etwa 4000 Mitglieder geschätzte harte Kern der Partei ging sogar durch parteiinterne Streitigkeiten und Säuberungen auf rd. 2500 zurück und konnte das weite Land nicht wirklich erfassen. Allein mit einer kleinen Intelligenzschicht konnte man es nicht schaffen. Es fehlte das sonst für sozialistische Revolutionen als Potential dienende Industrieproletariat.

Um diesen Mangel zu beheben, startete das Regime im Dezember 1978 eine Agrarreform (Gesetzes-Dekret Nr. 8) in der Erwartung, in der Menge der Landbevölkerung eine Stütze zu finden. Sicherlich war eine Agrarreform eine dringende Notwendigkeit für Afghanistan, von dessen Gesamtbevölkerung mehr als 80 % auf dem Lande leben. Das war aber auch früher schon erkannt worden. So hatte die Regierung Daud am 1. 8. 1975 ein Landreform-Gesetz erlassen, das 1 Jahr später in Kraft treten sollte, aber praktisch nur auf dem Papier stehen blieb. Das neue Regime versuchte nun, seine Agrarreform überstürzt durchzupeitschen. Land wurde enteignet, hastig an besitzlose Landarbeiter verteilt und Besitztitel unter großen Feierlichkeiten vergeben. Aber das nützte allein nichts. Es fehlte an allem anderen, was für den Erfolg einer Agrarreform nötig ist, nämlich ordentliche Vermessung, Hilfe und Beratung beim Betriebsaufbau, Werkzeuge, Saatgut, Düngemittel, Bildung von Genossenschaften und Kredithilfe. Auch wurde die ursprünglich vorgesehene Zahl von 676.000 Familien, die eigenes Land erhalten sollten, nur zu gerade einem Drittel erreicht. Das Ganze erwies sich als Fehlschlag und wirkte eher gegen als für das Regime. In der Landbevölkerung wuchsen die Zweifel, ob die Maßnahmen wirklich in ihrem Interesse seien. Die landwirtschaftliche Produktion, die wichtigste Lebensquelle des Landes, fiel zurück.

Ein weiteres Vorhaben, das sich als Schlag gegen das Regime erwies, war die forcierte Emanzipierung der Frauen. Auch dies eine an sich nötige Entwicklung, die übrigens seit langem schon im Gange war, die aber in der jetzt überstürzten und jeder Rücksichtnahme auf traditionelle Vorstellungen entbehrenden Durchführung dem natürlichen Empfinden der Bevölkerung widersprechen und ihren Widerstand hervorrufen mußte.

Das revolutionäre Regime hat sich so in seinem Übereifer mehr geschadet als genützt. Hinzu kam aber die Gewaltherrschaft, die das ganze Land überzog, mit willkürlichen Verhaftungen, Hinrichtungen, Enteignungen, Verfolgung aller Andersdenkenden und Unterdrückung jeglicher Opposition – und dies in einem Land, in dem die Freiheit den Menschen über alles geht.

Der Widerstand nahm daher im ganzen Lande zu. Es kam zu schweren Kämpfen, vor allem in den Stammesgebieten, aber auch in den Städten wie Herat, Jalalabad und Kabul. Das Regime ging, unterstützt von seinen sowjetischen Beratern mit modernen Waffen, einschließlich Flugzeugen, gegen die Widerständler und Freiheitskämpfer vor, mußte aber selbst erhebliche Rückschläge dabei einstecken. Weite Teile des Landes entglitten der Kontrolle der Regierung. – Diese Regierung, die "im Namen des Volkes" angetreten war, stand jetzt gegen das Volk. Sie schlug aber desto wilder um sich. Wie unerträglich die Verhältnisse wurden, zeigte der ständig steigende Flüchtlingsstrom nach Pakistan, der sich nach zuverlässigen Aussagen bereits auf über 700.000 Menschen belaufen soll.

Inzwischen war das Regime in sich selbst zerstritten. Die Parcham-Gruppe unter Babrak Karmal war ja bereits im Juli 1978 ausgeschieden, wie ebenso die in die Regierung aufgenommenen Militärs, General Abdul *Kadir,* Generalstabschef *Shahpur* und Major Mohammed *Rafie* im August 1978. Unter den Hauptvertretern der an der Macht bleibenden Khalk-Gruppe verschob sich dann im März 1979 das Schwergewicht von Taraki zu Hafizullah *Amin.* Ersterer erhielt zwar zu seinem bisherigen Posten als Vorsitzender des Revolutionsrates noch den des Vorsitzenden des neu geschaffenen Obersten Ausschusses zur Verteidigung des Landes. Amin aber wurde Ministerpräsident und bekam damit die unmittelbare Macht in die Hand. Ende Juli konnte er sich durch eine Kabinettsmanipulation auch den Einfluß auf die Armee wieder sichern.

Mitte September 1979 zerbrach das Duumvirat Taraki-Amin. Die näheren Umstände sind bisher nicht ganz aufgehellt. Taraki war auf der Gipfelkonferenz der nichtgebundenen Länder in Havanna und kam am 11. September über Moskau, wo er mit Breschnjew gesprochen hatte, nach Kabul zurück, anscheinend mit der Absicht, Amin zu beseitigen, da er wegen seines eigenwilligen, harten Kurses auch den Sowjets nicht mehr tragbar erschien. Am 14. September kam es dann bei einer Sitzung des Revolutionsrates im Präsidentenpalais zu einer Auseinandersetzung und Schießerei, aus der Amin entkam. Am 15. September enthob Amin die letzten Offiziere im Kabinett, den Innenminister Aslam *Watanjar,* den Minister für Grenzangelegenheiten, Sherjan *Masdurjar,* und den Handelsminister Ghorbandi, ihrer Ämter. Sie konnten sich jedoch der Verhaftung entziehen. Am 16. September wurde offiziell bekanntgemacht, Präsident Taraki habe aus Gesundheitsgründen seinen Rücktritt erklärt. Tatsächlich wurde er in Gewahrsam genommen und am 8. oder 9. Oktober 1979 auf Geheiß von Amin umgebracht. Amin zog alle Macht an sich. Die sowjetische Führung, offenbar überrascht und wenig begeistert, schickte dem neuen Generalsekretär der Demokratischen Volkspartei und Vorsitzenden des Revolutionsrats in Kabul die üblichen Glückwünsche, die allerdings nur dem Minimum an diplomatischer Höflichkeit entsprachen.

In einer ersten Rundfunk- und Fernsehansprache gab Amin sich ganz als Staatsmann und Landesvater. Er kündigte eine Ausweitung der bürgerlichen und religiösen Freiheiten sowie finanzielle Unterstützung der muselmanischen Geistlichkeit an, ferner die Einsetzung eines Ausschusses zur Ausarbeitung einer Verfassung. Trotz dieser friedlichen Eröffnung war in seinem wirklichen Regierungskurs eher eine Verhärtung spürbar. Nachdem er den pro-sowjetisch eingestellten Taraki beseitigt und die letzten auf dessen Linie laufenden Offiziere aus der Regierung hinausgeworfen hatte, reizte er die Sowjets weiter, indem er durch seinen Außenminister Dr. Shah *Wali* öffentlich den sowjetischen Botschafter Pusanov bezichtigen ließ, mit Taraki gemeinsames Spiel gegen ihn getrieben und den flüchtigen Offizieren geholfen zu haben. Er forderte die Abberufung des Botschafters.

Am 14. Oktober brach in Kabul eine Militärrevolte gegen Amin aus, die nach heftigen Kämpfen niedergeschlagen wurde. Hinter dieser Aktion soll der bei der Truppe sehr beliebte Oberstleutnant Watanjar gestanden haben. Als Mitverschworener wurde der frühere Bürgermeister von Kabul und Nationalist Gholam Mohd. *Farhad* verhaftet, der bei vielen Deutschen als "Papa Gholam" bekannt war.

Amin fuhr auch sonst mit seiner Willkürherrschaft fort. Er wurde damit für die Sowjets mehr und mehr untragbar, da sie sich in dem kommunistischen Modell Afghanistan stark engagiert hatten und mit seinem Gelingen ihr Ansehen auf dem Spiel stand. Sie schritten daher zur Tat, marschierten am 27. Dezember 1979 in Afghanistan ein und besetzten das Land. Sie beriefen sich dabei auf einen Hilferuf der afghanischen Regierung gemäß Art. 4 des Freundschafts- und Kooperationsvertrages vom 5. Dezember 1978. Wer, wann und wie diesen Hilferuf ausgesprochen hat, bleibt dahingestellt. — Die sowjetische Nachrichtenagentur TASS berichtete, daß Amin wegen "Verbrechen gegen das afghanische Volk" von einem Volksgerichtshof zum Tode verurteilt und exekutiert worden sei. Babrak *Karmal* sei zum Generalsekretär des Zentralkomitees der afghanischen Volkspartei und zum Präsidenten des Revolutionsrates gewählt worden.

Damit kam die im Juli 1978 ausgebootete Parcham-Gruppe mit sowjetischer Hilfe wieder ans Ruder. Ihr Führer, Babrak Karmal, beeilte sich, seinen Vorgänger und alten Gefährten als blutdürstigen Mörder, Henker, Usurpator und Tyrannen sowie als Faschisten und Agenten des amerikanischen Imperialismus anzuprangern. Taraki dagegen bezeichnete er als Helden der Revolution vom April 1978. Babrak selbst will "die hohen Ziele dieser Revolution" wiederaufnehmen, will sie fortführen und erfüllen. In seiner Regierungserklärung (s. Kabul Times vom 1. Januar 1980) kündigt er ein Programm wohlklingender Verheißungen an, das sich bei der Beschreibung der bürgerlichen Freiheitsrechte, der religiösen Grundlage, des demokratischen Aufbaus des Staates und der durchzuführenden Reformen weitgehend stützt auf einen vorläufigen Verfassungsentwurf, den die Parcham-Gruppe schon im April 1976 in ihrer Zeitung "Parcham" veröffentlichte.

Der neuen Führung unter Babrak Karmal gehört eine ganze Reihe von Personen an, die schon im ersten Kabinett Taraki-Amin und teils auch später Ministerposten innehatten, so u. a. General Abdul Kadir, Sultan Ali Keschtmand, Major Mohammed Rafie, Oberstleutnant Aslam Watanjar, Dr. Anahita Ratebzada. Der starke Mann des Regimes dürfte der stellvertretende Ministerpräsident Assadullah *Sarwari* sein, der Geheimdienst-Chef schon unter Taraki und Amin bis 14. September 1979 war und als besonderer Vertrauensmann der Sowjets gilt.

Moskau hat mit der neuen Mannschaft in Kabul ein gefügiges Instrument. Aber andererseits ist diese Mannschaft der afghanischen Bevölkerung gegenüber schwer belastet, da sie unter sowjetischen Bajonetten zur Macht kam. Die Afghanen hegen tiefe Abneigung gegen die Russen und gegen die Kommunisten und werden einer Marionettenregierung Moskaus kaum Vertrauen schenken. Nach der ersten Verblüffung des Volkes flackerte dann der Widerstand auch überall wieder auf.

Da der Widerstand bisher nur spontan und örtlich einsetzte und die Stämme auf eigene Faust, unabhängig voneinander handelten, blieb seine Wirkung nur begrenzt und war seine Bekämpfung verhältnismäßig einfach. Wirkliche Aussicht auf Erfolg kann der Widerstand nur bei Vereinigung und Koordination aller Kräfte haben. Ein Ansatz dafür ist der Ende Januar 1980 erfolgte Zusammenschluß von sechs Widerstandsgruppen zur "Islamischen Allianz zur Befreiung Afghanistans". Vorher hatte schon der frühere König Zahir Shah aus seinem römischen Exil über den italienischen Rundfunk einen Appell zur Einheit "im Interesse der nationalen und islamischen Sache" an seine Landsleute gerichtet.

Durch alle die Wirren und Umwälzungen der letzten zwei Jahre ist das Land in seiner Entwicklung stark zurückgeworfen worden. Daran ändern auch alle schönen 5-Jahrespläne nichts, wie sie immer wieder aufgestellt und letztlich am 13. Oktober 1979 vom Ministerrat gebilligt wurden.

Über alle Unruhe und alles Elend im Lande selbst ist Afghanistan durch die sowjetische Besetzung auch wieder in den Strudel der Weltpolitik gerissen worden. Der sowjetische Eingriff in Afghanistan hat nicht nur die andere Supermacht, die Vereinigten Staaten von Amerika, auf den Plan gerufen, sondern hat die ganze Welt erschüttert. Die Verurteilung des sowjetischen Vorgehens durch die Vereinten Nationen hat zwar keine unmittelbaren konkreten Auswirkungen auf die Sowjetunion, hat aber ihrem internationalen Ansehen sehr geschadet, und zwar vor allem weil die Länder der Dritten Welt sich durch die Gewalttätigkeit einer Supermacht gegen eines der Ihren brüskiert und bedroht fühlen. Auch die Verurteilung der Sowjetunion durch die Konferenz der islamischen Staaten in Islamabad ist ein harter Schlag für die Sowjets. Die Sowjets haben anscheinend mit einer so heftigen Reaktion der Welt auf ihren Eingriff in Afghanistan nicht gerechnet.

Bericht über die publizierte afghanische Historiographie*

Jan-Heeren Grevemeyer, Berlin

A. Vorbemerkung

Dieser Bericht hat zwei Aufgaben. Zum einen möchte er auf ein Forschungspotential hinweisen, das bislang für die ethnologische und historische Erforschung Afghanistans im Westen recht stiefmütterlich behandelt wurde. Zum anderen ist er ein Resultat der veränderten Forschungsbedingungen in Afghanistan seit der Saur-Revolution vom 27. April 1978. Die geringe Miteinbeziehung afghanischer Wissenschaftler und ihrer Forschungsergebnisse in die westliche Feldforschung hat die neue Regierung dazu veranlaßt, Feldforschungsgenehmigungen für westliche Feldforscher rigide zu handhaben. Die Aufarbeitung der vorhandenen afghanischen historischen Forschung und ihrer Bedingungen soll deswegen ein Schritt sein, der veränderten Lage entgegenzukommen.

Der folgende Bericht ist ein Ergebnis eines interdisziplinären Forschungsprojekts, das die Transformation traditionaler Verhältnisse iranischer Gesellschaften in peripheren Siedlungsgebieten untersucht [1]. Durch eine Zustandsbeschreibung der afghanischen Historiographie soll den veränderten Anforderungen an eine interdisziplinäre Zusammenarbeit Rechnung getragen werden.

B. Die praktischen Vorbedingungen

Im Rahmen eines derartigen Berichtes ist es — auch um zukünftige Arbeiten westlicher Wissenschaftler in Afghanistan zu erleichtern — sinnvoll, das gesamte Umfeld der in der historischen Forschung enthaltenen Bedingungen, wie Publikationsmöglichkeiten, Bibliotheken, Buchhandlungen, wissenschaftliche Kommunikation, staatliche und verinnerlichte Ideologie etc. miteinzubeziehen.

1. Die Geschichte des Druckwesens [2]

Die Geschichte des Druckwesens beginnt in Afghanistan mit der Publikation der Zeitung "Shams an-nahâr" [3]. Diese Zeitung erschien von 1873 bis 1878 in unregelmäßigen Abständen. Unter Abdurrahman Khân (1879 – 1901) stellten nachweislich drei Druckereien im Steindruckverfahren Bücher her [4]. Unter seinem Nachfolger Habibullâh I.

(1901–1919) änderte sich nicht viel. Allerdings wurde nach fast 30 Jahren wieder eine Zeitung publiziert, deren Erscheinen den Beginn einer kontinuierlichen Presseentwicklung anzeigt [5]. Erst unter Amânullâh (1919–1928) änderten sich die Druckverfahren und die Druckkapazität. Es wurden Bücher gedruckt, die langsam zu einem neuen Wissen und Bewußtsein um Afghanistan beitrugen. Das betrifft die Abfassung und Publikation des ersten afghanischen Verfassungsgesetzbuches [6], die Publikation der Verhandlungen der Loyah Jergah (Verfassunggebende Versammlung) von 1924 [7] sowie Schul- und Lehrbücher, die den verschiedenen Staatsorganisationen Orientierungshilfe leisten sollten [8]. Unter Nâder Shâh (1929–1933) wurde die Allgemeine Staatsdruckerei gegründet, die später, unter Zahir Shâh (1933–1973), dem Ministerium für Bildung unterstellt war. Ende der 20er und zu Anfang der 30er Jahre wurden die ersten modernen Druckmaschinen eingeführt [9]. Eine wirkliche Ausweitung der Druckkapazität und eine entsprechende Diversifikation der Themen setzte allerdings erst ca. 1950 ein. Seitdem stiegen das Volumen und die Zahl der Titel beständig an. Aufgrund der fast ausschließlichen Monopolstellung des Staates an der Drucklegung und am Vertrieb sowie aufgrund der Zensur blieb die Produktion jedoch beschränkt [10].

2. Die Entwicklung gedruckter Geschichtswerke

Für die Entwicklung publizierter Geschichtswerke gilt die schon oben getroffene Feststellung. Entsprechend nahm in den 30er und 40er Jahren des 20. Jahrhunderts die Zahl der publizierten historischen Werke entscheidend zu. Allerdings sind hierfür auch andere Gründe verantwortlich. Das Druckgewerbe mußte zu Anfang den Forderungen des sich entwickelnden Staates Afghanistan nachkommen: Es wurden Bildungsbroschüren, Traktate und ideologische Pamphlete produziert. Auch bei der Publikation historischer Werke ist deren ideologische Funktion nicht zu übersehen. Das berührt das Verhältnis von traditionaler Geschichtsschreibung und institutionalisierter Geschichtsforschung, dessen politische Entsprechung der Übergang von Privatherrschaft zur Staatsorganisation ist.

Zwei Publikationen, die in ihrer Bedeutung für Afghanistan einmalig sind, stehen am Anfang: *Faiz M. Kâteb*, "Sarâj at-tawârikh" (Die Lampe der Geschichte) und *Burhân ad-Din Kushkeki*, "Rahnemâ-ye ghataquan wa badakhshân" (Leitfaden für die Provinzen Ghataqan und Badakhshân) [11]. *Kushkekis* Monographie ist eine aktuelle Aufarbeitung der sozialen, ökonomischen und kulturellen Verhältnisse der Provinzen Ghataqan und Badakhshan. Zugleich ist es eine Geschichte der Provinzen als Ganzes und einzelner Gegenden und Orte insbesonders. Das Werk *Kâtebs* ist ein Zwischending annalistischer und traditionaler islamischer Geschichtsschreibung, das eine Bestandsaufnahme der afghanischen Geschichte von Ahmad Shâh bis zu Habibullâh darstellt. Dieses im Westen schwer zu bekommende Werk wurde auf Veranlassung Habibullâhs I. von *F. M. Kâteb* verfaßt und von einem Munshi (Schreiber) Habibullâhs I. *(Abdul Latef)* korrigiert und erweitert.

Kushkekis und *Kâtebs* Geschichtsschreibung ist sowohl die Aufarbeitung politischer Entwicklung als auch die Beschreibung sozioökonomischer Verhältnisse in einem mehr speziellen Rahmen. Zum ersten Mal diente Geschichtsschreibung nun nicht mehr der Verherrlichung und Rechtfertigung des Hofes. Vielmehr wurden die technischen Möglichkeiten der Druckkunst angewandt, um Afghanistan als Staat mit seiner besonderen Geschichte gegenüber einem weitgefaßten Publikum zu legitimieren [12]. Die Publikation der obengenannten Werke ist als erster Versuch zu werten, sich unter veränderten politischen Bedingungen mit der eigenen Geschichte auseinanderzusetzen.

Nâder Shâh gründete 1310 (1931/32) die "Anjoman-e adâbi-ye kâbul" (Kulturgesellschaft Kabuls), aus der sich die "Anjoman-e târikh" (Gesellschaft zur Förderung der Geschichtsforschung) entwickeln sollte. Das stellt den Beginn institutionalisierter Geschichtsforschung in Afghanistan dar [13]. Die Anjoman-e târikh gibt zwei Publikationsreihen heraus, "Ariânâ" und "Afqânestân". Seit 1321 (1942) erscheint die Zeitschrift "Ariânâ" monatlich. "Afqânestân" erscheint seit 1325 (1946) dreimonatlich in englischer und französischer Sprache und soll insbesondere der Verbreitung der afghanischen Historiographie im Ausland dienen.

Es gibt und gab jedoch eine Reihe anderer Zeitschriftenpublikationen, die u. a. auch historische Abhandlungen veröffentlichen. Dazu gehört das "Sâlnâmeh-ye kâbul" (Jahrbuch Kabuls), das seit seinem Erscheinen 1310 (1931) mehrere Male seinen Titel wechselte ("Da kâbul kalâni", "Da afqânestân kalâni": Jahrbuch Kabuls, Jahrbuch Afghanistans); die zweimal jährlich erscheinende Zeitschrift "Joghrâfiâ", die seit 1931 (1952/53) in Farsi und Pushtu Artikel zur Landeskunde und Geschichte publiziert, sowie Lokalzeitschriften, wie z. B. die mehrmals gegründete und wieder eingegangene Zeitschrift "Majâleh-ye herât" (Zeitschrift für Herat), die 1309 (1930) vom Kulturverein in Herat zum erstenmal herausgegeben wurde [14].

Die "Anjoman-e târikh" ist zugleich die bedeutendste Herausgeberorganisation für historische Monographien, Quellentexte und Übersetzungen. Daneben sind noch die Universität Kabul und das Kultusministerium von Bedeutung.

3. Büchereien, Buchhandlungen

Durch den hohen Analphabetengrad beträgt die Auflagenhöhe von Büchern im allgemeinen nur 500 – 2000 Stück. Zweite Auflagen sind selten.

In allen größeren Städten gibt es zumindest eine Buchhandlung. Deren Sortiment beschränkt sich hauptsächlich auf Koran-Ausgaben, Koran-Interpretationen und schöngeistige Literatur. Außerhalb Kabuls sind historische Werke selten zu finden. In Kabul gibt es neben dem traditionalen Bazarbuchhandel 5 – 10 Buchhandlungen. Hier werden Neuerscheinungen angeboten, und zugleich wird ihr Sortiment durch eine – allerdings zufällige – Auswahl älterer Publikationen ergänzt. Der Preis neu erscheinender Bücher liegt zwischen 50 und 350 Afghani (2.50 – 17 DM; zum Vergleich das Einkommen eines Universitätsprofessors: 3000 – 4000 Afghani). Der Preis nicht druckfrischer Bücher unterliegt keinem berechenbaren System.

Die Publikationen werden heute im Offset-Verfahren hergestellt. Der Druck ist jedoch von unterschiedlicher Qualität. Dokumente erscheinen bisweilen als Faksimiles. Viele Bücher sind bebildert.

Öffentliche Bibliotheken bestehen erst seit ca. 40 Jahren. Es gibt sie in fast allen größeren Städten. Sämtliche Bibliotheken sind Präsenzbibliotheken, wobei manche, wie z. B. die "Ketâbkhâneh-ye shâhi" (Königliche Bibliothek) in Kabul, kaum zugänglich, andere wiederum wegen fehlender Register schwer zu benutzen sind. Für historische Forschungen sind in Kabul als wichtigste zu nennen: "Ketâbkhâneh-ye anjoman-e târikh" (Bibliothek der Gesellschaft zur Förderung der Geschichtsforschung), "Ketâbkhâneh-ye pohantun-e kâbul" (Bibliothek der Universität Kabul), "Ketâbkhâneh-ye 'omumi" (Allgemeine Bibliothek). Der Bestand in den angegebenen Bibliotheken beschränkt sich in der Regel auf eine unvollständige Auswahl in Afghanistan gedruckter Monographien und Reihen, ergänzend gibt es auch ungedruckte Arbeiten [15].

Neben den öffentlichen Bibliotheken gibt es eine Reihe privater Bibliotheken, über die jedoch nur zufällige Informationen erhältlich sind.

4. Hilfsmittel historischer Forschung

Bücherkunde und Bibliographie sind in Afghanistan relativ unbekannt [16]. Die unten aufgeführten Bibliographien dienen verschiedenen Zwecken. Sie umfassen vorzugsweise Literatur in nicht-westlichen Sprachen. Diese Literatur wird von den afghanischen Historikern in erster Linie verwandt.

Die für den Historiker nützlichsten der in Afghanistan gedruckten Bibliographien sind:

1. *Rezâ M. Weish,* Pushtu ketâbuneh (Bibliographie pushtunischer Bücher), Kabul 1337 (1958). Die Bibliographie wurde von der Pushtu-Akademie herausgegeben und umfaßt ca. 400 Titel in Pushtu publizierter Bücher aus der UdSSR, Pakistan und Afghanistan.

2. Zum fünfundzwanzigjährigen Bestehen der Zeitschrift "Ariânâ" wurde 1347 (1968) in der Nr. 26, Heft 4, eine insbesondere historische Werke umfassende Bibliographie erarbeitet.

3. *'Abdul Hay Habibi – Mâyel Herawi,* Rahnemâ-ye târikh-e afqânestân, Kabul, 2 Bände, 1348/1349 (1969/1970). Dieses wichtige Verzeichnis der Afghanistan betreffenden historischen Werke in den Sprachen Urdu, Arabisch, Pushtu, Türkisch und Persisch umfaßt zugleich Handschriften wie z.B. die des Britischen Museums sowie Bestände aus Taschkent und Buchara. Den Titeln sind Regesten hinzugefügt.

4. Von der Universität wurde ein Katalog der ungedruckten, in der Universität vorhandenen Arbeiten der Studenten und Professoren herausgegeben, der sämtliche Wissenschaftszweige umfaßt. Sein genauer Titel lautet: Fehrest-e mongrâfihâ-ye shâmel-e âsâr-e tahghighi-ye ostâdân wa mohaselân-e pohantun-e kâbul, Kabul 1349 (1970). Eine zweite erweiterte Auflage erschien 1353 (1974) und umfaßt ca. 1500 Titel [16a].

5. *Habibullâh Rafi',* Pushtu panga (Pushtu Bibliographie), Kabul, 2 Bände, 1354 – 1356 (1975 – 1977). Diese in Pushtu verfaßte Bibliographie umfaßt über 1300 Titel in Pushtu publizierter literarischer, kultureller und historischer Werke. Eine wenige Zeilen umfassende Inhaltsangabe ist jedem Titel hinzugefügt.

6. *Husain Nâ'il,* Fehrest-e ketab-e châpi-ye dari-ye afqânestân (Verzeichnis der in Afghanistan in Dari gedruckten Bücher), Kabul 1356 (1977). Diesem Werk ist eine Einleitung zur Geschichte der Bibliographie in Afghanistan, ein Register der Druckorte u. a. hinzugefügt.

Abgesehen von den aufgeführten Bibliographien sind einige Überblickswerke vorhanden, die für den Historiker von Nutzen sein können: *'Abdul Hay Habibi,* Da afqânestân târikhi peshlik (Chronologie Afghanistans), Kabul 1353 (1974). Dieses in Pushtu verfaßte Werk ist eine Chronologie politischer, sozialer und kultureller Ereignisse in Afghanistan von prähistorischen Zeiten bis 1962. Zu erwähnen ist auch die Geschichte des Lernens und Lehrens von *Pâyendah M. Zahir* und *Dr. Sayyed M. Jusuf 'Elmi,* Da afqânestân ma'âref târikh (Geschichte der Bildung in Afghanistan), Kabul 1339 (1960). Von mehreren Verfassern wurde ein vierbändiges Werk zur Geographie Afghanistans erstellt. Dessen einzelne Artikel sind zwar von recht unterschiedlichem Wert, sie enthalten jedoch eine Reihe wichtiger Informationen zur Geschichte, Landeskunde, Ethnologie etc.: Ghâmush-e jogrâfiâ-ye afqânestân (Lexikon der afghanischen Geographie), Kabul 1335 – 1339 (1956 – 1960/61). Die in Dari publizierte Monographie von *Zelmay Hewadmel,* "Farhang-e sabân wa adâbiât-e pushtu", Kabul 1356 (1977) ist eine Aufarbeitung der Biographien und Werke in Pushtu schreibender Verfasser, die einen schnellen Überblick ermöglicht. Aufmerksam sei noch auf ein sechsbändiges Lexikon gemacht, das zwischen 1328 (1949/50) und 1348 (1969/70) in Kabul erschien und den für Afghanistan einzigen Versuch darstellt, Informationen insbesondere über Afghanistan lexikalisch zu verarbeiten. Unter Mitarbeit einer bedeutenden Zahl afghanischer Wissenschaftler enthält das Lexikon einige umfassende Informationen, wie z. B. den fast 400 Seiten langen Artikel "Afqânestân" [17].

Als Forschungsinstitution für die Geschichte Afghanistans kann lediglich die Universität Kabul angesehen werden, während die "Anjoman-e târikh" eine Förderungsinstitution ist. Über die erst zu Anfang 1979 gegründete "Akâdemi-ye 'olum" (Akademie der Wissenschaften) läßt sich in diesem Zusammenhang wenig sagen. Ihr Ziel ist es — wie in der Eröffnungserklärung verlautete —, ein von der Universität unabhängiges Wissenschaftszentrum zu werden.

C. Forschungsgebiete und Forschungsschwerpunkte

Abgesehen von Abhandlungen zu bestimmten zeitgeschichtlich bedeutenden Perioden, sind Publikationen über wichtige Orte, Persönlichkeiten, über Heilige und ihre Begräbnisstätten, Inschriftensammlungen, aber auch Übersetzungen einiger für Afghanistan wichtiger Werke vorhanden. Arbeiten im Bereich der Hilfswissenschaften und Quelleneditionen ergänzen das Bild.

1. Abhandlungen zur Antike bis zur vor-islamischen Zeit

Monographien über die einzelnen vor-islamischen Reiche auf afghanischem Boden sind in erster Linie verbunden mit dem Namen eines der bekanntesten afghanischen Historiker, *Ahmad 'Ali Kohzâd*. Sein Werk behandelt fast das gesamte Spektrum der politischen und kulturellen Geschichte dieser Reiche. Hinzu kommen Monographien wichtiger Kultur- und Herrschaftszentren, wie z. B. Lashkargâh und Begrâm [18].

Zwei weitere Monographien, die jeweils gesonderte Aspekte dieser Epoche behandeln, mögen noch erwähnt werden: *Nur M. 'Azizi*, Târikh-e emperâtori-ye kushâniân (Geschichte der Kushan-Herrschaft), Kabul 1355 (1976), und *M. Osmân Sadeghi*, Shahrhâ-ye âriânâ (Die arianischen Städte), Kabul 1354 (1975).

Den Monographien stehen einige allgemeine Geschichten Afghanistans zur Seite, die unter anderem auch jene Epoche behandeln. Als wichtigste seien hier *Qobârs* "Afqânestân dar masir-e târikh" (Afghanistan im Laufe seiner Geschichte) und *Habibis* "Târikh-e mokhtesar-e afqânestân" (Kurze Geschichte Afghanistans) erwähnt [19]. Einer der wesentlichen Reize für den westlichen Historiker liegt bei der Betrachtung dieser Publikationen — wie auch bei denen, die spätere Epochen behandeln — in einem besonderen Aspekt: der Einheit des historischen Raumes, der früher Ariânâ hieß, im Mittelalter Khorâssân und heute Afghanistan genannt wird.

2. Die islamische Periode bis zum 17. Jahrhundert

Ein zentrales Interesse der afghanischen Historiker bezieht sich auf die Islamisierung Afghanistans [20] sowie auf das Ghaznaviden-Reich und das Reich von Qor [21]. Diese aus der Infiltration türkischer Nomaden nach Afghanistan hervorgegangenen Reiche werden auf dem für die afghanische Geschichte bestimmenden Hintergrund von Segmentierung und Zentralisierung politischer Herrschaft gesehen und stellen derart Markierungen auf einem entwicklungsgeschichtlichen Kontinuum dar, das seine direkte Fortsetzung mit der Reichsbildung Ahmad Shâhs und Abdurrahman Khâns erfährt. Für die Historiker lag der Beitrag dieser Reiche bei der Herausbildung des afghanischen Reiches und später des afghanischen Staates darin, "die kulturelle und herrschaftliche

Organisation verfeinert"[22] und zur "Festigung der 'staatlichen' Macht" beigetragen zu haben[23].

Die besondere Bedeutung dieser Epoche wird durch Publikationen im Bereich der Hilfswissenschaften und durch Übersetzungen aus westlichen Sprachen zusätzlich unterstrichen[24].

Die Geschichte der folgenden Jahrhunderte, d. h. die Epoche Dschingis Khans, der Timuriden, der Moghulherrschaft und des Uzbekenreiches, wird von den afghanischen Historikern selten behandelt[25]. Auf zwei Werke sei jedoch hingewiesen, die eine Ausnahme darstellen: *'Abdul Hay Habibi* (Hg.), "Tabaghât-e nâseri" (Das "Tabaghât-e nâseri" von Minhâj Sarâj Juzjâni), mit einer Einführung in die Biographie des Verfassers und in die Geschichte seiner Epoche von *'Abdul Hay Habibi*, Kabul, 2 Bände, 2. Aufl. 1342 – 1343 (1963 – 1964); derselbe, Zaher ad-din m. bâbur shâh, Kabul 1351 (1972).

3. Das 17. – 19. Jahrhundert

Auf die Behandlung dieser Zeitspanne entfallen die meisten Publikationen, Übersetzungen und Quelleneditionen. Bevorzugte Themen sind die pushtunische Reichsgründung, die afghanische Großmachtpolitik und ihr Zerfall sowie die allmähliche Herausbildung des afghanischen Staates auf dem Hintergrund der anglo-afghanischen Auseinandersetzungen.

Als die materialreichsten Überblickswerke können die beiden schon erwähnten Werke "Afqânestân dar masir-e târikh" und "Sarâj at-tâwârikh" gelten[26]. Die Geschichte des gesamten 19. Jahrhunderts ist Inhalt einer Monographie von *Reshtiâ*[27]. Neben den längere Zeiträume überspannenden Monographien bestehen spezielle Abhandlungen. Das betrifft *Qobârs* Werk über Ahmad Shâh[28] und die beiden Monographien über die Zeit Timur Shâhs und Zamân Shâhs von *Fofalza'i*[29]. Das in den beiden letztgenannten Werken zusammengetragene publizierte und unpublizierte Quellen- und Urkundenmaterial stellt einen unumgänglichen Grundstock für jede weitere Beschäftigung mit jener Epoche dar und repräsentiert am besten die hervorragende Stellung der afghanischen Historiographie. Die inneren Wirren Afghanistans während des 19. Jahrhunderts und die Auseinandersetzungen mit dem britischen Imperialismus wurden insbesondere durch die Edition einer Reihe von Quellenzeugnissen dokumentiert[30]. Es handelt sich hierbei fast ausschließlich um die Schilderung einzelner Vorgänge oder Personen durch Augenzeugen.

Einige zusätzliche Abhandlungen untersuchen herausragende Ereignisse, die nicht ausschließlich die politische Geschichte betreffen, sondern sie unter einem speziellen Aspekt betrachten. Genannt seien *Herawis* Untersuchung zu den Feldzügen Ahmad Shâhs[31] oder *Fofalza'is* Geschichte des Prophetenmantels[32].

4. Das 20. Jahrhundert

Die Aufarbeitung der zeitgenössischen Geschichte ist bislang kaum geschehen. Das gilt auch für die Zeit Habibullâhs I., Bacheh-ye saqaus und Amânullâhs (1901 – 1929). Das mag aus den Strukturen persönlicher Herrschaft und der Rücksicht der Historiker hinsichtlich direkter Kritik erklärbar sein. Hinzu kamen wahrscheinlich die Kontrolle des Staatsapparates über literarische Produktions- und Vertriebsmittel sowie die politische Zensur. Andererseits muß jedoch gesagt werden, daß insbesondere für die Zeit von 1901 – 1929 eine Vielzahl publizierten Materials vorliegt[33]. Auf zwei Publikationen möchte ich jedoch hinweisen, die auf dem Hintergrund des oben Gesagten eine Ausnahme bilden: *Kuskekis* "Nâder-e afqân" (Nâder der Afghane) und *Anis'* "Bohrân wa nejât"

(Die Krise und ihre Lösung) [34]. Beide Werke wurden kurz nach der 'Schwarzen Krise', d. h. nach den Ereignissen um Bacheh-ye saqau, verfaßt und stellen eine teilweise minutiöse Schilderung der Ereignisse von Amânullâhs Fall bis zum Machtantritt Nâder Shâhs dar.

5. Lokalgeschichten und historische Hilfswissenschaften

Beiträge zur Lokalgeschichte sind im allgemeinen auf Artikel in regionalen oder überregionalen Zeitschriften beschränkt [35]. Als umfassende Lokalgeschichten können *Kushkekis* "Rahnemâ-ye ghataqan wa badakshân" und *Kohzâds* "Bâlâ hesâr-e kâbul wa pishâmadhâ-ye târikhi" (Die Festung Bâlâ Hesâr in Kabul und die historischen Ereignisse) gelten [36]. Im allgemeinen behandeln Lokalgeschichten jedoch weniger die Geschichte einer bestimmten Region, denn spezielle Personen, Bauten oder Anlagen. So nehmen z. B. die Mazar-Forschung (Forschung über Heiligengrabmäler) [37], Inschriftensammlungen [38], Geschichten von Heiligtümern [39] und Biographien bedeutender Persönlichkeiten [40] einen breiten Raum ein. Einige seltene Werke über Münzkunde oder historische Geographie schließen sich an [41]. Die für die Behandlung der europäischen Geschichte so wesentlichen Rechtsgeschichten stellen für die afghanischen Historiker keine eigene Wisschenschaftkategorie dar.

6. Übersetzungen aus fremden Sprachen und Quelleneditionen

Mit ganz wenigen Ausnahmen behandelt die afghanische Historiographie die Geschichte Afghanistans. Die Grundlage bieten insbesondere die einheimischen Quellen und Quellen in nicht-westlichen Sprachen. Das hat mehrere Konsequenzen. Zum einen wurden bislang sehr wenige Monographien zu Afghanistan aus westlichen Sprachen ins Dari übersetzt und in Kabul publiziert [42]. Zum anderen sind die Methoden westlicher Geschichtsforschung sowie die Ergebnisse und Analysen westlicher Afghanistik wenig zur Kenntnis genommen. Diese Beschränkung erscheint jedoch sinnvoll, soweit es die erst begonnene Aufgabe der Aufarbeitung des Dokumenten- und Quellenmaterials betrifft. Sprachschwierigkeiten und technische Probleme bei der Beschaffung von Manuskripten und Dokumenten ermöglichen es dem westlichen Forscher kaum, den afghanischen Historikern das Sammeln, Systematisieren und Aufarbeiten der vorhandenen Quellen abzunehmen. Das Interesse an gegenseitigem Wissensaustausch ist jedoch vorhanden und wird deutlich z. B. in der Publikation englischer Monographien [43] und insbesondere durch die Publikationsreihe "Afqânestân".

Bei der Aufarbeitung der afghanischen Geschichte nimmt die Edition von Quellentexten einen besonderen Raum ein. Einige der zahlreichen Quellen zur afghanischen Geschichte wurden ediert. Abgesehen von wenigen Ausnahmen handelt es sich dabei um Quellen, die die innenpolitischen Wirren des 19. Jahrhunderts schildern [44].

D. Die Ideologie der afghanischen Geschichtsschreibung

Historiographie bewegt sich im Spannungsfeld der Legitimation oder Kritik aktueller Verhältnisse und der Erklärung historischer Vorgänge auf der Basis der sozialen Interessen der Forscher. Geschichtswissenschaft ist keine wertfreie Wissenschaft. Die Wahl der Inhalte und der Methoden, die Interessenlage des Verfassers, Tradition und Hoffnung sind wertvariabel. Nicht zuletzt einige dieser Variablen haben dazu beigetragen, daß die heutige afghanische historische Literatur (abgesehen von Sprachschwierigkeiten) kaum zur Kenntnis genommen wurde. Eine wesentliche Rolle hat dabei sicherlich auch die methodische Andersartigkeit gespielt. Treffender ist natürlich das Argument, daß die europäische Historiographie a priori zu wissen glaubt, wie die afghanische Geschichte einzuordnen sei und wie deren Inhalte lauten. Der afghanische Kontinuitätsgedanke, das Verständnis der geographischen Einheit Afghanistans als Ariânâ, Khorâssân und Afghanistan, widersprach doch sehr den einmal gewonnenen Einsichten. Eurozentrismus hat eben viele Gesichter. Die einzige Ausnahme bildet hier die UdSSR, deren zentralasiatische Provinzen samt ihrer direkten Nachbarschaft ein gesteigertes Interesse an Afghanistan begründen.

1. Die Tradition der Geschichtsschreibung

Die Tradition der Geschichtsschreibung in Afghanistan ist, wie in den übrigen islamischen Ländern, die Schilderung von Herrschaftsverhältnissen. Die verschiedenen Höfe mit ihren Herrscherpersönlichkeiten und Würdenträgern waren das soziale und räumliche Zentrum, an dem Historiker ihr Auskommen fanden. Die Historiker selbst rekrutierten sich aus der am Hof ausgebildeten Intelligenz oder waren gebildete Kaufleute und Beamte. Häufig waren die Herrscher und ihre Familien selbst die Verfasser von Geschichtswerken [45]. Die Funktion gegenüber den Mäzenen war eindeutig: die fiktiven oder tatsächlichen Leistungen der Herrscher literarisch herauszustellen. Die Qualität eines Historikers lag dabei auf seiner Sprachgewalt und in seiner Fähigkeit, Geschichte auf der Basis traditionaler Werte (Glaube, Gerechtigkeit etc.) festzuhalten.

2. Der Einfluß des Westens

Die Einbeziehung Afghanistans in Politik und Ökonomie des kapitalistischen Weltsystems führte zu Veränderungen politischer und sozialer Organisation, aber auch von Rationalität und Bildungsanforderungen. Zwar wurde die durch den Gandumak-Vertrag 1879 aufgezwungene Politik der Isolation Afghanistans gleichsam verinnerlicht und zum System ausgebaut, doch entzog sich Afghanistan damit nicht ganz und gar den Einflüssen des Westens. Besonders nach 1919 und dann nach dem Zweiten Weltkrieg vertrat das Land eine vorsichtige Politik der Öffnung. Das wirkte sich auch auf die Geschichtsschreibung aus, indem z. B. die westliche Forschung zögernd zur Kenntnis genommen wurde, Afghanen im Ausland studierten und Bücher übersetzt wurden. Nicht mehr die Verherrlichung historischer Persönlichkeiten, sondern das Werden des Staates Afghanistan stand seitdem im Mittelpunkt.

Methodisch setzten sich ebenfalls neue Vorgehensweisen durch: Quellen werden ausgewiesen und teilweise westliche Literatur benutzt. Staatsgeschichte statt Personengeschichte bedingte zwar ein stärkeres Eingehen auf kulturelle, sozio-ökonomische und politische Zusammenhänge, aber der Hauptakzent der afghanischen Historiographie liegt auch heute noch auf der chronologischen Schilderung der politischen Geschichte.

3. Der Kontinuitätsgedanke

Für die afghanische Historiographie ist die Geschichte Afghanistans die Geschichte des geographischen Raumes, innerhalb dessen das heutige Afghanistan oder das Afghanistan der ersten drei Saduzai-Herrscher (ca. 1750 – 1800) lag. Vom ersten Jahrtausend A.D. bis heute weist für die afghanischen Historiker die Geschichte ihres Landes unter drei verschiedenen Namen – Ariânâ – Khorâssân – Afghanistan – eine kontinuierliche Entwicklung auf. Sie wird bestimmt durch die Absorption unterschiedlichster kultureller Einflüsse und durch den Gegensatz von Segmentation und Zentralisierung.

Die auf dem Boden Afghanistans gebildeten Großreiche formten zum einen die Kultur der dort wohnenden Menschen, zum anderen stellte das "Freiheitsdenken" – ein politisches Phänomen der Segmentation – eine Differenz zwischen den Eroberungsreichen und "Afghanistan" her. Für die afghanische Historiographie ist deshalb die Geschichte Afghanistans nicht ein Aspekt der griechischen, iranischen oder indischen Geschichte, sondern für sie repräsentieren die dezentralisierenden Kräfte das typisch afghanische Potential, das zur Herausbildung von Lokaldynastien führte, die das spätere Afghanistan mitbeinhalten. Segmentation ist jedoch kein ausschließlich positives Phänomen. Aus der Erfahrung mit den Wirren des 19. Jahrhunderts und der daraus hervorgehenden Zentralstaatbildung resultiert die Betrachtung der Segmentation unter dem Blickwinkel ihrer Überwindung durch den Nationalstaat. Die afghanische Geschichtswissenschaft untersucht deshalb mit Vorliebe Epochen, in denen die zentrifugalen Kräfte beherrschbar gemacht wurden, oder jene, die einer Zentralreichs- oder der Zentralstaatsbildung vorausgingen.

Die Liebe zu einem kontinuierlich gewachsenen, freiheitsliebenden Afghanistan kommt bei *'Abdul Hay Habibi* zum Ausdruck, wenn er sagt: "Mein liebes Land Afghanistan ist ein Gebiet, das von der Vorzeit bis heute eine Quelle der Kulturen und der verschiedenen geistigen Entwicklungsstufen ist. Es ist ein Land, das das Denken und die sittliche Ausbildung der Menschen förderte und in dem mächtige Reiche im Lauf der Geschichte entstanden. Seine Leute haben die Freiheit und den Charakter ihres Landes im Verlauf seiner Geschichte immer im Auge gehabt."[46]

Anmerkungen

* Dieser Bericht ist die erweiterte Fassung des am 2.2.1979 in Mannheim auf der Tagung der Arbeitsgemeinschaft Afghanistan gehaltenen Vortrages.
  Im Deutschen gebräuchliche Schreibungen wie z.B. Afghanistan, Koran, Bazar, Kabul etc. wurden in der Regel belassen. Die Umschrift von Titeln, Eigennamen etc. wurde in Anlehnung an die in der angloamerikanischen Orientalistik heute üblichen Systeme vorgenommen.
  Wenn nicht anders vermerkt, sind die angegebenen Bücher in Dari publiziert.
1 Das Forschungsprojekt wird von der Stiftung Volkswagenwerk finanziert. Untersuchungen finden in Tunceli/Osttürkei und Badakhshân/Nordost-Afghanistan statt.
2 Ich folge hier weitgehend den Angaben von *Pâyendah M. Zahir – Dr. Sayyed M. Jusuf 'Elmi*, Da afqânestân da ma'âref târikh (Geschichte der Erziehung), Kabul 1339 (1960), S. 157–159 (farsi und pushtu).
3 Vgl. die Ausführungen bei *M. Kâzem Ahang*, Sir-e zhurnâlizem dar afqânestân (Über den afghanischen Journalismus), Kabul 1349 (1970), S. 5 ff.
4 Einige der zu der Zeit gedruckten Bücher sind z.B.: Amir 'Abdurrahman Khân, Pandnâmeh-ye doniâ wa din (Sammlung von Weisheiten über die Welt und die Religion), o.O. und o.D.; *M. Zamân* (Übers.), Tozuk-e nâpolion-e awal (Die Statuten Napoleons I.), Kabul 1318 gh. (1900).
5 Vgl. *Ahang*, op.cit., S. 16 ff. Für eine schnelle Übersicht, wann neue Zeitschriftenreihen gegründet wurden, wie lange sie erschienen, kurze Inhaltsangabe etc.: *'Ali Ahmad Sâber – 'Abdulqafur Mardomi*, Rahnemâ-ye majalât-e jerâid wa ruznâmehhâ-ye afqânestân (Leitfaden zu Zeitschriften, Wochen- und Tageszeitungen Afghanistans), Kabul 1356 (1977).
6 *Nezâmnâmeh*, Kabul 1301–1306 (1922–1927).
7 *Burhân ad-Din Kushkeki*, Ruidâd-e loyeh jergeh-ye dâr-e as-sultâneh-ye kâbul 1303 (Der Verlauf der Loyah Jergeh von 1303 am Königshof in Kabul).
8 Zur allgemeinen Wissensmittlung und als Lehrbücher dienten z.B.: *Hâshem Shâigh*, Târikh-e 'omumi (Allgemeine Geschichte), Kabul 1305 (1926/27); *M. Husein*, Asiâ, Kabul 1306 (1927/28). Publikationen, die den Beamten oder Staatsangestellten Orientierungshilfe leisten sollten, sind z.B.: *Qulâm Mojtebâ*, Osul-e daftari (Kanzleisystem), Kabul 1302 (1923/24); *Mahmud as-Sayyed Sâmi*, Mokhtesar-e jedâwal-e haftah (Kurzgefaßter Wochenplan), Kabul 1299 (1920/21). Das erste Werk stellt eine Einführung in die Kanzleibuchführung dar und das zweite ist ein Wochenplan zur Ausbildung neu rekrutierter Soldaten.

9 Vgl. die Angaben bei *Zahir — 'Elmi*, op.cit., S. 158. Die Entwicklung in Herat beschreibt: *M. 'Alem Qawâs*, Matbu'eh wa matbu'ât (Druckereien und Druckwesen), in: Majâleh-ye mâhaneh-ye herât, 3. Jahr, Nr. 7, 1329 (1940), S. 8 –13.
10 Vgl. das Verzeichnis in Afghanistan gedruckter Bücher in Dari von *Husein Nâ'il*, Fehreste ketab-e châpi-ye dari-ye afqânestân, Kabul 1356 (1977), das insgesamt 1267 Titel aufführt, darin nicht eingeschlossen die Zeitschriften, kleinere Broschüren etc.
11 *Faiz M. Kâteb*, Sarâj at-tawârikh (Die Lampe der Geschichte), Kabul, 3 Bände, 1331 – 1333 gh. (1912 – 1914); *Burhân ad-Din Kushkeki*, Rahnemâ-ye ghataqan wa badakhshân (Leitfaden für die Provinzen Ghataqan und Badakshân), Kabul 1302 (1923/24).
12 Dem gleichen Ziel dienten die neu herausgegebenen Zeitschriften und Zeitungen wie z.B. Sarâj al-akhbar. Vgl. Ahang, op.cit., S. 44 ff.
13 Vgl. *Zahir — 'Elmi*, op.cit., S. 134 –135.
14 Vgl. *Qawâs*, op.cit.
15 Die Angaben beruhen großteils auf Interviews in den Bazaren Herats, Qaznins, Kunduz und Kabuls. Außerdem wurden die angegebenen Institutionen von mir besucht.
16 Vgl. die entsprechende Aussage bei *Nâ'il*, op.cit., Vorwort.
16a Diese zweite Auflage hat einen etwas veränderten Titel: *M. Ebrâhim* (Hg., Durchsicht und Korrektur), Fehrest-e âsâr-e 'elmi-ye ostâdân wa mongrâfihâ-ye mohaselân-e pohantun (Verzeichnis der wissenschaftlichen Arbeiten der Professoren und der von Studenten verfaßten Monographien der Universität Kabul), Kabul 1353 (1974).
17 Anjoman-e âriânâ dâ'erat ul-ma'âref (Konversationslexikon der Ariânâ-Gesellschaft), Kabul, 6 Bände, 1328 –1348 (1949/50 –1969/70).
18 *Ahmad 'Ali Kohzâd*, Emperâtori-ye kushân (Die Kushân-Herrschaft), Kabul 1317 (1928/29); derselbe, Begrâm, Kabul 1317 (1938/39); derselbe, Ariânâ, Kabul 1321 (1942/43); derselbe, Kanishkâ, Kabul 1325 (1946/47); derselbe, Lashkargâh, Kabul 1332 (1953/54); derselbe, Afqânestân dar partu-ye târikh (Afghanistan im Lauf der Geschichte, Aufsatzsammlung), Kabul 1346 (1967/68); derselbe, Târikh-e afqânestân (Geschichte Afghanistans), Kabul, Band I (in Zusammenarbeit mit *M. Osmân Sadeghi)*, o.D., Kabul, Band II, 1325 (1946/47).
19 *Mir Qulâm M. Qobâr*, Afqânestân dar masir-e târikh (Afghanistan im Laufe seiner Geschichte), Kabul 1346 (1967); *'Abdul Hay Habibi*, Târikh-e mokhtesar-e afqânestân (Kurze Geschichte Afghanistans), Kabul, 2 Bände, 1346 –1349 (1967 –1970).
20 Vgl. die Publikationen: *'Abdulsalim Farqâni*, Ejtehâd dar fateh-ye eslâmi (Die zum Sieg des Islam führenden Anstrengungen), Kabul 1356 (1976/77); *'Abdul Hay Habibi*, Afqânestân ba'd az eslâm (Afghanistan seit der Einführung des Islams), Kabul 1345 (1966/67). In diesem Zusammenhang sei auch auf eine der frühen Übersetzungen aus dem arabischen zu diesem Thema hingewiesen: *Sayyed Ahmad ben Sayyed Zin Dahelân*, Târikh-e futuhât-e eslâmieh (Geschichte der arabischen Eroberungen), Herat, 2 Bände, 1309 (1930/31).
21 Dazu sind insbesonders anzuführen: *Khalilullâh Khalili*, Sultanat-e qazwaviân (Das Sultanat von Ghaznin), Kabul 1333 (1954/55); *Ostâd Qulâm Jilâni Jalâli*, Qazneh wa qaznaviân (Ghaznin und die Ghaznaviden), Kabul 1351 (1972/73); *M. Ebrâhim 'Sâbet'*, Sultân shahâb ad-din quri, Kabul 1344 (1965/66), in Pushtu; *'Atighullâh Pazhwâk*, Quriân (Die Ghoriden), Kabul 1345 (1966). Vgl. ebenso den 3. Band der "Târikh-e afqânestân" (Geschichte Afghanistans), unter Mitarbeit von *Mir Qulâm M. Qobâr*, *'Ali Ahmad Na'imi*, *Mir M. Sadigh Farhang*, *Ahmad 'Ali Mahbi* und *Khalilullâh Khalili*, Kabul 1336 (1957/58). In diesem Band werden einzeln behandelt: die Taheriden, Safariden, Samaniden und auch Ghaznaviden.
22 *Jalâli*, op.cit., S. 61.
23 *Qobâr*, Afqânestân, op.cit., S. 120.
24 Übersetzt wurde z.B. von *C. E. Bosworth*, Ghaznevid military organisation, in: Der Islam, XXXVI (1960), S. 37 –77, unter dem Titel: Tashkilât-e nezâmi-ye qaznaviân, Kabul 1342 (1963). Als kleineres Werk im Bereich der Hilfswissenschaften kann gelten: *Sheikh M. Rezâ – Sarwar Humâyun*, Moghâmât-e târikhi wa mazârât-e qazneh (Historische Plätze und Grabmäler in Ghaznin), Kabul 1356 (1977).
25 Es wurde jedoch *W. W. Bartholds* "Turkestan down to the Mongol Invasion", London ³1968, unter dem Titel "Târikh-e siâsi wa ejtemâ'i-ye âsiâi-ye markazi tâ gharn-e dawâzdah", Kabul 1344 (1965/66) ins Dari übersetzt.
26 Vgl. Anm. 14 und 19.
27 *Sayyed Ghâsem Reshtiâ*, Afqânestân dar gharn-e nunzdah (Afghanistan im 19. Jahrhundert), Kabul ³1346 (1967/68).
28 *Mir Qulâm M. Qobâr*, Ahmad shâh bâbâ (Väterchen Ahmad Shâh), Kabul 1322 (1940).
29 *'Aziz ad-Din Fofalza'i*, Durat uz-zamân fi târikh-e shâh zamân (Das Rad der Geschichte oder die Geschichte Shâh Zamâns), Kabul 1337 (1958/59); derselbe, Timur shâh durâni (Geschichte

Timur Shâhs), Kabul, 2 Bände, ²1346 (1967/68). Die zweite Auflage stellt eine wesentliche Erweiterung der 1333 (1954/55) in Kabul publizierten ersten Auflage dar.

30 *Mirzâ Ja'kub 'Ali Khâfi*, Pâdeshâhân-e motâkher-e afqânestân (Die letzten Könige Afghanistans), Kabul, 2 Bände, 1334 (1955/56); *Mirzâ 'Atâ Mohammed*, Nowâ-ye ma'ârek (Neue Schlachtfelder), Kabul 1331 (1952/53); *Nur M. Nuri*, Golshân-e emârat (Garten der Herrschaft), Kabul 1335 (1956/57); *M. Qulâm "Qulâmi"*, Jangnâmeh (Das Buch über den Krieg), Kabul 1336 (1957/58); *Hamid Kashmiri*, Akbarnâmeh (Bericht über Serdar Akbar), Kabul 1330 (1951/52); Waghe'ât-e shâh shujâ' (Ereignisse zur Zeit Shâh Shujâ's), Kabul 1333 (1954/55).

31 *M. Anwar Nayer*, Lashkarkeshihâ-ye ahmad shâh-ye durâni (Die Feldzüge Ahmad Shâhs), Kabul 1348 (1969/70).

32 *'Aziz ad-Din Fofalza'i*, Târikh-e khergheh-ye sharifeh-ye ghandahâr (Die Geschichte des heiligen Prophetengewandes in Kandahar), Kabul 1346 (1967).

33 Das betrifft insbesondere Material der Zeitschriften und Zeitungspublikationen.

34 *Burhân ad-Din Kushkeki*, Nâder-e afqân (Nâder der Afghane), Kabul 1310 (1931/32); *M. ad-Din Anis*, Bohrân wa nejât (Die Krise und ihre Lösung), Kabul o.D. (wahrscheinlich 1930 oder 1931).

35 Vgl. *Ahang*, op.cit., und *Sâber – Mardomi*, op.cit.

36 *Ahmad 'Ali Kohzâd*, Bâlâ hesâr-e kâbul wa pishâmadhâ-ye târikhi (Die Festung Bâlâ Hesâr in Kabul und die historischen Ereignisse), Kabul, 2 Bände, 1336 – 1340 (1957/58 – 1961/62).

37 Vgl. z.B.: *M. Ebrâhim Khalil*, Mazârât-e shahr-e kâbul (Die Heiligengrabmäler in Kabul), Kabul 1339 (1960/61); *Amir Sayyed 'Abdullâh* und andere, Resaleh-ye mazârât-e herât (Verzeichnis der Heiligengrabmäler in Herat), Herat 1308 (1929/30).

38 Auf die vor-islamische Zeit bezieht sich: *'Abdul Hay Habibi*, Haft katibeh-ye ghadim (Sieben antike Inschriften), Kabul 1348 (1969). Für die spätere Zeit vgl. z.B.: *Rezâ Mâyel*, Resalehâi-ye khat-e majnun-e rafighi-ye herâwi (Verzeichnis der Inschriften von Majnun Rafigh aus Herat, Kabul 1355 (1976); *M. Ebrâhim*, Majmu'eh-ye khatut (Sammlung von Schreibweisen), Kabul 1355 (1976).

39 Hierzu zählt z.B.: *'Abdulqafur Lâri*, Târikhcheh-ye mazâr-e sharif (Kleine Geschichte Mazâre Sharifs), unter Mitarbeit von *Mâyel Herawi*, Kabul 1349 (1970/71); *Nur M. Kohgadi*, Târikhcheh-ye mazâr-e shâh-ye auliâ (Kurze Geschichte des Grabmals von 'Ali in Mazâre Sharifs), Balch o.D.

40 Vgl.: *M. Ebrâhim Khalil*, Sharh hal wa âsâr-e amir-e khusrau (Biographie und eine Auswahl aus den Werken Naser Khosraus), Kabul 1340 (1961); *Mâyel Herawi*, Sharh hâl wa âsâr-e amir-e huseini-ye quri-ye herawi (Biographie und Auswahl aus dem Werk Amir Huseins aus Qor mit dem Beinamen "Herawi"), Kabul 1344 (1965/66).

41 Zur Münzkunde: *Ahmad 'Ali Kohzâd*, Maskukât-e afqânestân dar 'asr-e eslâm (Die afghanischen Münzen seit der Islamisierung), Kabul o.D.; *'Abdulhakim Hamidi*, Maskukât-e mo'âsar-e afqânestân (Die zeitgenössischen afghanischen Münzen), Kabul 1345 (1966/67). Zur historischen Geographie kann z.B. gerechnet werden: *M. Osmân Sadeghi*, Shahrhâ-ye âriânâ (Die Städte in Ariânâ), Kabul 1354 (1975/76).

42 Am Anfang der Übersetzertätigkeit stand *Mahmud Tarzi*, der neben Romanen Jules Vernes unter anderem auch eine "Geschichte des russisch-japanischen Krieges von 1904 – 1905" ins Dari übersetzte. Sein Titel: Târikh-e mohârebeh-ye rus wa zhâpân, Kabul, 5 Bände, 1334 gh. – 1335 gh. (1915 – 1917). Übersetzungen von *Barthold* – vgl. Anm. 25 – und *Bosworth* – vgl. Anm. 24 – stehen z.B. die Übersetzung von *Jaworskijs* "Reise der russischen Gesandtschaft in Afghanistan und Buchara in den Jahren 1878 – 1879", dt. Jena 1885, zur Seite: Sefârat e rusieh-ye nazâri be darbâr amir-e shir 'alikhân dar sâlhâ-ye 1878 wa 1879 milâdi, Kabul o.D.

43 So z.B.: *Marshal Sardar Shah Wali*, My Memoirs, Kabul 1970; *Dr. Abdul H. Tabibi*, Sufism in Afghanistan, Kabul o.D.

44 Vgl. die Angaben unter Anm. 30. Erwähnt soll noch werden: Nâmeh-ye ahmed shâh bâbâ be nâm-e sultân-e mustafa sâles-e osmâni (Brief Ahmad Shâhs an Sultan Mustafa III., den Osmanen), Kabul 1346 (1967).

45 Wie z.B. Zahir'u-din M. Babur oder seine Tochter Gulbadan Begum.

46 *'Abdul Hay Habibi*, Târikh-e mokhtesar, op.cit., Bd. 1, S. Alef.

2. Beiträge zur Wirtschaft des Landes

Die Probleme der Mitarbeiterführung in den afghanischen Unternehmen

Mohammed Naim Assad, Bonn

Einleitung

In einem wirtschaftlich unterentwickelten Land wie Afghanistan ist der Beitrag des Staates und der privaten Unternehmen zur wirtschaftlichen Entwicklung von besonderer Bedeutung. Die selbständigen Unternehmen haben die Aufgabe, durch ihr rationales Verhalten die Kombination der Produktionsfaktoren so zu gestalten, daß ihre betriebs- und volkswirtschaftlichen Funktionen möglichst optimal erfüllt werden können. Der Staat hat demgegenüber die Aufgabe, ein solches Klima zu schaffen, in dem die privaten Unternehmen bei der Ausübung ihrer Funktionen politisch, rechtlich und wirtschaftlich nicht behindert werden. Wo die Einrichtung von öffentlichen Unternehmen erforderlich scheint, sollten sie nicht mit den selbständigen Unternehmen konkurrieren, sondern einander ergänzen. Auch die staatlichen Unternehmen dürfen nicht als Ersatz für die Betätigung privater Unternehmen aufgefaßt werden, sondern als Vorbedingung für deren Entfaltung.

Bei der Unterlassung bzw. mangelnder Erfüllung der erforderlichen Staatsaufgaben und bei der mangelhaften Durchführung der betriebswirtschaftlichen Funktionen seitens der Unternehmen wird die wirtschaftliche Entwicklung des Landes nicht vorangetrieben; die Rückständigkeit des Landes nimmt sogar noch zu.

Beim Studium einschlägiger Literatur und in Anbetracht der afghanischen Unternehmen kommt man zu dem Ergebnis, daß die meisten Unternehmen nicht imstande sind, ihre betriebswirtschaftlichen Funktionen, die sie im Rahmen ihres Umsatzprozesses ausüben sollten, voll zu erfüllen. Die Gründe liegen in den gesellschaftlichen Determinanten, verstärkt durch die mangelhafte Durchführung der Staatsaufgaben, aber auch in der uneffizienten Organisation und Führung der Unternehmen selbst.

Die Untersuchung, Analyse und Auswertung der Probleme, die die Effizienz der Organisation und der Führung der Unternehmen beeinträchtigen, ist der Gegenstand einer Forschungsarbeit, die der Verfasser im Rahmen eines einjährigen Forschungsaufenthaltes in der Bundesrepublik mit finanzieller Unterstützung der Alexander-von-Humboldt-Stiftung unter Betreuung von Professor Dr. Dr. h. c. mult. Horst *Albach,* Institut für Gesellschafts- und Wirtschaftswissenschaften der Universität Bonn durchgeführt hat. Die folgende Arbeit ist eine Zusammenfassung dieser Untersuchung.

I. Empirisch-theoretische Analyse der Mitarbeiterführung in afghanischen Unternehmen

1. Unternehmen und Umwelt

Wie aus der historischen Erfahrung und der derzeitigen wirtschaftlichen Lage in Afghanistan ersichtlich ist, sind die gesellschaftlichen Aufgaben der Bedürfnisbefriedigung zwischen den selbständigen Unternehmen und dem Staat im Laufe der Zeit derart verteilt worden, daß der Staat nicht nur die Hoheitsaufgaben allein, sondern auch zum größten Teil die Aufgaben der Unternehmen selbst übernehmen mußte. Hierfür lassen sich folgende Gründe anführen: Erstens waren die privaten Unternehmen wegen der unzureichenden Kapitalausstattung, wegen des Fehlens an Fachkräften sowie unzureichender Vertrautheit mit der Produktion und Vermarktung nicht in der Lage, allein ihre volkswirtschaftlichen Aufgaben im befriedigenden Umfang zu erfüllen. Daneben herrscht vielfach fehlendes kaufmännisches und technisches Wissen sowie ein hoher Grad an Ungewißheit über die zukünftige Entwicklung. Zum anderen war der Staat nicht gewillt, seine Kontrolle über die Unternehmen völlig aufzugeben.

Die Aufgaben und Ziele, die die privaten Unternehmen und der Staat zur Bedürfnisbefriedigung der Gesellschaft durchzuführen bzw. zu verfolgen haben, werden durch die islamische Religion (als "Lebensform" der afghanischen Gesellschaft) und das Traditionsbewußtsein der afghanischen Bevölkerung stark beeinflußt.[1] Auch für die Verhältnisse zwischen Unternehmen und Marktpartnern spielt die religiöse und traditionelle Lebensweise eine besondere Rolle. So wirkt die von der Familie dem Individuum gewährte Sicherheit auf die Arbeitsmoral des einzelnen Mitarbeiters und dessen Arbeitsverhältnis zu seinem Arbeitgeber. Das patriarchalische System, dessen Ursprung bei der Familie, der Sippe und dem Stamm liegt, ist zum großen Teil auf die Unternehmen übertragen worden. Dies beeinflußt gewiß den Führungsstil der Unternehmen. "Die Strenggläubigkeit der Bevölkerung trägt wesentlich zur Erhaltung des rentenkapitalistischen Wirtschaftsgeistes bei, der die Sozial- und Wirtschaftsstruktur Afghanistans beherrscht."[2]

Angesichts der wirtschaftlichen Rückständigkeit Afghanistans haben Unternehmen und Staat bei der Bewältigung von Armut und Rückständigkeit wichtige Aufgaben. Es ist auch selbstverständlich, daß die staatlichen Aktivitäten in verschiedenen Bereichen (vor allem für den Aufbau des Bildungs-, des Kommunikations- und Verkehrswesens, für Investitionsförderung und die Gründung kapitalintensiver Unternehmen, die aus verschiedenen Gründen nicht von Privatpersonen vorgenommen wird) zunehmen müssen. Wie die historische Entwicklung zeigt, ist der Anteil der wirtschaftlichen Aktivität des Staates an den Gesamtaufgaben (Unternehmens- und Staatsaufgaben) nicht konstant geblieben. Entsprechend hat sich im Laufe der Zeit das Verhältnis von Unternehmen und Staat verändert. Jedoch hat es die afghanische Regierung (sowohl in der Vergangenheit als auch in der Gegenwart) "trotz aller staatlichen Proklamationen über die Notwendigkeit und Wünschbarkeit privater Investitionen zum Aufbau einer Industrie versäumt, die Rolle des Privatsektors im Rahmen der 'Mixed and Guided Economy' so eindeutig zu definieren, daß der Privatsektor Gewißheit über das Maß seiner Dispositionsfreiheit gewinnen könnte."[3]

Das Verhältnis zwischen Unternehmen und Mitarbeitern wurde zum großen Teil durch das Arbeitsgesetz geregelt, das im Jahre 1946 ratifiziert wurde. "Das Gesetz enthält Bestimmungen sowohl über die Regelung des Verhältnisses zwischen Arbeitgebern und Arbeitnehmern als auch über die Arbeitsbedingungen im Betrieb, außerdem Vorschriften über soziale Sicherheit und Unfallverhütung."[4] Das Gesetz ist jedoch zu anspruchslos und für die Verhältnisse der afghanischen Gesellschaft nicht ausreichend, da es zu wichtigen Fragen, wie Ausbildung, Weiterbildung, Lehrvertrag, Zwangsarbeit sowie Lohnschutz und soziale Sicherheit, nur unzulänglich Stellung nimmt. Neben der in dem Gesetz vorgesehenen Bestimmung über die Pflichten und Rechte der Arbeitgeber gegenüber den Mitarbeitern gibt es betriebliche Sozialleistungen in Form kostenloser Beförderung der Mitarbeiter vom und zum Arbeitsplatz, dreizehnten Monatsgehalts und Gewährung kostenloser Medikamente. Da infolge der Unzulänglichkeit der gesetzlichen Bestimmung öfters Probleme entstehen, ist es für die Beseitigung der Schwierigkeiten notwendig, das Verhältnis der Unternehmen und ihrer Mitarbeiter durch die Schaffung umfassender Vorschriften neu zu regeln.

Auch das Verhältnis von Unternehmen und Lieferanten sowie das Verhältnis von Unternehmen und Konsumenten ist nicht unproblematisch. Oft sind die inländischen Lieferanten nicht imstande, die benötigten Werkstoffe in erforderlichen Mengen zu den richtigen Zeitpunkten und/oder in den ausreichenden Mindestqualitäten in die Industriebetriebe zu liefern.[5] Die Folge der Quantitätsmängel ist, daß die Marktanteile der jeweiligen Unternehmen nicht ausgedehnt werden können und daß die Kapazität vieler Unternehmen nicht voll ausgelastet wird. Würden diese Mängel beseitigt, so hätte dies die bekannten vorteilhaften Wirkungen auf die Ausnutzung der Kapazitäten, so daß die Stückkosten und letzten Endes die Preise gesenkt werden könnten. Die Qualität der Werkstoffe, die durch unsachgemäße Lagerung, klimatische Bedingungen und andere Faktoren beeinträchtigt werden, verschlechtert die Qualität der hergestellten Produkte sowie die Wettbewerbsfähigkeit der afghanischen Industrieunternehmen gegenüber ihrer ausländischen Konkurrenz.

Die ausländischen Lieferanten stellen meist keine Probleme für die afghanischen Unternehmen dar. Jedoch tauchen Schwierigkeiten im Zusammenhang mit der Lieferung der Werkstoffe auf: Terminschwierigkeiten hinsichtlich Verlängerung der Lieferzeit (wegen der schwierigen geographischen Verhältnisse Afghanistans), ständiger Preisanstieg ausländischer Werkstoffe, höhere Transportkosten, Schwierigkeiten bei der Beschaffungsfinanzierung u.a., die sich auf die Liefertermine der Unternehmen, auf den Produktionsprozeß und auf die Kosten negativ auswirken.

Die Wahrnehmung der Konsumenteninteressen ist je nach Branche und einzelnen Unternehmen unterschiedlich. Bei einigen Unternehmen achtet man auf die Produkt- und Dienstleistungsqualität, während andere Unternehmen die Qualität ihrer Produkte außer acht lassen. Rechtliche Grundlagen, die Verbraucher vor Mißbrauch zu schützen, gibt es kaum.

2. Gesellschaftliche Determinanten der Mitarbeiterführung

Die gesellschaftlichen Determinanten der Mitarbeiterführung in Afghanistan sind u.a. die Legitimation der Führung, die gesellschaftlichen Werte und Wertvorstellungen, das Menschenbild und das Selbstverständnis der Unternehmen, die die Willensbildung und Entscheidung in Unternehmen beeinflussen.

Bei der Legitimation der Führung in den afghanischen Unternehmen wird erörtert, wer in diesen Unternehmen die Herrschaftsgewalt über die Mitarbeiter ausübt und wie sich dies auf die Willensbildung im Unternehmen auswirkt. Aufgrund unserer Untersuchung können wir zu dieser Frage folgende Thesen formulieren:
a. Die Ausübung der Führungsmacht in den afghanischen Unternehmen (sowohl in den staatlichen als auch in den privaten Unternehmen) wird durch die Eigentümer an den Produktionsmitteln legitimiert. Die Belegschaft als eine gesellschaftliche Gruppe kommt weder als Zentrum der Willensbildung in Betracht, noch ist sie in

der Lage, auf die Führungsgewalt in den Unternehmen einzuwirken. Die Ausübung der Herrschaft zeigt sich also als eine autoritäre Erscheinungsform.

b. Die Führung in den staatlichen Betrieben stellt nur einen "Machtpromotor" dar. Es gibt zwar in einigen Betrieben Fachkräfte in Führungspositionen, jedoch ist ihre Führungsmacht nicht deshalb legitimiert, weil sie Fachkenntnisse besitzen und als Führer geeignet sind, sondern es spielen vielmehr bei der Legitimation ihres Führungsanspruches andere Aspekte eine entscheidende Rolle.

Obwohl in den privaten Unternehmen die Herrschaft in der Erscheinungsform der autoritären Führung ausgeübt wird, wird die Herrschaftsgewalt der Führung von Mitarbeitern nicht nur allein aus Machtgründen, sondern auch aufgrund der Eigenschaften (wie Erfahrung, Fachkenntnis, höheres Bildungsniveau, gesellschaftliches Ansehen, Fähigkeit, gutes Argumentations- und Überzeugungsvermögen, Verantwortungsübernahme usw.) akzeptiert, die die Führer besitzen.

c. Staatliche Stellen, die außerbetriebliche Willensbildungszentren darstellen und die auf die Entscheidungen der Geschäftsleitung direkt oder indirekt einwirken, sind vor allem solche Stellen, die Preiskontrollen betreiben, Zuteilungen für die Material- und Ersatzteileinfuhr erteilen, Investitionsgenehmigungen ausstellen, Zollermäßigungen zustimmen und die Produkte der Unternehmen einkaufen. Derartige Maßnahmen sollen dazu dienen, die Investitionen zu fördern und im Rahmen der Wirtschaftspläne das betriebliche Geschehen zu lenken. "Man gerät in solchen Fällen in das Dilemma, einerseits die Entfaltung unternehmerischer Initiative fordern und fördern zu müssen, andererseits aber auch gleichzeitig den Betrieben Autonomie zu entziehen".[6] Außerdem wirken sich die o.e. Maßnahmen wegen der langwierigen bürokratischen Verfahren eher hemmend als fördernd auf die betriebliche Entscheidung aus.

d. Obwohl bei den staatlichen Industriebetrieben die Führungsgewalt des "Board of Directors" und des "Board of Executive"[7], die für die Geschäftsführung verantwortlich sind, vom Staatssouverän abgeleitet wird, kann man bei ihnen gewisse Führungsschwächen feststellen. Der erste Grund liegt darin, daß beim Treffen der echten Entscheidungen, die vom "Board of Directors" getroffen werden müssen, Verzögerungen auftreten. Manche Befugnisse werden zwar an den "Board of Executive" delegiert, jedoch trifft der jeweilige Board aus Scheu vor Verantwortung möglichst wenige oder keine Entscheidungen. Solche Fälle treten in den privaten Unternehmen nur selten auf. Als zweiten Grund kann man die Wahrnehmung der Interessen der Eigentümer bzw. der Angestellten bzw. Geschäftsführer erwähnen. Bei privaten Unternehmen werden die Entscheidungen deshalb schneller und konsequenter als bei staatlichen Betrieben getroffen, "weil es möglich ist, die Erwerbsinteressen von Eigentümern und angestellten Geschäftsführern gleichzurichten, wenn sicher auch nicht völlig gleichzuhalten, indem die Dienste der letzteren zu einem spürbaren Teil in Abhängigkeit vom jeweiligen Geschäftserfolg vergütet werden"[8].

Die religiösen und traditionellen Werte und Wertvorstellungen stellen in Afghanistan zum großen Teil die gesellschaftlichen Werte und Wertvorstellungen dar, deren Berücksichtigung die Unternehmen vor neue Aufgaben stellt. Die Lösung dieser Aufgaben wird Zeit, Geduld und Kosten in Anspruch nehmen. Der Gegensatz zwischen gesellschaftlichen Wertvorstellungen und "dem Unternehmensziel (nämlich durch optimale Unternehmensleistung zur Bedürfnisbefriedigung aller bei Kapitalerhaltung mit nachhaltiger Rentabilität) ist nicht ein Konflikt über die Zielsetzung selbst. Es ist ein Konflikt über die gleichzeitige Verwirklichung der beiderseitigen Zielvorstellungen"[9]. Trotz der erwähnten Tatsachen erscheint uns am bemerkenswertesten, "daß es afghanischen

Unternehmen gelungen ist, die Gültigkeit einiger traditioneller Wertvorstellungen bei einem großen Teil ihrer Arbeiterschaft zumindest in Frage zu stellen und darüber hinaus bis zu einem gewissen Maß in Richtung auf "industriekonformes" Verhalten zu ändern. Dieser Erziehungsprozeß — und um einen solchen handelt es sich — ist bisher noch nicht abgeschlossen, und es ist zu erwarten, daß auf diesem Gebiet weitere Fortschritte gemacht werden"[10].

Da in Afghanistan bis heute keine Führungsgrundsätze in den Unternehmen entwickelt worden sind, kann man auch keine Aussagen, die aus den Führungsgrundsätzen abzuleiten wären, über das Menschenbild machen. Wie die gesellschaftlichen Werte und Wertvorstellungen wird das Menschenbild auch von Tradition und Religion nicht unberührt bleiben. Nach Auffassung der Religion sind alle Menschen gleich, und von Gott wird kein Mensch anderen Menschen vorgezogen. Als einziges Kriterium für die Bevorzugung gilt die Befolgung der religiösen Anweisungen, d. h. ein Mensch, der seinen religiösen Verpflichtungen nachkommt, wird dem bevorzugt, der die Anweisungen der Religion nicht befolgt. Macht, Eigentum und soziales Ansehen stellen kein Unterscheidungsmerkmal dar. Aufgrund dieser religiösen Auffassung können wir behaupten, daß nach der islamischen Religion das Bild des Vorgesetzten und das Bild des Untergebenen aus demselben Menschenbild folgen und es daher keine unterschiedlichen Menschenbilder gibt.

Diese Aussage gilt aber nicht für die traditionelle Lebensform. Hier kann man aus folgenden zwei Gründen verschiedene Menschenbilder (Vorgesetzte und Untergebene) differenzieren. Wegen der starken Abhängigkeit der meisten Afghanen von Familie, Sippe sowie Stamm und des Vorhandenseins von patriarchalischer und charismatischer Herrschaft, die im Bewußtsein der Afghanen tief verankert ist, können wir zwei voneinander getrennte Menschenbilder unterscheiden, die kaum auf einen gemeinsamen Nenner zu bringen sind. Menschen, deren Autorität von den Untergebenen anerkannt und die als Vorgesetzte akzeptiert werden, und Menschen, die geführt werden. Diese Menschenbilder gehören nicht zur modernen Führungstheorie; sie werden sogar von ihr abgelehnt [11], und zwar, weil einerseits das Menschenbild des Vorgesetzten und das Bild des Untergebenen nicht aus demselben Menschenbild folgen. Zum anderen werden die Mitarbeiter bei Nichterfüllung der sozialen Bedürfnisse, der Selbstverwirklichung, der Entfaltung der Initiative und des Eigeninteresses der Mitarbeiter der formellen Organisation entfremdet.

Ebenso wie das Menschenbild läßt sich das Selbstverständnis der Unternehmensführung auch aus den Führungsgrundsätzen nachweisen.[12] Da es in Afghanistan keine Führungsgrundsätze gibt, stützen wir unsere Untersuchung des Selbstverständnisses der Unternehmensführung auf die von uns durchgeführte Befragung, auf das Gesetz für staatliche Betriebe, auf das Gesetz für in- und ausländische Investitionen, auf die Satzungen und schließlich auf die Regierungserklärungen. Danach haben sich die Unternehmen in erster Linie für Hersteller von Produkten, mit denen die Bedürfnisse der Bevölkerung befriedigt werden, gehalten. Einige von ihnen boten zwar ihren Mitarbeitern freiwillig soziale Leistungen, wie Weiterbildung der Führungskräfte, Werkswohnungen für Mitarbeiter, medizinische Versorgung u.a., dennoch betrachteten sich die Unternehmen nicht als soziale Einrichtungen, in denen sich ihre Mitarbeiter frei entfalten konnten. Bei der Befragung und Analyse einiger Gesetze und der Regierungserklärungen hat sich erwiesen, daß die Unternehmen sich vielmehr nach der Wirtschaftspolitik der Regierung gerichtet haben. So erfolgte die Gründung der Industrieunternehmen zum Zweck der Steigerung des Nationaleinkommens, die auf folgenden Grundsätzen basierte: Verwendung inländischer Rohstoffe, Einsatz inländischer Arbeitskräfte bzw. Schaffung neuer Arbeitsplätze; Einfuhrsubstitution; Steigerung der Exportproduktion; Bedürfnisbefriedigung der Bevölkerung; Verwendung der im Inland hergestellten Produkte; Steigerung der Wertschöpfung. Für die Verbesserung der Lebenslage haben alle in die Befragung einbezogenen Betriebe Verständnis gezeigt. Aber sie haben es als Aufgabe der Regierung bezeichnet, die notwendigen Maßnahmen zur Verbesserung der Lebenslage ihrer Mitarbeiter zu ergreifen.

3. Die Organisation der Mitarbeiterführung

Unsere Untersuchung hat gezeigt, daß im Zusammenhang mit Aufbauorganisation, Mitarbeitervertretung, Führungsstil, Führungsmitteln und Kontrolle Probleme entstehen, die die Entscheidungen in den Unternehmen negativ beeinflussen. Bei den meisten Unternehmen (insbesondere Staatsunternehmen) sind die Aufgabenanalyse so durchgeführt und die Aufgabensynthese derart mangelhaft gestaltet, daß die Prozedur der Entscheidung lange Zeit in Anspruch nimmt. Die Probleme, die im Zusammenhang mit der Mitarbeitervertretung entstehen, werden wir aus folgenden Gesichtspunkten betrachten:
a) Wo der Vertreter nicht vom Stelleninhaber, sondern von Vorgesetzten (oberste Instanz) ohne Einvernehmen des Stelleninhabers beauftragt wird, besteht die Gefahr, daß der Vertreter durch den Vertretenen nur beschränkt informiert wird und daß der Stelleninhaber ständig den Vertreter als unfähig und unqualifiziert in den Augen des Vorgesetzten herabsetzt. Das führt dazu, daß eine absolute Loyalität des Vertreters gegenüber dem Stelleninhaber nicht mehr existiert, so daß unbedingte Diskretion und totale Fairness verschwinden, daß der Vertreter nicht im Sinn und Geist des Vertretenen handelt und daß der Vertreter den Stelleninhaber nicht über die Vorkommnisse während seiner Abwesenheit richtig und vollständig informiert.
b) Es entstehen Konflikte zwischen dem Stelleninhaber und seinem Vertreter, die bewußt durch den Vorgesetzten in der Weise entfacht werden, daß er einen Ungeeigneten und Unqualifizierten beauftragt, der zur Ausübung der Aufgaben des Stelleninhabers nicht befähigt ist. Der Konflikt wird auch entstehen, wenn zwischen Vertreter und Stelleninhaber schon früher persönliche Auseinandersetzungen bestanden. Derartige Führungspraktiken (divide and govern) werden in der modernen Führungstheorie eher als schädlich denn als nützlich bezeichnet.
c) Das Problem kann auch dadurch entstehen, daß ein Vertreter, der den nicht geachteten ethnischen Gruppe angehört, beauftragt wird und von der untergeordneten bzw. gleichrangigen Mitarbeitergruppe oder vom Stelleninhaber nicht akzeptiert wird.[13]

Bei der Untersuchung der afghanischen Unternehmen hat sich herausgestellt, daß eine scharfe Trennung zwischen Führungsanweisung, Stellenbeschreibungen und Funktionsbeschreibungen nicht vorhanden ist. Nur ein geringer Teil der Unternehmen hat eine Art Aufgabenregelung, in der die durch eine Abteilung bzw. Stelle zu erfüllenden Aufgaben festgelegt worden sind. Diese Aufgabenregelung ähnelt der Funktionsbeschreibung, da hier nur die Aufgaben einzelner Abteilungen in den Unternehmen geregelt werden. Jedoch ist es nicht klar, wer die zugeordneten Aufgaben zu erledigen hat, wie die Kompetenzverteilung aussieht, wer wem gegenüber Verantwortung hat, wer Vorgesetzter ist, wie viele Mitarbeiter ihm als Untergebene unterstehen und wie das Verhältnis zwischen den Stellen geregelt ist. In den staatlichen und halbstaatlichen Betrieben ist neben der o.e. Frage das Anforderungsprofil der Stelleninhaber nicht geregelt. Ferner sind Kompetenz und Verantwortungen der Geschäftsführung in den staatlichen Unternehmen nicht klar abgegrenzt. In diesen Betrieben werden die Mitarbeiter aufgrund der Merkmale beurteilt, die zur Beförderung und Versetzung der Beamten bzw. staatlichen Angestellten zur Verfügung stehen. Bei den privaten Unternehmen gibt es entweder keine systematisch fixierten Beurteilungsmerkmale (z.b. bei mittleren und kleinen Unternehmen), oder jedes Unternehmen besitzt eigene Beurteilungsverfahren. In der Praxis wird jedoch öfter von den objektivierenden Merkmalen abgewichen.

Da es in Afghanistan kein einheitliches bildungspolitisches Konzept für betriebliche und außerbetriebliche Berufsbildung gibt, werden sowohl die Führungskräfte (wenn fallweise solche Weiterbildung stattfindet) als auch die objektbezogenen Mitarbeiter unvollständig, unsystematisch und planlos ausgebildet. An theoretischer Fortbildung mangelt es ebenso (insbesondere hinsichtlich des Ausbildungsprogramms) wie an Maßnahmen zur individuellen Förderung. Auch sind die Ausbildungsprogramme der Berufsschulen mangelhaft.

Wie die Erfahrungen in den meisten afghanischen Unternehmen gezeigt haben, kann man von einer objektiven und fehlerfreien Entscheidung aufgrund von Kontrollinformation kaum sprechen. Die Kontrollinformation ist unzuverlässig, unvollständig und deswegen manipulierbar, da

— in den meisten Unternehmen das Rechnungswesen mangelhaft organisiert ist und diesbezüglich kein modernes Kostenrechnungssystem existiert,
— in den meisten Unternehmen keine klare Führungsanweisung und Aufgabenregelung vorhanden sind,
— in den meisten Unternehmen keine klare Kompetenzverteilung existiert — oft ist der Kommunikationsweg lang und unübersichtlich —,
— die Bilanzierungs- und Bewertungsvorschriften Lücken aufweisen,
— meistens die Dienstaufsicht nicht in fairer Form von Vorgesetzten wahrgenommen wird,
— oft die Unternehmen in der Aufsicht persönliche Kontrollen sehen und deshalb eine exakte Durchführung der Dienstaufsicht behindern,
— die Untergebenen aus Auseinandersetzungen zwischen ihren direkten Vorgesetzten und den nächsthöheren Vorgesetzten Nutzen ziehen und sich der Dienstaufsicht entziehen; die Untergebenen fühlen sich durch die nächsthöheren Vorgesetzten beschützt, und
— meistens der Vorgesetzte abwartet, bis sich von allein ein Anhaltspunkt für eine Nachprüfung ergibt. Er übt damit nicht bewußt seine Kontrollfunktion aus.

Ferner ist die Kontrolle in den staatlichen Betrieben so starr, daß sie keine Motivation für die Leistungssteigerung darstellt (sie wirkt eher leistungshemmend), da in diesem Fall keine Möglichkeit der Selbstkontrolle für die Mitarbeiter besteht. Häufig ergeben sich Verluste, weil der Mitarbeiter nicht imstande ist, seine Aufgaben zu erfüllen.

Bei der Erörterung der Elemente der Aufbauorganisation in den afghanischen Unternehmen haben wir festgestellt, daß ihre Gestaltung insbesondere in bezug auf die Aufgabensynthese mangelhaft ist. Diese Mängel, menschliche Eigenheiten, gesellschaftliche Wertvorstellungen der afghanischen Mitarbeiter und das Bestehen mehrerer ethnischer Gruppierungen begünstigen die Bildung der informellen Gruppen in Unternehmen. Ferner sind in den meisten Unternehmen die subjektiven, objektiven und Entlohnungsbedingungen nicht zu erfüllen, was die Bildung der informellen Erscheinungen gleichfalls verstärkt. Ebenfalls ist die fehlende Übereinstimmung von Eignungsprofil der Führungskräfte mit dem Anforderungsprofil der ihnen übertragenen Stelle ein anderer Grund, der zur Entstehung der informellen Führer, insbesondere in staatlichen Betrieben, führt. Die Bildung der informellen Gruppen ist mit offenen und latenten Konflikten verbunden, die ihrerseits die Effizienz der Entscheidung in Unternehmen beeinträchtigen.

II. Alternative Vorschläge

Es geht hier darum, leistungsfähige Unternehmen einzurichten, die ihre volks- und betriebswirtschaftlichen Aufgaben erfüllen und damit an der Gesamtentwicklung der Wirtschaft des Landes teilnehmen. Dies geschieht dann, wenn die Unternehmen wirtschaftlich funktionieren, eine Erfolgskontrolle bei ihnen möglich ist und ihnen wirtschaftliche Kontrolle übertragen wird.

In Afghanistan, wie in anderen Entwicklungsländern, mangelt es an Unternehmen, "die in der Lage sind, durch jeweils bestmögliche Kombination der Produktionsfaktoren ein ständiges aufeinander abgestimmtes wirtschaftliches Wachstum hervorzubringen."[13a] Auch die staatlichen Erwerbsunternehmen, die gegründet worden sind, um einerseits die genannten Lücken zu schließen und andererseits neben den Privatunternehmen an der wirtschaftlichen Entwicklung des Landes teilzunehmen, haben nicht die expliziten und impliziten Ziele planmäßig erreicht. Die staatlichen Unternehmen, in denen über 11 Mrd. Afs.[14] investiert wurden, waren nicht imstande, innerhalb von 10 Jahren (1965 – 1975) nach Schätzungen des Finanzministeriums mindestens eine Mrd. Afs. als Gewinn zu erwirtschaften[15]. In diesem Zusammenhang hat also "der Staat die Aufgabe, einerseits ein wirtschaftliches Klima zu schaffen, in dem der Unternehmergeist gedeihen kann, und ... gewisse gemeinwirtschaftliche Aufgaben, die nicht Sache von Unternehmen sein können, selbst bestmöglich durchzuführen"[16]. So hat der Staat für die Erhaltung und Funktionsfähigkeit der selbständigen Unternehmen, deren Investitionen ca. 2 Mrd. Afs. betragen und deren Zahl doppelt so hoch wie die der staatlichen Unternehmen ist, folgende Aufgaben zu erfüllen: Gestaltung und Entwicklung der Infrastruktur; Errichtung der Versorgungseinrichtungen; Gründung solcher Unternehmen, die im Hinblick auf die finanziellen Mittel durch Private nicht gegründet werden können, sowie die Schaffung lückenloser rechtlicher Rahmenbedingungen. Andererseits soll er dafür sorgen, daß die staatlichen Unternehmen reorganisiert werden und entsprechend das Gesetz für staatliche Unternehmen geändert wird. Zu dieser Frage werden wir im Folgenden Vorschläge machen:

1. Die Unternehmensformen

Nicht nur der organisatorische Aufbau soll reorganisiert werden, sondern es ist zu empfehlen, sich hinsichtlich neuer Unternehmenstypen Gedanken zu machen. Als neue Form werden wir die Einführung der Mitarbeiterunternehmen in Afghanistan vorschlagen. Zweck der Reorganisierung bzw. der Einführung neuer Unternehmensformen ist es, die Betriebsführung und Organisation effizienter zu machen, d. h. die Produktivität zu erhöhen, mehr Verantwortung an die Geschäftsleitung (Board of Executive) und die Mitarbeiter zu übertragen (Dezentralisierung), wirtschaftliche und soziale Unzufriedenheit in den Unternehmen zu reduzieren, die Entfaltung und Selbstverwirklichung der Mitarbeiter in Unternehmen zu erreichen sowie den Entscheidungsprozeß in Unternehmen zu beschleunigen. Daher können wir uns folgende Unternehmenstypen für afghanische Verhältnisse vorstellen:

1.1. Selbständige Unternehmen
Unter Annahme einer Wirtschaftsordnung in der Form der "mixed and guided economy" ist die Existenz von Privatunternehmen in Afghanistan unerläßlich. Da unter den afghanischen Kaufleuten auch "Pioniere" zu finden sind, die Interesse an der Gründung selbständiger Unternehmen haben, soll der Staat tatsächlich, wie er immer betont, die privaten Initiativen fördern[17]. Da es sich seit 1973 die Regierung als wirtschaftspoliti-

sches Ziel gesetzt hat, die mittleren und kleinen Unternehmen den Privaten zu überlassen, soll sie vor allem dafür sorgen, daß unter Berücksichtigung der von uns gemachten Vorschläge auch klare Kriterien für die Abgrenzung der Klein-, Mittel- und Großunternehmen erarbeitet werden. Damit wird die künftige Unsicherheit für Privatpersonen vermindert. Mit der Förderung der selbständigen Unternehmen werden weiterhin die technisch einfachen Konsumgüter gefördert und dadurch allmählich die Produktion mit zunehmender industrieller Erfahrung auf technisch komplizierte Kapitalgüterindustrien (Basisindustrien) verlagert. Ebenfalls wird der Weg für die "Diversifizierung"[18] der Industrie in Afghanistan geöffnet, die ein Ziel der Industrialisierung in diesem Land bildet.

1.2. Halbstaatliche Unternehmen

Es gibt Unternehmen, an denen der Staat bis 51 % beteiligt ist. Da diese Unternehmen im Verhältnis zu anderen staatlichen Unternehmen effizienter sind, befürworten wir ihre Fortführung. Allerdings soll ihre Aufbauorganisation entsprechend den gesammelten Erfahrungen verbessert und vervollkommnet werden.

Zur Zeit existieren über 60 staatliche Erwerbsunternehmen, die in bezug auf die Organisation und Führung dringend reformbedürftig sind, da in Afghanistan das System und die Organisation der staatlichen Betriebe nicht den künftigen Erfordernissen entsprechen. Ein besonderes Kennzeichen dafür ist der hohe Grad der Konzentration von Entscheidungszuständigkeiten bei der Regierung. Wir plädieren auch für ihre Fortführung als Übergangslösung, jedoch mit der Erwartung, daß sie allmählich in die Form von Mitarbeiterunternehmen umgewandelt werden.

1.3. Mitarbeiterunternehmen

Das Mitarbeiterunternehmen ist ein Unternehmenstyp, der z. Zt. in Afghanistan noch nicht vorhanden ist. Jedoch wird diese Form von uns als Synthese der staatlichen und privaten Unternehmen vorgeschlagen.

Als Basis für das Mitarbeiterunternehmen übernehmen wir die Form der "Arbeiterunternehmen", die durch *Büscher* vorgeschlagen wurde[19], jedoch mit gewissen Änderungen. Da die Mitarbeiter (objektbezogene und dispositive) aus finanziellen und anderen Gründen (vornehmlich mangelnde Erfahrung) nicht imstande sind, allein das Risiko des Mißerfolgs dieser Unternehmen zu übernehmen, wird vorgeschlagen, das zu gründende Mitarbeiterunternehmen in Form von "kapitalgesellschaftlichen Gruppenunternehmen" zu konstruieren. D. h., daß neben den Mitarbeitern des Betriebes einige Organisationen mit Mehrheitsbeteiligung als Gesellschafter bei der Gründung eines derartigen Unternehmens mitwirken. Neben der finanziellen Unterstützung werden die anderen Gruppen für die Effizienz der Organisation und Führung des Unternehmens sorgen, damit ihre Mittel nicht "verwirtschaftet" werden. Um sicherzustellen, daß das Mitarbeiterunternehmen nach der Gründung hinsichtlich der finanziellen Mittel nicht in Schwierigkeiten gerät, wird vorgeschlagen, daß die Mitarbeiter im Falle vorzeitigen Austritts aus dem Unternehmen ihren Anteil zurückgeben müssen; weiterhin wird angenommen, daß "die beteiligten Belegschaftsmitglieder im Betrieb die ... Stellung von Mitarbeitern haben sollen, also weiter gewerkschaftsfähig bleiben"[20] sollen; und schließlich, daß jeder Mitarbeiter bei der Wahl seines Vertreters im Board of Directors nur eine Stimme haben soll, ohne Rücksicht auf die Höhe seines Kapitalanteils.

Aufgrund der finanziellen Schwierigkeiten der Mitarbeiter ist nicht zu empfehlen, von Anfang an ein Beteiligungsverhältnis von 49 % (Mitarbeiter) zu 51 % (andere Gruppen) festzulegen. Das jeweilige Verhältnis kann sich zu Beginn der Gründung zugunsten der anderen Gruppen verschieben, jedoch soll das jeweilige Verhältnis im Laufe der Zeit und durch Verbesserung der Gewinnsituation des Unternehmens hergestellt bzw.

zugunsten der Mitarbeiter verändert werden. Um die Beteiligung für die Mitarbeiter noch attraktiver zu machen, wäre es ratsam, daß der Staat die Anteile derjenigen vorfinanzieren soll, die ihre Anteile nicht einzahlen können. Die Vorfinanzierung und die Herstellung des Anteilverhältnisses können später durch die zukünftigen Gewinnanteile der Mitarbeiter beglichen werden.

Die anderen Gruppen, die als Gesellschafter solcher Unternehmen in Frage kommen, sind die religiösen Stiftungen "Awqaf"[21], die Industrie- und Handelskammer, die zentrale Sozialversicherung der Beamten, der afghanische "Rote Halbmond" und die inzwischen neugegründete Gewerkschaft. Da sich die meisten dieser Institutionen im Staatsbesitz befinden, ist das Problem der Partnerschaft zwischen den verschiedenen Gruppen nicht unlösbar.

2. Die Willensbildungsinstanzen

Die Vorschriften des Handelsgesetzes für die Gestaltung der Instanzen der Willensbildung reichen sowohl für die privaten als auch für die staatlichen und halbstaatlichen Unternehmen völlig aus. Allerdings sollten die Satzungen der staatlichen Unternehmen und das Gesetz für die staatlichen Unternehmen in Hinblick auf die Verteilung der Befugnisse, der Verantwortung, der Zusammensetzung der Mitglieder des Board of Directors und des Board of Executive sowie die Art und Weise der Legitimation der jeweiligen Organe reformiert werden. Da die rechtliche Form des Mitarbeiterunternehmens als Kapitalgesellschaft vorgesehen ist, gelten die Vorschriften des Handelsgesetzes auch für das Mitarbeiterunternehmen. Die Satzung dieses Unternehmens soll entsprechend den anderen Satzungen entworfen werden.

Nach den bisherigen Verfahren muß der Generaldirektor oder der Präsident des Board of Directors der zuständige Ressortminister sein. Da der jeweilige Minister zugleich Generaldirektor bzw. Präsident oder Mitglied des Board of Directors verschiedener Unternehmen und Institutionen ist, werden die Sitzungen des Board eines Unternehmens öfters verschoben. Andererseits sind die gesamten Befugnisse konzentriert auf den Generaldirektor bzw. Board of Directors; er trifft außer echten Entscheidungen sogar auch unechte Entscheidungen, was entweder auf die konservative Haltung des Vorsitzenden des Board of Executive oder auf die Machtdemonstration des jeweiligen Ministers zurückzuführen ist. Außerdem verursacht der Mangel an Sachkenntnis die Verschiebung der Entscheidungen bzw. die Fehlentscheidungen. Um diese Situation zu beseitigen und eine gewisse Dezentralisierung in staatlichen Unternehmen herbeizuführen, wird vorgeschlagen, daß alle staatlichen Unternehmen wie bisher aus handelsrechtlichen Gründen den Board of Directors und den Board of Executive beibehalten sollen, jedoch sollen sich die Mitglieder des Board of Directors im Gegensatz zum bisherigen Verfahren aus folgenden Personen zusammensetzen:

— der Präsident eines Departments des zuständigen Ministeriums, dessen Department dem jeweiligen Unternehmen nahesteht. Zum Beispiel für Industrieunternehmen der Industriepräsident des Bergbau- und Industrieministeriums;
— der Präsident des Departments für die Angelegenheiten der staatlichen Unternehmen im Finanzministerium;
— der Präsident einer der dem Unternehmen nahestehenden Spezialbanken (z. B. für Industrieunternehmen die Industrieentwicklungsbank);
— der Präsident der Industrie und Handelskammer;
— der Präsident des Board of Executive (der Geschäftsleiter); und
— ein Vertreter der Mitarbeiter, der von den Mitarbeitern gewählt wird.

Dieser Vorschlag ist auf folgende Gründe zurückzuführen:
a) Die Mitglieder des Board of Directors gehören zu den Unternehmen nahestehenden Bereichen und besitzen entsprechende Sachkenntnisse.
b) Die wichtigsten und echte Entscheidungen werden nicht von einer einzigen Person, sondern von einem Gremium getroffen.
c) Die Mitglieder sind leichter abkömmlich als der Minister, und daher wird bei der Entscheidungsfindung keine Verzögerung eintreten.
d) Die Interessen der Mitarbeiter werden zum ersten Mal durch eigene Vertreter im Board of Directors vertreten.
e) Der Politisierung der Führungskräfte wird damit eine Grenze gesetzt und die entscheidende Barriere allmählich beseitigt, die für eine positive Wende in der Wirtschaftsentwicklung im politischen Bereich liegt.

Als Willensbildungszentrum für die Miterabeiterunternehmen, über die bis jetzt in Afghanistan keinerlei Erfahrungen vorliegen, schlagen wir folgende Instanzen vor, die den Regelungen über die Instanzen in Kapitalgesellschaften entsprechen:
a. Board of Directors: Der Board of Directors, der ähnliche Aufgaben wie der Board of Directors in anderen Unternehmenstypen ausübt, soll aus den Vertretern der beteiligten Gruppen bestehen. D. h., daß jede Gruppe, unabhängig von der Anteilshöhe, nur mit einer Person und einer Stimme in diesem Gremium vertreten ist und daß er nur IN-SIDER ist. Als Beobachter kann der Vertreter des den Unternehmen nahestehenden Ministeriums – jedoch ohne Stimme – an den Sitzungen des Boards teilnehmen. In diesem Fall würde der Dezentralisierungsgrad im Hinblick auf die Befugnisdelegierung größer als bei staatlichen Unternehmen sein.
b. Board of Executive: Im Gegensatz zum Board of Directors können die Mitglieder des Board of Executive – wie es im Handelsgesetz vorgeschrieben ist – IN-SIDER oder/und OUT-SIDER sein. Der Vorteil dieser Regelung besteht darin, daß die qualifizierten Führungskräfte der Geschäftsleitung, deren Eignungsprofil dem Anforderungsprofil der Stelle entspricht, aus der Wirtschaft geholt werden.
c. Der Aufsichtsrat: Die Ernennung des Aufsichtsrats im Mitarbeiterunternehmen soll durch den Board of Directors wie bei den anderen staatlichen Unternehmen erfolgen. Für die Ausübung seiner Funktion gelten die Bestimmungen des Handelsgesetzes.

3. Allgemeine Organisationsfragen

Um einerseits die Organisationsmängel der bestehenden Unternehmen zu beseitigen und andererseits eine Basis für die in Zukunft zu gründenden Unternehmen zu schaffen, werden folgende Empfehlungen gegeben:
a. Die Aufgaben der einzelnen Abteilungen, Stellen und Arbeitsplätze sind klar festzulegen und die Aufteilung der Aufgaben zu beachten, so daß sich keine Überschneidungen ergeben.
b. Die Schaffung von Stellenbeschreibungen für die mittleren und großen Unternehmen, die sowohl für die Stellen mit dispositiver als auch für die Stellen mit objektbezogener Arbeit bestimmt sein sollen.
c. Schaffung der Führungsanweisung bzw. Reformierung der z. B. vorhandenen Aufgabenregelungen, in denen das Verhalten der Führungskräfte, die Zielsetzung der Organisation und andere Grundsätze geregelt werden.
d. Der Ablauf der Tätigkeiten in Unternehmen soll so gestaltet sein, daß die drei Grundbedingungen (Kapazitäts-, Qualitäts- und Konformitätsbedingungen) sowie die Nebenbedingungen (persönliche Umstände, räumliche, zeitliche und finanzielle Beschränkungen) erfüllt werden.

4. Führungsmittel

a. Die Unzufriedenheit zwischen den Mitarbeitern, die wir während unserer Befragung festgestellt haben, entsteht zum großen Teil aus dem Beförderungssystem, somit aus Gehalts- und Lohnerhöhung. Obwohl es in wenigen Unternehmen bestimmte Kriterien gibt, die die Basis für die Beförderung der Mitarbeiter darstellen, reichen sie nicht aus, das subjektive Verhalten der Vorgesetzten zu korrigieren. Daher haben die Unternehmen die Aufgabe, Richtlinien für die Beurteilung der Mitarbeiter möglichst systematisch zu erlassen und zu überwachen. In diesen Richtlinien sollen die objektiven Merkmale definiert werden, nach denen die Mitarbeiter beurteilt werden können. Ferner soll in diesen Richtlinien das Verfahren der Beförderung detailliert dargestellt werden. Auch die Führungskräfte sollen im Hinblick auf die langfristige Planung, die Entscheidungsfindung, Organisations- und Koordinationstalent, Fähigkeit zum Delegieren und Kontrollieren u. a. beurteilt werden.

b. Die Aus- und Weiterbildung ist nicht nur Garant für den Produktivitätszuwachs in einem Unternehmen sowie für das Wirtschaftswachstum in einer Gesellschaft, sondern sie ermöglicht die Entfaltung, die Selbstverwirklichung, die Selbstkontrolle und die Entwicklung der Fähigkeiten und Geschicklichkeiten der gegenwärtigen und zukünftigen Mitarbeiter.

In Afghanistan gibt es verschiedene Ausbildungsstätten für die Aus- und Weiterbildung der Führungskräfte. Jedoch sind sie wegen eines fehlenden umfassenden Konzepts unkoordiniert. Es gibt keine einheitliche Zielsetzung; ihre Programme überschneiden sich. Da es keine einheitliche Zielsetzung bei der Aus- und Weiterbildung gibt, bleiben die Ausgebildeten trotz bestehenden großen Bedarfs entweder arbeitslos oder sie werden nicht entsprechend ihren erworbenen Sachkenntnissen eingesetzt. Daher kann die Aus- und Weiterbildung für die Unternehmensführung nur dann wirksame Ergebnisse bringen, wenn zuerst folgende Schritte unternommen werden:

a. Entwurf eines allgemeinen Konzepts für die Aus- und Weiterbildung.
b. "Es müssen die ökonomischen Gegebenheiten und die sozialen Verhältnisse erforscht werden, um die geeigneten Anpassungspunkte und sachlichen Schwerpunkte der Ausbildung festlegen zu können". [22]
c. Festlegung, Formulierung und Kommentierung der Zielsetzung und der Wissenslücken in klarer und verständlicher Weise in der Aus- und Weiterbildung.
d. Planung der Aus- und Weiterbildung nach einem allgemeinen Konzept.
e. Berücksichtigung des Mangels an Lehrmitteln, Lehrkräften und Demonstrationsmitteln in der Aus- und Weiterbildung.
f. Aufbau der Aus- und Weiterbildung aufgrund der Bedarfsermittlung und Bedarfsdeckung an Führungskräften.
g. Koordinierung und Abstimmung der betrieblichen und außerbetrieblichen Aus- und Weiterbildungspläne aufeinander im Hinblick auf Inhalt, Zeit und Raum.
h. Koordinierung der Aus- und Weiterbildungspläne mit anderen Teilplänen der Unternehmen.
i. Ferner gilt es, den Ausbildungsgrad der Träger objektbezogener Arbeitsleistungen (z. B. Buchhalter, Konstrukteur, insbesondere auch der unmittelbar zur Leistungserstellung einzusetzenden Arbeiter) beträchtlich zu erhöhen. Für die Masse der einfachen, in den Verwaltungen der Unternehmen benötigten Angestellten (wie Buchhalter) gibt es ebenso wie für die große Zahl normaler Arbeiter fast oder gar keine institutionellen Lehrmöglichkeiten. Hier könnte ein staatlich unterstütztes, gut ausgebautes Kurssystem Abhilfe schaffen, bei dem für die Angestellten etwa neuzeitliches Rechnungswesen, Betriebsorganisation u. a., für die Arbeiter zweckmäßiger

Umgang mit Betriebsmitteln und Werkstoffen, Methoden der Unfallverhütung usw. die Lehrgegenstände zu bilden hätten.

5. Berücksichtigung der sozialen Belange der Mitarbeiter

Bei der Verbesserung der Organisation in afghanischen Unternehmen kann man nicht ohne Berücksichtigung der sozialen Belange der Mitarbeiter vorgehen. Ohne Verbesserung der Lebenslage der Mitarbeiter gibt es keinen sozialen Frieden in Unternehmen; die Bildung der informellen Gruppen wird begünstigt und die Konfliktgefahr erhöht. Zur Verbesserung der Lebenslage der Mitarbeiter soll der Staat dafür sorgen, daß das zur Zeit geltende Arbeitsgesetz reformiert und erweitert wird. Vor allem soll das Arbeitsgesetz Bestimmungen über die soziale Sicherheit, den Arbeitsschutz, den Mutterschutz, die Kinderarbeit, die Frauenarbeit, die Verbesserung der Arbeitsbedingungen, den Arbeitsvertrag, die Aus- und Weiterbildung beinhalten.

Die Aufgabe der Unternehmen soll darin bestehen, die gesetzlichen Vorschriften und Richtlinien durchzuführen und die Mitarbeiter am Gewinn zu beteiligen.

Anmerkungen

1 Vgl. hierzu, *G. Heider Dawar*, Wirtschaftsgesinnung und Steuermentalität in Afghanistan, Diss. Köln 1961, S. 24 ff; *Seid Haschem Saed*, Die Pflichten des Arbeitgebers in Afghanistan, Diss. Köln 1968, S. 13 ff; *Horst Büscher*, Die Industriearbeiter in Afghanistan, Meisenheim am Glan 1969, S. 118 ff; *H. Hahn*, Die traditionelle Lebensform in Afghanistan, Hrsg. *Willy Kraus*, Tübingen und Basel 1972, S. 195 ff.
2 *H. Hahn*, Die traditionelle Lebensform, a.a.O., S. 201.
3 *Horst Nägler*, Privatinitiative beim Industrieaufbau in Afghanistan, Düsseldorf 1971, S. 159.
4 *H. Büscher*, Die Industriearbeiter, a.a.O., S. 190.
5 Vgl. *H. Büscher, M. N. Assad, H. Bergner*, Betriebswirtschaftliche Probleme in afghanischen Unternehmen, Meisenheim am Glan 1977, S. 87 ff.
6 *Erich Gutenberg*, Grundlagen der Betriebswirtschaftslehre, 1. Bd., 20. Aufl., Berlin-Heidelberg-New York 1973, S. 502.
7 Der Begriff des "Board of Directors" in Afghanistan, der bei manchen Unternehmen auch als "Supreme Council" bezeichnet wird, entspricht weder dem Begriff des "Board of Directors" nach angelsächsischem Vorbild (Vorstand und Aufsichtsrat in einem Gremium) noch dem deutschen Begriff "Vorstand". Nach afghanischem Recht tritt neben den "Board of Directors" auch der "Board of Executive".
8 *Karl Oettle*, Die Willensbildung in öffentlichen Unternehmen, in: Die Bedeutung gesellschaftlicher Veränderung für die Willensbildung in Unternehmen, Hrsg.: H. Albach und D. Sadowski, Schriften des Vereins für Sozialpolitik, Bd. 88, Berlin 1975, S. 267.
9 *Helmut Kuhnker*, Die Bedeutung gesellschaftlicher Werthaltungen und Zielvorstellungen für die Unternehmen, in: Die Bedeutung gesellschaftlicher, a.a.O., S. 39.
10 *H. Nägler*, Privatinitiative, a.a.O., S. 146.
11 *Horst Albach*, Mitarbeiterführung, Hrsg. *H. Albach, W. Busse von Colbe, H. Sabel*, Wiesbaden 1977, S. 41 ff.
12 Ebenda, S. 190.
13 Vgl. *H. Büscher*, Die Industriearbeiter, a.a.O., S. 156, und *Dieter Fröhlich*, Nationalismus und Nationalstaat in Entwicklungsländern, Probleme der Integration ethnischer Gruppen in Afghanistan, Meisenheim am Glan 1969, S. 213.
13a *Alfred Jacobs*, Die Pläne der Entwicklungsländer, Hrsg. *Hans Besters* und *Ernst E. Boesch*, Stuttgart-Berlin 1966, S. 645.
14 Afs. ist afghanische Währungseinheit, z. Z. 20 Afs. = 1 DM.
15 Gemäß Befragung des Finanzministeriums; wegen des unsystematischen Rechnungswesens ist es schwer, ein genaues Urteil über die Erfolgssituation in diesen Unternehmen zu geben. Ferner vgl. *J. Kanne*, Interne Investitionsfinanzierung in Afghanistan, Diss. Bochum 1974, S. 489 ff.
16 Vgl. *A. Jacobs*, Die Pläne der Entwicklungsländer, a.a.O., S. 645.

17 Vgl. *H. Nägler*, Privatinitiative, a.a.O., S. 151.
18 Zu diesem Begriff vgl. *Ch. Wilhelms* und *D. W. Vogelsang*, Untersuchung über die Frage der Diversifizierung in Entwicklungsländern, Hrsg. HWWH-Report Nr. 3, Institut für Wirtschaftsforschung, Hamburg 1971, S. 164 ff.
19 Vgl. *H. Büscher*, Die Industriearbeiter, a.a.O., S. 303 ff.
20 Vgl. ebenda.
21 Die Awqaf-Stiftung arbeitet als Treuhandgesellschaft und verwaltet das gesamte Vermögen der heiligen Stätten sowie organisiert jährlich Pilgerfahrten nach Mekka.
22 *Willi Reh*, Ausbildung unternehmerischer Führungskräfte der Entwicklungsländer, in: Handbuch der Rationalisierung, Hrsg.: *E. Holz, C. Knott* und *E. W. Mommsen*, Nr. 9, Heidelberg 1966, S. 34.

Wesen und Ausmaß der ländlichen Unterbeschäftigung in Afghanistan[1]

Amin Barin-Zuri, Bochum

A. Vorbemerkung

Die Unterbeschäftigungsprobleme der Entwicklungsländer, die sich aus dem ziemlich rapiden Anstieg der Erwerbsbevölkerung dieser Länder ergeben, haben in den letzten Jahrzehnten eine Reihe von Entwicklungspolitikern und Ökonomen beschäftigt. Bis jetzt ist jedoch weder eine zufriedenstellende theoretische noch eine praktische Lösung dieses Problems gelungen.

Der Überschuß an Arbeitskräften nimmt auch in Afghanistan trotz hoher Kindersterblichkeit ständig zu.[2] Allein die hohe Arbeitskräfte-Abwanderung in die benachbarten Ölländer ist ein wichtiges Indiz für unzureichende Arbeitsmöglichkeiten im Lande selbst.

Für das hohe Ausmaß der Unterbeschäftigung werden im allgemeinen dualistische Wirtschaftsentwicklungen der Entwicklungsländer verantwortlich gemacht.[3] Während die in der traditionellen Landwirtschaft herrschenden institutionellen Faktoren die ländliche Unterbeschäftigung begünstigen, verlangsamt eine auf kapitalintensive Investitionen eingeschworene Industrialisierungspolitik das Wachstumstempo der industriellen Beschäftigung. So kommt es in den Ländern der Dritten Welt zu Diskrepanzen zwischen Arbeitskraft-Angebot und Arbeitskraft-Nachfrage, was sich in Unterbeschäftigung, Landflucht, Slumbildung und Massenverelendung der Bevölkerung niederschlägt.

Die entwicklungspolitische Aufgabe in Afghanistan — einem Land, das noch in den Anfängen einer dualistischen Entwicklungsphase steckt — besteht vorwiegend darin, das Wachstum von Produktion und Beschäftigung im modernen Sektor so zu beschleunigen, daß langfristig die bestehenden und in der Zukunft noch hinzukommenden überschüssigen Arbeitskräfte von ihm absorbiert werden können. Die Erfüllung dieser Aufgabe erfordert u. a. genaue Informationen über Ausmaß und Zuwachsraten der überschüssigen Arbeitskräfte. Es fehlen aber Primärstatistiken und Fallstudien über Existenz und Umfang des Überschusses an ländlichen Arbeitskräften in Afghanistan. So können keine konkreten Angaben über dieses Phänomen gemacht werden.

In der vorliegenden Untersuchung ist versucht worden, das Ausmaß der mobilisierbaren, ländlichen "surplus labor" in Afghanistan empirisch zu ermitteln.

B. Ziel, räumliche Abgrenzung und Methode der Untersuchung

1. Zielsetzung

Ziel der Untersuchung ist die Ermittlung des tatsächlichen Überschusses an Arbeitskräften in den ländlichen Gebieten Afghanistans. Unter dem eigentlichen Überschuß verstehe ich unterbeschäftigte, ländliche Arbeitskräfte, deren Abzug aus der Landwirtschaft in die nichtlandwirtschaftlichen Sektoren mit keinerlei ökonomischen und sozialen Beschränkungen verbunden ist. Mit anderen Worten: Die Reallokation der Arbeitskräfte darf die landwirtschaftliche Produktion nicht tangieren, wobei die Unteilbarkeit der einzelnen Arbeitskraft in ihrer einzelwirtschaftlichen Verankerung zu beachten ist. In bezug auf das dörfliche Leben ist außerdem in Afghanistan die Beachtung einiger sozialer Kriterien wie die sozial-religiöse Schutzfunktion des Haushaltsvorstandes beim Arbeitskräfte-Abzug von großer Bedeutung.

Erscheinungsformen der Unterbeschäftigung, die vornehmlich aus geringem Einkommen oder aus niedriger Durchschnittsproduktivität resultieren, werden im Rahmen dieser Untersuchung nicht als Unterbeschäftigung im eigentlichen Sinne angesehen.

Eine lückenlose Erfassung der ländlichen "surplus labor" setzt die Berücksichtigung sämtlicher Komponenten der dörflichen Beschäftigung voraus. So werden neben der geleisteten Arbeitszeit im eigenen Betrieb noch zusätzlich ausgeführte Tätigkeiten wie außerbetriebliche Beschäftigung und komplementäre Aktivitäten berücksichtigt, um ein komplettes Bild der Beschäftigung in den untersuchten Regionen zu vermitteln.

2. Untersuchte Regionen

Aus zeitlichen und arbeitsökonomischen Gründen mußte die Untersuchung auf einige wenige Provinzen derart konzentriert werden, daß einerseits eine detaillierte Feldstudie ermöglicht wurde und andererseits der repräsentative Charakter der Erhebung nach Möglichkeit erhalten blieb.

Von diesen Überlegungen ausgehend wurden 21 Dörfer in sechs Regionen innerhalb dreier Provinzen so ausgewählt, daß sie in ihrer Gesamtheit einige wichtige Merkmale der landwirtschaftlichen Beschäftigung stellvertretend für ganz Afghanistan repräsentierten. Die Auswahl traf die Regionen Chanabad (R I) und Tschardarra (R II) in der Provinz Kunduz (P I), die Regionen Djorm (R III) und Scheghnan (R IV) in der Provinz Badachschan (P II) sowie die Regionen Sajedchel (R V) und Totomdarra (R VI) in der Provinz Parwan (P III). Aus jeder Region wurden drei bis vier Dörfer so ausgewählt, daß ihre Agrar- und Sozialstruktur weitgehend den Strukturmerkmalen der ganzen Region entsprachen.

Als wichtige Bestimmungsfaktoren des Arbeitskraftaufwands sind bei der Wahl der Regionen Bevölkerungsdichte, Anzahl der Ernten pro Jahr, Anbausysteme und Kulturarten berücksichtigt worden, um damit die Beschäftigungseffekte zu prüfen, die mit der Modifizierung dieser Variablen erreicht werden können. Als weitere Wahlkriterien dienten die verkehrsmäßige Erschließung, die Industrie- und Marktnähe der ländlichen Gebiete.

3. Meßverfahren

Die Untersuchung wurde in folgenden drei Schritten durchgeführt:
(1) Um notwendige Informationen über die allgemeinen wirtschaftlichen Aktivitäten im Dorf zu erhalten, wurden Gewährsleute wie Dorfälteste und Landwirtschaftsberater

vor dem Beginn der eigentlichen Untersuchung über relevante, sozioökonomische Gegebenheiten der Region befragt.

(2) In einem zweiten Schritt wurden 315 Familien als repräsentativ ausgewählt und vom Verfasser persönlich über alle für die Beschäftigungslage relevanten sozialökonomischen Daten befragt.

(3) Sechs örtliche Landwirtschaftsberater wurden beauftragt, über die von den Mitgliedern von insgesamt 252 ausgewählten Familien im Laufe eines ganzen Jahres aufgewendete Arbeitszeit täglich buchzuführen. Die Befragung wurde jeweils in wöchentlichen Abständen durchgeführt.

Der Messungsmethode selbst liegt ein "labor-utilization approach" zugrunde, bei dem die Differenz zwischen verfügbarer und tatsächlich eingesetzter Arbeitskraft den sichtbaren Überschuß an Arbeitskräften bildet. Als verfügbare Arbeitskräfte gelten alle arbeitsfähigen Personen zwischen 15 – 65 Jahren [4], die hauptsächlich in der Landwirtschaft tätig sind. Alle Personen, die sich in der Ausbildung befinden, im Haushalt arbeiten oder hauptsächlich einem nichtlandwirtschaftlichen Beruf nachgehen, sind nicht als verfügbare, landwirtschaftliche Arbeitskräfte zu betrachten.

Der Begriff der landwirtschaftlichen Arbeitskraft bezieht sich auf familieneigene sowie auf familienfremde ständige Arbeitskräfte, die mit einem jährlichen Vertrag in einem fremden Betrieb tätig sind. Die jährlich verfügbare Arbeitskraft wird als Produkt aus der Anzahl der verfügbaren, landwirtschaftlichen Arbeitskräfte und den in einem Jahr verfügbaren Arbeitsstunden ermittelt, wobei ein Acht-Stunden-Tag zugrundegelegt wird. [5]

Die Messung des Arbeitsaufwands beruht auf den tatsächlich in den einzelnen Haushalten täglich, monatlich und jährlich anfallenden Arbeitsstunden, wobei die gearbeiteten Stunden die Messungseinheit bilden. Für Altersgruppen, die hier als "nicht im Erwerbsalter" definiert wurden, wird entsprechend ein Effizienzfaktor von 0,3 für den Vergleich der geleisteten Arbeit verschiedener Gruppen verwendet. Frauenarbeit wird mit einem Effizienzfaktor von 0,6 multipliziert, um sie durch die Bildung von "man-equivalent hours" mit der männlichen Arbeitsleistung vergleichbar zu machen.

Eine tabellarische Gegenüberstellung der für die einzelnen Monate kalkulierten, verfügbaren und eingesetzten Arbeitszeit ergibt das Ausmaß der saisonalen Unterbeschäftigung, differenziert nach Monaten und Jahreszeiten. Eine chronische Unterbeschäftigung kann nur dann gegeben sein, wenn in den Arbeitsspitzen die eingesetzte Arbeitszeit geringer ist als die verfügbare.

C. Resultate

1. Saisonale Unterbeschäftigung

Die Beschäftigung im Agrarsektor Afghanistans ist durch starke jahreszeitliche Schwankungen gekennzeichnet (siehe Tabelle 1). Im großen und ganzen kann der Winter als Zeit der Arbeitsflaute und der Sommer als Zeit der Arbeitsspitze angesehen werden. Es gibt einen krassen Unterschied zwischen der Arbeitsleistung der auf eigene Rechnung arbeitenden familieneigenen und den abhängigen familienfremden Arbeitskräften. Tabelle 1 zeigt, daß die familieneigenen Arbeitskräfte im Jahresdurchschnitt ca. 27 % ihrer verfügbaren Arbeitszeit ohne Beschäftigung waren, während die ständigen Lohnarbeitskräfte ihre verfügbare Arbeitszeit um ca. 12 % überschritten haben.

Als ein wichtiges Resultat der Messung ist außerdem festzuhalten, daß im Landesdurchschnitt keine chronische Unterbeschäftigung der landwirtschaftlichen Arbeitskräfte vorliegt.

Die ungleichmäßige Verteilung der landwirtschaftlichen Arbeiten zwingt die familieneigenen Arbeitskräfte im September und Oktober zu Überstunden (Tabelle 1), während sie im Laufe der restlichen Zeit unterbeschäftigt sind. Bis auf den Monat Juli mit einem Unterbeschäftigungsgrad von 4 % liegen in der restlichen Unterbeschäftigungszeit stets mindestens 15 % der verfügbaren Arbeitskraft brach. Die Unterbeschäftigung der familieneigenen Arbeitskräfte erreicht ihren Höhepunkt in den Monaten Januar bis März mit Quoten zwischen 50 % und 60 %.

Bei den ständigen Lohnarbeitskräften dagegen überwiegt die saisonale *Überbeschäftigung*. Vor allem im September und im Oktober überschreitet ihre tatsächliche Beschäftigung die Arbeitsnorm um 40 bis 50 %. Somit ist eine verblüffende Parallelität zwischen der Beschäftigung der familieneigenen und familienfremden Arbeitskräfte im Jahresverlauf festzustellen, obwohl die familienfremden Arbeitskräfte absolut gesehen erheblich mehr arbeiten als die familieneigenen Arbeitskräfte (Tabelle 1).

2. Regionale Unterbeschäftigung

Tabelle 1 vermittelt ein undifferenziertes Bild der Unterbeschäftigungssituation, die sich — genau betrachtet — aus mehreren regionalen Verläufen der saisonalen Unterbeschäftigung zusammensetzt. Die Unterbeschäftigung im afghanischen Agrarsektor weist in der Tat beachtliche regionale Unterschiede hinsichtlich des Arbeitsaufwands auf. Während im Landesdurchschnitt keine chronische Unterbeschäftigung gegeben ist, sind die familieneigenen Arbeitskräfte in den Regionen R IV und R VI (Scheghnan und Totomdarra) um 5 bzw. 8 % ihrer verfügbaren Arbeitszeit chronisch unterbeschäftigt (siehe Tabelle 2). Die familieneigenen Arbeitskräfte sind in allen sechs untersuchten Regionen per Saldo unterbeschäftigt. Der Jahresdurchschnitt ihrer saisonalen Unterbeschäftigung reicht von 7,5 % in Tschardarra (R II) bis 46,5 % in Scheghnan (R IV); dazwischen liegt eine Reihe unterschiedlicher Raten (Tabelle 2). Die Fremdarbeitskräfte sind dagegen in den Regionen I bis III in unterschiedlichem Maße überbeschäftigt; in den Regionen IV bis VI variiert die Unterbeschäftigung zwischen 3,5 % und 16 % der verfügbaren Arbeitszeit (Tabelle 2). Eine chronische Unterbeschäftigung der familienfremden Arbeitskräfte ist weder in den einzelnen Regionen noch im Landesdurchschnitt festzustellen.

Höhe und Abfolge der saisonalen Ausschläge unterscheiden sich von Region zu Region je nach Anbaustruktur, Art der Bewässerung, klimatischen Einflüssen, Umfang der Viehhaltung und nicht zuletzt nach den gegebenen komplementären Arbeitsmöglichkeiten (Handwerk, Industrie, Bergbau, Handel und ähnliche Tätigkeiten).

Als ein weiteres Ergebnis der Untersuchung ist festzustellen, daß in allen Regionen mehr oder weniger eine positive Korrelation zwischen dem jahreszeitlichen Einsatz der Tagelöhner und dem der betriebseigenen Arbeitskräfte (familieneigenen + familienfremden AK) gegeben ist.

Die komplementären Tätigkeiten wie die Weiterverarbeitung der Agrarprodukte (Wolle, Baumwolle), Handarbeit u. ä. wirken sich in den Regionen III bis VI mildernd auf die saisonalen Schwankungen der Unterbeschäftigung aus. In den Regionen I und II erfüllt jedoch die Komplementärtätigkeit diese Aufgabe nicht; sie wirkt sich eher schwankungssteigernd aus, da es in diesen Regionen an bedeutenden Ausgleichsaktivitäten in den Arbeitsflauten fehlt.

3. Überschüssige Arbeitskräfte

Anhand saisonaler Unterbeschäftigung allein kann das Außmaß der abziehbaren, überschüssigen Arbeitskräfte nicht ermittelt werden. Daher wird hier in Anlehnung an *Cho* [6] versucht, mit Hilfe von saisonalen Daten Kriterien zu entwickeln, welche die verfügbare "surplus labor" messen lassen.

Ausgehend von dem krassen Unterschied zwischen dem Umfang der Beschäftigung der familieneigenen Arbeitskräfte und dem der familienfremden ständigen Lohnarbeitskräfte wird die gegebene Beschäftigungslage als eine Folge der bestehenden traditionellen Einrichtungen, vor allem der Großfamilie, dargestellt. Die Änderung der überkommenen Sozialordnung würde infolgedessen bewirken, daß die familieneigenen Arbeitskräfte genauso viel oder so wenig arbeiten müssen wie zur Zeit die Lohnarbeitskräfte zu arbeiten haben.

Die tatsächliche Beschäftigungshöhe der landlosen Lohnarbeitskärfte, die als Grenzindividuen in sozialökonomischer Sicht anzusehen sind, wird somit als objektiver Maßstab zur Messung der traditionsbedingten und technischen Unterbeschäftigung verwendet.

Die ständigen Lohnarbeitskräfte können nur aus technischen Gründen unterbeschäftigt sein. Dazu gehören vor allem klimatische Faktoren (Regen, Schnee, Kälte, Hitze) und komplementäre Produktionsmittel (Boden, Wasser, Wind, Arbeitsmittel). Die familieneigenen Arbeitskräfte können sowohl technisch als auch traditionsbedingt unterbeschäftigt sein. Sie arbeiten im Familienbetrieb gemeinsam mit anderen Familienangehörigen und verbrauchen das Erwirtschaftete gemeinsam. Wenn nicht für alle Familienmitglieder genügend Arbeit vorhanden ist, bleiben eben ein oder mehrere Mitglieder ganz oder teilweise unterbeschäftigt. Diese institutionelle Unterbeschäftigung wird als traditionsbedingte Unterbeschäftigung angesehen.

Nach dem angenommenen sozialen Wandel und durch die Auflösung traditioneller Institutionen werden die aus traditionellen Gründen unterbeschäftigten Arbeitskräfte freigesetzt. Damit gilt die traditionsbedingte Unterbeschäftigung als ein Überschuß, der nur durch die Anwendung von zwingenden wirtschaftspolitischen Maßnahmen vom Lande abgezogen werden kann, während die technische Unterbeschäftigung den abziehbaren Überschuß an Arbeitskräften im eigentlichen Sinne darstellt.[7]

Die Messung der überschüssigen Arbeitskräfte in den afghanischen Untersuchungsgebieten nach dieser Methode brachte die nachstehenden Ergebnisse:
Im Landesdurchschnitt gibt es keine traditionsbedingte Unterbeschäftigung. Die technische Unterbeschäftigung im Sinne eines freisetzbaren Überschusses beträgt ca. 19 % (siehe Tabelle 4). Während in den Regionen I bis III im Jahresdurchschnitt keine traditionsbedingte Unterbeschäftigung vorliegt, ist sie in den Regionen IV bis VI die dominierende Form der Unterbeschäftigung. Den höchsten Grad an technischer Unterbeschäftigung erreicht R I mit 18,5 % und den höchsten Grad an traditionsbedingter Unterbeschäftigung erreicht demgegenüber R IV mit 35,5 %. Die Gesamtunterbeschäftigung ist in Scheghnan mit 46 % am höchsten und in Tschardarra mit ca. 0,3 % am niedrigsten (Tabelle 4).

Der so gemessene Arbeitskraftüberschuß ist sichtbar. Er ist weder verschleiert noch versteckt. Um die Ergebnisse dieser Messungsmethode zu prüfen, hat der Verfasser versucht, anhand subjektiver Angaben der Befragten sowie mittels objektiver Indikatoren bzw. mit Hilfe einer Kombination beider Kategorien das Ausmaß der Unterbeschäftigung in den untersuchten Regionen Afghanistans zu messen (siehe Tabelle 4, Methode 1 bis Methode 5). Eine nähere Analyse der Ergebnisse der genannten fünf komplementären Methoden zeigt, daß diese Ergebnisse mit denen der Hauptmessungsmethode ohne Ausnahme kompatibel und konsistent sind. In einigen Fällen liegt sogar vollständige Entsprechung vor. Auf diese Einzelheiten kann hier aber nicht eingegangen werden.

Als weitere erwähnenswerte Ergebnisse der Untersuchung gelten folgende Zusammenhänge:

- Zwischen der Höhe des Einkommens pro Arbeitskraft, den kritischen Bevölkerungsdichten, der durchschnittlichen Größe der Anbaufläche und dem Ausmaß der Unterbeschäftigung in den einzelnen Regionen besteht eine direkte positive Korrelation.
- Die jährlichen Lohnausschläge der Tagelöhner sind ein zuverlässiger Indikator der Beschäftigungssituation. Hohe Lohnsätze bedeuten Arbeitskräfteverknappung, niedrige Löhne signalisieren den Überschuß.
- In den Regionen mit höchsten Unterbeschäftigungsraten ist die durchschnittliche Verschuldung am höchsten, und in den Regionen mit niedrigeren Unterbeschäftigungsraten sind die Investitionen pro Arbeitskraft am höchsten.
- Regionen mit Arbeitskräfteüberschuß sind durch hohe Konsumtiv-Kredite und Regionen mit Arbeitskräfte-Defizit durch Investivkredite gekennzeichnet.
- Die Höhe der Arbeitskräfte-Mobilität hängt nicht primär vom Ausmaß der Unterbeschäftigung ab. Die Existenz der "surplus labor" ist die notwendige Bedingung dafür. Bei gegebener "surplus labor" hängt der Umfang der geographischen Mobilität der Arbeitskräfte vor allem von Verkehrsverbindungen und gegebenen Arbeitschancen in anderen Regionen ab.

Anmerkungen

1 Diese Abhandlung beruht auf einer empirischen Untersuchung des Verfassers in sechs afghanischen Regionen im Jahr 1975/76. Die Tabelle 3 gibt Aufschluß über die Struktur der ländlichen Arbeitskräfte in den untersuchten Regionen.
2 In den untersuchten Regionen Afghanistans lag die Kindersterblichkeit in den ersten Lebensjahren um 45 % der Geburtenzahl (laut eigener Befragung).
3 Vgl. dazu *Edwards,* Edgar O.: Employment in Developing Countries, in: Employment in Developing Nations, Herausgeber: Edgar O. *Edwards,* New York und London 1974.
4 Hierzu zählt nur der männliche Bevölkerungsteil. Ein Versuch, auch die weiblichen Arbeitskräfte in die Untersuchung einzubeziehen, scheiterte an traditionsbedingten Schwierigkeiten.
5 Ein Arbeitsjahr beträgt hier 300 Tage. Nach dem Abzug von Frei- und Feiertagen in Afghanistan bleiben 300 Tage pro Jahr übrig.
6 Vgl. *Cho,* Yong Sam: Disguised Unemployment in Underdeveloped Areas, Berkeley 1963.
7 Zur Berechnungsmethode der traditionsbedingten und technischen Unterbeschäftigung vgl. *Cho,* a.a.O., S. 58 ff.

Tabelle 1: Verfügbare und tatsächlich beschäftigte Arbeitskraft Afghanistans [a] 1975/76, ausgedrückt in Standardarbeitsstunden der männlichen Arbeitskräfte

Monate	familieneigene Arbeitskräfte [b]				familienfremde Lohnarbeitskräfte [b]			
	verfügbare	eingesetzte	unterbeschäftigt in Stunden	unterbeschäftigt in % d.v.AK	verfügbare	eingesetzte	unterbeschäftigt in Stunden	unterbeschäftigt in % d.v.AK
Januar	95.888	47.053	48.835	50,93	17.888	16.532	1.356	7,58
Februar	88.896	39.144	49.752	55,97	16.320	13.927	2.393	14,66
März	92.000	38.614	53.386	58,03	21.200	14.293	6.907	32,58
April	93.808	60.147	33.661	35,88	24.336	23.339	997	4,10
Mai	93.808	61.038	32.770	34,93	22.672	20.815	1.857	8,19
Juni	95.264	75.423	19.841	20,83	25.376	30.382	./. 5.006	./. 19,73
Juli	91.800	88.206	3.594	3,92	24.800	33.454	./. 8.654	./. 34,90
August	95.056	81.868	13.188	13,87	24.336	30.086	./. 5.750	./. 23,63
September	90.432	92.265	./. 1.833	./. 2,03	26.496	39.245	./. 12.749	./. 48,12
Oktober	85.744	87.936	./. 2.192	./. 2,56	24.840	34.662	./. 9.822	./. 39,54
November	96.304	81.148	15.156	15,74	27.456	34.919	./. 7.463	./. 27,18
Dezember	84.640	57.091	27.549	32,55	21.344	19.565	1.799	8,33
Summe	1103.640	809.933	293.707	26,61	277.064	311.219	./. 34.155	./. 12,33

a) Die Stichprobe enthält 252 Haushalte aus sechs afghanischen Regionen
b) Die eingetragenen Stundenzahlen beruhen auf den Angaben der Fragebögen
v.AK = verfügbare Arbeitskraft

Tabelle 2: Unterbeschäftigung a) im Jahresdurchschnitt in den sechs untersuchten Regionen Afghanistans 1975/76, ausgedrückt in Standardarbeitsstunden

Regionen	Saisonale Unt.B. der familieneigenen AK		Saisonale Unt.B. der familienfremden Lohn-AK		Chronische Unt.B. der familieneigenen AK		Chronische Unt.B. der familienfremden Lohn-AK	
	in Standardstunden	in % der verfügbaren AK	in Standardstunden	in % der verfügbaren AK	in Stunden	in % der verfügbaren AK	in Stunden	in % der verfügbaren AK
R I	63.129	30,5	./. 8.019	./. 9,0	–	–	–	–
R II	16.022	7,5	./. 15.118	./. 15,5	–	–	–	–
R III	22.295	14,5	./. 14.573	./. 43,5	–	–	–	–
R IV	96.111	46,5	775	16,0	820	5,24	–	–
R V	43.591	32,5	1.440	3,5	–	–	–	–
R VI	52.559	28,0	1.374	13,5	1.229	7,68	–	–
im Landesdurchschnitt	293.707	26,5	./. 34.155	./. 12,5	–	–	–	–

Unt.B. = Unterbeschäftigung; AK = Arbeitskräfte
a) Sie beruht auf Angaben der Fragebögen

Tabelle 3: Arbeitskräftestruktur in den sechs untersuchten Regionen in Afghanistan 1975/76

Regionen	Anzahl der befragten Familien	Zahl der Familienmitglieder Gesamtzahl	Zahl der Familienmitglieder durchschnittliche Familiengröße	Anzahl der männlichen Arbeitskräfte der Familien familieneigene Arbeitskräfte Summe	nicht in der Landwirtsch. tätig	in der Landwirtschaft beschäftigt Anzahl	in % d. familieneigenen AK	familienfremde AK Anzahl	in % d. familieneigenen AK	Summe d. landwirtschaftlichen AK	ständige Lohnarbeitskräfte in % d. landwirtschaftlichen familieneigenen AK	in % d. gesamtlandwirtschaftlichen AK	Summe aller Arbeitskräfte Anzahl
R I	60	477	8	150	25	125	83,33	66	44,0	191	52,80	34,55	216
R II	45	389	9	128	25	103	80,47	71	55,47	174	68,93	40,80	199
R III	60	421	7	141	39	102	72,34	33	23,40	135	32,35	24,45	174
R IV	45	370	8	127	34	93	73,23	2	1,57	95	2,15	2,11	129
R V	50	418	8,5	128	46	82	64,06	22	17,19	104	26,83	21,15	150
R VI	54	430	8	146	45	101	69,18	10	6,85	111	9,90	9,0	156
Summe	314	2.505	8	820	214	606	73,90	204	24,88	810	33,66	25,19	1.024

Tabelle 4: Unterbeschäftigung der landwirtschaftlichen Arbeitskräfte in den untersuchten Regionen Afghanistans 1975/76, ermittelt unter Zugrundelegung von sechs verschiedenen Meßverfahren, ausgedrückt in % der verfügbaren Arbeitskraft

Regionen	Hauptmeßverfahren			Methode 1 (aufgrund des Wunsches nach mehr Land)	Methode 2 (aufgrund von gegebenem Grundeigentum und aktuellem Beschäftigungsgrad)	Methode 3 (aufgrund von Mehr an gewünschtem Land und geschätzter optimaler Anbaufläche pro AK)	Methode 4 (Nettoüberschuß an AK, wie angegeben)	Methode 5 (aufgrund einer Normgröße für "man-land-ratio")
	technische Unterbeschäftigung	traditionsbedingte Unterbeschäftigung	Gesamtunterbeschäftigung					
R I	18,50	–	18,50	22,00	24,50	16,50	10,00	8,00
R II	0,30	–	0,30	3,50	3,50	2,50	./.12,00	–
R III	4,00	–	4,00	22,50	25,50	20,00	12,00	21,50
R IV	10,50	35,50	46,00	54,00	51,00	36,50	22,00	81,50
R V	2,50	23,00	25,50	52,00	44,00	46,50	19,50	66,00
R VI	11,00	16,00	27,00	52,20	46,00	46,25	18,50	68,50
im Landesdurchschnitt	19,00	–	19,00	26,00	29,50	21,30	12,00	32,50

AK = Arbeitskraft

Wirtschafts- und sozialgeographische Untersuchungen zum ländlichen Heimgewerbe in Nord-Afghanistan[1]

Günther Schweizer, Wolfram Fischer und *Albrecht Jebens,* Tübingen

I. Einführung: Das ländliche Heimgewerbe im Vorderen Orient als Forschungsgegenstand

Im folgenden werden zwei Fallstudien aus Nord-Afghanistan vorgelegt, die sich aus der Sicht des Geographen mit dem ländlichen Heimgewerbe befassen. Da bisher nur sehr wenige Informationen über diese Wirtschaftsform im ländlichen Raum vorliegen, scheint es angebracht, den beiden Detailstudien einige allgemeine Bemerkungen zum ländlichen Heimgewerbe im Vorderen Orient vorauszuschicken.

Unter dem Begriff des ländlichen Heimgewerbes sei hier die Produktion handwerklicher Erzeugnisse im ländlichen Raum verstanden, sofern diese gewerbliche Tätigkeit marktorientiert ist. Produziert wird zwar im häuslichen Rahmen, jedoch — und gerade dadurch wird diese Wirtschaftsform für den Geographen interessant — nicht für den eigenen Bedarf, sondern für den Verkauf, d. h. für einen wie auch immer gearteten Markt, häufig sogar für den Weltmarkt; man denke etwa an den Boom der Orientteppiche in Europa seit dem 19. Jahrhundert.

Es ist erstaunlich, wie wenig sich bisher die Wissenschaft mit dem ländlichen Heimgewerbe beschäftigt hat, seien es Wirtschaftswissenschaften, Wirtschafts- und Sozialgeschichte, ländliche Sozialforschung, Völkerkunde oder auch Wirtschafts- und Sozialgeographie. Und dies, obwohl das ländliche Heimgewerbe in den meisten Ländern eines vor- oder frühindustriellen Entwicklungsstandes eine ganz erhebliche Bedeutung hatte oder noch hat, insbesondere in Räumen starken Bevölkerungsdruckes. Zwar befassen sich zahllose Arbeiten mit den Erzeugnissen des Heimgewerbes, sei es unter technologischen oder kunstwissenschaftlichen Aspekten, sei es unter dem Gesichtspunkt des Händlers oder Sammlers — erinnert sei auch hier wieder an das seiner Weltmarktbedeutung wegen herausragende Beispiel des Orientteppichs und an die zahlreichen Teppichbücher. Auf die Wirtschaftsorganisation in Herstellung und Vermarktung der heimgewerblichen Produkte in ihrem Ursprungsgebiet wird in derlei Arbeiten in der Regel nicht oder kaum eingegangen [2].

Nur wenige Ausnahmen durchbrechen diese Regel, und zwar handelt es sich entweder um ethnologische oder geographische Arbeiten, die durchweg — und auch dies beleuchtet den ungenügenden Forschungsstand zu diesem Thema — erst während der letzten Jahre publiziert wurden. So untersucht die schweizerische Ethnologin *M. Centlivres-Demont* (1971) das bei Yazd (Zentraliran) gelegene Dorf Meybod, das weitgehend vom Heimgewerbe der Töpferei lebt, und auch ihr deutscher Kollege *F.* *Kussmaul* (1972) berichtet über ein Töpferdorf aus dem afghanischen Hindukusch. *B. Dupaigne* (1968, 1974) beschreibt traditionelle handwerkliche Techniken und schildert in einem biographischen Abriß das Leben und die Welt eines in einem nordafghanischen Dorf lebenden Seidenwebers. Auch ein Teil der von jedem Afghanen unter dem Turban getragenen Mützen, die *S. Westphal-Hellbusch* und *G. Soltkahn* (1976) monographisch behandeln, sind Produkte des ländlichen Heimgewerbes. Selten wird jedoch in diesen ethnologischen Arbeiten auf die Verbreitung des Heimgewerbes, auf die wirtschaftliche Bedeutung der Produktion und auf die sozialen und räumlichen Bezüge der Vermarktung der heimgewerblichen Produkte eingegangen [3].

Gerade aber diese Fragen sind es, die das ländliche Heimgewerbe zum Forschungsgegenstand der Geographie werden lassen, zumal die Frage nach der Organisation des Heimgewerbes in der jüngst entfachten Diskussion zur Theorie des Rentenkapitalismus auch ein entscheidendes theoretisches Gewicht gewonnen hat. Leider mangelt es jedoch bisher auch von Seiten der Geographie an konkreten Detailuntersuchungen, und lediglich zum ländlichen Teppichknüpfgewerbe im wichtigsten Teppichexportland Iran wurden eingehende Forschungen unternommen. So untersucht *M. Bazin* (1973 a und b) das Knüpfgewerbe, seine Verbreitung, wirtschaftliche Bedeutung und Organisation im Umland der zentraliranischen Stadt Qom. *E. Ehlers* (1977, 1978) befaßt sich im Rahmen der Stadt-Umland-Beziehungen in Iran mit der sehr jungen, als echte Innovation zu wertenden Ausbreitung des Knüpfgewerbes in den Dörfern um die zentraliranische Oasenstadt Tabas.

Aus allen zitierten Arbeiten geht der bedeutende wirtschaftliche Stellenwert des Heimgewerbes für die beteiligte Landbevölkerung hervor. Im traditionellen ländlichen Raum bildet das Heimgewerbe bei beschränkter agrarischer Tragfähigkeit nahezu die einzige Möglichkeit des außerlandwirtschaftlichen Zu- oder Haupterwerbs, abgesehen von der saisonalen Wanderarbeit. Im Falle der agrarischen Subsistenzwirtschaft, d. h. ohne marktorientierten Anbau von cash crops, bildet das Heimgewerbe zudem die einzige Möglichkeit für die Familien, Bargeld zu erhalten. Diese Rolle des ländlichen Heimgewerbes, die insbesondere für die wirtschaftliche Entwicklung des ländlichen Raumes interessante Perspektiven eröffnet, wird auch von internationalen Organisationen gesehen und hat zu Bemühungen, z. B. des International Labour Office (ILO) oder des Arab States Training Centre for Education for Community Development (AFSEC), geführt [4], bislang jedoch ohne praktische, in größerem Rahmen sichtbare Konsequenzen.

Kommen wir zurück zum ländlichen Heimgewerbe als einem Forschungsgegenstand der Geographie. Ansatzpunkt für die Untersuchung des Heimgewerbes im Vorderen Orient ist eigentlich nicht nur das Heimgewerbe als solches oder dessen rein wirtschaftliche Bedeutung, sondern es ist auch das Verhältnis der Stadt zu ihrem Umland.

In einem Aufsatz über "Die Beziehungen der orientalisch-islamischen Stadt zum umgebenden Lande" stellt *E. Wirth* (1973, S. 330) fest, "daß die Beziehungen zwischen Stadt und Land im System des orientalischen Rentenkapitalismus merklich differenzierter als bisher gesehen werden müssen", denn "die traditionelle orientalisch-islamische Stadt hat für die Dörfer ihres weiteren Umkreises keineswegs nur eine parasitäre, schmarotzerhafte Funktion; schon immer ist sie dem flachen Lande gegenüber auch aktives Organisationszentrum und impulsgebendes Ausstrahlungszentrum gewesen". Diese vor dem Hintergrund der bisherigen Forschung zum rentenkapitalistisch geprägten Stadt-Umland-Verhältnis neuartige These [5] untermauert *E. Wirth* im wesentlichen mit der aktiven Rolle der Stadt in bezug auf das ländliche Heimgewerbe; die Stadt sei

Innovations-, Organisations- und Finanzierungszentrum des Heimgewerbes im Umland. Es ist nicht Aufgabe dieser einführenden Bemerkungen, für oder wider diese These zu argumentieren, zumal *E. Wirth* (1973, S. 326) selbst feststellt, daß genauere Angaben über das Gewicht und die Verbreitung des Heimgewerbes beim derzeitigen Forschungsstand kaum möglich seien. Dennoch müssen uns diese Aussagen veranlassen, das ländliche Heimgewerbe stärker als bisher in die Forschung einzubeziehen, sei sie wirtschafts-, sozial- oder siedlungsgeographisch ausgerichtet.

Im Mittelpunkt zukünftiger Untersuchungen über das ländliche Heimgewerbe sollten unseres Erachtens die folgenden Aspekte und Teilprobleme stehen:

1. Entstehung des ländlichen Heimgewerbes. Seit wann wird das Gewerbe an diesem Standort betrieben? Ist es, wie die Kelim-Weberei im Raume Sar-i-Pul (s.u.), an bestimmte ethnische Gruppen gebunden? Ist es autochthon entstanden oder als von außen hereingetragene Innovation, und wer waren gegebenenfalls die Innovationsträger?
2. Räumliche Verteilung der Standorte ländlichen Heimgewerbes. So kommt etwa *E. Wirth* (1971, S. 326) zu dem aus mitteleuropäischer Sicht erstaunlichen Schluß, daß das syrische Heimgewerbe seinen räumlichen Schwerpunkt im Altsiedelland habe, insbesondere im Umkreis der großen Städte und in landwirtschaftlichen Gunstgebieten, nicht aber in Bereichen mit geringer argrarischer Arbeitsauslastung.
3. Bindung des Heimgewerbes an bestimmte soziale Gruppen innerhalb eines Dorfes. Während mit der Ausübung eines städtischen Handwerks häufig ein ganz bestimmter sozialer Status verbunden ist, scheinen sich diese Unterschiede auf dem Dorfe zu verwischen. Jedenfalls zeigen die Befunde aus dem Teppichknüpfdorf Qizil Ayak Kalan (s.u.), daß praktisch die gesamte Dorfbevölkerung, ungeachtet ihres jeweiligen sozialen Status, am Knüpfgewerbe beteiligt ist.
4. Produktionsrichtungen des ländlichen Heimgewerbes und Spezialisierung gewerblicher Dörfer auf bestimmte Erzeugnisse. Die Formen und Produkte des ländlichen Heimgewerbes sind sehr vielfältig und nicht immer, wie im Falle der Töpferei oder der Besenbinderei, an lokale Vorkommen bestimmter Rohmaterialien gebunden. Gerade in den Textilgewerben des Teppichknüpfens oder des Kelimwebens übersteigt der Bedarf an Rohmaterial die lokalen Ressourcen bei weitem, so daß schon die Beschaffung der Rohstoffe leicht eine Organisation induzieren kann. Die Spezialisierung von Heimgewerbedörfern auf ein bestimmtes Produkt ist besonders stark in der arbeitstechnisch anspruchsvollen Töpferei *(Centlivres-Demont* 1971, *Kussmaul* 1972), scheint aber auch bei anderen Arten des Heimgewerbes die Regel zu sein.
5. Das Gewicht des Heimgewerbes, d.h. seine wirtschaftliche Bedeutung, insbesondere im Verhältnis zum Verdienst aus der Landwirtschaft. In vielen stark spezialisierten Dörfern wird das Heimgewerbe zur Hauptwirtschaftsbasis der Bevölkerung, so daß die Landwirtschaft den Charakter des Nebenerwerbs annimmt. Dies gilt vor allem, wenn heimgewerblich für den Exportmarkt produziert wird, wie es sowohl beim Teppichknüpfen in Qizil Ayak Kalan als auch beim Kelimweben im Raume Sar-i-Pul der Fall ist.
6. Organisationsformen des ländlichen Heimgewerbes und Finanzierung der neben der Arbeitskraft benötigten Produktionsfaktoren wie Rohstoffe, Arbeitsgeräte, Räumlichkeiten. Wie stark ist die Abhängigkeit von städtischen Lieferanten und Händlern? Kommt es, wie *E. Wirth* (1973) ganz allgemein vermutet und wie es *M. Bazin* (1973 a und b) und *E. Ehlers* (1977) für ihre Arbeitsgebiete in Zentraliran nachweisen, zur Ausbildung eines regelrechten Verlagssystems, wie wir es auch aus dem frühneuzeitlichen Europa kennen? Die Befunde aus Nord-Afghanistan lassen in dieser Hinsicht ein räumlich sehr differenziertes Bild vermuten.

7. Vermarktung der Gewerbeerzeugnisse und Marktorganisation. Der Verkauf der Produkte kann auf ganz verschiedener Ebene erfolgen: Hausierhandel (vgl. *F. Kussmaul* 1973), ländlicher Wochenmarkt (Qizil Ayak Kalan), Kleinstadt-Bazar (Sar-i-Pul), Großstadt-Bazar. Wie groß ist die Reichweite dieser Zentren, und wie greifen diese verschiedenen Ebenen des Marktes ineinander?

Diese Einzelfragen, ebenso die Methoden, mit denen eine Antwort angestrebt werden kann, sind im wesentlichen wirtschafts- und sozialgeographischer Art. Das Problem jedoch, das gerade in jüngster Zeit eine intensivere Erforschung des ländlichen Heimgewerbes nahegelegt hat, ist aber letztlich ein siedlungsgeographisches, nämlich die Frage: Ist die traditionelle islamisch-orientalische Stadt tatsächlich ein zentraler Ort? Hat die Stadt nur parasitären, abschöpfenden Charakter gegenüber dem umgebenden Lande, oder ist sie wie im Westen mit ihrem Umland durch wechselseitiges Geben und Nehmen verbunden?

Den beiden Fallstudien vorweggenommen sei, daß sich für Nord-Afghanistan die These von *E. Wirth* (1973) und auch die Untersuchungsergebnisse von *M. Bazin* (1973) und *E. Ehlers* (1977) über die dominierende Rolle der Stadt in der Organisation des Heimgewerbes nicht zu bestätigen scheinen, daß innerhalb des Vorderen Orients also mit starken regionalen Differenzierungen zu rechnen ist.

II. Das Heimgewerbe des Teppichknüpfens im Dorf Qizil Ayak Kalan
(Provinz Jawzjan, Nord-Afghanistan)

Der handgeknüpfte Teppich spielt im Export des Landes Afghanistan schon seit Jahrzehnten eine wichtige Rolle. Die wachsende Bedeutung zeigt sich im Anteil am Weltexport, der 1929 nur 0,5 % (Iran 48 %), 1967 jedoch 6 % (Iran 60 %) betrug *(E. Wirth* 1976). Der Anteil der Teppiche am Gesamtexport des Landes lag in den Jahren 1956 bis 1974 im Durchschnitt bei 10 % und war nach dem Export von Karakulfellen der wichtigste Devisenbringer für Afghanistan [6].

Zum Export kommen überwiegend Brücken und Zimmerteppiche, die unter dem Namen "Afghan" oder "Baluch" gehandelt werden. Der sogenannte Afghan ist ein auf langer heimgewerblicher Tradition basierendes Erzeugnis der turkmenischen Volksgruppe im Norden des Landes. Da es keine genaueren Untersuchungen über das Teppichknüpfgewerbe in turkmenischen Dörfern gibt, ist es interessant, den sozialen und wirtschaftlichen Stellenwert dieses wichtigen Exportartikels in einem nur von Turkmenen besiedelten Dorf und dessen Region festzustellen.

Das Dorf Qizil Ayak Kalan liegt etwa 20 km nördlich der Provinzhauptstadt Sheberghan in der Baktrischen Ebene und ist von etwa 700 Familien bewohnt, was einer Einwohnerzahl von ungefähr 4 400 Personen entspricht [7]. Eine Umfrage in 300 Familien über die demographischen, sozialen und wirtschaftlichen Verhältnisse gibt einen Überblick über die Erwerbsstruktur der Dorfbevölkerung (Tab. 1). Die 300 Familien entsprechen 1 424 Einwohnern. Damit liegt der Anteil der Erwerbstätigen bei 30 %. Rechnet man den Anteil der im Heimgewerbe tätigen Frauen hinzu, ergibt sich eine Erwerbsquote von nahezu 60 %.

Ein weiteres Indiz für den wirtschaftlichen Stellenwert des Knüpfgewerbes in Qizil Ayak Kalan und den umliegenden Dörfern ist die Menge der hergestellten Teppiche. Die große Zahl der von den Herstellern auf dem Wochenmarkt von Qizil Ayak Kalan angebotenen Teppiche verdeutlicht die hohe Produktion. Pro Markttag wurden durchschnittlich ca. 200 Brücken und Zimmerteppiche im Wert von 1 Million Afs gehandelt, ohne Berücksichtigung der Teppiche, die nicht auf diesem lokalen Markt umgeschlagen wurden.

Tabelle 1: Erwerbstätige nach Wirtschaftsbereichen in Qizil Ayak Kalan
(nach eigenen Erhebungen 1977) [a]

Berufsgruppen	Männer Familien-vorstände	Männer in der Familie lebend	Frauen Familien-vorstände	Frauen in der Familie lebend	in % der Erwerbstätigen	in der Landwirtschaft tätig (in %)	Handel, Handwerk und Dienstleistungen (in %)	Heimgewerbe (in %)
Landwirte + Viehzüchter	32	7	–	–	4,6	4,6		
Landarbeiter	102	52	–	–	18,1	18,1		
Hirten	10	10	–	–	2,4	2,4		
Gelegenheitsarbeiter	51	16	–	–	7,9	4,0	3,9	
Arbeiter [b]	19	18	–	–	4,4	2,2	2,2	
Kaufleute + Teppichhändler	24	8	–	–	3,8		3,8	
Handwerker [c]	23	5	–	–	3,3		3,3	
Kameltreiber	8	4	–	–	1,4		1,4	
Mullahs	8	2	–	–	1,2		1,2	
Teppichknüpfer	–	3	3	424	50,6			50,6
Sonstige [d]	14	7	–	–	2,3		2,3	
Erwerbstätige	291	132	3	424		31	17	51
arbeitsunfähig	4	–	–	–				
Schüler	2	51	–	–				
ohne Berufsangabe	–	48	–	15				

a In der Tabelle werden auch die Frauen, die im Knüpfgewerbe tätig sind, als Erwerbstätige ausgewiesen, obwohl dabei zu berücksichtigen ist, daß sie daneben auch für alle landwirtschaftlichen und häuslichen Arbeiten zuständig sind.
b Arbeiter sind zumeist in der Form der Anteilsarbeit bei Großgrundbesitzern beschäftigt oder gehen einer Arbeit in der Stadt nach.
c Den Handwerkern sind zugeordnet: Metzger, Bäcker, Bauarbeiter, Schmiede, Tischler u.a.
d Sonstige: Lagerarbeiter, Wasserverteiler (Mirab), Hausmeister, Feldschütz u.a.

Die Umfrage zeigt weiterhin, daß in 90 % der befragten Familien Teppiche geknüpft werden und daß 97 % der erfaßten Frauen damit beschäftigt sind. Tabelle 2 zeigt, daß keine Berufsgruppe auf das Heimgewerbe verzichtet. Im Durchschnitt werden 1,5 qm Teppich pro Monat und Familie geknüpft, ein Wert, den auch *B. Dupaigne* (1968) bestätigt. Legt man diesen Wert einer Gewinnrechnung zugrunde, kann man, bei der Selbstfinanzierung des Materials, einen durchschnittlichen Zuverdienst von 12 000 bis 18 000 Afs, d.h. von 600–900 DM pro Jahr ermitteln [8]. Zum Zeitpunkt der Untersuchung wurden in Qizil Ayak Kalan Teppiche mit einer Knotendichte von 1000–1600 Knoten/qdm geknüpft. Sie gehören damit in die Stufe der schlechten Mittelklassequalität der in Afghanistan geknüpften Teppiche. Der Hauptrohstoff für die Herstellung eines Teppichs ist versponnene Wolle jeder Qualität. Üblicherweise werden für einen Teppich 1/3 handgesponnenes Garn und 2/3 maschinell gesponnenes Garn verwendet;

Tabelle 2: Herstellung der Teppiche, bezogen auf Berufsgruppen und auf im Knüpfgewerbe tätige Frauen (nach eigenen Erhebungen 1977)

Berufsgruppen	keine Teppiche	0,5–1,0	1,0–1,5	1,5–2,0	2,0–3,0	3,0–4,0	über 4,0	beschäftigte Frauen
Landwirte + Viehzüchter	1	1	7	6	9	3	5	64
Landarbeiter	10	7	37	23	16	7	1	142
Hirten	2	1	1	2	–	2	2	15
Gelegenheitsarbeiter	5	9	18	10	5	3	1	61
Arbeiter	2	–	8	4	4	1	–	20
Kaufleute + Teppichhändler	–	1	4	6	5	4	4	50
Handwerker	6	–	8	5	3	1	–	21
Kameltreiber	–	–	3	3	2	–	–	10
Mullahs	–	1	2	1	2	–	2	14
Teppichknüpfer	–	–	–	3	–	–	–	–
Sonstige	3	–	3	5	3	1	–	17
Arbeitsunfähige	–	–	–	1	1	1	1	10
Schüler	–	–	–	1	1	–	–	3
Anzahl der geknüpften Teppiche und Größe qm/Monat pro Familie	29	20	91	70	51	23	16	427

Header supra: geknüpfte Teppiche qm/Monat pro Familie

letzteres wird überwiegend von den Händlern im städtischen Bazar oder auf dem Freitagsmarkt im Dorf selbst gekauft.

Am Heimgewerbe sind die Familien aller Berufsgruppen, unabhängig von ihrer sozialen Stellung, beteiligt. Die wirtschaftlichen Unterschiede, die vor allem in der Kapitalsituation liegen, führen jedoch zu verschiedenen Organisationsformen der Knüpfer, da das Rohmaterial für den zu knüpfenden Teppich eine erhebliche Investition bedeutet und bis zum Verkauf des fertigen Teppichs vorfinanziert werden muß. Im Dorf Qizil Ayak Kalan und in den umliegenden Siedlungen haben sich im Laufe der Zeit drei Organisationsformen entwickelt [9]:

a) Das Knüpfen in eigener Regie

Es handelt sich um Familien, die auf eigene Rechnung arbeiten und den Teppich auf dem Markt absetzen. Diese Familien sind wirtschaftlich in der Lage, die Herstellung des Teppichs vorzufinanzieren, und erreichen damit den größtmöglichen Zuverdienst.

Zu dieser Gruppe sind auch die Familien zu zählen, die das Garn im Bazar auf Kredit beziehen [10]. In diesen Fällen wird von den Händlern ein Aufschlag von 5 Afs/pau Garn verlangt (1 pau = 0,442 kg) [11]. Die Teppiche werden nach Fertigstellung frei auf dem Markt verkauft, und die Schuldsumme wird zurückgezahlt [12]. Der Knüpfer arbeitet auch hier mit vollem Risiko und steht zusätzlich in Schuld. In wirtschaftlichen Notsituationen, z. B. bei fallenden Teppichpreisen oder bei steigenden Lebensmittelpreisen z. B. nach Dürreperioden, kann die Familie vom Verkauf des Teppichs gerade den Kredit des Wollhändlers bezahlen, hat aber keine Reserven mehr für den Lebensunterhalt. In solchen Fällen wird dazu übergegangen, Teppiche im Auftrag zu knüpfen.

b) Das Verlagssystem "birma"

Dieses System entstand laut Aussage eines Verlegers im Dorf erst in den Jahren 1971/72, wohl als Folge der durch die Dürrejahre 1970/71 bedingten Wirtschaftskrise.

Der Verleger im birma-System erhält seine Aufträge entweder von der Filiale eines Teppich-Großexporteurs in Aqcha, Andkhoi, Balkh oder Mazar-i-Sharif, bzw. direkt von einem Großexporteur in Kabul (vgl. Abb. 1). In Qizil Ayak Kalan gab es 1977 fünf Verleger, die in diesem System arbeiten. Im Mittel sind für einen Auftraggeber 50 – 60 Familien tätig; z.T. werden auch Knüpfer in den Nachbardörfern Mingajik, Saltiq Kalan und Khwaja Do Koh beschäftigt (Karte 1).

Der Verleger stellt der knüpfenden Familie die bereits gefärbte Wolle mit einem Aufpreis von 10 Afs/pau zur Verfügung. Er legt auch Größe, Form und Muster des Teppichs fest. Während der Knüpfzeit kann die Familie bereits Abschlagszahlungen erhalten. Die Differenz zwischen den Rohkosten und dem Wert des Teppichs, abzüglich der Vorschüsse, kommt zur Auszahlung. Der Preis dieser Teppiche liegt, je nach Höhe der Vorauszahlung und der Qualität der Arbeit, um 100 – 300 Afs unter dem Niveau des Marktpreises. Bei sehr schlechter Qualität wird der Teppich nicht abgenommen. Die Kostenrechnung auf der folgenden Seite zeigt die Gewinnabschöpfung des Verlegers, die 1/4 bis 1/3 des Verkaufswertes des Teppichs beträgt. Die gesamte Organisation und das Geschäftsrisiko liegen bei diesem System in den Händen der Verleger im Dorf.

c) Die Organisationsform "nisfa-kari"

Die dritte im Dorf zu beobachtende Organisationsform entspricht dem von *E. Franz* (1972) beschriebenen "nisfa-kari"[9]. Eine Person stellt alle Produktionsmittel zur Verfügung und erhält die Hälfte des Ertrages. Diese Art der Auftragsarbeit ist aus Qizil Ayak Kalan nur in etwa 20 Fällen bekannt, bei denen die Knüpferfamilien übermäßig verschuldet sind und eine totale Abhängigkeit vom Kreditgeber besteht. Die vom Kreditgeber abgeschöpften Erträge überschreiten die Hälfte des Teppichwertes. Die zweite, von *E. Franz* (1972) geschilderte Form des "nisfa-kari" konnte im Dorf nicht festgestellt werden.

Das in Abb. 2 wiedergegebene Schema über den Weg des afghanischen Teppichs vom heimgewerblichen Erzeuger im Dorf Qizil Ayak Kalan bis in das Ausland stellt die wichtigsten Handelswege aus der Sicht des Dorfes zusammenfassend dar.

Der Absatz der in eigener Regie geknüpften Teppiche läuft weitgehend über den Wochenmarkt von Qizil Ayak Kalan, auf dem Teppichaufkäufer oder deren Vertreter aus den Städten Nord-Afghanistans oder direkt aus Kabul auftreten. Die Unabhängigkeit der dörflichen Teppichknüpfer erlaubt es auch, Teppiche in anderen Marktzentren anzubieten. Zum Beispiel werden Teppiche aus Lab-i-Jar-i-Qoraishi direkt in Aqcha angeboten, während Knüpfer aus Chob Bash-i-Kalan Teppiche sowohl auf dem Wochenmarkt in Qizil Ayak Kalan als auch in Aqcha anbieten (vgl. Karte 1). Knüpfer, die Kredite benötigen, und Knüpfer im Verlagssystem sind an den Kreditgeber bzw. an den Verleger in Qizil Ayak Kalan gebunden. In geringem Umfang werden Teppiche auch durch ambulante Aufkäufer aus den Dörfern oder Städten direkt im Hause des Teppichknüpfers aufgekauft. Die auf diesem Wege gehandelten Teppiche, Kontingente bis etwa 5 Stück, sind auf ihrem weiteren Handelsweg von der Mobilität des Aufkäufers abhängig

Kostenrechnung für einen 2 qm großen Teppich:

		Abschöpfung d. Verlegers
1. Der Verleger kauft das Rohmaterial 13 pau Rohwolle (13 pau ergeben 8 pau Garn) 16 pau Garn (maschinell gesponnene Wolle vom Großhändler oder direkt von Firma) Farbe vom Bazarhändler ca.	390 Afs 880 Afs 100 Afs	
	1 370 Afs	
2. Verleger gibt die Rohwolle zur Verarbeitung und erhält dafür 8 pau Garn, das mit 20 Afs für 1 pau vergütet wird	160 Afs	
2. Verleger gibt die bereits gefärbte Wolle zur Teppichherstellung und berechnet: 8 pau handgesponnene Wolle und Färbung à 85 Afs 16 pau maschinengesponnene Wolle und Färbung à 75 Afs	680 Afs 1 200 Afs	100 Afs 250 Afs
	1 880 Afs	
Der Verleger nimmt den Teppich zum Marktpreis in Qizil Ayak Kalan zurück ca. abzgl. der Vorschußabgabe abzgl. der Materialkosten	3 200 Afs 200 Afs 1 880 Afs	200 Afs
Der Knüpfer erhält	1 120 Afs	
4. Der Verleger bringt den Teppich zum Auftraggeber Marktpreis in Kabul (1 qm ca. 1 800 Afs)	3 600 Afs	400 Afs
Die Gesamtabschöpfung des Verlegers beträgt ca.		950 Afs

Abb. 1: Die Funktion des Verlegers im Heimgewerbedorf Qizil Ayāk Kalān

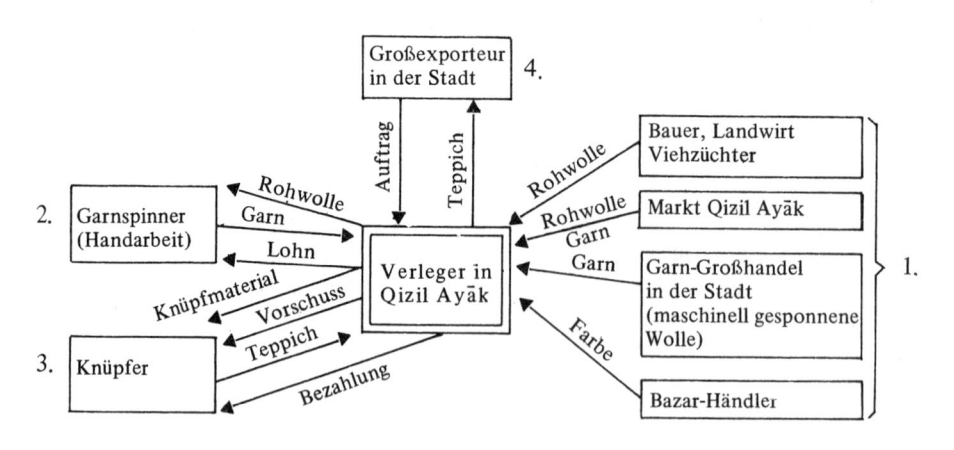

Abb. 2: Der Weg des afghanischen Teppichs vom Erzeuger in das Ausland

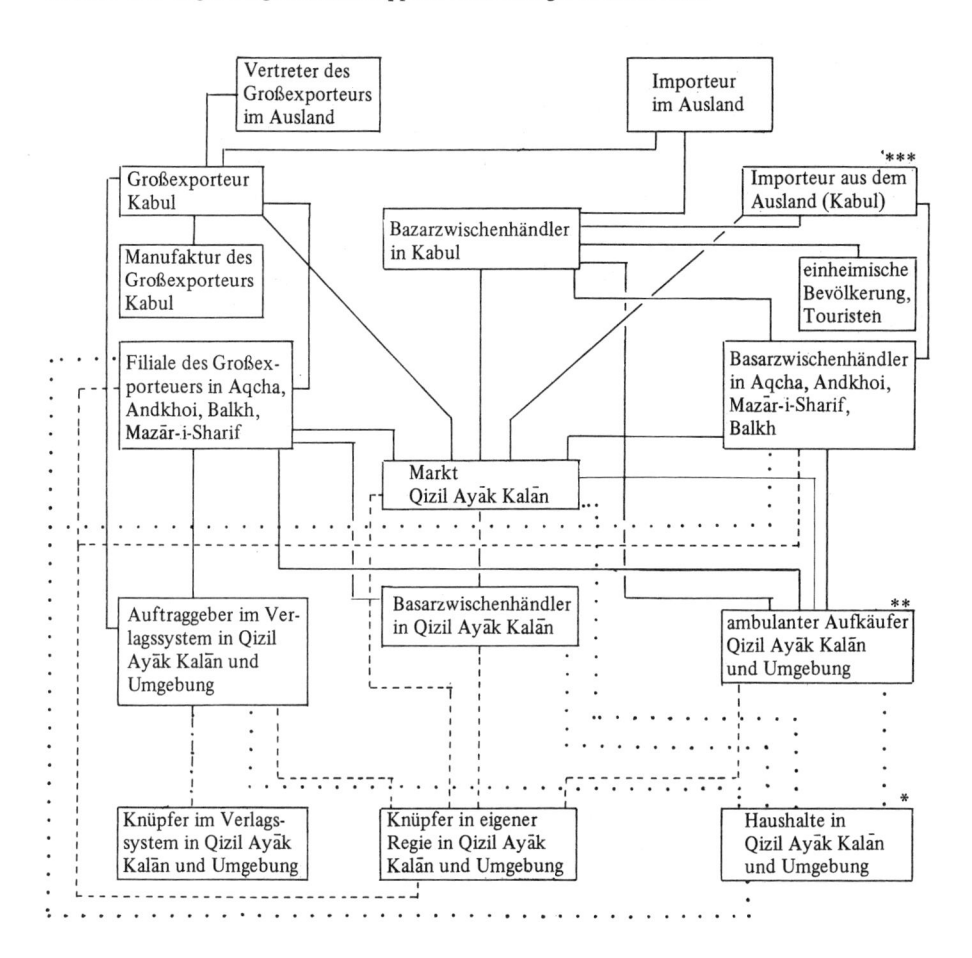

```
                    ┌─────────────────┐       ┌─────────────┐
                    │ Vertreter des   │       │ Importeur   │
                    │ Großexporteurs  │       │ im Ausland  │
                    │ im Ausland      │       │             │
                    └─────────────────┘       └─────────────┘
                                                               ***
  ┌──────────────┐                            ┌──────────────────┐
  │Großexporteur │                            │Importeur aus dem │
  │Kabul         │      ┌──────────────────┐  │Ausland (Kabul)   │
  ├──────────────┤      │Bazarzwischenhändler│ └──────────────────┘
  │Manufaktur des│      │in Kabul          │  ┌──────────────────┐
  │Großexporteurs│      └──────────────────┘  │einheimische      │
  │Kabul         │                            │Bevölkerung,      │
  ├──────────────┤                            │Touristen         │
  │Filiale des Großex-│                       └──────────────────┘
  │porteuers in Aqcha,│                       ┌──────────────────┐
  │Andkhoi, Balkh,    │                       │Basarzwischenhändler│
  │Mazār-i-Sharif     │                       │in Aqcha, Andkhoi,│
  └──────────────┘                            │Mazār-i-Sharif,   │
                                              │Balkh             │
                          ┌──────────────┐    └──────────────────┘
                          │Markt         │
                          │Qizil Ayāk Kalān│
                          └──────────────┘

  ┌──────────────┐      ┌──────────────────┐
  │Auftraggeber im Ver-│ │Basarzwischenhändler│   **
  │lagssystem in Qizil │ │in Qizil Ayāk Kalān│ ┌──────────────────┐
  │Ayāk Kalān und      │ └──────────────────┘ │ambulanter Aufkäufer│
  │Umgebung            │                      │Qizil Ayāk Kalān  │
  └──────────────┘                            │und Umgebung      │
                                              └──────────────────┘
                                                               *
  ┌──────────────┐    ┌──────────────────┐   ┌──────────────────┐
  │Knüpfer im Verlags-│ │Knüpfer in eigener│ │Haushalte in      │
  │system in Qizil Ayāk│ │Regie in Qizil Ayāk│ │Qizil Ayāk Kalān │
  │Kalān und Umgebung │ │Kalān und Umgebung│ │und Umgebung      │
  └──────────────┘    └──────────────────┘   └──────────────────┘
```

- - - - -   Vermarktung des Teppichs aus der Herstellung in eigener Regie
· · · · ·   Vermarktung des Teppichs aus der Herstellung im Verlagssystem
· · · · · · Vermarktung der Knüpferzeugnisse aus den Haushaltungen
─────   weiterer Gang der Teppichvermarktung
*   Betrifft das Angebot alter Teppiche und Knüpferzeugnisse, die nur noch in einem geringen Umfang zum Angebot kommen
**   Aufkauf geschieht nur in kleinen Mengen, meistens im Hause des Teppichknüpfers
***   Auf Einkaufsreise in Kabul

und gelangen auf die Teppichumschlagplätze Nord-Afghanistans oder nach Kabul. Der Handel mit alten Teppichen und anderen Knüpferzeugnissen hat keine Bedeutung.

Den wichtigsten Punkt in der Handelskette bildet der Wochenmarkt in Qizil Ayak Kalan. Interessant ist in diesem Zusammenhang die geringe Bedeutung der Stadt Sheberghan im System des Teppichhandels, wohl ein Zeichen dafür, daß sich nicht nur die heimgewerbliche Herstellung der Teppiche, sondern auch der Teppichhandel in Nord-Afghanistan in den Händen der turkmenischen Volksgruppe befindet.

Abschließend seien nochmals drei wesentliche Ergebnisse dieser Fallstudie hervorgehoben:

1. Nach vorsichtigen Schätzungen sind 80 – 90 % der Dorfbevölkerung auf die Einkünfte aus dem Teppichknüpfen als ihrer Hauptlebensgrundlage angewiesen [13]; damit wird das Heimgewerbe zur wichtigsten Wirtschaftsbasis für die Dorfbevölkerung.

2. Die Teppiche werden, mit Ausnahme der im Verlagssystem geknüpften Teppiche, frei auf dem dörflichen Wochenmarkt gehandelt.

3. Abhängigkeiten zur Stadt bestehen durch die im Verlagssystem gegebenen Aufträge der Großhändler bzw. der Exporteure an den dörflichen Verleger. Die Abschöpfung von Ertragsanteilen kommt jedoch überwiegend dem dörflichen Verleger zugute.

III. Das Heimgewerbe der Kelimweberei im Raume Sar-i-Pul
(Provinz Jawzjan, Nord-Afghanistan) [14]

Der Bazar von Sar-i-Pul

Sar-i-Pul ist ein etwa 25 000 Einwohner zählendes Städtchen, rund 60 km südlich der Provinzhauptstadt Sheberghan gelegen (Karte 2). Die Stadt besitzt einen Straßenbazar, der aus den 1930er Jahren stammt, sowie einen neuen, blockartig um rechteckige Innenhöfe gruppierten Bazarkomplex [15]. An Heimgewerbeerzeugnissen sind in diesen Bazaren erhältlich: Kelims, Kappen, Stickarbeiten, Stoffe, Garn und, in allerdings sehr geringem Umfange, auch Teppiche.

Zentral im neuen Bazar gelegen, inmitten anderer Bazarteile mit gehobenem Warenangebot, befindet sich der Kelim-Markt [16], der im Gegensatz zu den anderen Bazarkomplexen nur an den traditionellen Kelim-Markttagen Montag und Donnerstag geöffnet ist. Dieser Markt (Abb. 3) bestand 1977 [17] aus einem von allen vier Seiten her zugänglichen Rechteckhof mit 32 regelmäßig angeordneten Läden (Dukane). Besitzmäßig sind diese völlig in der Hand von Hazaras. Lediglich drei Uzbeken besaßen außerhalb des geschlossenen Gevierts ebenfalls Kelim-Dukane. Die Dominanz der Hazaras erscheint bei dem gering geachteten Status dieses Volkes im ethnischen Gefüge des Landes bemerkenswert.

Noch auffälliger indessen ist der ländliche Wohnsitz dieser Ladenbesitzer und die dominierende Rolle, die in diesem Zusammenhang das Dorf Chahr Bagh einnimmt, stammten doch 1976 von insgesamt 39 Kelim-Dukandaren allein 20 aus diesem Dorf; 1978 waren es von 56 Dukandaren in mittlerweile zwei Bazarhöfen noch immerhin 22 (Abb. 4). Andere Dörfer und selbst das Zentrum Sar-i-Pul stehen demgegenüber weit zurück.

Die unerwartet starke Vorherrschaft ländlicher Ladeninhaber auf einem städtischen Markt wirft folgende Fragen auf:

Wie sind die Eigentumsverhältnisse?

Worauf beruht die Dominanz der Ladeninhaber aus dem Dorf Chahr Bagh?

Gibt es innerhalb dieser Dukandare eine wiederum beherrschende soziale oder ethnische Gruppe?
Schlägt sich die Vorherrschaft der Leute aus Chahr Bagh auch in Herstellung und Vertrieb der Kelims nieder?
Welche Funktion besitzt der Kelim-Markt von Sar-i-Pul in einem größeren regionalen Raum?
Zur Beantwortung dieser Fragen muß auf das Dorf Chahr Bagh und auf die Herstellung der Kelims eingegangen werden.

Das Heimgewerbedorf Chahr Bagh

Das von Hazaras bewohnte Dorf Chahr Bagh liegt etwa 9 km nördlich von Sar-i-Pul inmitten der vom Darya-i-Siah bewässerten Flußoase. Formal gesehen besteht es aus einem eng gebauten, verschachtelten Dorfkern und einem weitläufigeren, von Feldern und Gehölzen durchsetzten jüngeren Dorfteil (Nauabad). Die hier siedelnden Hazaras fanden als Vertriebene aus Gezab im Hazarajat zur Zeit Amanullahs hier neue Wohn- und Erwerbsmöglichkeiten und ließen sich im Raum von Ak Tash im E bis Chaman-i-Hasan-Bayk im W, und von Joy-Arab-i-Jadid im N bis Chabuk im S nieder [18]. Außerdem sind Hazaras in den östlichen Vierteln von Sar-i-Pul und in einzelnen Dörfern südlich der Stadt geschlossen seßhaft geworden.

Ein Grund für das Aufkommen eines marktorientierten Heimgewerbes liegt somit in der Zuwanderung neuer Siedler. Das Heimgewerbe begann mit der Herstellung von Stoffen und verlagerte sich in den 1950er Jahren mit zunehmender Markterschließung und Mobilität auf die Erzeugung von Kelims. Diese waren in der alten Heimat nur für den Eigenbedarf hergestellt worden.

Chahr Bagh weist schon durch seinen Namen "Vier Gärten" auf eine gewisse Gunstlage hin. Auch die Nähe zu Sar-i-Pul, wohin ein eigener Kleinbusdienst betrieben wird, spielt eine große Rolle für das Dorf. Als weitaus größte Siedlung im Umkreis der Stadt zählt das Dorf 386 Familien oder rund 1900 Einwohner (1976). In der Erwerbsstruktur spielt das heimgewerblich betriebene Weben von Kelims eine wichtige Rolle. So wurden in 225 von 249 untersuchten Gehöften — oder bei 351 von 386 Familien — insgesamt 271 Kelim-Webstühle festgestellt. Was die Verteilung der Webstühle im Dorf angeht, wurden keine auffälligen Unterschiede beobachtet, kommen Webstühle doch im Dorfkern wie in Nauabad gleichermaßen vor.

Die beiden wichtigsten Wirtschaftsfaktoren für das Dorf sind Feldbau und Kelimweberei; die Viehzucht hat reinen Selbstversorgungscharakter. Doch mit dem Dukan-Besitz in der Stadt ist eine weitere wichtige Erwerbsgrundlage vorhanden. Diese kommt jedoch nur einem relativ kleinen Bevölkerungsteil des Dorfes zugute. Die 20 Kelimladenbesitzer haben ihre besser ausgestatteten Gehöfte überwiegend an der Peripherie des Dorfes.

Wenn sich so konstatieren läßt, daß die Dominanz der Ladeninhaber aus Chahr Bagh im Kelim-Markt von Sar-i-Pul auf enge Weise mit dem dörflichen Heimgewerbe in Chahr Bagh zusammenhängt, so fragt es sich, ob es innerhalb des Dorfes eine dominierende Gruppe gibt. Die in Chahr Bagh lebenden Hazaras vom Stamm (taife) der Gezabi, wobei der Name die ursprüngliche Heimat Gezab in der Provinz Urozgan angibt, sind weiter in die Unterstämme Meriaka, Jamuli, Serghawi und Qakhi gegliedert. Hinzu kommen die ebenfalls schiitischen Qizil Bash, die ursprünglich eine eigene Volksgruppe bildeten, sich heute aber selbst als Hazaras bezeichnen, sowie einige Familien vom Stamm der Ghazniji. Die ethnische Zuordnung, wie in Tab. 3 wiedergegeben, zeigt, daß die einzelnen Gruppierungen proportional zu ihrer Präsenz im Dorf auch am Heimgewerbe beteiligt sind. Die Meriaka bilden die wirtschaftlich stärkste Gruppe; aus ihr kommt auch der Marktvorsteher (Kalantar) des Kelimbazars in Sar-i-Pul.

Tabelle 3: Bedeutung der Kelimweberei in den einzelnen ethnischen Gruppen des Heimgewerbedorfes Chahr Bagh

Ethnische Gruppe	Gehöfte % (249 ≙ 100%)	Familien % (386 ≙ 100%)	Webstühle % (271 ≙ 100%)	Kelim-Dukandare aus Chahr Bagh in Sar-i-Pul % (20 ≙ 100%)
Meriaka	28	27	27	35
Jamuli	23	23	22	20
Serghawi	21	22	19	25
Qakhi	14	14	16	10
Qizil Bash	11	11	11	10
Ghazniji	1	1	1	–
unbestimmt	2	2	4	–

Herstellung des Kelims

Der Kelim ist ein flachgewobener, florloser Teppich aus Schafwolle. Der Hazara-Kelim wird in einem Stück paarweise gewoben; bedingt durch die Webtechnik gleichen sich Vorder- und Rückseite. Er kommt außer im Raume Sar-i-Pul auch um Mazar-i-Sharif und Maimana vor, wobei die dort gewobenen Stücke vom Aussehen her dem Sar-i-Pul-Kelim stark ähneln. Ferner werden Hazara-Kelims, vorzugsweise mit Streifenmustern und in violetten Farben, im Hazarajat und – in kleinen Mengen – auch im Raume Sangcharak produziert.

Den Rohstoff für die Herstellung der Kelims bildet ausschließlich handversponnene Schafwolle verschiedener Farbe und Qualität. Die Wolle ist härter und gröber als Teppichwolle. Sie wird immer als Mischung aus schwarzem, grauem, selten braunem und weißem Garn (tar) vorwiegend bei den Hazara-Händlern gekauft, die später auch die fertige Ware abnehmen. In Chahr Bagh selbst wird keine Wolle versponnen.

Für die Herstellung eines Kelim-Paares (ca. 3 x 4 m) benötigen zwei Frauen rund zwei Wochen. Ihnen obliegt die Arbeit des Garnfärbens und Webens, während der Mann die dreimal im Jahr notwendige Ausrichtung des Webrahmens übernimmt [19] und die fertigen Webteppiche auf dem Markt verkauft.

Kostenrechnung für die Herstellung eines Kelim-Paares von 3 x 4 m (Stand 1976):

12 sharak (21 kg) ungefärbtes Wollgarn mittlerer bis guter Qualität	3.150 Afs
Farbe, Alaun und Salz [20]	75 Afs
Brennholz (zum Färben auf dem eigenen Hof)	20 Afs
Transport	10 Afs
Markttagegeld	4 Afs
evtl. Maklergebühr beim Verkauf	20 Afs
Gesamtkosten (aufgerundet)	3.280 Afs
Mittlerer Verkaufserlös	4.000 Afs
Mittlerer Reinerlös	720 Afs

Aus der Kostenrechnung ergibt sich ein Verdienst von 720 Afs oder etwa 36 DM pro Kelim-Paar, d. h. bei ständigem Einsatz zweier weiblicher Familienangehöriger ein Verdienst von 1.440 Afs pro Monat oder 17.280 Afs pro Jahr. Durch zurückgehende Nachfrage, Überproduktion und damit einsetzenden Preisverfall hat sich der Verdienst aus der Kelimweberei zwischen 1976 und 1978 allerdings um etwa ein Fünftel erniedrigt.

In Chahr Bagh und den umgebenden Dörfern läßt sich eine soziale Rangfolge beobachten, die ihre Auswirkungen auch in der Organisation des Heimgewerbes findet:

a) Ärmere Familien ohne Eigentum an Land, zum Teil auch durch den Todes Mannes ökonomisch geschwächt, kaufen Garn und Farbe auf Kredit im Bazar und bezahlen die entstandenen Schulden aus dem Verkaufserlös des Kelims. In Chahr Bagh gehören zu dieser Kategorie etwa 15 % der Weber, wobei die ethnische Zugehörigkeit ohne Belang ist.

b) Besitzende Familien können ohne Verschuldung alle Materialien für die Produktion der Kelims kaufen. Im Verkauf der Ware sind sie frei. Zu dieser Gruppe gehören in Chahr Bagh etwa drei Viertel aller Weber-Familien.

c) Für reiche Familien, die über Kapital verfügen und/oder größeren Landbesitz haben, bedeutet das Weben von Kelims lediglich einen Zuverdienst. Mit dem Besitz von Ladengeschäften in der Stadt steigt außerdem das Prestige und die Möglichkeit der Kommunikation.

Bei größeren Hofeinheiten und unter engen Verwandten kommt es auch vor, daß Töchter und Frauen zeitweise zum Weben "ausgeliehen" werden. Dies geschieht einerseits bei Krankheit, andererseits aber auch bei armen, kleinen Familien, die arbeitskräftemäßig und finanziell dem Kelimweben selbst nicht nachgehen können.

Der Kelim-Markt in Sar-i-Pul

Die Größe des Kelim-Marktes von Sar-i-Pul gibt schon einen ersten Hinweis darauf, daß er nicht nur auf die Stadt selbst ausgerichtet sein kann. Die wachsende Bedeutung des Marktes wird auch in der Entwicklung der Ladenzahlen sichtbar [21]:

1955	3 Dukane
1968	14 Dukane
1976	39 Dukane
1978	56 Dukane

Der Einzugsbereich des Kelim-Marktes von Sar-i-Pul reicht über das engere Umland der Stadt hinaus. Karte 2 gibt nur einen räumlichen Ausschnitt wieder, der allerdings das Zentrum der Webteppichherstellung zwischen Saidabad im Norden und Sar-i-Pul im Süden erfaßt. Pro Bazartag, also zweimal wöchentlich, wurden im Herbst 1976 durchschnittlich 150 Kelim-Paare zum Verkauf gebracht. Ihre Herkunft verteilt sich im wesentlichen auf die 15 in Tab. 4 genannten Heimgewerbedörfer und auf die Stadt selbst.

In Ergänzung zu den Karten 2 und 3 zeigt Tab. 4 die herausragende Rolle der Kelimweberei in Chahr Bagh, die in kausalem Zusammenhang steht mit der Dominanz der Kelimhändler aus diesem Dorf. Weiterhin fällt auf, daß der von Hazaras besiedelte stadtnahe Raum von Chabuk bis Saidabad das Hauptproduktionsgebiet der Kelims ist, während im Süden zusammen mit nur punkthafter Hazara-Besiedlung auch die Kelim-Herstellung gering ist. Mit dem stadtnahen Uzbeken-Dorf Behsud tritt aber ein Novum hervor, da alle anderen Kelimweber-Dörfer von Hazaras besiedelt sind. Enge nachbarschaftliche Beziehungen zu Chahr Bagh, dessen Bewohner in Behsud ihr Getreide mahlen lassen, haben hier zur Einführung des Kelim-Webens geführt.

Die Befunde machen deutlich, daß es sich beim Kelim-Markt von Sar-i-Pul nicht um einen Lokalmarkt mit einheimischem Endverbraucher handeln kann, sondern um einen

Tabelle 4: Einzugsgebiet und Umschlag des Kelim-Marktes von Sar-i-Pul, aufsummiert für 8 Bazartage im September und Oktober 1976

Herstellungsort	Ethnische Zugehörigkeit	Kelim-Umschlag Anzahl	%
Stadt Sar-i-Pul	gemischt	169	14
Chahr Bagh	Hazara	316	27
Ak Tash	Hazara + Baluch	159	13
Korak	Hazara + Pashtu	93	8
Saidabad Hazar	Hazara	79	7
Mirza Wolang	Hazara	46	4
Shah Chenar	Hazara	41	3
Joy Arab-i-Qadim	Hazara	41	3
Chaman Ali Jan	Hazara	35	3
Chabuk	Hazara	34	3
Joy Arab-i-Jadid	Hazara	32	3
Boghawi Hazara	Hazara	24	2
Sultan Ghajar	Hazara	20	2
Chaman Hasan-i-Bayk	Hazara	19	2
Saozma Qala	Uzbek + Tajik + Hazara	18	2
Behsud	Uzbek	8	1
sonstige 20 Dörfer		45	4
Insgesamt		1191	100

ausgesprochenen Ankaufsmarkt überregionaler Bedeutung. Der Markt ist funktional mit dem Bazar von Kabul verbunden. Die Dukandare aus Chahr Bagh sind auch in den Sarais von Kabul anzutreffen und exportieren ihre Ware von dort direkt nach Saudi-Arabien [22]. Die ökonomische Kraft dieser Händler wird auch darin deutlich, daß sie Eigentümer ihrer Dukane sind, während die Ladeninhaber aus anderen Dörfern Miete an den uzbekischen oder pashtunischen Grundeigentümer zu entrichten haben.

Zusammenfassend ist hervorzuheben, daß in einem traditionell strukturierten Raum wie im Umland von Sar-i-Pul ein bedeutender städtischer Markt für Heimgewerbeprodukte überwiegend ländlichen Ursprungs existiert, der von auf dem Lande wohnenden Ladeninhabern beherrscht wird. Deren Sonderstellung im Kelim-Handel reicht über den Markt hinaus bis zum Exportgeschäft, das von der Hauptstadt Kabul aus abgewickelt wird. Diese aus der Sicht der Heimgewerbe-Studie überraschenden Befunde, z. B. auch das Fehlen verlagsähnlicher Organisationsformen, lassen sich wohl nur durch die starke Bindung des Heimgewerbes und des Marktes an die Volksgruppe der Hazaras erklären, durch deren ethnische Solidarität sowie durch deren soziale und wirtschaftliche Abgeschlossenheit gegenüber anderen Ethnien.

Abb. 3

Kelimmarkt von Sar-i-Pul (1976)

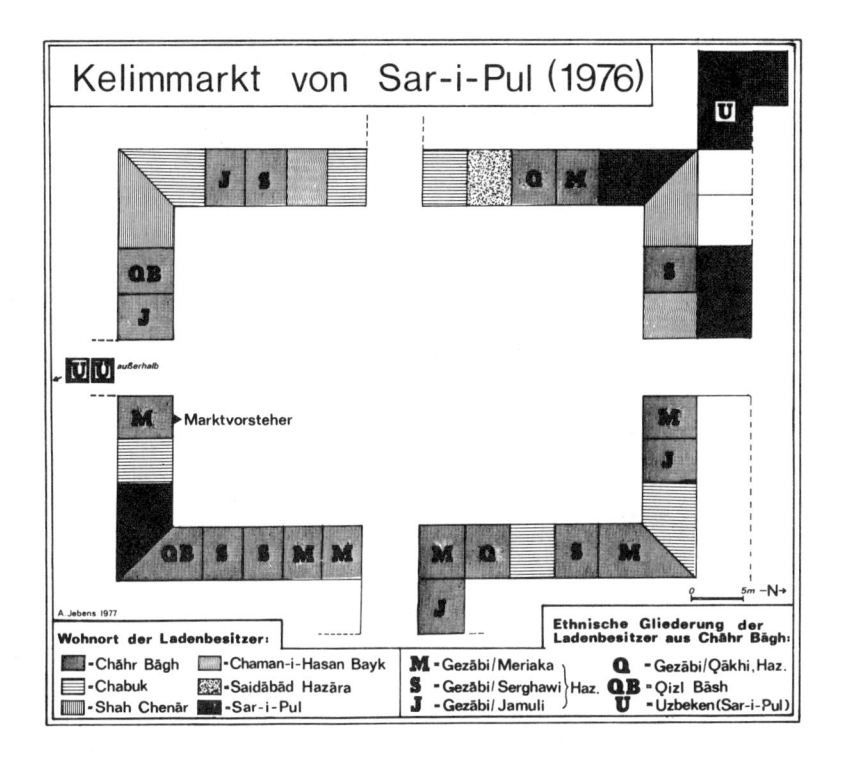

Wohnort der Ladenbesitzer:
- Chāhr Bāgh
- Chabuk
- Shah Chenār
- Chaman-i-Hasan Bayk
- Saidābād Hazāra
- Sar-i-Pul

Ethnische Gliederung der Ladenbesitzer aus Chāhr Bāgh:
- **M** = Gezābi/Meriaka
- **S** = Gezābi/Serghawi ⎞ Haz.
- **J** = Gezābi/Jamuli ⎠
- **Q** = Gezābi/Qākhi, Haz.
- **QB** = Qizl Bāsh
- **U** = Uzbeken (Sar-i-Pul)

A. Jebens 1977

Abb. 4:
Anzahl und Wohnort der Ladenbesitzer im Kelimmarkt von Sar-i-Pul (1976 und 1978)

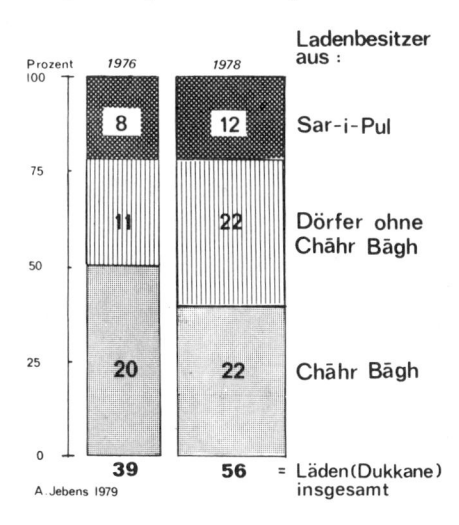

Prozent	1976	1978	Ladenbesitzer aus:
	8	12	Sar-i-Pul
	11	22	Dörfer ohne Chāhr Bāgh
	20	22	Chāhr Bāgh
	39	**56**	= Läden (Dukkane) insgesamt

A. Jebens 1979

79

Karte 1

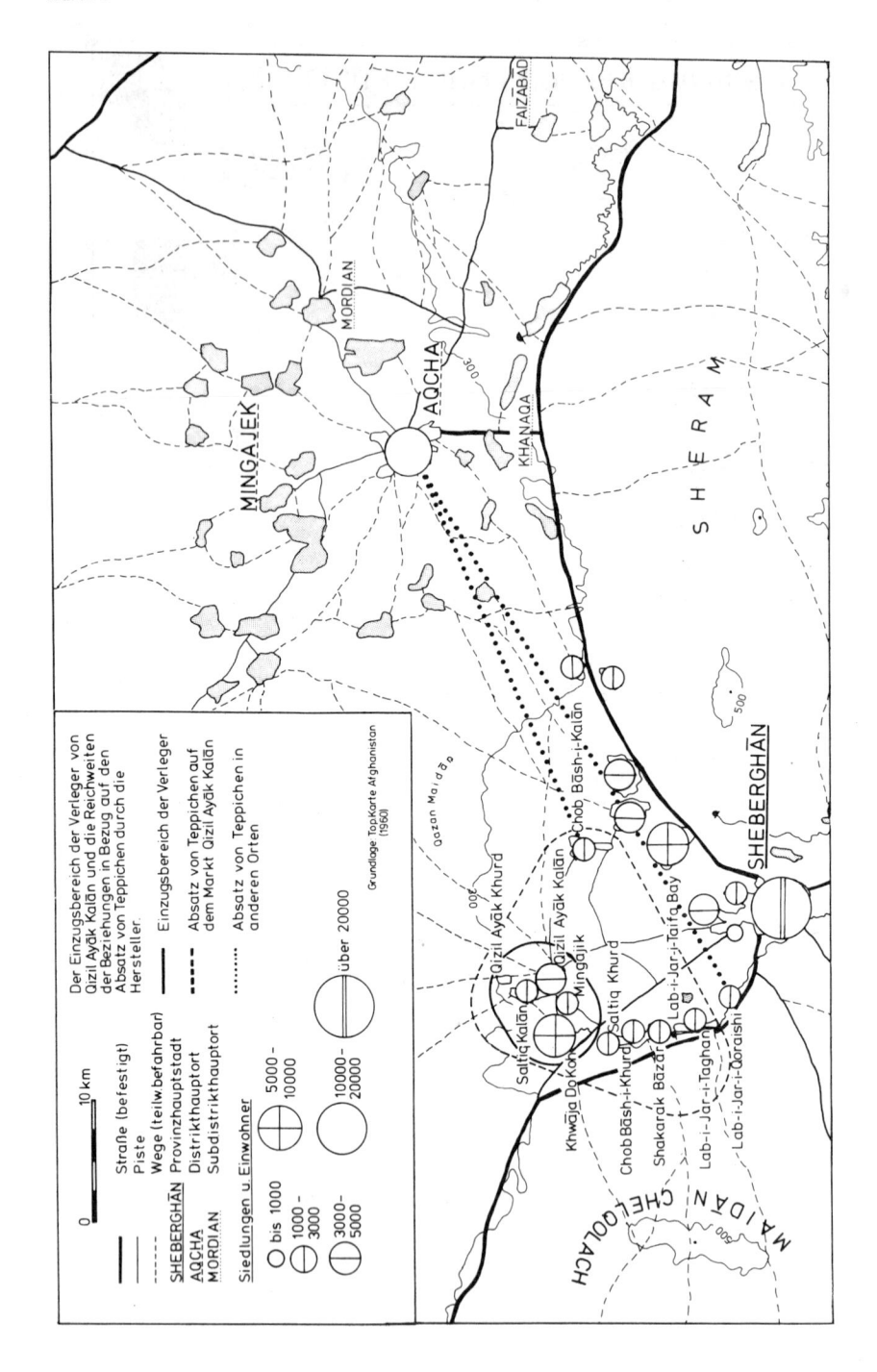

Karte 2

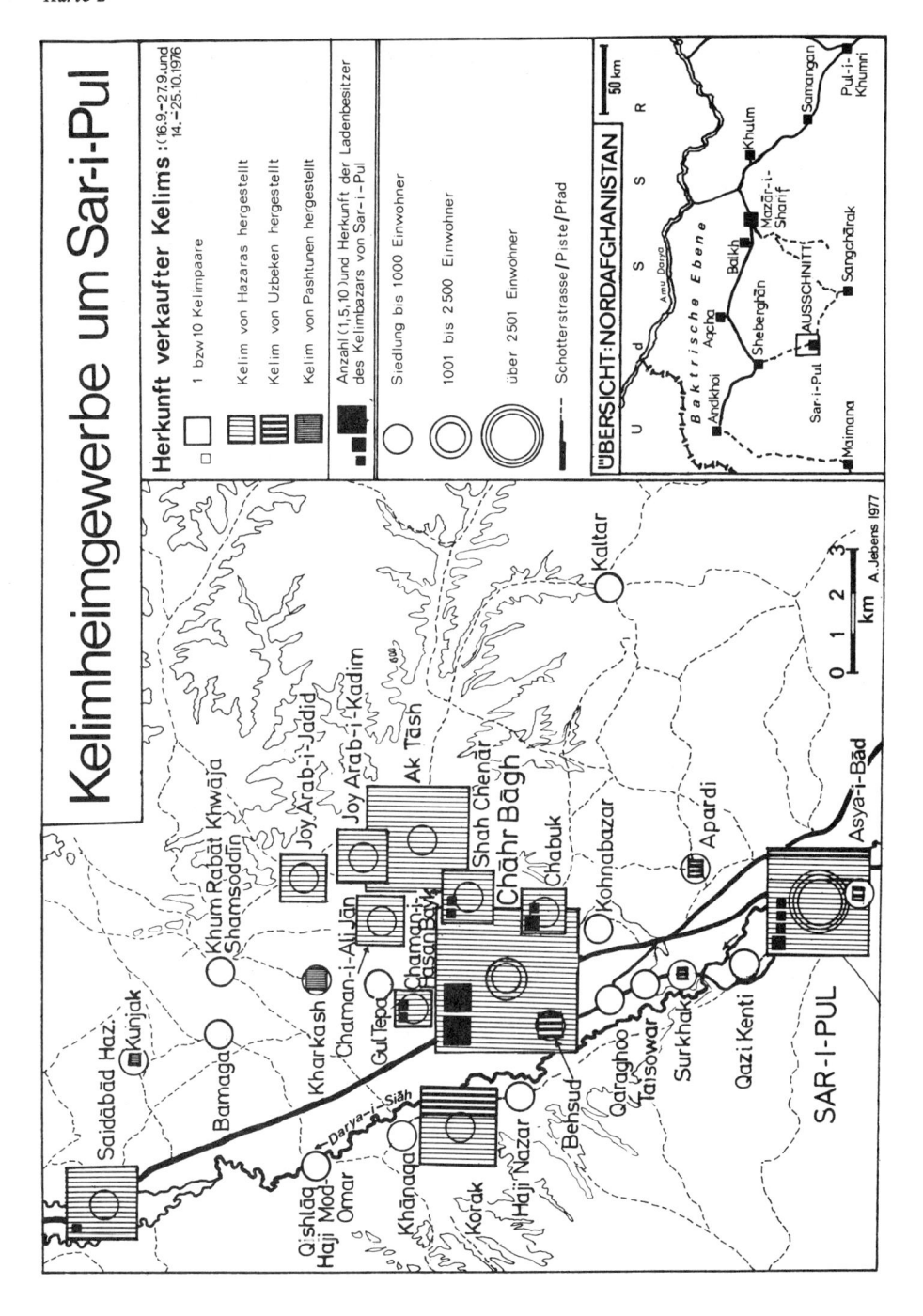

Anmerkungen

1. *G. Schweizer*, der auch die Durchführung der beiden Fallstudien methodisch betreute, schrieb den Abschnitt „Einführung: Das ländliche Heimgewerbe im Vorderen Orient als Forschungsgegenstand", *W. Fischer* den Abschnitt „Das Heimgewerbe des Teppichknüpfens im Dorf Qizil Ayak Kalan", *A. Jebens* den Abschnitt „Das Heimgewerbe der Kelim-Weberei im Raume Sar-i-Pul".
2. Hierzu vgl. *E. Wirth* (1976), der die Notwendigkeit solcher Forschungen hervorhebt und zahlreiche Ansätze dafür aufzeigt. Hier auch eine Bibliographie der wichtigsten "Teppichbücher".
3. Hervorgehoben sei allerdings die instruktive, leider sehr kurze Studie von *F. Kussmaul* (1972), der mehrere Verbreitungskarten einzelner Handwerkszweige sowie eine Karte der Verkaufsgebiete von Töpferwaren beigefügt sind.
4. Hierzu vgl. *M. A. Azam* (1967) und die Berichte des International Labour Office (1954, 1959).
5. Zu dem von *H. Bobek* geprägten Begriff des Rentenkapitalismus und zur Diskussion um die o.g. These vgl. *H. Bobek* (1951, 1959, 1974), *E. Wirth* (1973), *G. Leng* (1974) und *E. Ehlers* (1978).
6. Berechnungen nach: *Survey of Progress*, verschiedene Jahrgänge; ergänzt durch Daten aus: Afghanistan, Allgemeine Statistik des Auslandes, Länderberichte, verschiedene Ausgaben, herausgegeben vom Statistischen Bundesamt Wiesbaden.
7. Eine Befragung von 300 Familien des Dorfes im Jahre 1977 ergab eine mittlere Familienstärke von 4,8 Personen. Im Vergleich zu den Zahlen des Innenministeriums, die aus der Anzahl der vergebenen Identitätskarten an die Männer ermittelt wurden, ergibt dies ein Verhältnis verheirateter Männer zu Ledigen von 2 : 1. Multipliziert man den Faktor der verheirateten Männer mit der Familienstärke und zählt die Ledigen hinzu, können ungefähre Bevölkerungszahlen ermittelt werden.
8. *M. Bazin* (1973) stellt nach Schätzungen für das Umland von Qom einen Zuverdienst pro Jahr und Haushalt von DM 500 – 700 fest.
9. *E. Franz* (1972) berichtet von dem System des "nisfa-kari", das vor allem bei den Ersari-Turkmenen üblich sei. Es bedeutet einerseits, daß sich mehrere Familien die Anschaffungskosten der Wolle teilen, den Teppich gemeinsam knüpfen und den Erlös untereinander teilen, andererseits kann eine Person den Teppich in Auftrag geben, für alle Unkosten aufkommen und erhält dann für diese Leistungen die Hälfte des Erlöses.
10. Alle Knüpfstühle des Dorfes befinden sich im Besitz der knüpfenden Familien. Dies gilt auch für die Familien, die im Verlagssystem arbeiten oder in der Form des "nisfa-kari" tätig sind.
11. Zum Zeitpunkt der Untersuchung kostete 1 pau maschinell hergestelltes und ungefärbtes Garn im Bazar 65 Afs, handgesponnenes Garn 75 Afs.
12. In diesen Fällen liegt der jährliche Zuverdienst bei DM 500 – 550.
13. *A. Stucki* (1978) schätzt, daß nur 10 % der turkmenischen Familien ohne das Teppichknüpfgewerbe wirtschaftlich unabhängig leben könnten.
14. Die von *A. Jebens* durchgeführten Feldarbeiten wurden von der Stiftung Volkswagenwerk großzügig unterstützt, wofür auch an dieser Stelle gedankt sei.
15. Die letzten Reste eines wohl aus dem 19. Jh. stammenden überdachten Bazars wurden 1977 abgetragen.
16. Hier wird, dem lokalen Sprachgebrauch folgend, der Begriff "Markt" (market-i-Gilam) verwandt; formal handelt es sich um ein offenes Sarai mit festen Ladengeschäften.
17. Mitte 1977 wurde der Markt in ein angrenzendes größeres Sarai verlegt und umfaßt nun 56 Dukane.
18. Als Ergebnis der "Befriedung" des Hazarajat durch Emir Abdur-Rahman (1880 – 1901) wurden Tausende von Hazaras aus ihrer Heimat vertrieben. Näheres hierzu bei *M. H. Kakar* (1973).
19. Im Frühjahr wird der Webrahmen im Garten, im Herbst auf der offenen, überdachten Veranda, im Winter – falls der Platz ausreicht – im Hause selbst aufgebaut.
20. Alaun und Salz fördern die Farbechtheit. Beides wird zusammen mit der Farbe in das Garn eingekocht.
21. Für 1955 nach mündlichen Berichten am Ort, für 1968 nach *P. Centlivres* (1976), für 1976 und 1978 nach eigenen Erhebungen.
22. *G. Schweizer* konnte im Frühjahr 1979 im Suq von Taif im westlichen Saudi-Arabien beobachten, daß mehrere Händler die typischen Hazara-Kelims aus Sar-i-Pul anboten.

Zitierte Literatur

Azam, M. A. (1967): Rural industries and community development in the Middle East. – Sirs-El-Layyan, Menoufia, U.A.R., 23 S. (AFSEC Occasional Papers. 5).
Bazin, M. (1973 a): Le travail du tapis dans la région de Qom (Iran central). – In: Bulletin de la Société Languedocienne de Géographie, 7, 1, S. 83 – 92.
Bazin, M. (1973 b): Qom, ville de pèleringagè et centre régional. – In: Revue de Géographie de l'Est, *13*, 1 – 2, S. 77 – 136.
Bobek, H. (1951): Soziale Raumbildungen am Beispiel des Vorderen Orients. – In: Deutscher Geographentag München 1948. Tagungsbericht und wissenschaftliche Abhandlungen. Landshut. S. 193 – 206.
Bobek, H. (1959): Die Hauptstufen der Gesellschafts- und Wirtschaftsentwicklung in geographischer Sicht. – In: Die Erde, 90, S. 259 – 298.
Bobek, H. (1974): Zum Konzept des Rentenkapitalismus. – In: Tijdschrift voor Economische en Sociale Geografie, *65*, 2, S. 73 – 78.
Centlivres, P. (1976): Structure et évolution des bazars du nord afghan. – In: Grötzbach, E. (Hrsg.): Aktuelle Probleme der Regionalentwicklung und Stadtgeographie Afghanistans. Meisenheim am Glan. (Afghanische Studien. 14). S. 119 – 145.
Centlivres-Demont, M. (1971): Une communauté de potiers en Iran. Le centre de Meybod (Yazd). – Wiesbaden. (Beiträge zur Iranistik. 3).
Dupaigne, B. (1968): Apercus sur quelques techniques afghans. – In: Objets et Mondes, 8, S. 41-84.
Dupaigne, B. (1974): Un artisan d'Afghanistan. Sa vie, ses mondes, ses espoirs. – In: Objets et Mondes, 14, S. 143 – 170.
Ehlers, E. (1977): City and hinterland in Iran. The example of Tabas/Khorassan. In: Tijdschrift voor Economischen en Sociale Geografie, *68*, 5, S. 284 – 296.
Ehlers, E. (1978): Rentenkapitalismus und Stadtentwicklung im islamischen Orient. Beispiel: Iran. – In: Erdkunde, *32*, 2, S. 124 – 142.
Franz, E. (1972): Ethnographische Skizzen zur Lage der Turkmenen in Afghanistan. – In: Orient, 13, S. 175 – 184.
Ibrahim, F. N. (1975): Das Handwerk in Tunesien. Eine wirtschafts- und sozialgeographische Strukturanalyse. – Hannover. 231 S. (Jahrbuch der Geographischen Gesellschaft zu Hannover. Sonderheft 7).
International Labour Office, Expanded Programme of Technical Assistance (1954): Report to the Government of Afghanistan on handicrafts and small-scale industries. – Geneva. 67 S. (ILO/TAP/Afghanistan/R.1.).
International Labour Office, Expanded Programme of Technical Assistance (1959): Report to the Government of Afghanistan on the development of handicrafts and small-scale industries in general and of cotton and silk weaving in particular. – Geneva. 34 S. (ILO/TAP/Afghanistan/R.3.).
Kakar, M. H. (1973): The pacification of the Hazaras of Afghanistan. – New York. 16 S. (The Afghanistan Council of the Asia Society. Occasional Paper. 4).
Kussmaul, F. (1972): Kulala – ein Töpferdorf im afghanischen Hindukusch. Ein Beitrag zum Thema "Handwerker" in Nordost-Afghanistan. – In: Mitteilungen der Berliner Gesellschaft für Anthropologie, Ethnologie und Urgeschichte, 2, S. 41 – 50.
Leng, G. (1974): "Rentenkapitalismus" oder "Feudalismus". Kritische Untersuchungen über einen (sozial-)geographischen Begriff. – In: Geographische Zeitschrift, 62, S. 119 – 137.
Stucki, A. (1978): Horses and women. – In: Afghanistan Journal, *5*, 4, S. 140 – 149.
Wegner, D. H. G. (1964): Nomaden- und Bauernteppiche in Afghanistan. – In: Baessler-Archiv N.F., 12, S. 112 – 177.
Westphal-Hellbusch, S. & G. Soltkahn (1976): Mützen aus Zentralasien und Persien. – Berlin. 348 S. (Veröffentlichungen des Museums für Völkerkunde Berlin N.F. 32).
Wiebe, D. (1976): Stadtenwicklung und Gewerbeleben in Südafghanistan. – In: Grötzbach, E. (Hrsg.): Aktuelle Probleme der Regionalentwicklung und Stadtgeographie Afghanistans. Meisenheim am Glan. (Afghanische Studien. 14). S. 152 – 172.
Wirth, E. (1971): Syrien. Eine geographische Landeskunde. – Darmstadt. 530 S. (Wissenschaftliche Länderkunden. 4/5).
Wirth, E. (1973): Die Beziehungen der orientalisch-islamischen Stadt zum umgebenden Lande. Ein Beitrag zur Theorie des Rentenkapitalismus. – In: Geographie heute. Einheit und Vielfalt. Wiesbaden. (Geographische Zeitschrift. Beihefte). S. 323 – 333.
Wirth, E. (1976): Der Orientteppich und Europa. – Erlangen. 108 S. (Erlanger Geographische Arbeiten. 37).

3. Beiträge der Naturwissenschaften

Zum Stand der Erforschung von Flora und Vegetation Afghanistans

Siegmar-W. Breckle, Bielefeld

mit 7 Abbildungen
und 6 Tabellen

Einführung

Die diesjährige Arbeitstagung steht unter dem Rahmenthema "Neuere Forschungen in Afghanistan". Gleichzeitig soll aber auch eine Bestandsaufnahme für die einzelnen Wissensgebiete erfolgen. Diese Bilanz umfaßt je nach Fachgebiet die letzten zehn oder zwanzig Jahre.

Im folgenden soll ein allgemeiner Überblick über botanische Arbeiten und Aktivitäten gegeben werden, allerdings kann dies häufig nur exemplarisch erfolgen. Gleichzeitig wird aber auch auf Kenntnislücken verwiesen werden müssen.

Über Ergebnisse speziellerer Arbeiten wird nur gelegentlich und kurz hingewiesen werden können. Als Beispiel der speziellen Ergebnisse einer Arbeitsgruppe sei auf das Referat von *Frey* verwiesen, der über Arbeiten im Rahmen des SFB 19 (Tübingen) berichtet.

Arbeiten zur Floristik und Systematik Höherer Pflanzen

Grundlage für alle botanischen Arbeiten sind die entsprechenden Florenwerke. Afghanistan wird insbesondere abgedeckt durch die 'Flora Iranica', die seit 1963 unter der Herausgeberschaft von Herrn Univ.-Prof. Dr. *Rechinger* in Wien in einzelnen Lieferungen erscheint (*Breckle & Frey* 1976). Bis jetzt sind 138 Lieferungen erschienen. Weitere 7 Lieferungen sind derzeit im Druck.

Damit sind etwa 2/3 der Artenzahl und 4/5 der Pflanzenfamilien Afghanistans abgedeckt. Einige größere und wichtige Familien, wie die Ranunculaceae, Lamiaceae, Scrophulariaceae, Apiaceae und Caryophyllaceae stehen noch aus.

Aber auch Floren der Nachbarländer sind von großem Wert bei der Erforschung der afghanischen Vegetation. In ähnlicher Weise wie die Flora Iranica erscheint derzeit in einzelnen Lieferungen die Flora von Westpakistan, herausgegeben von *Nasir* und *Ali*

(1970 ff.). Die Floren des sowjetischen Raumes sind z.T. schon älter. Die Florenwerke von Kirgisien (*Nikitina* 1950 – 70), von Uzbekistan (*Vvedensky* 1942 – 62) und von Turkmenistan (*Schischkin* 1932 – 60) sind komplett. Die Floren von Tadshikistan (*Ovchinnikov* 1957 ff.), von Zentralasien (*Grubov* 1963 ff.) und von Mittelasien (*Vvedensky* 1968 ff.) sind noch unvollständig.

Teilgebiete Afghanistans sind kaum besonders bearbeitet. Die Florula des Wakhan (*Podlech & Anders* 1977 a) ist daher hervorzuheben.

Die Kenntnisse über die Flora des Landes nehmen noch immer ständig zu. Für 3 Gattungen ist dies in Tab. 1 näher gezeigt. Die Liliaceen, zu denen *Eremurus* zählt, sind derzeit in Bearbeitung durch *Wendelbo* in Göteborg. Die Lamiaceen, zu denen *Eremostachys* zählt, werden nach gründlichen Vorarbeiten durch *Hedge* in Edinburgh derzeit durch *Rechinger* selbst bearbeitet. In wenigen Jahren nach Erscheinen dieser Bearbeitungen wird die Zahl der aus Afghanistan bekannten Arten dieser Gattungen wiederum gestiegen sein. Die Gräser, zu denen *Bromus* zählt, sind bereits 1970 in der Flora Iranica erschienen. Inzwischen sind aber weitere Funde bekannt geworden (*Podlech & Anders* 1977 b). Durch Bearbeitung der zwischenzeitlichen Aufsammlungen der Gräserflora Afghanistans ist diese nochmals um 15 % erweitert worden, so daß aus dieser wichtigen Pflanzenfamilie nunmehr 426 Arten bekannt sind. Die älteren Lieferungen der Flora Iranica sind in entsprechender Weise schon wieder ergänzungsbedürftig. Dies zeigt auch die Arbeit von *Jarmal & Podlech* (1977) für die Familie der Brassicaceae, die eine große Zahl pflanzengeographisch und ökologisch interessanter Zeigerarten umfaßt.

Die Erforschung der Flora und darüber hinaus der Vegetationsverhältnisse, der pflanzengeographischen Beziehungen usw. steht und fällt mit der Intensität des Pflanzensammelns, des Herbarisierens. Die Bearbeitung der Herbarbelege erfolgt im Laufe der Zeit durch die entsprechenden Systematiker in den Museen bzw. Instituten. Der größte Teil des aus Afghanistan gesammelten Herbarmaterials liegt in den großen Herbarien in Wien, Göteborg, Edinburgh, München, Berlin, Göttingen, Genf, Helsinki, Paris, London, Leningrad und Washington.

Die Zahl der Belege, die bis 1978 in Afghanistan gesammelt wurden, liegt schätzungsweise bei etwa 110 000. Das sind im Mittel etwa 20 Belege pro 100 qkm Landesfläche. Allerdings sind die einzelnen Teilgebiete des Landes sehr unterschiedlich intensiv bearbeitet worden (vgl. Abb. 1). Gewissermaßen die Bilanz der Sammelaktivitäten der Botaniker ist in der Karte, Abb. 1 dargestellt. Hierbei sind allerdings die neuesten Aufsammlungen aus dem Jahre 1978 durch *Podlech* nicht berücksichtigt. *Podlech* hat vor allem die unterrepräsentierten Gebiete (die "räumlich weißen Flecken") verstärkt aufgesucht. Ferner hat er die zeitige Frühjahrsvegetation und die Herbstvegetation, die bisher unterrepräsentiert sind (die "zeitlich weißen Flecken"), verstärkt gesammelt.

Die Angaben in Abb. 1 beziehen sich auf die jeweilige Provinzfläche. Da einerseits die Provinzgrenzen keine einheitlichen Naturräume umfassen, andererseits der Grenzverlauf in den letzten Jahren mehrfach gewechselt hat, ist die Aussagekraft der Karte begrenzt. Ferner ist zu berücksichtigen, daß die natürliche Artendichte in den einzelnen Naturräumen recht unterschiedlich ist. Insofern ist beispielsweise die Provinz Helmand nicht so sehr vernachlässigt worden, wie dies in Abb. 1 zum Ausdruck kommt, während andererseits die Provinz Kunar mit ihrer sicher besonders hohen Artendichte noch verhältnismäßig wenig "besammelt" ist. Nur die Provinz Badakhshan konnte noch in drei Teilregionen untergliedert werden. Hierbei lassen sich besonders deutlich unterschiedliche "botanische" Aktivitäten erkennen.

Die systematische Bearbeitung einzelner, besonders artenreicher und wichtiger, beim Aufbau der Vegetation oft dominanter, aber systematisch schwieriger Gattungen steht noch aus. Es sind dies vor allem *Artemisia, Astragalus, Oxytropis, Acanthophyllum,*

Arenaria etc. Einzelne Sektionen der Riesengattung *Astragalus* sind monographisch bearbeitet (*Deml* 1972, *Agerer-Kirchhoff* 1976, *Podlech* 1975). Wie bei den ebenfalls in voller evolutiver Entwicklung sich befindlichen Gattungen *Cousinia* und *Acantholimon* ist auch hier die Artenzahl sehr groß. Vereinzelt sind auch andere Sippen monographisch bearbeitet worden, z. B. *Grierson* (1967), *Freitag* (1975), *Podlech* (1976).

Die Erforschung Niederer Pflanzen in Afghanistan

Bisher sind nur sehr wenige Gruppen bearbeitet worden. Zwar haben die meisten Botaniker bei der Erforschung der Vegetation auch gelegentlich Belege Niederer Pflanzen gesammelt, diese sind aber in vielen Fällen noch kaum bearbeitet oder in anderem Zusammenhang publiziert worden.

Die Gruppe der Moose (Bryophyta) ist in Afghanistan ziemlich ungleichmäßig verbreitet. Besonders artenreich sind die humideren Gebiete des Landes mit dem Schwerpunkt Nuristan, doch fehlen auch in Trockengebieten die Moose nicht. Bearbeitungen liegen insbesondere durch *Frey* vor (*Frey* 1969, 1972, 1974, *Kramer* 1978), Aber auch schon früher, z.B. im Rahmen der Deutschen Hindukusch-Expedition 1935 wurden Moose bearbeitet. Dies gilt auch für die Flechten (Lichenes).

Die von *G. Kerstan* gesammelten 100 Nummern in ca. 200 Kapseln wurden im Rahmen der "Botanischen Ergebnisse der Deutschen Hindukusch-Expedition 1935" (hrsg. *Haeckel & Troll,* 1938) von *Riehmer* bearbeitet. Eine Neubearbeitung ist derzeit im Gange, da neben zahlreichen Fehlbestimmungen auch wichtige Arten damals übersehen wurden. In den letzten Jahren sind umfangreiche Aufsammlungen von *M. Steiner* vor allem aus Nordostafghanistan und durch *Huss* und *Kuschel* aus dem Pamir, kleinere Aufsammlungen von *Podlech*, *Volk* und *Breckle*, sowie, allerdings überwiegend iranische, von *Rechinger* gemacht worden. Ein Teil der Expeditionsausbeuten ist publiziert, z. B. *Riehmer* (1938), *Poelt & Wirth* (1968), *Poelt & Steiner* (1971), *Senarclens de Grancy & Kostka* (1975). Neben diesen Arbeiten sind die russischen Arbeiten über Flechten der an Afghanistan angrenzenden Sowjetrepubliken und die Bearbeitung durch *Magnusson* (1940, 44) von Bedeutung. Seit einigen Jahren befaßt sich *Steiner* (Bonn) intensiv mit der Flechtenflora Afghanistans.

Die Pilzflora ist bisher fast nur durch Arbeiten über die auch für Kulturpflanzen wichtigen parasitischen Pilze (also Mehltau-, Rost- und Brandpilze) repräsentiert (z.B. *Petrak* 1966, *Henderson* 1970, *Brandenburger & Steiner* 1972, *Durrieu* 1973, 1975). Die größeren Pilze, die teilweise auch als Speisepilze auf den Bazar kommen, sind bei *Geerken* (1978) angegeben.

Sehr wenige Arbeiten befassen sich mit Algen, obwohl ihre Bedeutung, z. B. bei Tuffbildungen oder bei der Gewässerreinigung erheblich sein kann (*Jux & Kempf* 1971, *Hayon* & al. 1970).

Vegetationskunde

Ein relativ großer Anteil der in den letzten Jahren publizierten Arbeiten ist vegetationskundlich oder pflanzengeographisch orientiert. Pflanzensoziologische Untersuchungen sind aus verschiedenen Teilgebieten bekannt. Trotz der zahlreichen Arbeiten (z. B. von *Gilli* 1969, 1971, *Neubauer* 1954, 1954/55, *Pelt* 1967, *Lalande* 1968, *Freitag* 1971, *Dieterle* 1973, *Breckle* 1973, 1975) läßt sich bisher nur eine grobe allgemeine Übersicht oder Gliederung der Pflanzengesellschaften Afghanistans erkennen.

Besonders reizvoll scheint die Untersuchung pflanzengeographischer Beziehungen zu sein. In vielen Arbeiten sind hierzu Hinweise zu finden. Andererseits bestehen aber auch auf diesem Teilgebiet noch erhebliche Wissenslücken.

Auch die in verschiedenen Arbeiten veröffentlichten Vegetationskarten sind zunehmend detaillierter geworden. Nach der auf Analogieschlüssen beruhenden sehr detailliert aussehenden Karte von *Linchevski* & *Prozorovski* (1946) sind die Gliederungen von *Neubauer* (1954/55) und *Volk* (1954) hervorzuheben. Die Vegetationskarte von *Freitag* (1971) berücksichtigt insbesondere die potentielle natürliche Vegetation und nicht nur die "kurzfristige Frisur", die aktuelle Vegetation. Wie in vielen Trockengebieten ist auch in Afghanistan die Gehölzvegetation durch Brand, Schlag und Beweidung radikal zurückgedrängt und durch meist zwergstrauchartige Folgegesellschaften ersetzt worden (*Freitag* 1971).

In der Vegetationskarte von *Freitag* (1971) ist die Verbreitung einer Reihe von Pflanzengesellschaften angegeben. Zwar werden in einzelnen Gebieten noch Verbesserungen anzubringen sein, etwa im zentralen Hochland oder im Mosaik Ost-Afghanistans, doch ist dies die bisher genaueste Bearbeitung des ganzen Landes. Den einzelnen Vegetationsbereichen lassen sich die pflanzengeographischen Regionen zuordnen (Abb. 2). Hierin kommt die Heterogenität der Flora und die Einordnung in den Großraum zum Ausdruck.

Eine feinere Untergliederung der Verbreitungstypen versucht *Weschke* (1976). Sie unterscheidet innerhalb Afghanistans die folgenden 17 Arealtypen:

1 Gesamtafghanisches Flachlandareal
2 Übergangsareal vom Flachland zur mittleren Höhenstufe
3 Lößzonenareal des nördlichen Afghanistan
4 Flachlandareal des Nordostens
5 Flachlandareal des Nordwestens
6 Areal des nordafghanischen Lößgürtels und der ostafghanischen Trans-Salang-Becken
7 Areal der trockenen Kabul-Sarobi-Jalalabad-Senke
8 Monsungebiet Ostafghanistans
9 Halbwüsten- und Wüstenareal des afghanischen Westens und Südens
10 West-Süd-Ost-Gürtel der unteren Höhenstufe
11 Südostafghanisches Endemitenareal
12 Hochgebirgsareal des zentralen Hochlandes und der nordöstlichen Hochgebirge
13 Areal der südöstlichen Mittellagen und der zentralen und nordöstlichen Hochgebirge
14 Hochgebirgsareal des zentralen und östlichen Hindukusch und Wakhan
15 Hochgebirgsareal des zentralen Hindukusch
16 Wakhan-Hochgebirgsareal
17 Disjunktes Hindukusch-Gebirgsareal

Von besonderem Interesse ist die in Afghanistan erhebliche Zahl an endemischen Arten, also Arten, die nur in einem mehr oder weniger eng begrenzten Gebiet vorkommen. In manchen Taxa ist der Anteil an Endemiten besonders groß (vgl. Tab. 2). Andere Pflanzengruppen sind hingegen wesentlich weiter verbreitet (z. B. Gräser).

Hedge & *Wendelbo* (1970) haben anhand von Isoflorenkarten und ihrer Untersuchung der Endemismen zeigen können, daß die pflanzengeographischen Beziehungen der afghanischen Flora zu zentralasiatischen Gruppen besonders groß sind.

Der horizontalen Gliederung der Vegetation entspricht in einem ausgesprochenen Gebirgsland, wie es Afghanistan ist, auch eine deutliche vertikale Schichtung. Beispiele für Vegetationsprofile in Gebirgen geben *Rathjens* (1972), *Breckle* & *Frey* (1974), *Frey* & *Probst* (1978).

Die Höhenstufung der einzelnen Gebirge und Gebirgsabschnitte des Landes unterscheidet sich erheblich. Die monsunbeeinflußte Südostabdachung des Hindukusch ist insbesondere durch verschiedene Waldtypen geprägt. Die übrigen Regionen der Gebirge sind von Buschformationen und Offenwäldern gekennzeichnet, meist jedoch von *Artemisia*-Halbwüsten überzogen. Je mehr wir über eng begrenzte Gebirgszüge und Talschaften informiert sind, desto komplexer wird das Bild. Hier mangelt es noch erheblich an detaillierten, möglichst auch interdisziplinären Untersuchungen, wie sie für Teile des Pamirs (*Senarclens de Grancy* & *Kostka* 1978) oder für Teile des Zentralen Hindukusch (*Frey* & *Probst* 1978) vorliegen. Erst relativ spät im Gefolge der bergsteigerischen Erschließung sind die Hochregionen des Hindukusch in das wissenschaftliche Interesse gerückt. Auch heute noch dürfte über die Höhengrenzen der Pflanzenarten in den Hochlagen manches unbekannt sein. Die Abnahme der Artenzahlen mit zunehmender Höhe (vgl. Abb. 3) und mit zunehmender Breitenlage ordnet sich zwanglos in das übliche Bild anderer Gebirge der Nordhemisphäre ein. Der steilere Abfall der Artenzahl gegenüber den Alpen könnte auf die bisher weniger gründliche Erforschung der Hochregionen des Hindukusch hindeuten. Oder ist er ökologisch bedingt?

Zur Vegetationsgeschichte des Landes gibt es bisher unseres Wissens kaum Arbeiten. Es wären vor allem palynologische und quartärgeologische Untersuchungen erwünscht, wie sie etwa *van Zeist* (1967) im Iran durchgeführt hat. Ein erstes Pollenspektrum ist aus dem Wakhan bekannt geworden. Es dokumentiert die Getreidekultur in diesem Gebiet für die letzten 2000 Jahre. Auch die Untersuchungen von *Kempf* aus dem Gebiet der Helmand-Endseen geben kaum Aufschluß über die postglaziale Vegetationsgeschichte des Landes. Erheblich andere Vegetationsgrenzen im Frühquartär lassen sich aus den Fossilfunden am Lahtabandpass ableiten (*Breckle* 1967).

Ökologie und Ökophysiologie, Ökosystemforschung

Untersuchungen dieser Art erfordern einen gewissen apparativen Aufwand. Dies ist wohl einer der Gründe, warum bisher nur wenige derartige Untersuchungen vorliegen, obwohl gerade Afghanistan eine Fülle von offenen Fragen bietet. Probleme der Dürreresistenz, der Frost- und Hitzeresistenz; Wasserhaushaltsprobleme bei Wüstenpflanzen, Photosynthesevermögen und Produktivität unter den extremen klimatischen und mikroklimatischen Bedingungen sind von besonderem Interesse. Auch Probleme des Mineralstoffwechsels, etwa der Stickstoff- und Phosphatversorgung warten auf Bearbeitung und sind ebenso von erheblicher praktischer Bedeutung.

Einige praktische Probleme an Kulturpflanzen sind von landwirtschaftlicher Seite bearbeitet worden.

Einige mikroklimatische Beobachtungen hat *Neubauer* (1952) festgehalten. Messungen im Hochgebirge sind in *Breckle* (1971, 1973) wiedergegeben. Hier finden sich auch einige weitere ökologische Parameter im Tagesgang. Der Einfluß der Dürre bei Annuellen während des Frühsommers und ihr Einfluß auf osmotisches Verhalten, Kohlenhydratstoffwechsel und Fettsäurespiegel wurden von *Breckle* (1971 e), *Breckle* & *Kull* (1973) und *Kull* & *Breckle* (1975) untersucht.

Eine einigermaßen umfassende Ökosystemanalyse einer bestimmten Vegetationseinheit ist bisher nicht durchgeführt worden. Es müßten dazu mehrere Fachrichtungen beteiligt sein, um etwa Bioelementkreisläufe und Energieflüsse durch die beteiligten Produzenten, Konsumenten und Destruenten und ihrer Kompartimente zu erfassen. Die interdisziplinäre Zusammenarbeit während der Universitätspartnerschaft (Bonn und Kabul) betraf nur kleine Teilbereiche (z. B. *Breckle* 1971 c). Bei großräumiger Betrachtung und im Vergleich mit den Nachbargebieten werden die Kenntnislücken noch deutlicher (*Breckle* 1980).

Die verschiedenen Forschungsprojekte, die im Rahmen der Forschungspartnerschaft seit 1974 angelaufen sind, haben teilweise erhebliche Erweiterung unserer floristischen Kenntnisse gebracht, zum Teil sind auch neue Probleme in Angriff genommen worden, wie etwa die Untersuchung der ökologischen Bedingungen von Halophyten. Solche Pflanzen auf Salzstandorten sind an übermäßiges Salzangebot adaptiert. Die charakteristischen Ionenakkumulationsmuster spiegeln aber in erster Linie artspezifische Eigenschaften wider (*Mirazai & Breckle* 1978).

Ein anderes Projekt befaßte sich mit der Herkunft der auf den Basaren häufigen pflanzlichen Droge "hing" (s.u., vgl. *Breckle & Unger* 1977).

Sonstige wichtige Arbeiten und Angewandte Botanik

Zahlreiche Arbeiten aus benachbarten Wissenschaften sind für das Verständnis der botanischen, vegetationskundlichen und ökologischen Zusammenhänge von großem Wert.

So ist etwa das in den letzten Jahren ausgeweitete Netz meteorologischer Beobachtungsstationen eine wichtige Quelle klimatologischer Daten, die unser Bild von den klimatischen Gegebenheiten im Lande erheblich verfeinert haben. Diese Daten sind daher auch mehr und mehr bei ökologischen Arbeiten verwendet worden. Allerdings interessiert der allgemeine Verlauf von Temperatur oder Niederschlag oder Wind meist weniger als vielmehr spezielle für die Vegetation relevante Daten, die insbesondere kritische Faktoren betreffen.

Beispielsweise ist die Verteilung der Sommerregen (vgl. Abb. 4), die den durch Monsuneinfluß begünstigten Osten und Südosten des Landes deutlich hervorheben (*Russy* 1975), ein solcher für die Vegetationsentwicklung bedeutsamer Faktor. Von mindestens ebensolcher Bedeutung ist das Auftreten von regelmäßigem Frost im Winter. Die Dauer der Frostperiode (vgl. Abb. 5) ist in den meisten Teilen des Landes erheblich. In Afghanistan können nur kleine Gebiete als nicht winterkalt angesehen werden. Die große Variabilität von Jahr zu Jahr erfordert möglichst lange Beobachtungsreihen, die bisher von kaum einer der Klimastationen vorliegen. Das Klimatogramm von Zaranj zeigt die aus der Sahelzone bekannten Dürrejahre in entsprechender Weise (vgl. Abb. 6). Die Niederschläge 1974/75 sind um mehr als das Zehnfache größer als 1972/73. Über die Unregelmäßigkeiten ergiebiger Niederschläge berichtet *Huppert* (1977).

Bodenkundliche Untersuchungen aus Afghanistan fehlen fast völlig. Eine sehr allgemeine Übersicht über die Bodenverhältnisse des Landes stammt von *Salem & Hole* (1969). Kurze Angaben finden sich allerdings in zahlreichen vegetationskundlichen Arbeiten (z. B. *Freitag* 1971).

Untersuchungen zu landwirtschaftlichen Problemen, z.B. mit dem Ziel der Erhöhung der Produktivität, der Verbesserung von Kulturpflanzen usw. sind in den letzten 2 Jahrzehnten überwiegend von amerikanischer Seite durchgeführt worden. Hier kann nicht näher darauf eingegangen werden.

Erwähnt werden soll aber noch die Arzneipflanzenforschung. Bisher gibt es nur wenige Arbeiten, obwohl hier ein erhebliches Interesse vorliegt. Allgemeine Übersichten, die bis heute grundlegend sind, stammen von *Volk* (1955) und von *Pelt* & al. (1965). Spezielle Untersuchungen erfordern gut eingerichtete chemische Laboratorien (vielleicht im zukünftigen, derzeit im Bau befindlichen Chemischen Institut). Der Arzneipflanzenschatz des Landes ist erheblich und ist sowohl von den verwendeten pflanzlichen Organen als auch von der Seite der Wirkstoffe recht vielfältig (Tab. 3). Darüber hinaus stellen Drogen und Derivate mancher "cash-crops" einen steigenden Anteil am Export dar (*Breckle* & *Unger* 1977). Die Herkunft der Drogen, die auf den afghanischen Bazaren gehandelt werden, ist vielfältig (Tab. 4). Die einheimische Flora, insbesondere mit den irano-turanischen Pflanzenarten liefert fast zwei Drittel der Arzneipflanzen.

Die medizinische Verwendung weist besonders viele Mittel gegen Störungen des Verdauungssystems aus (Tab. 5). Eine Übersicht über Inhaltsstoffe und ihre Wirksamkeit gibt es bisher nicht.

Ein weiteres Feld angewandter Botanik und praktischer Ökologie sind Fragen des Naturschutzes. Seit einigen Jahren sind Experten der FAO (*Petocz* und *Larsson*) im Lande tätig, um die Möglichkeiten der Errichtung von Nationalparks, Wildschutzgebieten usw. zu prüfen. Die in verschiedenen FAO-Publikationen erörterten Vorschläge sind in Tab. 6 zusammengefaßt. Eines der durch die FAO angestrebten Ziele ist "wildlife management", daneben sollten aber auch Naturräume aus den verschiedenen geographischen Einheiten des Landes unter Schutz gestellt werden. Über die von der FAO vorgeschlagenen Gebiete hinaus wären dies vor allem Teile der Helmand-Endseen, Teile der wenigen noch einigermaßen erhaltenen Hochwaldgebiete auf der Südabdachung des Safed Koh sowie die Salzflächen bei Sare-Namak zwischen Daulatabad und Sheberghan. Als Naturschutzgebiet sollte ferner das Darah-Nur nördlich von Jalalabad in Betracht gezogen werden. Es ist eines der ausgeprägt humiden Täler mit einer reichen himalaisch geprägten Vegetation mit Reliktcharakter.

Der Schutz der Tierwelt hat nur Erfolg, wenn die Umwelt, das entsprechende Ökosystem, insbesondere die Vegetation in die Schutzmaßnahmen einbezogen sind (*Holloway* 1976).

Schluß

Die floristische, systematisch-taxonomische, vegetationskundliche, pflanzengeographische und ökologische Erfassung in Afghanistan hat noch viele Aufgaben zu lösen. Wenigstens teilweise ist selbst die erste Inventarisierung des Florenbestands noch nicht abgeschlossen — fast wie zu Linne's Zeiten. Dies zeigt die in den letzten Jahren große Zahl neubeschriebener Arten. Eine der wichtigsten Aufgaben erfüllt hierbei die Herausgabe der Flora Iranica.

Die bisherigen Kenntnisse und Ergebnisse erscheinen so etwas wie ein noch grobmaschiges Netz, das noch an vielen Stellen einer erheblichen Verfeinerung bedarf. Die große Zahl an botanischen Publikationen macht scheinbar den Eindruck zufälliger, zusammenhangloser Stichproben. Insgesamt ist aber unser Bild über Flora und Vegetation in den letzten Jahren doch erheblich genauer geworden. Zwar bestehen noch immer in Teilgebieten große "weiße Flecken", wie beispielsweise auf dem Gebiet der Vegetationsgeschichte, doch sind andere Teilgebiete schon recht gut bearbeitet.

Ein grober Indikator für die botanische Bearbeitung des Landes ist die Zahl der Publikationen. Unter Einbeziehung der Lieferungen der Flora Iranica ergibt sich seit der Nachkriegszeit und insbesondere seit 1960 eine stark ansteigende Zahl an botanischen Arbeiten (vgl. Abb. 7). Eine nicht unerhebliche Belebung in den Sechziger Jahren erfolgte auch durch die Universitätspartnerschaften (*Breckle* & al. 1969, 1975). Die zu beobachtende stärkere Abnahme der allerletzten Jahre ist wohl einerseits durch eine etwas nachhinkende Erfassung der erscheinenden Literatur bedingt, andererseits aber leider wohl auch ein Ausdruck einer gewissen Sättigung. Sicherlich spielen auch die wechselnden äußeren Umstände bei der Durchführung von Forschungsarbeiten eine Rolle. Eine gewisse Rhythmik zeichnet sich ab (vgl. Abb. 7). Möge die diesjährige Arbeitstagung der Arbeitsgemeinschaft Afghanistan neue Anstöße vermitteln.

Tabellen

1 Zunahme der Zahl der aus Afghanistan bekannt gewordenen Arten dreier Gattungen 95

2 Anteil endemischer Arten verschiedener Familien und Gattungen der Flora Afghanistans (n. Wendelbo 1966; n. Rechinger's Flora Iranica 1963 ff.; n. Podlech & Anders 1977b) 95

3 Hauptwirkstoffe und verwendete Organe afghanischer Pflanzendrogen (im wesentlichen nach Angaben von Volk 1955) 96

4 Herkunft der auf den Bazaren Afghanistans gehandelten Drogen in % der Gesamtzahl (nach Volk 1955 und Pelt & al. 1965) 97

5 Gliederung afghanischer Bazardrogen nach Anwendungen (nach Angaben von Volk 1955, Pelt & al. 1965 und eigenen Notizen) 97

6 Als Wildreservate, Nationalparks oder Naturschutzgebiete vorgeschlagene Regionen Afghanistans 98

Tabelle 1: Zunahme der Zahl der aus Afghanistan bekannt gewordenen Arten dreier Gattungen

Jahr	Eremostachys	Eremurus	Bromus
vor 1954	11	–	–
1954	17	–	–
vor 1958	–	19	–
1958	–	21	–
vor 1965	–	–	14
1965	–	–	15
1967	22	27	17
1970	22	27	22
1975	26	29	22
1977	26	29	24

Tabelle 2: Anteil endemischer Arten verschiedener Familien und Gattungen der Flora Afghanistans (n. Wendelbo 1966)

Familie	Gattung	Artenzahl (gesamt)	Prozentsatz endem. Arten
Compositae		400	40 %
	Cousinia	100 (145*)	80 % (65 %*)
Gramineae		200	5 %
	Bromus	17 (24**)	0 % (4 %**)
Labiatae		160	35 %
	Nepeta	40	30 %
Liliaceae		110	18 %
Alliaceae	Allium	45 (63*)	33 % (32 %*)
Plumbaginaceae		53	73 %
	Acantholimon	41 (75*)	75 % (80 %*)
Primulaceae		34 (36*)	35 % (33 %*)
	Dionysia	10 (10*)	90 % (90 %*)
Campanulaceae		15 (15*)	33 % (33 %*)
	Campanula	11 (11*)	45 % (45 %*)

* n. Rechinger: Flora Iranica, ** n. Podlech & Anders 1977

Tabelle 3: Hauptwirkstoffe und verwendete Organe afghanischer Pflanzendrogen
(im wesentlichen nach Angaben von Volk 1955)

	Früchte	Samen	Rhizome, Wurzeln	Kräuter	Blätter	Blüten	andere Teile	amorphe Drogen	zusammen	in %
Zahl an Drogen	45	30	32	17	8	9	8	25	173	100
in %	26,0	17,3	18,5	9,8	4,6	5,2	4,6	14,5		100
Hauptwirkstoffe										
ätherische Öle	10	3	6	5	1	3	2	2	32	18,5
Alkaloide	7	7	5	3		1		2	25	14,5
Schleime	2	7	4	1		2		7	23	13,3
Gerbstoffe	7		2		2	1	3	2	17	9,8
Glykoside	4		3	1	2			1	11	6,4
fette Öle	2	8							10	5,8
Farbstoffe	4		3		1			1	9	5,2
Kohlenhydrate	4	1					1	2	8	4,6
Saponine	1	1	4					1	7	4,0
Harze	1		1		1			4	7	4,0
Organ. Säuren	6								6	3,5
Vitamine	3								3	1,7
Bitterstoffe	1		1	1					3	1,7
unbekannt	5	9	7	6	2	3	2	5	39	22,5

Tabelle 4: Herkunft der auf den Bazaren Afghanistans gehandelten Drogen in % der Gesamtzahl (nach Volk 1955 und Pelt & al. 1965)

	Volk	Pelt
Zahl an Drogen	173	122
Einheimische Drogen	*66,5 %*	*73,6 %*
irano-turanische Pflanzenarten	31,2 %	34,8 %
saharo-sindische Pflanzenarten	2,3 %	5,0 %
himalayische Pflanzenarten	11,6 %	8,2 %
zentralasiatisch-alpine Arten	0,6 %	1,6 %
kultiviert, bzw. als Unkräuter	20,8 %	24,0 %
Importierte Drogen	*28,9 %*	*26,7 %*
aus Indien	6,9 %	6,6 %
aus Fernost	–	4,9 %
sonstige	22,0 %	14,9 %
Ungeklärte Drogen	*4,6 %*	*–*

Tabelle 5: Gliederung afghanischer Bazardrogen nach Anwendungen (nach Angaben von Volk 1955, Pelt & al. 1965 und eigenen Notizen)

	Drogenzahl	%
Magenmittel (Stomachica, Carminativa)	18	10,9
Verdauungsmittel (Purgantia)	15	9,1
(Obstipantia)	10	6,1
krampflösende Mittel (Spasmolytica)	11	6,7
Aphrodisiaca	16	9,7
Expectorantien	10	6,1
Fiebermittel	9	5,5
gegen Erkältungen der oberen Brustwege	9	5,5
gegen Halsentzündungen	8	4,8
gegen Augenleiden	8	4,8
Mittel gegen Parasiten	8	4,8
gegen nervöse Leiden	8	4,8
gegen Zahnschmerzen	6	3,6
gegen Kopfschmerzen	5	3,0
Narcotica	4	2,4
für Geburtshilfe	4	2,4
blutstillende Mittel	4	2,4
für Wundbehandlung	4	2,4

Tabelle 6: Als Wild-Reservate, Nationalparks oder Naturschutzgebiete vorgeschlagene
Regionen Afghanistans

Nr.	Name	geogr. Koord.	Höhenlage (m NN)	vorgeschlagene Mindest-Fläche (qkm)	Quelle
1	Big Pamir Wildlife Reserve	37°15'N 73°20'E	3600 – 6100 m	700	FAO
2	Ajar Valley Wildlife Reserve	35°20'N 67°30'E	2000 – 3800 m	495	FAO
3	Bande-Amir National Park	34°50'N 67°15'E	2900 – 3700 m	(260)	FAO
4	Dashte-Nawor Flamingo and waterfowl sanctuary	33°40'N 67°45'E	3110 m	75	FAO
5	Abe-Istada Flamingo and waterfowl sanctuary	32°30'N 67°55'E	2000 m	270	FAO
6	Kole-Hashmat Khan waterfowl sanctuary (bei Kabul)	34°28'N 69°13'E	1793 m	1,91	FAO
7	Nuristan Wildlife Management Area (upper Peĉ)	35°15'N 70°40'E	ca. 1800 – 5500 m	(ca. 700)	FAO
8	Darah-Nur Naturschutzgebiet	34°45'N 70°35'E	ca. 1500 – 3200 m	(ca. 40)	(Freitag 71 u.a.)
9	Sikaram- und Mandahar-Schutzgebiet	33°55'N 69°50'E	ca. 2600 – 4700 m	(ca. 60)	(Breckle 71 u.a.)
10	Helmand-Endseen-Schutzgebiet	30-31°N ca. 62°E	ca. 470 m	(ca. 1000)	
11	Sare-Namakzar-Schutzgebiet	36°10'N 65°15'E	ca. 260 – 400 m	(ca. 150)	

Abbildungen und Legenden

1　Ungefähre Zahl der in den einzelnen Provinzen Afghanistans gesammelten
　　Herbarbelege Höherer Pflanzen (Stand 1977) 99
2　Übersicht über die pflanzengeographischen Regionen Afghanistans
　　si = sindisch;　sa = saharo-arabisch;　tu = turanisch;
　　ir = iranisch;　hi = westhimalayisch;　za = zentralasiatisch, alpin 100
3　Abnahme der Artenzahl Höherer Pflanzen mit zunehmender Höhenlage
　　und zunehmender geographischer Breitenlage (Breckle 1974) 100
4　Die Verteilung der Sommerregen (Juli – September) in Afghanistan und
　　Westpakistan (Breckle 1971 b) 101
5　Die Dauer der Frostperiode im Jahr (Tage mit Temperaturen unter Null)
　　im iranischen Hochland (Breckle 1980) 101
6　Klimatogramm der Klimastation Zaranj in Südwestafghanistan, für die Jahre
　　1969 bis 1974. Die Zahlen oberhalb der Diagramme geben die Jahresmittel
　　für Temperatur und Niederschlag wieder. Die Zahlen unterhalb der Diagramme
　　(zwischen den Jahreszahlen) geben die Niederschläge pro winterlicher Regen-
　　periode an. Darstellung nach Walter & al. (1975). Relativ aride Jahreszeiten
　　gerastert, relativ humide Jahreszeiten senkrecht schraffiert 102
7　Zahl der Afghanistan-"relevanten" botanischen Publikationen seit 1880 102

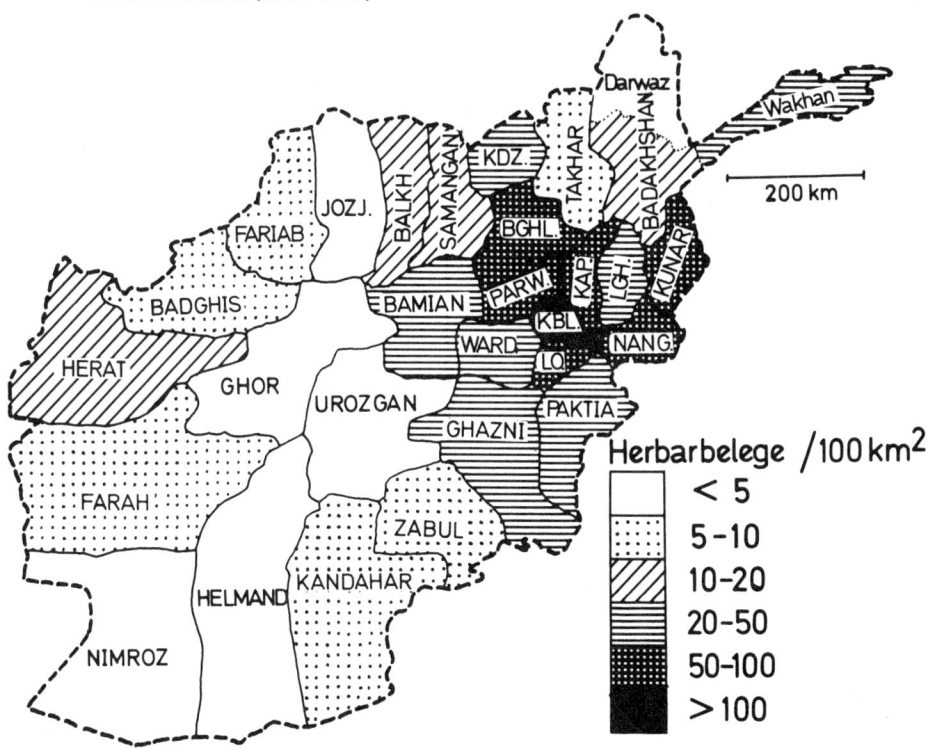

Abb. 1: Ungefähre Zahl der in den einzelnen Provinzen Afghanistans gesammelten Herbarbelege
　　Höherer Pflanzen (Stand 1977)

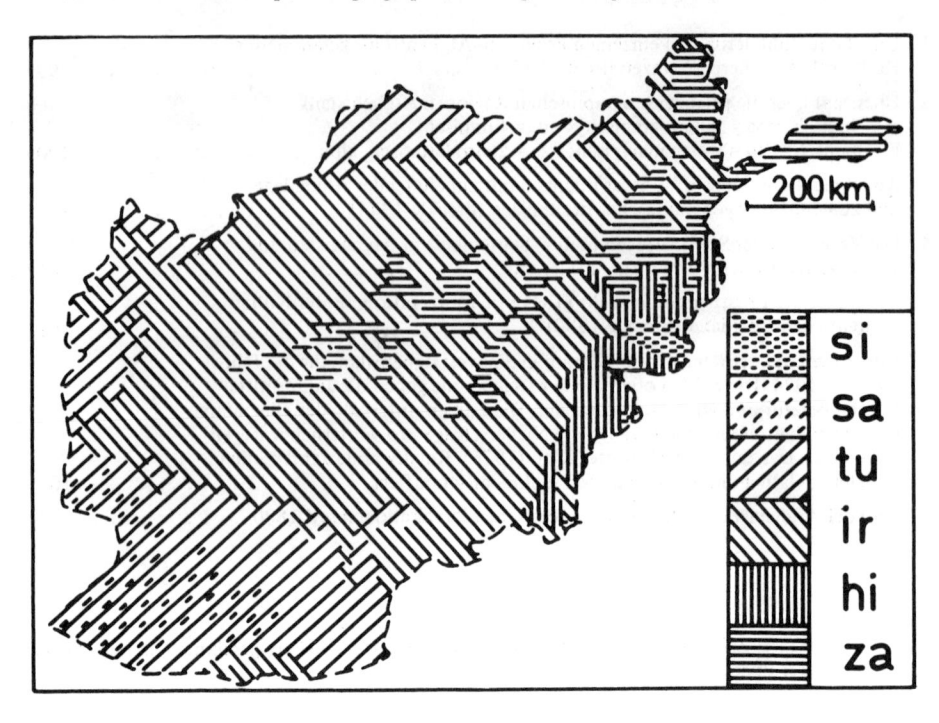

Abb. 2: Übersicht über die pflanzengeographischen Regionen Afghanistans

Abb. 3: Abnahme der Artenzahl Höherer Pflanzen mit zunehmender Höhenlage und zunehmender geographischen Breitenlage (Breckle 1974)

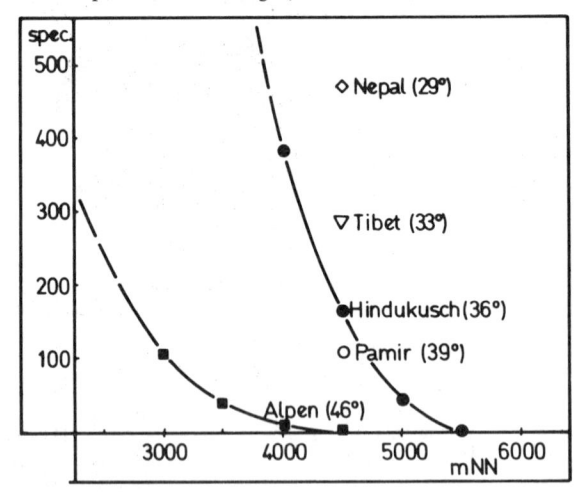

Abb. 4: Die Verteilung der Sommerregen (Juli - September) in Afghanistan und Westpakistan (Breckle 1971 b)

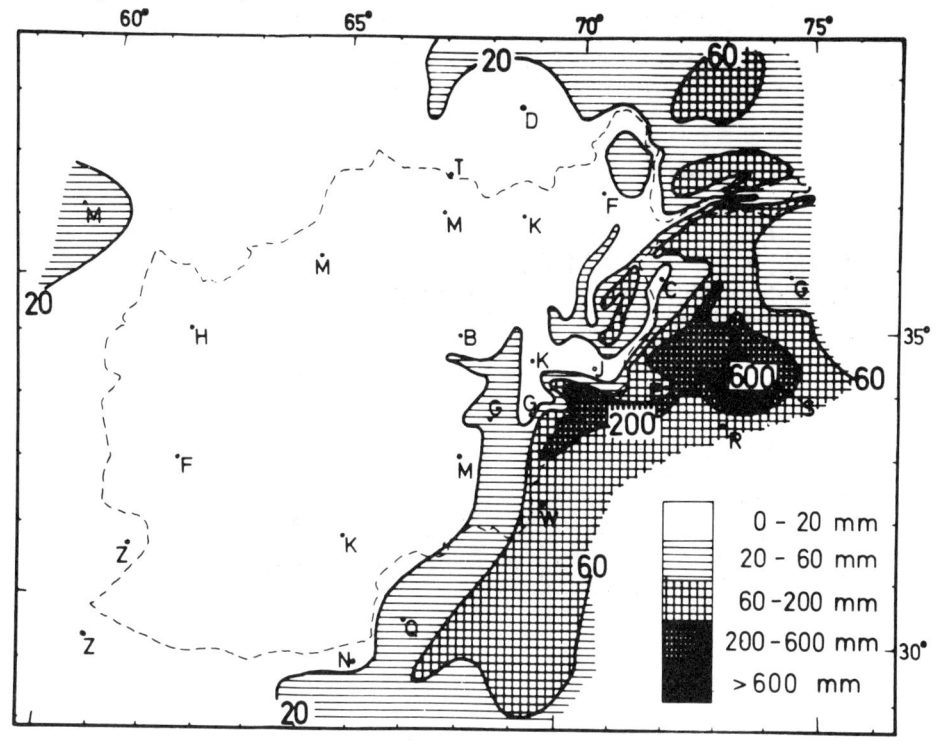

Abb. 5: Die Dauer der Frostperiode im Jahr (Tage mit Temperaturen unter Null) im iranischen Hochland (Breckle 1980)

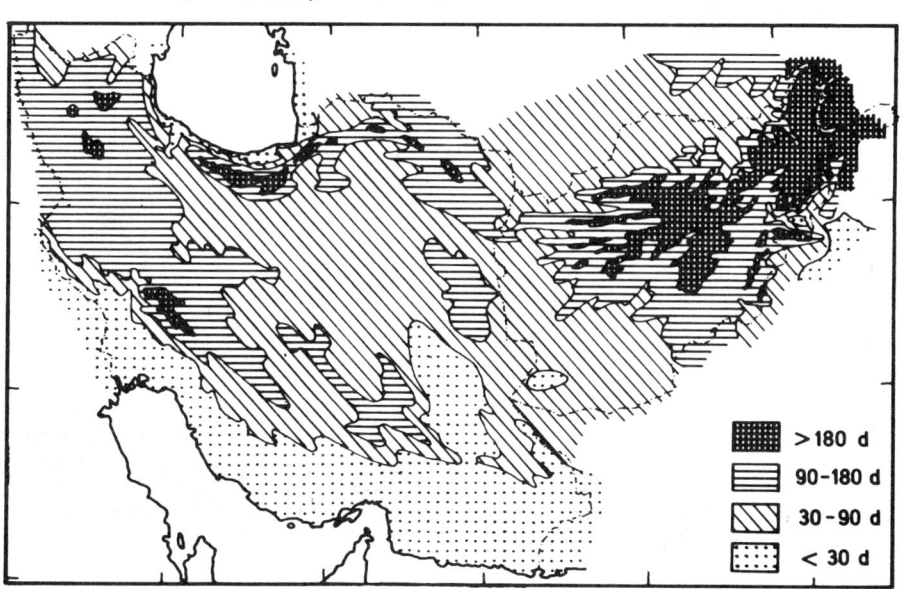

Abb. 6: Klimatogramm der Klimastation Zaranj in Südwestafghanistan, für die Jahre 1969 bis 1974.
Die Zahlen unterhalb der Diagramme (zwischen den Jahreszahlen) geben die Niederschläge pro winterlicher Regenperiode an. Darstellung nach Walter & al. (1975). Relativ aride Jahreszeiten gerastert, relativ humide Jahreszeiten senkrecht schraffirt.

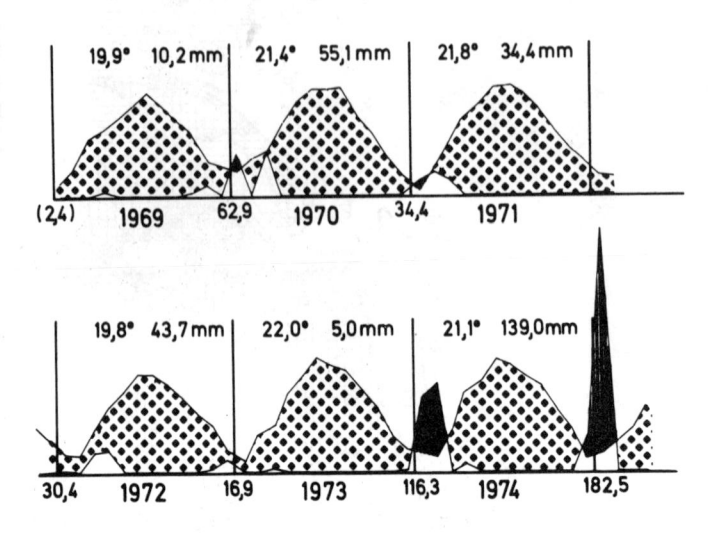

Abb. 7: Zahl der Afghanistan-„relevanten" botanischen Publikationen seit 1880

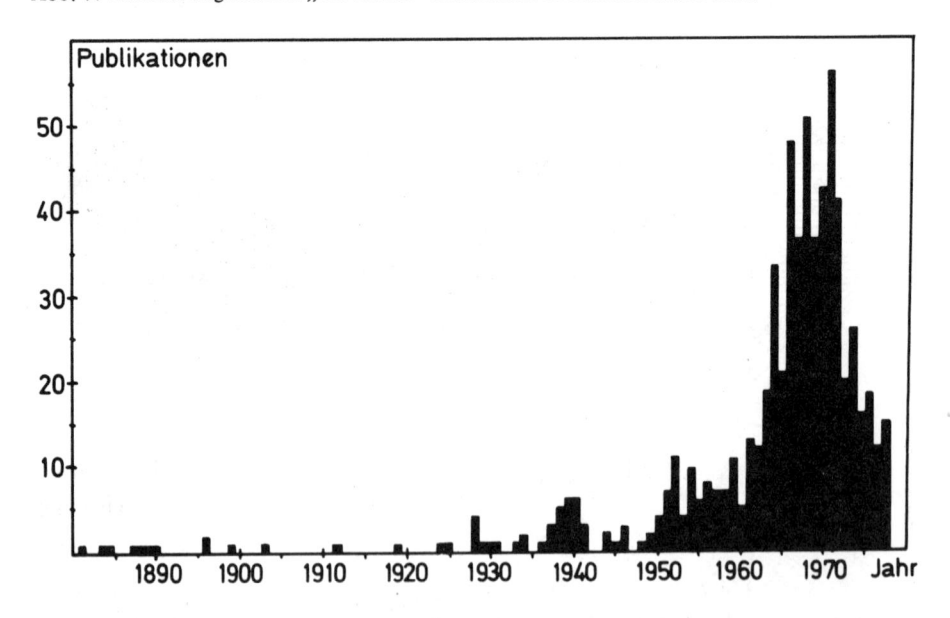

Literatur

Ein großer Teil der zitierten Literatur ist bereits durch die beiden folgenden botanischen Bibliographien erfaßt und wird daher nicht mehr ausführlich zitiert.

Breckle, S.-W., W. *Frey*, & I. C. *Hedge* (1969): Botanical Literature of Afghanistan. – Notes R. B. Garden Edinburgh *29:* 357 – 371: – B –

Breckle, S.-W., W. *Frey* & I. C. *Hedge* (1975): Botanical Literature of Afghanistan: supplement I. – l.c. *33:* 503 – 521: – B 1 –

Agerer-Kirchhoff, Ch. (1976): Revision von *Astragalus* L. sect. *Astragalus* (Leguminosae). – Biossiera *25:* 1 – 197
Brandenburger, W. & M. *Steiner* (1972): – B 1 –
Breckle, S.-W. (1967): – B –
Breckle, S.-W. (1971 b): – B 1 –
Breckle, S.-W. (1971 c): – B 1 –
Breckle, S.-W. (1973): – B 1 –
Breckle, S.-W. (1974): – B 1 –
Breckle, S.-W. (1975): – B 1 –
Breckle, S.-W. (1980): Cool deserts and shrub semideserts in Afghanistan and Iran. In: Goodall (ed.) Ecosystems of the world, vol. 5: shrub steppe and cold desert. – Amsterdam. in press.
Breckle, S.-W. & W. *Frey* (1974): – B 1 –
Breckle, S.-W. & W. *Frey* (1976): Rechinger, K. H. (ed.) Flora Iranica 1963 ff. Flora des Iranischen Hochlandes und der umrahmenden Gebirge. Akad. Druck- und Verlagsanstalt Graz. – Afghanistan J. *3:* 110 – 112
Breckle, S.-W. & W. *Unger* (1977): Afghanische Drogen und ihre Stammpflanzen. I. Gummiharze von Umbelliferen. – Afghanistan J. *4:* 86 – 95
Deml, I. (1972): – B 1 –
Dieterle, A. (1973): – B 1 –
Durrieu, M. G. (1973): – B 1 –
Durrieu, M. G. (1975): Micromycetes parasites d'Afghanistan. – Revue de Mycologie *39:* 137 – 171
FAO: DP/AFG/74/016: National Parks and Utilization of Wildlife Resources. Ministry of Agriculture, Kabul/Afghanistan. Field Documents 1 – 10.
Freitag, H. (1971): – B 1 –
Freitag, H. (1975): – B 1 –
Frey, W. (1969): – B 1 –
Frey, W. (1972): – B 1 –
Frey, W. (1974): – B 1 –
Frey, W. & W. *Probst* (1978): Vegetation und Flora des Zentralen Hindukuš (Afghanistan). – Beih. z. Tüb. Atlas des Vorderen Orients, Reihe A, Heft 3, 115 pp.
Geerken, H. (1978): Zur Mykologie Afghanistans. – Afghanistan J. *5:* 6 – 8
Gilli, A. (1969): – B –
Gilli, A. (1971): – B 1 –
Grierson, A. J. C. (1967): – B 1 –
Grubov, V. I. & al. (1963 ff.): – B 1 –
Hayon, J. C. & al. (1970): – B 1 –
Hedge, I. C. & P. *Wendelbo* (1970): – B 1 –
Henderson, D. M. (1970): – B 1 –
Holloway, C. W. (1976): Conservation of threatened vertebrates and plant communities in the Middle East and South West Asia. – IUCN Publ. New. Series, No. 34 (Morges), p. 179 – 188.
Huppert, H. (1977): Die ergiebigen Niederschläge in Afghanistan. – Staatsexamensarbeit Saarbrükken, 116 pp.
Jarmal, K. & D. *Podlech* (1977): Nachträge und Ergänzungen zur Brassicaceen-Flora Afghanistans (Beiträge zur Flora Afghanistans IX). – Mitt. Bot. München *13:* 545 – 578
Jux, U. & E. K. *Kempf* (1971): – B 1 –
Kramer, W. (1978): Contribution to the taxonomy and distribution of several taxa of *Tortula* Hedw. sect. Rurales DeNot. (Musci) with bistratose lamina. – Bryologist *81:* 378 – 385
Kull, U. & S.-W. *Breckle* (1975): Fettsäuren in einigen Therophyten der Steppe von Kabul/Afghanistan. – Z. Pflanzenphysiol. *75:* 332 – 338
Lalande, P. (1968): – B –
Linchevski, I. A. & A. V. *Prozorowski* (1946): – B –
Magnusson, A. H. (1940, 1944): Lichens of Central Asia I.II. Stockholm, 168 pp., 68 pp.

Mirazai, N. A. & S.-W. *Breckle* (1978): Untersuchungen an afghanischen Halophyten. I. Salzverhältnisse in Chenopodiaceen Nord-Afghanistans. − Bot. Jahrb. System. *99:* 565 − 578
Nasir, E. & S. I. *Ali* (ed.) (1970 ff.): − B 1 −
Neubauer, H. F. (1952): − B −
Neubauer, H. F. (1954): − B −
Neubauer, H. F. (1954/55): − B −
Nikitina, F. W. (ed.) & al. (1950 − 67): − B 1 −
Ovchinnikov, P. N. (ed.) (1957 ff.): − B 1 −
Pelt, J.-M. (1967): − B 1 −
Pelt, J.-M. & al. (1965): − B −
Petrak, F. (1966): − B −
Podlech, D. (1975): Revision der Sektion Stipitella G. Grig. ex Podlech der Gattung *Astragalus* L. − Mitt. Bot. München *12:* 33 − 50
Podlech, D. (1976): Revision der Gattung *Microcephala* Pobed. (Asteraceae). − Mitt. Bot. München *12:* 655 − 682
Podlech, D. & O. *Anders* (1976): Nachträge und Ergänzungen zur Gräserflora von Afghanistan (Beiträge zur Flora von Afghanistan VIII). − Mitt. Bot. München *12:* 299 − 334
Podlech, D. & O. *Anders* (1977): Florula des Wakhan (Nordost-Afghanistan). − Mitt. Bot. München *13:* 361 − 502
Poelt, J. & M. *Steiner* (1971): − B 1 −
Poelt, J. & V. *Wirth* (1968): − B −
Rathjens, C. (1972): − B 1 −
Rechinger, K. H. f. (1963 ff.): − B, B 1 −
Riehmer, E. (1938): − B −
Russy, B. (1975): Der Monsun in Ostafghanistan. Staatsexamensarbeit Saarbrücken, 136 pp.
Salem, M. Z. & F. D. *Hole* (1969): Soil geography and factors of soil formation in Afghanistan. − J. Soil Sci. *107:* 289 − 295
Schischkin, B. K. (1932 − 60): − B −
Senarclens de Grancy, R. & R. *Kostka* (ed.) (1978): Großer Pamir. − Österr. Forschungsunternehmen 1975 in den Wakhan-Pamir/Afghanistan. Graz, 400 pp.
Volk, O. H. (1954): − B −
Volk, O. H. (1955): − B −
Vvedensky, A. I. (1968 ff.): − B 1 −
Vvedensky, V. V. (1941 − 62): − B −
Walter, H. & al. (1975): Klimadiagrammkarten der einzelnen Kontinente und die ökologische Klimagliederung der Erde (Bd. X der Vegetationsmonographien der einzelnen Großräume). Stuttgart, 36 p., 9 Karten.
Wendelbo, P. (1966): − B −
Weschke, E. (1976): Arealkundliche Untersuchung an der Flora Afghanistans. − Staatsexamensarbeit München, 409 pp.
Zeist, W. van (1967): Late quaternary vegetation history of western Iran. − Rev. Palaeobot. Palynol. *2:* 301 − 311

Die zoologischen Forschungen der letzten zwei Jahrzehnte in Afghanistan

Clas M. Naumann, Bielefeld

In den letzten 20 Jahren haben in Afghanistan verschiedene Arbeitsgruppen zoologisch gearbeitet: Eine große Arbeitsgruppe vom amerikanischen Field-Museum hat sich intensiv mit den Säugetieren des Landes beschäftigt. An zweiter Stelle sind die deutschen Arbeiten zu nennen, die aus der Universitätspartnerschaft zwischen Bonn, Köln und Kabul hervorgegangen sind. Eine große Arbeitsgruppe aus der Tschechoslowakei, aus Brünn und Prag, hat am Ende der 60er Jahre in Zusammenarbeit mit der Medizinischen Fakultät in Jalalabad wichtige Forschungen durchgeführt. Kleinere Berichte sind publiziert worden von Einzelreisenden, Touristen und Teilnehmern von Bergsteigerexpeditionen; dabei sind besonders Japaner zu nennen. Ihrem Umfang und ihrer Qualität nach fallen diese Publikationen nicht so stark ins Gewicht.

Ähnliches wie für die Botanik gilt auch für die Zoologie, daß die Literatur zur Fauna Afghanistans in den letzten 20 Jahren ungeheuer angewachsen ist. Andererseits gibt es aber noch große Tiergruppen in Afghanistan, über die bis heute fast nichts bekanntgeworden ist. Bei einer Betrachtung der einzelnen Tiergruppen zeigt sich der unterschiedliche Bearbeitungsstand:

Beginnend mit der Gruppe der Wirbeltiere, darunter besonders der Säugetiere, die als Jagdtiere und Schädlinge weites Interesse finden, existiert eine ganze Reihe guter Übersichtsarbeiten. Davon sind zu nennen die Arbeiten von *Hassinger* (1973) und von *Niethammer*, der sich besonders mit der Kleinsäugerfauna von Afghanistan beschäftigt hat. Ähnlich gut informiert sind wir über die Fauna der Vögel, vorwiegend dank der Arbeiten von *Niethammer* sen. und jun., darüber hinaus noch aus den 50er Jahren durch *Paludan*, der einer dänischen Expeditionsgruppe angehörte, die die ersten Berichte über Vögel vorgelegt hat. Für die weiteren Gruppen der Wirbeltiere liegen so umfangreiche Informationen nicht vor. Amphibien und Reptilien sind dank einiger amerikanischer Arbeiten noch etwas bekannter, über die Fischfauna Afghanistans, die gewiß auch größere wirtschaftliche Bedeutung erlangen könnte, wissen wir fast gar nichts. Es gibt zwar einige Artbeschreibungen und taxonomische Beschreibungen dazu, aber keinen Überblick.

In der Gruppe der Wirbellosen finden die wirtschaftlich bedeutsamen Parasiten besondere Beachtung. Hierzu liegen mehrere Arbeiten vor, nämlich von *Kulmann* und tschechischen Forschern unter *Povolny*, die uns darüber unterrichten, welche Parasiten bei Mensch und Tier in Afghanistan vorkommen. Durch die medizinische Länderkunde von Ludolf *Fischer* kennen wir in großen Zügen auch die krankheitserregenden Organismen des Landes. Dabei und durch die Ethnologien ist auch die Frage des Transportes und der Übertragung von Krankheitserregern bei den umfassenden Wanderungen der Nomaden angesprochen worden. Genaueres ist darüber noch nicht publiziert worden.

Für die restlichen, artenmäßig sehr umfangreichen Tiergruppen der Wirbellosen fehlen wiederum die Übersichten; bei den Insekten weiß man durch die Prager Arbeiten ungefähr, welche Arten im Lande vorkommen. In jeder neu erscheinenden Publikation wird hier von Neubeschreibungen und Entdeckungen berichtet. Dagegen sind Tiergruppen wie die Krebse, Mollusken, die Einzeller und die Bodenfauna gegenwärtig noch vollkommen unbekannt. Lediglich über entsprechende Arbeiten aus der Sowjetunion und neuerdings auch aus China erhalten wir eine Vorstellung davon, was etwa in Afghanistan zu erwarten ist.

Der Forschungsstand ist also im wesentlichen auf eine Kenntnis der Tierarten und ihrer Vorkommen im Lande beschränkt, aber die entsprechenden Verbreitungskarten weisen noch riesige Lücken auf. Als besser untersuchte Räume können das Kabulbecken, Nuristan, das Gebiet von Nangarhar und einige Regionen von Badakhshan sowie des Pamir gelten.

Ein weiteres wichtiges Gebiet der Biologie bildet die Ökologie. Dabei stellt sich vorrangig die Frage, wie einzelne Tierarten in den Lebensraum und seine gestaltenden Kräfte eingefügt sind. Auch die Anpassung der Lebewesen an die verschiedenen Naturräume, z. B. Wüste, Steppe, Hochgebirge, aber auch an vom Menschen beeinflußte Räume, stellt ein weiteres vorrangiges Forschungsproblem dar. Hier ist nur ein einziges Beispiel, nämlich die afghanische Wüstenassel durch *Schneider* genauer untersucht worden. Aber es fehlen noch vollkommen Beurteilungen von Biotopen und Ökosystemen. Auch über die Wechselbeziehungen zwischen Tieren und Pflanzen wissen wir bis jetzt gar nichts. Dieser Problemkreis müßte in der Zukunft in den Mittelpunkt der biologischen Forschung gerückt werden. Ansatzpunkte könnten die Basisdaten aus der Meteorologie und der Botanik bilden; für entsprechendes Material aus der Zoologie wären aber längerfristige Arbeiten vor Ort notwendig.

Ein weiteres Beispiel für die zoologische Ökologie ist das einigermaßen gut untersuchte Marco-Polo-Schaf, weil dessen Vorkommen auch wirtschaftliche Bedeutung hat. Hierzu liegt die Untersuchung des Amerikaners R. *Petocz* vor, der auf eigene Initiative und mit Hilfe der International Union of Conservation of Nature sowie der FAO im Pamir und im Ajar-Tal gearbeitet hat. Die erst teilweise publizierte Analyse legt als Ergebnis die Einflüsse im Ökosystem vor, die durch den Weidedruck der Hausschafe der Bewohner des Wakhan-Tales als Konkurrenz für die Marco-Polo-Schafe entstehen. Ansätze für die wirtschaftliche Nutzung der Marco-Polo-Schafe zeigen sich in den Jagdkampagnen, die von der afghanischen Touristenorganisation veranstaltet werden.

Über die Haustiere Afghanistans sind wir in großen Zügen unterrichtet. Weniger bekannt ist, welche züchterischen Möglichkeiten in den Haustierbeständen liegen und welche veterinärmedizinischen Aktivitäten im Lande entfaltet werden. Die wirtschaftliche Nutzung der Haustiere, die für dieses Land sicher große Bedeutung besitzt, ist in der zoologischen Literatur überhaupt nicht angesprochen worden. Eine Ausnahme allerdings bildet die Bienenforschung, die durch große Forschungsprojekte der Bienenkunde in Europa stimuliert worden ist. Bienenhaltung erfolgt ja in verschiedenen Teilen des Landes, zum Beispiel in Nuristan.

Zusammenfassend läßt sich folgendes festhalten: Der Artenbestand der Wirbeltiere in Afghanistan ist einigermaßen bekannt, eine Ausnahme bildet hier die Fischfauna.

Für die Wirbellosen liegen mit Ausnahme der Parasiten nur wenige Informationen vor. Quantitative Feststellungen zur Verbreitung der Arten im Lande können bis jetzt noch nicht gemacht werden. Das hängt auch mit der Unzugänglichkeit verschiedener Gebiete Afghanistans zusammen, so daß man in vielen Bereichen noch Erstbeschreibungen durchführen kann. Die Sammelarbeit für Belege ist deshalb weiter fortzusetzen. Tiergeographische Arbeiten leiden selbstverständlich unter diesem Mangel an Grundlagen. Weiter zu intensivieren ist das wissenschaftliche Spezialgebiet der Ethnozoologie, die die Jagdmethoden und Tierhaltungsmethoden weiter aufhellen könnte bis hin zur Verwendung von Tiermotiven in der Kunst, schlechthin die Beziehungen zwischen Mensch und Tier in diesem Lande.

Die angewandte naturwissenschaftliche Forschung, darunter auch die der Zoologie, fußt selbstverständlich auf der Grundlagenforschung mit einer umfangreichen Bestandsaufnahme. Daß der Anwendungsaspekt beim Aufbau der Naturwissenschaft in Afghanistan zunehmende Bedeutung erlangt hat, geht aus der vollen Integration der Parasitologie und den sichtbaren Ansätzen zur Ökosystemforschung hervor.

Literatur

Die nachfolgende Bibliographie der zoologischen Afghanistan-Literatur der Jahre 1965 — 1979 kann keinen Anspruch auf Vollständigkeit erheben. Dennoch glaubt der Verfasser, wenigstens den Hauptteil neuerer Publikationen erfaßt zu haben. Da es zum Teil außerordentlich schwierig ist, die Spezialarbeiten über einzelne Organismen-Gruppen zu bibliographieren, scheint es sinnvoll, diese erste Zusammenstellung bereits der Öffentlichkeit zu übergeben.

Die Arbeiten der Publikationsreihe "Beiträge zur Kenntnis der Fauna Afghanistans", die als Ergebnis der tschechoslowakischen Arbeitsgruppen der sechziger Jahre vom Mährischen Museum in Brünn (Brno) herausgegeben werden, sind nicht einzeln aufgeführt worden. Die Publikationsreihe wird daher zunächst gesondert aufgeführt:

Stehlik, J. (ed.) (1967, 1968 (1969), 1969 (1970) und 1971/1972 (1973)): Beiträge zur Kenntnis der Fauna Afghanistans I — IV. — Supplementa ad: Acta Musei Moraviae (Casopis Moravského musea), Sci. nat. *52, 53, 54* und *56/57*: 183 — 374

Bibliographie der zoologischen Afghanistan-Literatur 1965 — 1979:

Amsel, H. G. (1967): Die zweite deutsche Afghanistan-Expedition 1966 der Landessammlungen für Naturkunde Karlsruhe. — Beitr. naturk. Forsch. SW-Deutschl. *26*: 3 — 14
Anderson, St. C. (1967): A new species of Phrynocephalus (Sauria: Agamidae) from Afghanistan, with remarks on Phrynocephalus Boulenger. — Proc. Cal. Ac. Sc., 4th ser., *35*: 227 — 234, 2 fgs., 1 table
Anderson, St. C. & Leviton, A. E. (1967): A new species of Eremias (Reptilia: Lacertidae) from Afghanistan. — Occ. pap. Cal. Ac. Sc. *64*: 4 pp., 1 fg., 1 table
Anderson, St. C. & Leviton, A. E. (1969): Amphibians and reptiles collected by the Street Expedition to Afghanistan, 1965. — Proc. Cal. Ac. Sc., 4th ser., *37*: 25 — 56, 8 fgs., 1 table
Balland, D. (1972): Une speculation originale: L'astrakan en Afghanistan. — Hannob (Revue Libanaise de Géographie) *7*: 89 — 113
Barus, V., Kullmann, E. & Tenora, V. (1970): Neue Erkenntnisse über Nematoden und Acanthocephalen aus Nagetieren Afghanistans. — Acta soc. zool. bohemoslov. *34*: 263 — 276
Barus, V., Kullmann, E. & Tenora, Fr. (1972): Parasitische Nematoden aus Wirbeltieren Afghanistans. — Acta sc. nat. Ac. sc. Bohemoslov. Brno (N.S.) *6*: 45 pp., 6 pls.
Barus, V. & Tenora, Fr. (1967): Three interesting nematode species in Miniopterus schreibersii (Chiroptera) from Afghanistan. — Acta univ. agricult. (Brno) *15*: 95 — 101, 2 Abb.
Böhme, W. (1977): Further Specimens of the rare Cat Snake, Telescopus rhinopoma (Blanford, 1874) (Reptilia, Serpentes, Colubridae). — J. Herpetology *11*: 201 — 205
Brendel, A. (o.J.): Die Abstammung des Afghanischen Windhundes. — In: 10075 Jahre Hetzhunde/ Windhunde. Hrsg. Deutscher Windhundzucht- und Rennverband e.V., S. 91 — 93

Büttiker, W. (1962): Observations on Bird Deterrents in Asia. — Ann. Epiphyties *13:* 167 — 181, fg. 31 — 47
Casimir, M. J. (1970): Zur Herpetofauna des Iran und Afghanistans. — DATZ *23:* 150 — 154
Casimir, M. J. (1971): Zur Herpetofauna der Provinz Badghis (NW-Afghanistan). DATZ *24:* 224 — 246
Centlivres, P. (1965/66): Note sur des déduisements de chasse à la Perdrix utilisées en Afghanistan. — Jb. Berner Histor. Mus. in Bern *45/46:* 505 — 511
Clark, R. J., Clark, E. D., Anderson, St. C. & Leviton, A. E. (1969): Report on a collection of Amphibians and reptiles from Afghanistan. — Proc. Cal. Ac. Sc., 4th ser. *36:* 279 — 316
Daniel, F. (1958): Zwei neue Rethera-Arten aus Afghanistan. — Beitr. naturk. Forsch. SW-Deutschl. *17:* 83 — 84
Daniel, F. (1966): Zwei neue Arctiidae aus Afghanistan (Lep.). — Mitt. Münchn. ent. Ges. *56:* 161 — 164, Pl. III
Daniel, F. (1969): Beiträge zur Kenntnis der Fauna Afghanistans (Bombyces, Lep.). — Acta Mus. Morav. 54, Suppl.: 407 — 414
Ebert, G. (1965): Afghanische Geometriden (Lep.) I. — Stuttg. Beitr. Naturk. Nr. 142, 32 pp.
Ebert, G. (1969): Afghanische Bombyces und Sphinges. 3. Sphingidae (Lepidoptera). — Reichenbachia *12:* 37 — 53
Ebert, G. (1969): Afghanische Bombyces und Sphinges. 4. Ctenuchidae (Lepidoptera). — Reichenbachia *12:* 157 — 165
Ebert, G. (1969): Afghanische Bombyces und Sphinges. 5. Lasiocampidae (Lepidoptera). — Reichenbachia *12:* 195 — 202
Ebert, G. (1973): Afghanische Bombyces und Sphinges. 6. Arctiidae (Lepidoptera). — Reichenbachia *14:* 47 — 74
Ebert, G. (1973): Afghanische Bombyces und Sphinges. 7. Nolidae (Lepidoptera). — Reichenbachia *14:* 197 — 204
Ebert, G. (1973): Afghanische Bombyces und Sphinges. 8. Thaumetopoeidae (Lepidoptera). — Reichenbachia *14:* 205 — 214
Ebert, G. (1973): Afghanische Bombyces und Sphinges. 9. Bombycidae, 10. Drepanidae, 11. Limacodidae (Lepidoptera). — Reichenbachia *14:* 214 — 217
Ebert, G. (1976): Beiträge zur Kenntnis der Fauna Afghanistans. Noctuidae (Trifinae) (Lep.). — Acta Mus. Moraviae *61:* 175 — 189
Eisner, C. & Naumann, C. (1980): Beitrag zur Ökologie und Taxonomie der afghanischen Parnassiidae (Lepidoptera). (Parnassiana Nova LVII). — Zool. Verhandelingen (Leiden), no. 178, 35 pp., 9 pls.
Gaisler, J. (1975): Comparative ecological notes on Afghan rodents. — Monographiae Biologicae *28:* 59 — 73
Gaisler, J., Povolny, D., Sebek, Zd. & Tenora, Fr. (1967): Faunal and ecological review of Mammals occuring in the environs of Jalal-Abad, with notes on further discoveries of Mammals in Afghanistan. I. Insectivora, Rodentia. — Zoologicke Listy *16:* 355 — 364
Gaisler, J., Povolny, D., Sebek, Zd. & Tenora, Fr. (1968): Faunal and ecological review of mammals occuring in the environs of Jalal-Abad, with notes on further discoveries of Mammals in Afghanistan. II. Chiroptera, Zoologicke Listy *17:* 41 — 48
Gaisler, J., Povolny, D., Sebek, Zd. & Tenora, Fr. (1968): Faunal and ecological review of mammals occuring in the environs of Jalal-Abad, with notes on further discoveries of mammals in Afghanistan. III. Carnivora, Lagomorpha. — Zoologicke Listy *17:* 185 — 189
Hassinger, J. D. (1968): Introduction to the mammal survey of the 1965 Street expedition to Afghanistan. — Fieldiana, Zoology *55:* 81 pp.
Hassinger, J. D. (1973): A survey of the mammals of Afghanistan, resulting from the 1965 Street expedition (excluding bats). — Fieldiana Zoology *60:* 195 pp.
Hemmer, H. (1974): Studien zur Systematik und Biologie der Sandkatze (Felis margarita Loche, 1858). — Z. Kölner Zoo *17:* 11 — 20
Hemmer, H., Schmidtler, F. & Böhme, W. (1978): Zur Systematik zentralasiatischer Grünkröten (Bufo viridis-Komplex) (Amphibia, Salientia, Bufonidae). — Zool. Abh. Staatl. Mus. Tierk. Dresden *34:* 349 — 384
Howarth, T. G. & Povolny, D. (1973): Beiträge zur Kenntnis der Fauna Afghanistans. Rhopalocera, Lepidoptera. — Acta Mus. Morav. *58:* 131 — 158 und *61* (1976): 139 — 170
Hurka, K. & Povolny, D. (1968): Faunal and ecological study on the families Nycteribiidae and Streblidae (Dipt. Pupipara) of the Nangarhar Province (Eastern Afghanistan). — Acta ent. bohemoslov. *65:* 285 — 298
Huwyler, E. & Moos, I. v. (1978): Bemerkungen zum Steinbockmotiv im oberen Kokcha- und im

Munjantal. Ethnol. Z. Zürich: 129 – 135
Karaman, M. S. (1969): Zwei neue Süßwasserfische aus Afghanistan und Iran. – Mitt. Hamburg. Zool. Inst. *66:* 55 – 58
Karaman, S. (1969): XXII. Beitrag zur Kenntnis der Amphipoden. Über einige neue Formen des Genus Sarathrogammarus (Gammaridae) aus Afghanistan. – Acta Mus. Maced. Scient. nat. (Skopje) *11:* 195 – 208
Karaman, S. (1969): XXIII. Beitrag zur Kenntnis der Amphipoden. Die Gattung Sarathrogammarus Mart. in Asien. – Glasnik Republ. Zavoda Zastitutu Prirode Prorodnjacke zbirke Titogradu no. *2:* 33 – 45
Karaman, S. (1971): XIX. Beitrag zur Kenntnis der Amphipoden. Eine neue Art der Gattung Sarathrogammarus (Gammaridae) aus Afghanistan. S. ruffoi n. sp. – Crustaceana *20:*
Kasy, F. (1965): Österreichische entomologische Expeditionen nach Persien und Afghanistan. Bericht über die Expedition von 1963. – Ann. Naturhist. Mus. Wien *68:* 653 – 666
Kasy, F. (1967): Österreichische entomologische Expeditionen nach Persien und Afghanistan. Bericht über die Expedition von 1965. – Ann. Naturhist. Mus. Wien *70:* 423 – 429
Klockenhoff, H. (1969): Über die Kropfgazellen, Gazella subgutturosa (Güldenstaedt), 1870, Afghanistans und ihre Haltung im Zoologischen Garten Kabul. – Freunde des Kölner Zoo *12:* 91 – 96
Klockenhoff, H. & Madel, G. (1970): Über die Flamingos (Phoenicopterus ruber roseus) der Dashte-Nawar in Afghanistan. – J. Ornithologie *111:* 78 – 84
Kloft, W. & E. (1971): Bienenfunde in Nuristan und im Südkaspischen Tieflandwald. – Allgem. Dtsche. Imkerzeitg. 1971: 26 – 30
Kloft, W. & Djalal, A. S. (1970): Matala'at-e taqsim-e matafawat-e-mawad-e ghazai ba komak radioizotop dar najad-ha-e mochtalef-e zanbur-e-asal, Apis mellifica. – Science (Kabul) *1:* 9 – 17
Kloft, W. & Schneider, P. (1969): Gruppenverteidigungsverhalten bei wildlebenden Bienen (Apis cerana Fabr.) in Afghanistan. – Die Naturwissenschaften *56:* 219
(Koning, F. J. & Dijksen, L. J.) (1971): exz. über Afghanistan Int. Wildfowl Res. Bureau, Bulletin, *32:* 72 – 75
Koning, F. J. & Walmsley, J. G. (1972): IWRB Mission to Afghanistan, February 1972. – Int. Wildfowl Res. Bureau, Bulletin *33:* 39 – 41
(Koning, F. J. & Walmsley, J. G.) (1973): Some Waterfowl Counts in Afghanistan, Winter 1973. – Int. Wildfowl Res. Bureau, Bulletin *35:* 62 – 64
Kral, B. (1968): Notes on the Herpetofauna of certain provinces in Afghanistan. – Zoologicke Listy *18:* 55 – 66
Kullmann, E. (1965): Die Säugetiere Afghanistans (Teil I): Carnivora, Artiodactyla, Primates. – Science (Kabul), August 1965: 1 – 17
Kullmann, E. (1966/67): Der Tiergarten in Kabul – ein Zoo in statu nascendi. – Freunde d. Kölner Zoo *9:* 130 – 134
Kullmann, E. (1967): Über das Verhalten der Hundebandwürmer in Afghanistan und dessen Bedeutung für die Epidemiologie der Echinococcosis. – Verhandl. dtsch. Zool. Ges. *1967:* 204 – 216
Kullmann, E. (1967/68): Über Leoparden Afghanistans und ihre Parasiten. – Freunde des Kölner Zoo *10:* 126 – 135
Kullmann, E. (1968/69): Expedition in die Heimat der Marco-Polo-Schafe – ein Beitrag über die Tierwelt des afghanischen Pamir. – Freunde des Kölner Zoo *11:* 107 – 122
Kullmann, E. (1970): Die Tierwelt Ostafghanistans in ihren geographischen Beziehungen. – Freunde des Kölner Zoo *13:* 3 – 25
Leviton, A. E. (1959): Report on a collection of reptiles from Afghanistan. – Proc. Calif. Ac. Sc. *29:* 445 – 463
Leviton, A. E. & Anderson, St. C. (1961): Further remarks on the Amphibians and Reptiles of Afghanistan. – The Wasmann Journal of Biology *19:* 269 – 276
Leviton, A. E. & Anderson, St. C. (1963): Third contribution to the herpetology of Afghanistan. – Proc. Cal. Ac. Sc., 4th ser., *31:* 329 – 339
Leviton, A. E. & Anderson, St. C. (1970): The amphibians and reptiles of Afghanistan, a checklist and key to the herpetofauna. – Proc. Cal. Ac. Sc., 4th ser., *38:* 163 – 206
Löhrl, H. & Thielcke, G. (1969): Zur Brutbiologie, Ökologie und Systematik einiger Waldvögel Afghanistans. – Bonn zool. Beitr. *20:* 85 – 98
Madel, G. (1968): Hummelbeobachtungen im Wakhan. – Science (Kabul) *5:* 21 – 28, 4 fgs.
Madel, G. (1969): Die Ziegendasselfliege Crivellia silenus in Afghanistan. – Angew. Parasitologie *10:* 204 – 211
Madel, G. & Klockenhoff, H. (1972): Beobachtungen an Kaukasus-Agamen, Agama c. caucasica (Eichwald, 1831) in Afghanistan. – Aquaterra *9:* 3 – 7

Mertens, R. (1965): Bemerkungen über einige Eidechsen aus Afghanistan. – Senckenberg. biol. *46:* 1 – 4

Meyer-Oehme, D. (1965): Die Säugetiere Afghanistans (Teil III): Chiroptera. – Science (Kabul), August 1965: 42 – 46

Meyer-Oehme, D. (1968): Zur Kenntnis der Chriopteren-Fauna Afghanistans (mit Anmerkungen von J. Niethammer). – Bonn. Zool. Beitr. *19:* 97 – 103

Miyamoto, S. (1963): Heteropterous insects from Iran and Afghanistan. – Results of the Kyoto University Scientific Expedition to the Karakoram and Hindukush, 1955. vol. IV: Insect Fauna of Afghanistan and Hindukush (Kyoto, 1963): 89 – 92

Moucha, J. & Chvala, M. (1967): Horse-flies (Diptera, Tabanidae) collected in the East Hindukush Mountains, Afghanistan. – Folia Parasit. *14:* 189 – 192

Moucha, J. & Chvala, M. (1968): Die Tabaniden-Fauna Afghanistans. – Angew. Parasitol. *9:* 8 – 11, 1 tfg.

Moucha, J. & Hradsky, M. (1961): Ergebnisse der Deutschen Afghanistan Expedition 1956 der Landessammlungen für Naturkunde Karlsruhe (Diptera, Asilidae). – Beitr. naturk. Forsch. SW-Deutschl. *19:* 317 – 318

Moriuti, S. (1966): Records of the Yponomeutid moths from Afghanistan collected by Prof. R. Yosii in 1960. – Results of the Kyoto University Scientific Expedition to the Karakoram and Hindukush, 1955, vol. VIII: Additional Reports (Kyoto, 1966): 229

Nadler, C. F., Korobotsina, K. V., Hoffmann, R. S. & Vorontsov, N. N. (1973): Cytogenetic differentiation, geographic distribution, and domestication in Palearctic Sheep (Ovis). – Z. Säugetierkunde *38:* 109 – 125

Nahif, A. A. (1970): Tarzihat-e-haivanat-e washi-e Afghanistan (Aufzählung der Wildtiere Afghanistans). – Science (Kabul) *6:* 1 – 9

Naumann, C. (1973): Ein ehemaliges Wildyak-Vorkommen im afghanischen Pamir. – Bonn. zool. Beitr. *24:* 249 – 253

Naumann, C. M. (1973): Neue Zygaena-Unterarten aus Afghanistan (Lep., Zygaenidae). – Ent. Z. *84:* 29 – 36

Naumann, C. (1974): Beobachtungen über den Verlauf einer Lepidopteren-Immigration in Afghanistan 1972. – Atalanta (München) *5:* 82 – 88

Naumann, C. (1977): Biologie, Verbreitung und Morphologie von Praezygaena (Epizygaenella) caschmirensis (Kollar, 1848). – Spixiana (München) *1:* 45 – 84

Naumann, C. (1977): Zygaena (Mesembrynus) halima n. sp. und einige Bemerkungen zur stammesgeschichtlichen Gliederung der Gattung Zygaena F. (Lepidoptera: Zygaenidae). – Z. Arb. gem. Österr. Ent. *29:* 35 – 40

Naumann, C. (1978): Zur Systematik, Verbreitung und Biologie von Zygaena pamira Sheljuzhko, 1919. – Atalanta (Münnerstadt) *9:* 355 – 372

Naumann, C. & Niethammer, J. (1973): Zur Säugetierfauna des afghanischen Pamir und des Wakhan. – Bonn. zool. Beitr. *24:* 237 – 248

Naumann, C. & Niethammer, J. (1974): Neunachweise von Säugetieren aus dem nördlichen Afghanistan. – Säugetierkundl. Mitt. *22:* 295 – 298

Naumann, C. & Nogge, G. (1973): Die Zoologischen Projekte Afghanistans – erfolgreiches Nebenprodukt einer Universitätspartnerschaft (Afghanistan). – GAWI Rundbrief 4/73: 25 – 28

Naumann, C. & Nogge, G. (1973): Die Großsäuger Afghanistans. – Z. Kölner Zoo *16:* 79 – 93

Naumann, C. & Schulte, A. (1977): Eine weitere neue Subspecies von Zygaena (Agrumenia) shivacola Reiss & Schulte, 1962 (Lepidoptera, Zygaenidae). – Ent. Z. *87:* 89 – 93

Nauroz, M. K. (1970): Marfi-e adjmali-e haiwanat-e Afghanistan (Parendagan) – Beschreibung der Tiere Afghanistans (Vögel). – Science (Kabul) *1*, 1: 49 – 53

Nauroz, M. K. & Naumann, C. M. (1975): Bemerkungen zur Verbreitung des Markhors Capra falconeri (Wagner, 1839) in Afghanistan. – Säugetierkundl. Mitt. *23:* 81 – 85

Nawabi, St. (1965): Ein seltener Vertreter der Amphibia in Afghanistan. – Science (Kabul), August 1965

Niethammer, G. (1967): Königshühner. – Freunde d. Kölner Zoo *10:* 25 – 29

Niethammer, G. (1967): On the Breeding Biology of Montifringilla theresae. – Ibis *109:* 117 – 118

Niethammer, G. (1968): Die Könige unter den Feldhühnern: Königshühner. – Vogelkosmos 1968, 3: 86 – 90

Niethammer, G. (1971): Vogelleben am Ab-e-Istada (Afghanistan). – Die Vogelwarte *26:* 221 – 227

Niethammer, G. (1972): Störche über Afghanistan. – Z. Kölner Zoo *15:* 47 – 54

Niethammer, G. (1973): Zur Vogelwelt des afghanischen Pamir und des Darwaz. – Bonn zool. Beitr. *24:* 270 – 284

Niethammer, G. & J. (1967): Neunachweise für Afghanistans Vogelwelt. – J. Orn. *108:* 76 – 80
Niethammer, G. & Niethammer, J. (1967): Zur Variabilität der Kehlzeichnung beim Steinmarder, Martes foina (Erxleben, 1777). – Z. f. Säugetierkunde *32:* 186 – 187
Niethammer, J. (1965): Die Säugetiere Afghanistans (Teil II): Insectivora, Rodentia, Lagomorpha. – Science (Kabul), August 1965: 18 – 41
Niethammer, J. (1966): Zur Ernährung des Sumpfluchses (Felis chaus Güldenstaedt, 1776) in Afghanistan. – Z. Säugetierkunde *13:* 393 – 394
Niethammer, J. (1967): Die Flughörnchen (Petauristinae) Afghanistans. – Bonn. zool. Beitr. *18:* 2 – 14
Niethammer, J. (1967): Pelztierfelle im Bazar von Kabul/Afghanistan. – Das Pelztiergewerbe N.F. *18:* 7 – 9
Niethammer, J. (1967): Störche in Afghanistan. – Die Vogelwarte *24:* 42 – 44
Niethammer, J. (1967): Zwei Jahre Vogelbeobachtungen an stehenden Gewässern bei Kabul in Afghanistan. – J. Ornith. *108:* 119 – 164
Niethammer, J. (1968): Ein Pfeifhase, Ochotona rufescens (Gray, 1842) ohne Stiftzähne. – Säugetierkundl. Mitt. *16:* 106 – 162, 1 tfg.
Niethammer, J. (1969): Die Waldmaus, Apodomus sylvaticus (Linné, 1758) in Afghanistan. – Säugetierkundl. Mitt. *17:* 121 – 128, 2 Abb.
Niethammer, J. (1969): Zur Taxonomie der Ohrenigel in Afghanistan (Gattung Hemiechinus). – Z. Säugetierkunde *34:* 257 – 274, 13 fgs., 10 Tab.
Niethammer, J. (1970): Die Wühlmäuse (Microtinae) Afghanistans. – Bonn. zool. Beitr. *21:* 1 – 24, 11 fgs., 9 tables.
Niethammer, J. (1970): Die Flamingos am Ab-e-Istada in Afghanistan. – Natur und Museum *100:* 201 – 210, 7 fgs.
Niethammer, J. (1973): Das Mauswiesel (Mustela nivalis) in Afghanistan. – Bonn. zool. Beitr. *24:* 1 – 6
Niethammer, J. (1973): Zur Kenntnis der Igel (Erinaceidae) Afghanistans. – Z. Säugetierkunde *38:* 271 – 276
Niethammer, J. (1975): Zur Taxonomie und Ausbreitungsgeschichte der Hausratte (Rattus rattus). – Zool. Anz. *194:* 405 – 415
Niethammer, J. (1977): Versuch der Rekonstruktion der phylogenetischen Beziehungen zwischen einigen zentralasiatischen Muriden. – Bonn. zool. Beitr. *28:* 236 – 248
Niethammer, J. & Martens, J. (1975): Die Gattungen Rattus und Maxomys in Afghanistan und Nepal. – Z. Säugetierkunde *40:* 325 – 355
Niethammer, J. & Niethammer, G. (1967): Hochgebirgs-Vogelzug in Afghanistan. – Zool. Beitr. *13:* 501 – 507
(Nogge, G.) (1971): Afghanistan – The Ab-e-Istada: A vanishing breeding place of flamingoes. – Intern. Wildfowl Res. Bureau, Bulletin *31:* 28 – 30
(Nogge, G.) (1972): extr. über Afghanistan. – Intern. Wildfowl Res. Bureau, Bulletin *34:* 38 – 39
(Nogge, G.) (1972): Bears: least carnivorous among carnivores. – The Kabul Times
(Nogge, G.) (1972): Ab-e-Istada: Afghanistan's unique bird paradise. – The Kabul Times, 13.9.1972
(Nogge, G.) (1972): Afghanistan's only native deer threatened with extinction. – The Kabul Times, 17.9.1972
(Nogge, G.) (1972): The Goitred Gazelle: Afghanistan's Most Graceful Animal. – The Kabul Times, 1.11.1972
(Nogge, G.) (1972): Tigers in Afghanistan? – The Kabul Times, 22.11.1972
Nogge, G. (1972): Kabul Zoo – the show-window of Afghan fauna. – The Outdoorman (Karachi) *3:* 32 – 35, 52
Nogge, G. (1973): Ornithologische Beobachtungen im afghanischen Pamir. – Bonn. zool. Beitr. *24:* 254 – 269
Nogge, G. (1973): Vogeljagd am afghanischen Hindukusch. – Natur u. Museum *103:* 276 – 279
Nogge, G. (1973): Erfahrungen beim Aufbau eines Zoologischen Gartens in Kabul/Afghanistan. – Zool. Garten, N.F. *43:* 166 – 178
Nogge, G. (1974): Die geographische Verbreitungsgrenze zwischen westlicher und östlicher Honigbiene. – Allg. Deutsche Imkerzeitung, Juli 1974: 163 – 165
Nogge, G. (1974): Beobachtungen an den Flamingobrutplätzen Afghanistans. – J. Ornith. *115:* 142 – 151
Nogge, G. (1974): Sieben Jahre Kabul-Zoo Afghanistan. – Z. Kölner Zoo *17:* 105 – 109
Nogge, G. (1976): Ventilationsbewegungen bei Solifugen (Arachnida, Solifugae). – Zool. Anz. *196:* 145 – 149
Nosek, J. (1974): A new species of springtail from Hindukush: Degamaea danieli sp.n. (Collembola,

111

Isotomidae). – Rev. Suisse Zool. *81:* 397 – 399

Nusser, H. P. (1972): Selbstverständnis und Partnerschaft. – DED-Brief, Okt. – Dez. 1972: 9 – 10

Petersen, G. (1959): Tineiden aus Afghanistan mit einer Revision der paläarktischen Scardiinen (Lepidoptera, Tineidae). – Beitr. Ent. *9:* 558 – 579

Petersen, G. (1963): 2. Beitrag zur Kenntnis der Tineiden von Afghanistan (Lepidoptera: Tineidae). – Beitr. Ent. *13:* 176 – 188

Petersen, G. (1973): 3. Beitrag zur Kenntnis der Tineiden von Afghanistan (Lepidoptera: Tineidae). – Beitr. Ent. *23:* 57 – 69

Petocz, R. (1972): Hunting Afghan gazelle: question of survival. – The Kabul Times, ohne Datum

Petocz, R. (1970): International Union for the Conservation of Nature and Natural Resources. Tentative outline for Project no. – Investigations on the Biology of the Straight-horned Markhor (Capra falconeri jerdoni). – Ms., 4 pp.

Petocz, R. G. (1971): The exploitation and conservation of wild ungulates and their habitat in the Afghan Pamir. – vervielf. Ms., Kabul, 23 pp.

(Petocz, R.) (? 1972): Season's greetings from Afghanistan. – Afghan Travel News *2:* 1 – 2

(Petocz, R.) (1972): Wildlife studies continue. – Afghan Travel News *3:* 3 – 4

(Petocz, R.) (1972): World Wildlife Fund Finances Conservation Studies. – Afghan Travel News *4:* 3

(Petocz, R.) (1972): Dr. Petocz explains Conservation Principles. – Afghan Travel News *3,* 5: 3

(Petocz, R.) (1972): Conservation and hunting: their compatibility in Afghanistan. – The Kabul Times, 29.3.1972

(Petocz, R.) (1972): World Wildlife Fund consultant visits here. – The Kabul Times, 5.4.1972

(Petocz, R.) (1972): Protection of game cats in Afghanistan. – The Kabul Times, 5.7.1972

Petocz, R. G. (1972): Report on the Laghman Markhor Survey. – Vervielf. Ms., Kabul, 16 pp.

Petocz, R. G. (1973): Background information on fluctuations in animal population sizes with comments on the expanding rodent population in the north of Afghanistan. – Kabul, vervielf. Ms., 4 pp. und 3 pp. Appendix

Petocz, R. (1973): Kabul markhor (Capra falconeri megaceros) and Urial (Ovis orientalis cycloceros) in the Koh-e-Safi region of Kapisa province: report of the April 1973 field survey. – Kabul, vervielf. Ms., 8 pp.

Petocz, R. G. (1973): Opium in the Wakhan Corridor of Afghanistan. – Kabul, vervielf. Ms.

Petocz, R. G. (1973): Progress Report Number 1 AFG/72/005. Conservation and utilization of Wildlife resources. – Kabul, vervielf. Ms., 15 pp.

Petocz, R. G. (1973): The bactrian deer (Cervus elaphus bactrianus): a report of the march 1973 field survey in Afghanistan. – Kabul, vervielf. Ms., 8 pp., 4 pp. Appendix

Petocz, R. G. (1973): Marco Polo Sheep (Ovis ammon poli) of the Afghan Pamir: a report of biological investigations in 1972 – 1973. – Kabul, vervielf. Ms., 27 pp.

(Petocz, R.) (1975): Mortality rate high in Big Pamir Marcopolo population. – The Kabul Times *14* (1975/76), Nr. 24 vom 20.4.1975, S. 3

Petocz, R. G. & Habibi, K. (1975): The Flamingoes (Phoenicopterus ruber roseus) of Ab-Istada and Dashte Nawar, Ghazni Province, Afghanistan. – Kabul, vervielf. Ms.

Petocz, R. G. & King, R. C. (1973): Outline of hunting and trecking programmes. Current status and future requirements. – Kabul, vervielf. Ms., 7 pp.

Petocz, R. G., Rodenburg, W. F. & Habibi, K. (1976): The birds of Hamuni-Puzak. – Kabul, vervielf. Ms.

Petocz, R. G. & Skogland, T. (1974): Report on the status of Bande Amir National Park. – Kabul, vervielf. Ms.

Petocz, R. G., Skogland, T. & Habibi, K. (1975): The Birds of Band-i-Amir, Dasth-i-Nawar and Abe-estada. Identified during field survey in 1974 and 1975. – Kabul, vervielf. Ms.

Povolný, D. (1966): Die Feststellung des Befalles von Microtus transcaspicus (Satunin, 1905) durch Wohlfahrtia bella (Macquart, 1838) (Dipt., Sarcophagidae) in Afghanistan. – Acta Mus. Moraviae *51:* 243 – 250

Povolný, D. (1966): The Discovery of the Bear Selenarctos thibetanus (G. Cuvier, 1823) in Afghanistan. – Zool. Listy *15:* 305 – 316

Povolný, D. (1976): Neue' und wenig bekannte Arten der Tribus Gnorimoschemini (Lepidoptera, Gelechiidae) aus Iran. – Acta ent. bohemoslov. *73:* 36 – 51

Povolný, D. (1977): Neue Funde von Gnorimoschemini (Lep., Gelechiidae) aus Iran und Afghanistan. – Acta ent. bohemoslov. *74:* 322 – 338

Povolný, D. & Tenora, Fr. (1966): Vorläufiges über manche menschlichen Parasitosen in Afghanistan. – Acta univers. agricult. Brno 1966: 517 – 518, 5 pls.

Reiss, H. & Reiss, G. (1974) A new Subspecies of Zygaena (Agrumenia) nuksanensis Koch (Lep. Zygaenidae). – Ent. Gazette *25:* 13 – 14

Reiss, H. & Schulte, A. (1962): Über Zygena afghanica Reiß und Zygaena shivacola spec. n. — Ent. Z. *72:* 49 ff. (Sep. 1 — 6)
Roberts, T. (1969): A Note on Capra Falconeri (Wagner, 1839). — Z. Säugetierkunde *34:* 238 — 249, 3 fgs.
Schneider, P. (1968): Der Yak (Bos grunniens) als Haustier. III. Bericht der Biologischen Wakhan-Excursion 1968. — Science (Kabul) *5:* 1 — 2, 1 — 4
Schneider, P. (1970): Lebensweise und soziales Verhalten der Wüstenassel Hemilepistus aphganicus Borutzky, 1958. — Z. Tierpsychol. *29:* 121 — 133
Schneider, P. (1971): Zur Biologie der afghanischen Flußkrabbe Potamon gedrosianum. I. Lebensweise, Verbreitung, Morphologie und systematische Stellung. — Bonn. zool. Beitr. *22:* 305 — 321
Schneider, P. & Djalal, A. S. (1970): Vorkommen und Haltung der östlichen Honigbiene (Apis cerana Fabr.) in Afghanistan. — Apidologie *1:* 329 — 341, 6 fgs.
Schneider, P. & Djalal, A. S. (1970): Erstnachweis einer Weichschildkröte, Trionyx gangeticus Cuvier, 1825, in Afghanistan. — Bonn. zool. Beitr. *21:* 269 — 273, 5 fgs.
Schneider, P. & Kloft, W. (1971): Beobachtungen zum Gruppenverhalten der östlichen Honigbiene Apis cerana Fabr. — Z. Tierpsychol. *29:* 337 — 342
Schneider, P. & Nauroz, K. M. (1972): Beitrag zur Morphologie, Wachstum und Augenentwicklung der afghanischen Wüstenassel Hemilepistus aphganicus Borutzki, 1958 (Isopoda, Oniscoidae). — Crustaceana Suppl. *3:* 110 — 116
Schröder, H. (1975): Eine neue afghanische Unterart des Parnassius mnemosyne (Lep., Parnassiidae). — Ent. Z. *85:* 53 — 56
Schulte, A. & Witt, T. (1975): Eriogaster amygdali reshoefti n. ssp., eine neue Lasiocampidae aus Afghanistan. — Ent. Z. *85:* 129 — 136
Seufer, H. (1974): Freilandbeobachtungen und Fang von Batrachuperus mustiersi. — Das Aquarium *60:* 269 ff.
Skogland, T., Habibi, K., Petocz, R. G. (ca. 1974): Tentative List of Bird Species from the Central Hindukush. — Kabul, vervielf. Ms.
Skogland, T. & Petocz, R. G. (1975): Ecology and Behaviour of Marco Polo Sheep (Ovis Ammon Poli) in Pamir during Winter. — Report from FAO/UNDP Project: Conservation and Utilization of Wildlife Resources. — Kabul, vervielf. Ms.
Tenora, Fr. (1968): Occasional findings of Helminths in some domestic and free-living mammals of Afghanistan. — Acta univ. agricult. (Brno) *26:* 327 — 336, 3 fgs.
Tenora, Fr. (1969): Parasitic nematodes of certain rodents from Afghanistan. — Acta soc. zool. Bohemoslov. *33:* 174 — 192, 5 fgs.
Tenora, Fr. & Klimes, B. (1968): A brief communication on parasites of poultry in Afghanistan. — Acta univers. agricult. (Brno) *16:* 397 — 399
Tokuda, M. (1966): On a vole and a mouse collected from Mt. Noshaq by Prof. R. Yosii. — Results of the Kyoto-Scientific Expedition to the Karakoram and Hindukush, 1955. vol. VIII: Additional reports, p. 271 — 272
Tremewan, W. G. & Povolný, D. (1968): Beiträge zur Kenntnis der Fauna Afghanistans: Zygaenidae, Lepidoptera. — Acta Mus. Morav. *53:* Suppl.: 161 — 172, pl. I — IV
Tremewan, W. G. & Povolný, D. (1971/72): Beiträge zur Kenntnis der Fauna Afghanistans: Zygaena, Zygaenidae, Lepidoptera, Supplement I. — Acta Mus. Morav. *56/57:* 367 — 369
Uéno, M. (1966): Crustacea (Cladocera, Copepoda and Amphipoda) collected by the Kyoto University Pamir-Hindukush Expedition 1960. — Results of the Kyoto University Scientific Expedition to the Karakoram and Hindukush, 1955. vol. VIII: Additional reports: 287 — 298
Uéno, Sh. I. & Nakamura, K. (1966): The Anurans collected by the Kyoto University Pamir Hindukush Expedition 1960. — Results of the Kyoto University Scientific Expedition to the Karakoram and Hindukush, 1955. vol. VIII: Additional reports: 327
Wojtusiak, K. (1968): Scientific results of the Polish Hindu-Kush Expedition 1966. — I. The Migration of the Painted Lady, Pyrameis (Vanessa) cardui L. in the High Hindu Kush. — Folia Biologica *16,* 4: 329 — 334
Wojtusiak, J. (1974): A Dragonfoly migration in the High Hindu Kush (Afghanistan), with a note on High Altitude Records of Aeshna juncea mongolica Bartenev, and Pantala flavescens (Fabricius) (Anisoptera: Aeshnidae, Libellulidae). — Odonatologica 3 (2): 137 — 142
Wojtusiak, J., Sowa, R. & Kownacki, A. (1975): The water fauna of the high Mountain Glacier Lakes in the Mandaras Valley in the High Hindu Kush. — Przeglad Zoologiczny *19:* 66 — 70
Wyatt, C. W. (1961): Addition to the Rhopalocera of Afghanistan with descriptions of new species and subspecies. — J. Lep. Soc. *15:* 1 — 18, 3 pls., 1 tfg.
Wyatt, C. W. (1961): Zwei für das paläarktische Faunagebiet neue Tagfalterarten. — Z. wien. ent. Ges. *46:* 97 — 100, pl. 5

Wyatt, C. W. (1964): Further Additions to the Rhopalocera of Afghanistan. – J. Lep. Soc. *18:* 78, no. 2

Wyatt, C. & Omoto, K. (1966): New Lepidoptera from Afghanistan (Lépidoptères nouveaux d'Afganistan). – Entomops (Nice) *1*, 5, 6: 138 – 167, 170 – 200, fgs.

Yano, K. (1966): Pterophoridae and Aegeriidae (Lepidoptera) from Afghanistan. – Results of the Kyoto University Scientific Expedition to the Karakoram and Hindukush, 1955. vol. VIII: Additional Reports: 331

Neuere geowissenschaftliche Arbeiten in Afghanistan

Klaus Krumsiek, Bonn

Einem mit den geologischen Verhältnissen Afghanistans nicht vertrauten Geowissenschaftler, geschweige denn einem fachfremden Zuhörer, ist es nicht zumutbar, mit einer Fülle von Forschungsergebnissen und der entsprechenden Anzahl von Autorennamen überschüttet zu werden. Ich werde deshalb versuchen, die vielfältigen Publikationen zu kategorisieren, und aus jeder Kategorie als Beispiel die Ergebnisse jeweils einer Arbeit an Hand von Diapositiven erläutern.

Es fällt dabei nicht leicht, ein Ordnungsprinzip für die uns zugänglichen 300 – 400 Publikationen zu finden. Viele der Arbeiten sind in ihrer Fragestellung zu komplex angelegt – und dieses ist im Pionierstadium der geowissenschaftlichen Erkundung auch nicht verwunderlich –, um sie nur einer geowissenschaftlichen Forschungsrichtung wie etwa der Geophysik, Geologie oder der Paläontologie zuordnen zu können. Es ist jedoch ebenso unmöglich, die Arbeiten in historischer Reihenfolge zu behandeln, da sich die verschiedenen Regionen Afghanistans – abhängig von ihrer Begehbarkeit und Zugänglichkeit oder aber auch von ihrer wirtschaftlichen und wissenschaftlichen Bedeutung – in höchst unterschiedlichen Entwicklungsstadien befinden. Wenn sich im Folgenden dennoch eine gewisse historische Entwicklung abzeichnet, so ist sie nur für die wegen ihrer guten Zugänglichkeit, wirtschaftlichen oder wissenschaftlichen Relevanz bereits gut untersuchten Gebiete gültig. Außerdem sehe ich mich nicht in der Lage, über die Arbeiten der russischen Geologen zu berichten. Diese Publikationen liegen bisweilen in nur wenigen Exemplaren vor. Mir ist bekannt, daß der geologische Dienst der Republik Afghanistans Einblick gewährt, sofern er über Exemplare verfügt.

Ferner muß vorausgeschickt werden, daß die von mir getroffene Auswahl der hier vorzustellenden Arbeiten subjektiv sein muß. Ohne die ungeheuren Verdienste schmälern zu wollen, die sich deutsche und französische Kollegen um die Geologie Afghanistans gemacht haben, werde ich vorwiegend jene Publikationen erwähnen, die mir wichtig erscheinen. Somit ist die Auswahl von meiner über dreijährigen Tätigkeit im Partnerschaftsteam an der Universität Kabul und meiner Forschungsrichtung, dem Paläomagnetismus, beeinflußt.

Im ersten Stadium der geologischen Landeserkundung wurden die Eindrücke längs der befahrbaren Routen gesammelt. Erst im letzten Untersuchungsstadium wurden komplizierte Labormethoden angewendet. Zwischen diesen Extremen liegt die geologische Übersichtskartierung und die Spezialkartierung der wirtschaftlich oder wissenschaftlich bedeutenden Areale.

In der Anfangsphase der geologischen Erkundung Afghanistans sind Routenbeschreibungen mit bedeutenden wissenschaftlichen Ergebnissen entstanden. Unter ihnen nimmt die Arbeit von *Hayden* (1911), der als Leiter des Geological Survey of India das Land bereiste und u.a. den Hajigak-Pass überquerte, eine hervorragende Stellung ein. Die aus einer 1976 abgeschlossenen Dissertation stammende Abbildung (*Schlimm*, 1976) zeigt, daß bereits die von *Hayden* (1911) erkannte Altersabfolge der afghanischen Gesteinsserien ihre Gültigkeit besitzt und bislang keiner wesentlichen Korrektur bedurfte. Als nächster Schritt der geologischen Landeserkundung Afghanistans folgt die geologische Kartierung zunächst der Gebiete, deren lagerstättenkundliche Bedeutung und somit deren Wert für die wirtschaftliche Entwicklung des Landes bei den Routenbefahrungen erkannt wurde. Alsdann wurden Gebiete in Angriff genommen, die zur Aufstellung einer Stratigraphie, d.h. der Altersabfolge der Schichtstapel, besonders geeignet erschienen. Als kartierende Geologen begannen im Jahre 1959 die Mitglieder der Deutschen Geologischen Mission in Afghanistan (DGMA) ihre Arbeit. Kartierschwerpunkte bildeten die Kohlevorkommen in Nordafghanistan bei Doab (*Weippert*, 1964), Karkar (*Gabert*, 1964) und Cal-Iscamesh (*Hinze*, 1964), sowie das Paläozoikum des östlichen Hazarajat (*Fesefeldt*, 1964). Insgesamt wären 20 Geologen, Paläontologen und Geophysiker zu nennen, die sich im Rahmen der DGMA der Landesaufnahme widmeten. Als wichtigstes Hilfsmittel zu diesen Kartierungen standen Luftbilder hoher Qualität zur Verfügung, die nicht nur als Orientierungshilfe dienten, sondern auf denen bei Profilbegehungen erkannte Schichtgrenzen mit den Methoden der Luftbildgeologie im Labor verfolgt werden konnten.

Als Beispiel einer solchen auf Luftbildbasis entstandenen Übersichtskartierung im Maßstab von etwa 1 : 2000 sei die Karte des östlichen Hazarajat (*Fesefeldt*, 1964) vorgestellt. Sie wurde einmal ausgewählt, um zu demonstrieren, daß ein von nur drei Pisten erschlossenes, 10 000 qkm großes und in 2100 – 4000 m Höhe gelegenes Gebiet in zwei kurzen Sommern erfolgreich kartiert werden konnte. Zum anderen schließen westlich an das Gebiet von *Fesefeldt* (1964) fünf Spezialkartierungen von Bonner Doktoranden an, die von Dozenten des Partnerschaftsteams betreut wurden. Diese umfassen insgesamt einen breiten, im Westen bis Malestan reichenden Streifen. Hauptzweck dieser Arbeiten war nicht die Herstellung einer Geologischen Karte und der zugehörigen Erläuterung, sie sind vielmehr mit gezielten Fragestellungen angesetzt worden, deren Bearbeitung im Rahmen von Übersichtskartierungen zu speziell gewesen wäre.

Ein Beispiel einer solchen Fragestellung wäre die über eine erste Sichtung hinausgehende Untersuchung und Beschreibung des in den Sedimenten Afghanistans überlieferten Fossilmaterials und dessen Vergleich mit der bereits bekannten Fauna und Flora aus Schichten entsprechenden Alters der Nachbarländer, Europas und Amerikas. Da das östliche Hazarajat u.a. aus Gesteinen aufgebaut ist, aus denen auch die paläozoischen Schichten des Rheinischen Schiefergebirges rings um Bonn bestehen, war es für die Bonner Paläontologen und Geologen des Partnerschaftsteams naheliegend zu untersuchen, ob im Paläozoikum in Afghanistan gleiche oder andere evolutionäre Tendenzen als in Europa herrschten. Neben paläontologischen Schwerpunkten (*Dürkoop*, 1970, Dashte-Nawar-Ost, und *Plodowski*, 1970, Dashte-Nawar-West, und *Marr*, 1977, SE-Besoud) wurden auch Arbeiten mit petrologischem (Arghandab-Pluton, *Kureischie*, 1977) und tektonischem Schwerpunkt (Malestan, *Schlimm*, 1976) in Angriff genommen. Als Beispiel sei die Arbeit von W. *Schlimm* (1976) aufgeführt. Die Spezialkartierung zeigt die geologischen Verhältnisse Malestans, die tektonischen Profile erläutern den Gebirgsbau, und die Tabellen korrelieren die Schichtenfolge Malestans mit jenen benachbarter afghanischer Gebiete. Weitere Kartierungen im Rahmen der Partnerschaft wurden im Hindukush vergeben. Die Schwerpunkte sind ebenfalls unterschiedlich und stark vom Forschungsgebiet des betreuenden Dozenten geprägt. An erster Stelle wäre die Arbeit von *Resch* (1971) zu erwähnen, die im Hinblick auf die Größe des Gebietes, dessen Höhenlage und Begehbarkeit allein touristisch eine ungeheure Leistung erforderte. Unter besonderer Berücksichtigung der petrographischen Verhältnisse kartierte er den gesamten westlichen Hindukusch zwischen Salang-Pass-Straße im Osten und Schibar-Pass-Straße im Westen und zwischen der Linie Doab-Doschi im Norden und dem Gorband-Tal im Süden. Mit gleichem Schwerpunkt bearbeitete *Wallbrecher* (1974) einen Teil des Zentralen Hindukusch östlich der Salang-Pass-Straße. Ebenfalls von Partnerschaftsdozenten betreut kartierte *Fischer* (1971) das Paläozoikum und Mesozoikum im Bereich der Tangi-Gharu östlich von Kabul, *Dietmar* (1976) die Beckenfüllungen des Kabulbeckens und *Hafisi* (1974) das Ophiolith-Massiv im Logar-Tal südlich von Kabul. Selbstverständlich entstand auch in der DGMA eine Fülle von Spezialkartierungen mit vorwiegend angewandt geologischer Fragestellung. Die von den Mitarbeitern der DGMA gewonnenen Eindrücke über die geologische Entwicklung Zentral- und SE-Afghanistans wurden 1970 von *Weippert* et al. (1970) mitgeteilt und anhand von paläogeographischen Karten, Profilen und Tabellen erläutert. Diese Arbeit vermittelt nach wie vor den umfassendsten Überblick über die Geologie Afghanistans. In ihr wird dargelegt, daß im afghanischen Bereich Krustenschollen mit völlig unterschiedlicher Entwicklungsgeschichte aneinandergrenzen. Zudem verfügt diese Arbeit über ein umfangreiches Literaturverzeichnis, in dem nicht nur alle Arbeiten deutscher Bearbeiter inclusive der zahlreichen unveröffentlichten Berichte der DGMA-Mitarbeiter aufgeführt sind, sondern auch die Publikationen der französischen, amerikanischen, russischen und afghanischen Geologen. 1973 erscheint dann die Geologische Karte mit Erläuterung als Abschluß der Arbeiten der DGMA (*Wittekind*, 1973). Eine Monographie zur Geologie Afghanistans wird derzeit von *Wolfart* vorbereitet. Erwähnung an dieser Stelle verdient die geowissenschaftliche Bibliographie von *Kästner* (1971).

Den Geologen und Paläontologen der DGMA des Partnerschaftsteams und der französischen Forschergruppe blieb nicht verborgen, daß in Afghanistan der Schlüssel zur Lösung lang diskutierter Probleme, aber auch durch neue Forschungsmethoden aktuell gewordener Fragen zu finden war. Da die Mitglieder der DGMA vorrangig mit der geologischen Landesaufnahme betraut waren, bot sich hier den Mitgliedern des Partnerschaftsteams und der französischen Gruppe ein weites Feld. Zu nennen wären hier die Faunenvergleiche (*Kummel & Erben*, 1968; *Siehl*, 1967) und einige der bereits vorher erwähnten Dissertationen sowie die paläobotanische Dissertation von *Ashraf* (1977). Zu erwähnen sind weiterhin Beiträge zum Dolomitproblem durch den Nachweis rezenter Dolomitbildung in Afghanistan (*Förstner*, 1971), sowie die Rekonstruktion der Driftgeschichte afghanischer Krustenschollen mit Hilfe der Paläomagnetik (*Krumsiek*, 1976, 1978).

Aus den Arbeiten von *Siehl* (1967, 1970) seien einige Beispiele vorgestellt: Die im Perm Afghanistans aufgefundenen Fusuliniden ermöglichten es ihm, enge Beziehungen zwischen Zentral-Afghanistan, SE-Afghanistan und der pakistanischen Salt-Range aufzuzeigen; weniger enge Beziehungen zeichneten sich zum unmittelbar benachbarten N-Afghanistan ab. Darüber hinaus gelang es ihm, die Permprofile Afghanistans mit den bekannten Permprofilen Asiens zu korrelieren. Zudem machte der unvergleichlich gute Erhaltungszustand des Fossilmaterials den Versuch möglich, unter Einsatz der elektronischen Datenverarbeitung neue Wege bei der Beurteilung und Bestimmung von Fossilien zu beschreiten.

Alle diese Arbeiten wurden von Forschern durchgeführt, denen zwei und mehr Jahre zu zahlreichen Geländebefahrungen zur Verfügung standen, sie lassen sich deshalb als Spezialarbeiten von Langzeitforschern zusammenfassen.

Eine Fülle von Spezialarbeiten basiert auf Geländeaufenthalten von nur wenigen Wochen. Diese Spezialarbeiten von Kurzzeitforschern lassen sich schwer überblicken, weil sie z. T. in Zeitschriftenreihen mit lediglich regionaler Bedeutung publiziert wurden. Zu ihnen zählen die in der Kabul-Science erschienenen Arbeiten deutscher und afghanischer Kollegen sowie die zahlreichen Arbeiten französischer Kollegen, die z.T. in den Reihen französischer Universitäten verborgen sind.

Ein Überblick über diese Publikationen bereitet große Schwierigkeiten, zumal einigen — soviel sei hier an Kritik erlaubt — gerade die Bedeutung eines Aufenthaltsnachweises zukommt.

Einige Forscher haben jedoch ihre Kurzzeitforschungen Jahr für Jahr dem gleichen Thema gewidmet und ihre zahlreichen Publikationen abschließend zusammengefaßt. Als gelungenes Beispiel wird die Monographie von *Bordet* (1975) über den plio-pleistozänen Vulkanismus der Dashte-Nawar vorgestellt.

Abschließend soll der derzeitige Kenntnisstand über die Geologie Afghanistans umrissen werden. Afghanistan wird aus 3 großtektonischen Einheiten aufgebaut, und zwar der Nordafghanisch-Tadjikischen Einheit, der Zentralafghanischen Einheit und dem Randbereich des Vorderindischen Schildes, zu dem SE-Afghanistan gehört. *Weippert* et al. (1970) scheiden noch eine Ostafghanisch Westpakistanische Einheit aus, über die jedoch wegen der schlechten Begehbarkeit z.B. Nuristans bislang nur unzureichende Kenntnisse vorliegen. Alle Baueinheiten haben eine zeitweilig unterschiedliche Entwicklung durchlaufen, ein Umstand, der angesichts der unmittelbaren Nachbarschaft dieser Bereiche schwer zu erklären ist. Die Verwandtschaft N-Afghanistans mit Eurasien und die SE-Afghanistans mit dem Subkontinent Indien ist bereits mit geologisch-paläontologischen Methoden belegt und steht außer Frage. Zentralafghanistan zeigt jedoch im Paläozoikum Gemeinsamkeiten mit SE-Afghanistan und spätestens seit der Unterkreide mit N-Afghanistan. Erst seit der Wende Alttertiär/Jungtertiär durchlaufen alle Baueinheiten gemeinsam die gleiche geologische Entwicklung. Daraus läßt sich ableiten, daß Zentralafghanistan im Paläozoikum gemeinsam mit Indien in den Ostrand Gondwanas eingegliedert war, dann aber Indien voraus driftete und bereits vor der Unterkreide mit N-Afghanistan kollidierte. Die Anbrandung des nachfolgenden Subkontinentes Indien an der Wende Alt- zum Jungtertiär leitete dann die gemeinsame Entwicklung der Kontinentschollen ein. Diese Deutung wird von den bislang aus Afghanistan bekannten paläomagnetischen Daten erhärtet.

Wir Geowissenschaftler sind somit in der Lage, Afghanistan in das derzeit bestehende plattentektonische Weltbild zu integrieren. Viele Fragen, die weit über Afghanistans Grenzen hinaus von Bedeutung sind, harren jedoch ihrer Lösung. Wir würden es begrüßen, wenn sie in einer neuen Phase, die die Spezialuntersuchungen von Einzelforschern ablöst, von interdisziplinären Forscherteams, bestehend aus Strukturgeologen, Sedimentologen, Paläontologen, Paläobotanikern, Morphologen, Petrologen und Geophysikern, geklärt werden könnten.

Literatur

Ashraf, A. R. (1977): Die Räto-Jurassischen Floren des Iran und Afghanistans. − Palaeontographica, Abt. B, *161*, 1 − 97, 71 Abb., 4 Tab., 18 Taf., Stuttgart.

Bordet, P. (1975): Les Volcans Récentes Du Sud Dacht-E-Nawar (Afghanistan Central). − Annu. Scient. Univ. Clermont-Ferrand, Géol. et Minér., 26, 86 S., 16 Abb., 4 Taf., 1 Kt., Clermond-Ferrand.

Dietmar, R. G. (1976): Zur Geologie des Kabul-Beckens, Afghanistan. − Sonderveröff. Geol. Inst. Univ. Köln, *29*, 113 S., 36 Abb., 2 Karten, Köln.

Dürkoop, A. (1970): Brachiopoden aus dem Silur, Devon und Karbon in Afghanistan (mit einer Stratigraphie des Paläozoikums der Dascht-e-Nawar/Ost und von Rukh). − Palaeontographica, Abt. A, *134*, 153 − 225, 59 Abb., 7 Tab., 6 Taf., 1 Karte, Stuttgart.

Fesefeldt, K. (1964): Das Paläozoikum im Gebiet der oberen Logar und im östlichen Hazarajat, südwestlich Kabul, Afghanistan. – Beih. geol. Jb., *70*, 185 – 228, 16 Abb., 1 Tab., 3 Taf., Hannover.

Fischer, J. (1971): Zur Geologie des Kohe Safi bei Kabul (Afghanistan). – N. Jb. Paläont., Abh., 139/3, 267 – 315, 17 Abb., 3 Beil., Stuttgart.

Förstner, U. (1971): Geochemisch-sedimentpetrographische Untersuchungen an den Endseen und an deren Zuflüssen in Afghanistan. – Habilitationsschrift Heidelberg.

Gabert, G. (1964): Zur Geologie des Gebietes von Karkar (Nord-Ost-Afghanistan). – Beih. geol. Jb., *70*, 77 – 98, 2 Abb., 4 Taf., Hannover.

Hafisi, A. S. (1974): Geologisch-Petrographische Untersuchung des chromitführenden Ultrabasitmassivs vom Logar-Tal. – 113 S., Diss. Bonn.

Hayden, H. H. (1911): The geology of Northern Afghanistan. – Mem. Geol. Surv. India, 39, Kalkutta.

Hinze, C. (1964): Die geologische Entwicklung der östlichen Hindukusch-Nordflanke (Nordost-Afghanistan). – Beih. geol. Jb., *70*, 19 – 76, 10 Abb., 3 Tab., 5 Taf., Hannover.

Kästner, H. (1971): Bibliographie zur Geologie Afghanistans und unmittelbar angrenzender Gebiete (Stand Ende 1970). – Beih. geol. Jb., *114*, 43 S., Hannover.

Kummel, B. & *Erben*, H. K. (1968): Lower and Middle Triassic Cephalopods from Afghanistan. – Palaeonthographica, Abt. A, *129*, 95 – 148, 20 Abb., 1 Tab., 6 Taf., Stuttgart.

Kureischie, A. (1977): Zur Geologie des Arghandab-Plutons und angrenzender Sediment-Serien bei Almaytu in Zentral-Afghanistan. – Diss. Bonn, 189 S., 54 Abb., 8 Anl., Bonn.

Krumsiek, K. (1976): Zur Bewegung der Iranisch-Afghanischen Platte. – Geol. Rdsch. 65, 909 – 929, Stuttgart.

Krumsiek, K. (1978): Polwanderungskurven Afghanischer Krustenschollen – Konstruktion und Deutung. – Habilitationsschrift, 175 S., Bonn.

Marr, W. U. (1977): Zur Geologie des Gebietes SW von Besoud, Zentralafghanistan. – Diss. Bonn, 183 S., Bonn.

Plodowski, G. (1970): Stratigraphie und Spiriferen (Brachiopoda) des Paläozoikums der Dascht-e-Nawar/SW (Afghanistan). – Palaeontographica, Abt. A, *134*, 1 – 132, 56 Abb., 3 Tab., 12 Taf., 1 Kt., Stuttgart.

Resch, M. (1971): Zur Geologie des westlichen Hindukusch zwischen Salang und Sekari-Schlucht. – Diss. Bonn, 62 S., 52 Abb., 1 Kt., Bonn.

Siehl, A. (1967): Zur Stratigraphie und Paläogeographie des Perm in Afghanistan. – Geol. Rdsch. 56, 3, 795 – 812, 2 Abb., 1 Taf., Stuttgart.

Siehl, A. (1970): Zur numerischen Klassifikation von Fusuliniden. – Habilitationsschrifft Bonn.

Siehl, A. (1970): Zur numerischen Klassifikation von Fusuliniden. – Habilitationsschrift Bonn.

Wallbrecher, E. (1974): Zur Geologie der Südflanke des afghanischen Hindukusch zwischen den Flüssen Salang und Parandeh. – Diss., 150 S., 65 Abb., 4 Tab., 3 Kt., Berlin, FU.

Weippert, D. (1964): Zur Geologie des Gebietes Doab-Saighan-Hajar (Nord-Afghanistan). – Beih. geol. Jb., *70*, 153 – 184, 7 Abb., 1 Tab., 2 Taf., Hannover.

Weippert, D., *Wittekind*, H. & *Wolfart*, R. (1970): Zur geologischen Entwicklung von Zentral- und Südostafghanistan. – Beih. geol. Jb., *92*, 99 S., 1 Abb., 10 Tab., 11 Taf., Hannover.

Wittekind, H. (1973): Erläuterungen zur Geologischen Karte von Zentral- und Süd-Afghanistan 1 : 500 000. – Geologische Karte Zentral- und Süd-Afghanistan, Erl. 109 S., 1 Tab., 1 Taf., 1 Kt., Hannover.

Quartärgeologische Forschungen in Seistan

Eugen K. Kempf, Köln

Es ist gerade erläutert worden, welchen Umfang und welche Ergebnisse die geologischen Forschungen in Afghanistan hatten. Von diesen geowissenschaftlichen Untersuchungen etwas abgesetzt sind unsere Forschungen in Seistan, namentlich im Hilmendbecken. Ich habe Ihnen hier über Forschungen zu berichten, die ich gemeinsam mit meinem Kollegen *U. Jux* vom Geologischen Institut der Universität Köln durchgeführt habe. Diese Forschungen sind angeregt worden vom Archäologen *K. Fischer,* Universität Bonn. Es handelt sich dabei um eine interdisziplinäre Zusammenarbeit mit einem archäologischen Team, für das quartärgeologische Grundlagen erstellt wurden.

Die gemeinsam gestellte Ausgangsfrage war, ob der Verfall früher Siedlungen, das Zugrundegehen oder Wüstfallen einer nachweislich vorhandenen Kulturlandschaft auf natürliche Veränderungen zurückzuführen war. Angaben der Literatur zufolge muß die Aufgabe der Siedlungen durch natürliche Veränderungen oder durch ein katastrophales Ereignis verursacht worden sein. Es hat früher offensichtlich Siedlungen in diesem Gebiet gegeben, die wesentlich größer und umfangreicher gewesen sind als die, die heute verstreut in diesem Gebiet liegen. Es lag nahe, Klimaänderungen, damit einen Rückgang der Vegetation, für den Siedlungsschwund verantwortlich zu machen.

Im folgenden möchte ich also über dieses Gebiet berichten, das insgesamt als Hilmendbecken bezeichnet wird, weil es sich um das Endbecken dieses Flusses handelt, der nicht in das Weltmeer führt. Von mehreren Seiten ist das Becken von Gebirgen umschlossen. Es läßt sich in zwei natürliche Regionen einteilen: die östliche Landschaft wird als Registan bezeichnet, weil sich in ihr vorwiegend Sandwüsten vorfinden, die im westlichen Teil nur von untergeordneter Bedeutung sind. Der Westen ist durch Geröllwüsten gekennzeichnet. Es handelt sich um ein Gebiet mit einer Ausdehnung von 400 km Länge und 200 km Breite. Klimatologisch ist dieser Bereich als ein voll-arides Gebiet zu bezeichnen. Die Niederschläge liegen weit unter 100 mm pro Jahr, wie sich an den Werten der Klimastation Zabul (auf iranischer Seite) erweist. In den Raum von Seistan teilen sich heute die Staaten Afghanistan und Iran und für beide Territorien handelt es sich bei dieser Landschaft um periphere Räume. Die durchschnittliche Niederschlagsmenge beträgt wohl bei beträchtlichen Schwankungen nicht mehr als 50 mm pro Jahr, wobei es in der Hauptsache im Winter zum Regnen kommt. Die mittlere Jahrestemperatur erreicht dagegen Werte über 20° C, zeigt aber im Jahreslauf große Schwankungen, die von absoluten Minima bei -15° C bis über 40° C im Sommer reichen.

Einen wichtigen Faktor für die Oberflächengestaltung bildet auch die Verdunstung, die mit etwa 2 000 mm pro Jahr angegeben wird. Dieser hohe Verdunstungswert geht einmal auf die hohen Temperaturen zurück und wird auch auf den Einfluß des Windes zurückgeführt, der hier als Passat große Beständigkeit aufweist. Die potentielle Verdunstung, also ein theoretischer Wert, ist etwa doppelt so hoch und liegt bei Werten, die zu den höchsten auf der Erde bekannten gehören. Damit ist ein vollarides Gebiet charakterisiert, das dennoch in der Vergangenheit umfangreichere Siedlungen als heute aufgewiesen hat. Die menschliche Siedlung und Nutzung ist nur darauf zurückzuführen, daß es hier allochthones Wasser gibt, das durch Zufluß aus den gebirgigen Gegenden in das Becken gebracht wird.

Das Oberflächenwasser zeigt sich einmal in der Form von Flüssen, nämlich dem Hilmend und seinen Zuflüssen, dem Khash Rud, dem Farah Rud und anderen, mehr episodischen Wasserläufen. Der wichtigste Zufluß in dieses Gebiet ist der Hilmend, ein Fluß, der immerhin die Größenordnung des Rheins hat. Die Länge des Flusses beträgt 1400 km, und das Einzugsgebiet mit dem der Nebenflüsse umfaßt eine Fläche von 170 000 qkm. Beide Daten entsprechen etwa denen des Rheins, beträchtliche Unterschiede ergeben sich in der Wasserführung mit erheblichen Schwankungen zum Sommer hin und der exzessiven Verdunstung im Wüstengebiet. Im vollariden Gebiet fließt der Hilmend ohne weitere Zuflüsse, so daß seine Wasserführung ständig abnimmt. Die Folge der abnehmenden Wasserführung vom Oberlauf zum Unterlauf ist eine verminderte Transportkraft, so daß das grobe Sedimentmaterial aus den Gebirgen weiter oben abgelagert wird, während im Unterlauf nur noch feinste Sedimentpartikel ankommen.

Der Hilmend ist übrigens der einzige Fluß, der perennierend ist und das ganze Jahr über Wasser führt, während die anderen Flüsse des Beckens im Unterlauf in jedem Jahr austrocknen.

Die Besonderheit Seistans sind aber nicht nur die Flüsse, sondern auch die Endseen, die keinen Abfluß nach außen haben. Es handelt sich um den Hamun-e Pusak und einen Teil des Hamun-e Sabari, die die Wasser des Hilmend aufnehmen. Daneben ist noch als Endsee gelegentlich die Gaud-e Zirreh in Funktion. Diese Seen sind sehr flach, sie haben normalerweise nur eine Tiefe von 1 bis 2 Metern, bei Wasserreichtum höchstens 3 Meter.

Unsere Untersuchungen in diesem Gebiet erstreckten sich auf zwei Perioden: 1969 lag ein normales Jahr vor, in dem die Endseen Bestand hatten, 1971 waren die Endseen vollkommen ausgetrocknet. Zu dieser Zeit war der ausgetrocknete Seeboden mit seiner ebenen und festen Salztonfläche fast eine ideale Autobahn. Damals konnten wir unsere Chance insofern ausnutzen, als wir im trockenen Seeboden Bohrungen niedergebracht haben. Ohne maschinelle Bohrung konnten wir die Tiefe von 12 Metern unter der Oberfläche erreichen. Dabei konnten wir eine überraschende Entdeckung machen. Wir waren nämlich mit der Vorstellung in dieses Gebiet gekommen, daß wir über die Sedimente die Klimageschichte des Quartärs und vor allem des jüngeren Quartärs entschlüsseln könnten, und stellten dann fest, daß wir höchstens 4 – 5, maximal einmal 7 Meter Quartärsedimente fanden und dann schon ältere Ablagerungen, nämlich neogene Schichten, antrafen. Dieses Neogen bildet auch die Umrahmung der Endseen.

Hier stellte sich eine wichtige Frage: weshalb finden sich hier nur im geringen Umfang quartäre Sedimente? Die Lösung dieses Problems stellt sich so dar, daß, obwohl der Hilmend Jahr für Jahr in großem Umfang Sedimente in dieses Gebiet transportiert, diese offenbar weggetragen worden sind. Wenn man berücksichtigt, daß dieser Vorgang in verstärktem Maße das ganze Quartär hindurch anhielt, muß der Abtransport einen gewaltigen Umfang gehabt haben.

Es ist also kein anderer Schluß möglich, als daß die Deflation durch den Wind in diesem Gebiet größer ist als die Akkumulation durch die Flüsse. Perioden der Ablagerung im Becken sind durch trockene Zeiten, in denen durch den Wind eine Auswehung herrschte, abgelöst worden. Die Frage, wo das Material, das in das Becken eingeschwemmt worden ist, hingekommen ist, läßt sich im Zusammenhang mit den vorherrschenden Windrichtungen beantworten: Der größte Teil des Materials, das in dieses Gebiet hineingebracht worden ist, bildet heute die Sandwüste der Registan weiter im Osten des intramontanen Beckens; feinere Fraktionen sind entsprechend weiter verfrachtet worden.

Recherche sur les Vertébrés fossiles en Afghanistan

E. Heintz, Maître de recherche au CNRS, Paris

Les recherches entreprises depuis 1976 sur les Vertébrés fossiles d'Afghanistan concernent principalement les Vertébrés tertiaires (surtout Mammifères) et dans une mesure moindre les Vertébrés paléozoïques.

Vertébrés tertiaires

Jusqu'en 1968, la connaissance des Vertébrés fossiles d'Afghanistan se limitait à quelques ossements fragmentaires et indéterminables. Une première faunule «probablement d'âge Sarmatien», comportant environ six spécimens et correspondant à quatre formes de Mammifères, fut découverte à Bamian (*Lang* et *Lavocat* 1968). Une seconde faunule, probablement d'âge Pliocène, comportant quatre spécimens correspondant à trois formes mammaliennes, a été trouvée dans le bassin de Laghman-Jalalabad (*Raufi* et *Sickenberg* 1973).

En 1976, une première prospection paléontologique a permis de découvrir seize points fossilifères, de collecter plus d'une centaine de spécimens et de porter à 22 le nombre de Mammifères fossiles identifiés dans le Néogène d'Afghanistan (*Heintz, Ginsburg* et *Hartenberger* 1978).

En 1977, une seconde prospection a conduit entre autres à la découverte d'une importante concentration ossifère qui représente le premier vrai gisement, riche en Mammifères fossiles, actuellement connu en Afghanistan (*Heintz, Brunet* et *Carbonnel* 1978). Ce gisement se situe dans le bassin de Khordkabul, près du village de Molayan. La couche fossilifère fait partie d'une succession lithologique de nature fluvio-lacustre, à sédimentation rythmique qui indique des séquences climatiques répétitives allant probablement d'un climat tropical de mousson à un climat semi-aride. Le contenu paléontologique de ce gisement est riche et varié: Soricidé, Primate, Hyaenidé, Félidé et autres Carnivores, Deinotherium, Mastodonte, Hyracoïde, Rhinocérotidé, Hipparion, Chalicothériidé, Suidés, Giraffidé, Bovidés, Gerbillidé, Muridé, Hystricidé, Oiseaux, Squamates. L'âge est Miocène supérieur.

En 1978, deux campagnes de terrain ont permis d'effectuer une première fouille sur le gisement de Molayan et de découvrir plusieurs autres sites fossilifères.

A la fin de 1978, les découvertes sur le terrain et les résultats acquis peuvent être résumés comme suit.

Tous les gisements et points fossilifères découverts se situent dans quatre bassins distincts mais relativement proches les uns des autres: bassins d'Aynak, Khordkabul, Kabul et Sarobi.

Deux gisements très riches en mammifères, l'un en cours d'exploitation, l'autre non encore exploité, sont découverts. Sept autres gisements, de moindre importance, les uns plus riches en macromammifères, les autres plus riches en micromammifères, Poissons, Amphibiens, Reptiles, sont en cours d'exploitation ou d'étude. Une vingtaine de points fossilifères, d'intérêt limité, sont repertoriés.

Un premier aperçu de la faune du Miocène supérieur est donné. Les premiers éléments de la faune du Pliocène sont mis en évidence. Parmi les nouveautés et surprises figurent d'ores et déjà deux Muridés «africains», *Pelomys* et *Arvicanthis,* un Giraffidé, un Cervidé, etc. Une échelle biochronostratigraphique s'étendant du Miocène supérieur au Pliocène supérieur est ébauchée. Pour le moment les formations continentales d'Afghanistan n'ont pas encore livré de faunes pléistocène ni miocène moyen et inférieur, ni paléogène. Enfin il apparaît que le remplissage des bassins intramontagneux de Sarobi, Kabul, Khordkabul et Aynak s'est effectué à des âges plus récents qu'on ne l'avait supposé précédemment.

A la lecture de ce texte, la découverte de vertébrés tertiaires en Afghanistan peut paraître facile. Il convient donc d'ajouter que diverses tournées de prospection effectuées dans les régions de Qalat, Mokur, Kataważ, Gardez, Laghman, Jalalabad, Bamian, Yakawlang, Pul-e Khumri, Kunduz, Khanabad, Taloqan n'ont pas fourni de résultats positifs. La difficulté de la découverte de vertébrés fossiles apparaît d'ailleurs clairement dans les publications de géologues ayant travaillé en Afghanistan (*Griesbach* 1881, 1884, 1885, 1886 a et b, 1887; *Barthoux* 1933; *Lapparent* A.F. de 1962; *Kaever* 1967 a, b, c et d; *Grebe* et *Homilius* 1968; *Menessier* 1968; *Paulsen* 1971; *Blümel* 1971; *Lang* H.D. 1971; voir références bibliographiques *in Heintz, Ginsburg* et *Hartenberger* 1978).

Bibliographie

Heintz E., *Brunet* M. et *Carbonnel* J.P., 1978. — Découverte du premier grand gisement à Mammifères fossiles d'Afghanistan. *C.R.Acad.Sc. Paris,* t. 286-D, p. 945 – 947.
Heintz E., *Brunet* M., *Ginsburg* L. et *Hartenberger* J.L., 1978. — Recherches paléomammalogiques en Afghanistan. 6e R.A.S.T., Orsay 25 – 27 avril 1978, p. 205.
Heintz E., *Ginsburg* L. et *Hartenberger* J.L., 1978. — Mammifères fossiles en Afghanistan: état des connaissances et résultats d'une prospection. *Bull. M.N.H.N.,* Paris, 3e sér., n° 516, Sc. de la Terre 69, p. 101 – 119.
Heintz E., *Brunet* M., *Battail* B., *Blieck* A., *Brandy* D., *Jehenne* Y. et *Sen* S., 1979. — Résultats biochronostratigraphiques dans le Néogène continental d'Afghanistan. 7e Réun. ann. Sc. de la Terre (R.A.S.T.), Université Claude Bernard – Lyon I, 23 – 25 avril 1979, Lyon.
Heintz E. — Fossil Mammals in Afghanistan. Résumé anglais d'une communication faite au symposium du Duchanbe, Tadjikistan, octobre 1977. A paraître en russe au *Bull.Quat.Res., Acad. Sc. URSS.*
Sen S., *Brunet* M. et *Heintz* E., 1979. — Découverte de Rongeurs «africains» dans le Pliocène d'Afghanistan (Bassin de Sarobi). Implications paléogéographiques et stratigraphiques. *Bull. M.N.H.N.,* Paris, 4e sér., t.1, sect. C, n° 1.
Lang J. et *Lavocat* R., 1968. — Première découverte d'une faune de vertébrés dans le Tertiaire d'Afghanistan et datation de la série de Bamian. *C.R.Acad.Sc. Paris,* t.266-D, 8 janvier 1968, p. 79 – 82.
Raufi F. et *Sickenberg* O., 1973. — Zur Geologie und Paläontologie der Becken von Lagman und Jalalabad. *Geol.Jb.,* Bd 3, p. 63 – 99, Hannover.

Vertébrés Paléozoïques

C'est en 1976 que des restes de Vertébrés paléozoïques (Arthrodires) ont été signalés pour la première fois dans la série dévonienne de Chaghana-Oudjerak, province de Ghazni (*Boutière* et *Brice* 1966). La première et seule contribution spécialisée à la connaissance des Vertébrés dévoniens d'Afghanistan a été publiée par *Janvier* en 1977.

Une première prospection paléontologique du Dévonien de l'Hazarajat a été effectuée en 1978 ; elle a révélé la présence d'Arthrodires (Holonematides?) dans le Frasnien de Kohe-Top et d'Acanthodiens dans le Frasnien de Kohe-Qutun (*Blieck* et *Mistiaen* 1979).

La connaissance des Vertébrés paléozoïques d'Afghanistan se limite donc à quelques fossiles dévoniens. Pour le moment, aucun niveau riche en fossiles n'est connu.

Bibliographie

Blieck A. et *Mistiaen* B. — Découverte de Vertébrés dans le Dévonien d'Afghanistan. 7e réun. ann. des Sc. de la Terre (R.A.S.T.), Université Claude Bernard — Lyon I, 23 — 25 avril 1979, Lyon.
Boutière et *Brice*, 1966. — La série dévonienne de Chaghana-Oudjerak (Province de Ghazni, Afghanistan). *C.R.Acad.Sc.Paris*, t. 263-D, p. 1940 — 1942.
Janvier Ph., 1977. — Les Poissons dévoniens de l'Iran central et de l'Afghanistan. *Mém.h.sér.Soc. géol.Fr.*, n° 8, p. 277 — 289, Paris.

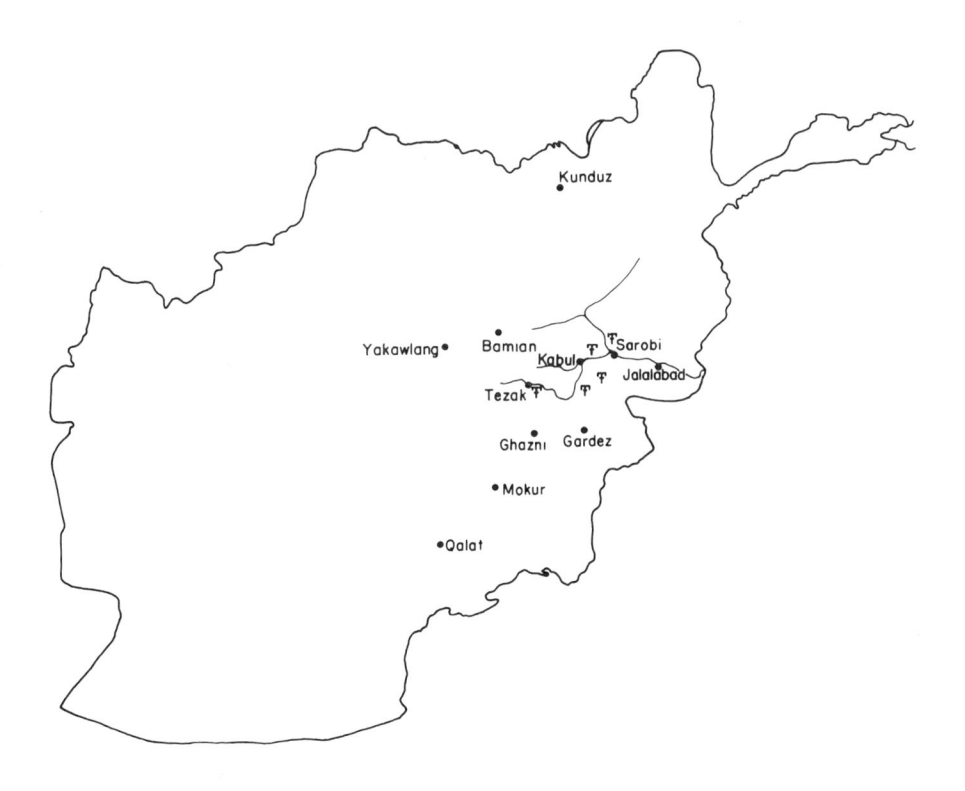

Exploration Pamir 75

Zielsetzung des Unternehmens, Allgemeiner Überblick über die Ergebnisse,
Das Kartenprogramm von *Exploration Pamir 75*

Robert Kostka, Graz

1. Wakhan — dies ist der östlichste, sich ca. 300 km West-Ost erstreckende Verwaltungsbezirk der Provinz Badakhshan im Nordosten Afghanistans. Die Hochgebirgsregion des Hindukusch im Süden und die südlichsten Gebirgsketten des Pamirhochlandes bestimmen in Verbindung mit dem ungezähmten Oberlauf des Amu Darya die Topographie der ehemaligen Handels- und Heeresstraße und des heutigen Rückzugsgebietes. Acht Kilometer östlich der Ortschaft Qala-e Panja — dem Ende der fahrbaren Autopiste — teilt sich der Fluß in den nördlichen, den Ab-e Pamir, und den südlichen, Ab-e Wakhan genannten Quellfluß. Die Ketten des Großen und Kleinen Pamir, mit Erhebungen über Sechstausendmeter, werden so von den sie umgebenden Hochgebirgsregionen getrennt.

Großer Pamir und die bis zu 3 km breite Talfurche des Wakhanflusses zwischen den Ortschaften Rawtshun und Sarhad waren das eigentliche Ziel von *Exploration Pamir 75*. Wo es zur Präsentation dieses Bereiches mit einem Flächenausmaß von ca. 600 qkm notwendig und möglich war, wurden großräumige Zusammenhänge hergestellt. Dies galt vor allem für die Geologie dieses Knotens der wichtigsten asiatischen Hochgebirgsketten. Eingeengt wurden diese Bestrebungen durch die vorliegenden Grenzziehungen, im Norden zur Sowjetunion, nach Osten zur Volksrepublik China und im Süden durch die pakistanische Grenze.

2. Eine umfassende Dokumentation des Expeditionsgebietes zu erarbeiten, war Ziel der im Sommer 1975 durchgeführten Feldforschungen. Es ging darum, zu studieren, unter welchen Umständen und Voraussetzungen sich die im Wakhan lebende Bevölkerung in einer reichlich extremen Umwelt behaupten kann. Mannigfaltige Zusammenhänge sollten aufgezeigt werden, dies wurde nur durch multidisziplinäre Zusammenarbeit ermöglicht. Als Beispiele seien hier lediglich die Abhängigkeit des Lebensraumes dieser Menschen von der Vergletscherung und den Gletscherabflüssen aus den Gebirgen erwähnt. Weiters die Vegetation und die Bodenverhältnisse, die so beschrieben werden sollten, daß Zusammenhänge zu Mensch und Tier hergestellt werden könnten. Die Veranschaulichung all der angestrebten Aussagen blieb jedoch von einer guten Kartengrundlage abhängig, die mit der vorliegenden afghanischen Karte nicht für alle Problemstellungen das Auslangen finden konnte.

Dieses Motiv der Zusammenarbeit unter Berücksichtigung des arbeitsmäßig aufwendigsten Problems der Kartenherstellung bestimmte die Zusammensetzung der Teilnehmer. Unter der Leitung von R. S. *de Grancy* wurde somit die Feldforschung in drei Arbeitsgruppen durchgeführt:

Arbeitsgruppe 1:

Geodäsie – Kartographie
mit den Teilnehmern: *R. Kostka, G. Moser, W. Kuschel, J. Ernst, H. Badura, M. Posch*
 Diese Arbeitsgruppe sollte 3 Aufnahmeteams bilden und sämtliche zu besuchenden Täler begehen, um durch geodätische Messungen, terrestrisch-photogrammetrische und kartographische Aufnahmen die Grundlagen für die Herstellung von topographischen und thematischen Karten in den Maßstäben 1 : 250 000 bis 1 : 5 000 zu schaffen.
 Für die Arbeitsgruppe 2 sollten entsprechende Höhen-, Ausmaß- und Profilmessungen, für die völkerkundlichen Studien der Arbeitsgruppe 3 Aufnahmen von Siedlungen, Bewässerungsanlagen und Gehöften durchgeführt werden.

Arbeitsgruppe 2:

Geologie – Glaziologie – Botanik – Zoologie
Teilnehmer: *G. Patzelt, H. Huss, M. K. Nauroz, M. Buchroithner*
 Da der Große Pamir an den Grenzen des Karakorum, des Hindukusch und des sowjetischen Pamirhochlandes liegt, nimmt er eine – bisher kaum erforschte – Schlüsselstellung im Bau- und Formenplan der asiatischen Hochgebirgsketten ein. Eine geologische Aufnahme, die Kartierung des glazialen Formenschatzes, Wetterbeobachtungen, Sammlungen von Gesteinsproben und Pflanzen sowie bodenzoologische Untersuchungen sollten daher zahlreiche Daten zu den naturwissenschaftlichen Fragen über dieses Gebiet liefern. Für die kartographische Aufnahme sollten Angaben über Gesteins- und Bewuchsgrenzen, Moränenstände und dgl., für Studien der Arbeitsgruppe 3 Informationen über Kulturpflanzen und Haustiere sowie deren Nutzung durch die einheimische Bevölkerung vermittelt werden.

Arbeitsgruppe 3:

Ethnographie – Medizinische Betreuung und Studien – Talorganisation
Teilnehmer: *W. Raunig, M. K. Nauroz, K. Gratzl, W. Kuschel, G. Mayer, H. Eger, R. S. de Grancy*
 Über die Tätigkeit der das Unternehmen begleitenden Ärzte sollte versucht werden, Zugang zur einheimischen Bevölkerung zu erlangen. Hierbei ging es um die Aufnahme der kulturellen und sozialen Gegebenheiten, soweit dies in der zur Verfügung stehenden Zeit möglich war. Als Teilbereiche dieser Studien sollten die Besiedlungen und Bewässerungen, die Gehöfte und deren Aufbau studiert werden. Die Aufnahme der Ruinen und Felsbildvorkommen zählte ebenfalls zu diesem Programm.
 Die Feldforschung wurde von Juli bis Sepember 1975 durchgeführt.
 Nach dreijähriger intensiver Auswertetätigkeit konnten mit Jahresende 1978 die Ergebnisse vorgelegt werden.
 Durch die Mitarbeit von *C. Naumann* auf dem Gebiet der Zoologie (dem wir übrigens für viele wertvolle Hinweise vor der Durchführung der Feldforschungen im Sommer 1975 danken), von *S. Bortenschlager* bei der Pollenprofilbestimmung und von *Ch. Kieffer* durch seinen Beitrag für die Wakhi-Sprache konnten die Aussagen über das Expeditionsgebiet noch erweitert werden.

Ohne näher auf die Sammlungen, Ausstellungen, fachlichen Einzelpublikationen einzugehen, sei hier lediglich die gemeinsame Publikation in Buchform "Großer Pamir" angeführt. Sie enthält 17 Fachbeiträge mit verschiedensten Problemstellungen. So über die geschichtliche Entwicklung der Kenntnisse über den Wakhan und Pamir, die bergsteigerische Erschließung, den geologischen Aufbau sowie morphologische und stratigraphische Beobachtungen. Gletscherkundliche Untersuchungen. Einen Beitrag über die zum Teil von der einheimischen Bevölkerung als Bäder benützten Thermen. Beiträge über Vegetation und Tierwelt des Großen Pamir. Eine ausführliche Beschreibung der Ortschaft Ptukh, in der sich durch mehrere Wochen die Talbasis von *Exploration Pamir 75* befand. Beiträge über verfallene Gebäude, zur Besiedlungsgeschichte sowie zur Beschreibung der materiellen Kultur der Bewohner des Wakhan. Einen Bericht über die im Expeditionsgebiet aufgefundenen Petroglyphen und eine Einführung in die Wakhisprache mit einem Glossar der von Expeditionsteilnehmern aufgezeichneten Wörter. Schließlich werden noch Probleme der ärztlichen Versorgung angeschnitten. Bei allen vorhin genannten Ergebnissen wurde als wesentlichstes Faktum die multidisziplinäre Zusammenarbeit erachtet, da nur auf diese Weise in so kurzer Zeit ein optimales Ergebnis zu erwarten war.

3. Einen wesentlichen Bestandteil der Forschungsergebnisse stellen die 5 dem Buch "Großer Pamir" beiliegenden Karten dar.

Das Ziel der geodätisch-photogrammetrisch-kartographischen Aktivitäten sollte dabei ein zweifaches sein. Die Herstellung eigenständiger Karten und Untersuchungen zur Beurteilung des bestehenden afghanischen Kartenwerkes. Die erste Problemstellung ermöglicht eine Detailaussage über ein mehr oder minder beschränktes Gebiet, die zweite Absicht läßt eine Beurteilung der bestehenden Karten 1 : 250 000, 1 : 100 000 und 1 : 50 000, zumindest für Hochgebirgsregionen und für den nördlichen Teil des Staatsgebietes zu.

Die Karten von *Exploration Pamir 75* lassen sich mit wenigen Worten etwa folgendermaßen charakterisieren.

Die geologische Karte 1 : 250 000, die ein Gebiet von ca. 15 000 qkm überdeckt, umfaßt den Großen Pamir sowie Teile des Kleinen Pamir, der Gebirgsketten des Hindukusch, Hinduraj und des westlichen Karakorum. Neben den auftretenden Gesteinseinheiten enthält sie Angaben über das Einfallen der Schichten, Fossilfundstellen, heiße Quellen und den Verlauf der Störungen. Die verwendeten geologischen und topographischen Unterlagen werden im Kartenblatt mitgeteilt.

Die durch das Kartenblatt "Koh-e Pamir", der topographischen Karte im Maßstab 1 : 50 000, überdeckte Fläche beträgt ca. 640 qkm. Sie umfaßt das Wakhantal in einer Länge von 23 Kilometern und einer Seehöhe zwischen 3200 und 3300 Metern. Sie erstreckt sich bis zu den vergletscherten Bereichen um die höchste Erhebung dieses Gebirges, den 6320 m hohen Koh-e Pamir.

Das Seitental des Wakhanflusses, in dessen Umrahmung fast alle Sechstausender des Großen Pamir liegen, das Darrah-e Issik, war Ziel intensiver Studien während der Feldforschungsperiode im Sommer 1975. Im innersten Issiktal wurden gletscherkundliche Studien durchgeführt und führten in Verbindung mit den photogrammetrischen Aufnahmen zur Gletscherkarte "Darrah-e Issik-e Bala" im Maßstab 1 : 25 000. In diesem Kartenblatt mit dem Flächenausmaß von ca. 80 qkm ist das obere Issiktal ab einer Höhe über 4000 Metern abgebildet. Es umfaßt die 10 Teilströme des nördlichen und südlichen Issikgletschers und ihre Vorfelder. Das Zungenende des südlichen Issikgletschers, an dem am leichtesten Veränderungen festgestellt werden könnten, wurde genauer, gesondert im Maßstab 1 : 10 000 dargestellt.

Die enge fachliche Zusammenarbeit der Experten des Unternehmens sollte auch im Kartenprogramm von *Exploration Pamir 75* ihren Niederschlag finden. Im Kartenblatt "Darrah-e Issik-e Payan", dem äußeren Teil des Issiktales und seiner Einmündung in das Wakhantal sind jene Informationen wiedergegeben, die während der Feldforschungsperiode erarbeitet wurden und deren räumliche Beziehungen für weitere Studien von Interesse sind. Es sind dies die Topographie, der geologische Aufbau, Vegetation, hydrologische Elemente, anthropogene Einflüsse. Da sich dieses Kartenblatt mit dem Flächenausmaß von ca. 82 qkm vom Wakhantal bis zu den Gletscherzungen im Issiktal erstreckt, liegt in Verbindung mit der Gletscherkarte eine kartographische Darstellung dieses Tales in seiner Gesamtheit im Maßstab 1 : 25 000 vor.

Die Karte der Ortschaft Ptukh im Maßstab 1 : 5 000 diente einerseits als Grundlage für die durchgeführten Studien, in ihrer vorliegenden Form stellt sie aber andererseits auch eines der wichtigsten Ergebnisse dar. Von den natürlichen Gegebenheiten ausgehend, läßt sie Schlüsse auf den Wirtschaftsraum des Ortes zu, und es können genaue Maßangaben von topographischen Details, Flurbewässerung und Flächennutzung ermittelt werden. Gehöfte und Ruinen sind dargestellt und lassen ihre Zugehörigkeit zu den einzelnen Sippen erkennen.

Dieser kurze Überblick über Zielsetzungen und Ergebnisse von *Exploration Pamir 75* kann Sie lediglich ganz oberflächlich informieren; er sollte Sie aber hinweisen auf das schriftlich und graphisch-kartographisch vorliegende Ergebnis des Forschungsvorhabens, das Buch "Großer Pamir" mit seinen 5 Kartenbeilagen, das eine möglichst umfassende Dokumentation des Lebensraumes der Wakhi und der angrenzenden Hochgebirgsregionen im östlichen Teil Afghanistans darstellt (erschienen bei Akademische Druck- und Verlagsanstalt, Graz 1978).

4. Beiträge von Geographie und Ethnologie

Fragestellungen und Ergebnisse geographischer Afghanistan-Forschung in den letzten zwei Jahrzehnten

Erwin Grötzbach, Eichstätt

Die Erforschung Afghanistans von seiten der Geographie hat in den letzten 20 Jahren einen solchen Zuwachs an Kenntnis des Landes und seiner räumlichen Probleme gebracht, wie er gegen Ende der fünfziger Jahre noch kaum vorstellbar erschien. Damit sollen die Ergebnisse früherer Forscher keineswegs abgewertet werden. Sie arbeiteten unter weitaus schwierigeren Bedingungen, was sowohl das Reisen im Lande als auch die Existenz — oder besser: die damalige Nichtexistenz — selbst einfacher wissenschaftlicher Hilfsmittel betraf. So ist es kein Wunder, daß frühere Arbeiten über Afghanistan durchweg recht allgemeine Überblicksdarstellungen blieben, die zumeist auf vergleichender Beobachtung beruhten.

Die Erforschung des Landes wurde in den letzten zwei Jahrzehnten nicht nur durch die Verbesserung der Verkehrsverhältnisse, sondern auch durch die allmähliche Schaffung jener wissenschaftlichen Infrastruktur entscheidend erleichtert, die in entwickelten Staaten selbstverständlich erscheint. Hier seien nur der Ausbau der Universität Kabul genannt, die zahlreiche Dolmetscher und counterparts für Arbeiten im Gelände zur Verfügung stellte, der meteorologische und der hydrologische Dienst, die erstmals systematisches Datenmaterial über Klima und Gewässer erhoben, und schließlich — für die Geographie von besonderer Bedeutung — die Karten und Luftbilder, die seit Anfang der sechziger Jahre erschienen und anfangs fast frei zugänglich waren (*E. Reiner* 1966); neuerdings sind auch Satellitenaufnahmen verfügbar (*J. F. Shroder* 1978). Erst diese Neuerungen im Zuge des allgemeinen Entwicklungsprozesses, verbunden mit einer in den sechziger Jahren recht liberalen Forschungspolitik der afghanischen Regierung, ermöglichten jene Verbreiterung und gleichzeitig Vertiefung der Fragestellungen und Verfeinerung der Methoden, die zum heutigen Stand wissenschaftlicher Landeskenntnis führten.

Wenn dieser Überblick auf die letzten zwei Jahrzehnte begrenzt ist, so deshalb, weil vor genau 20 Jahren das erste wirklich umfassende geographische Werk über Afghanistan erschienen ist: *J. Humlum*s "La géographie de l'Afghanistan" (1959). Es ist hier nicht der Ort, dieses Buch in seinen Vorzügen und Schwächen kritisch zu würdigen. Trotz mancher Mängel bildet es einen Meilenstein auf dem Wege der geographischen Erforschung Afghanistans. In ihm spiegeln sich die damalige, noch wenig ins Detail gehende Landeskenntnis und das Forschungsinteresse der vierziger und fünfziger Jahre wider. Vergleicht man den Inhalt von *Humlum*s Buch mit den jüngsten Ergebnissen geographischer Afghanistanforschung, so wird der wissenschaftliche Fortschritt in nur 20 Jahren geradezu schlagartig klar!

Wenn hier von *geographischer* Afghanistanforschung die Rede ist, so erscheint eine kurze Klärung dessen, was darunter zu verstehen sei, erforderlich. Im engeren Sinne handelt es sich um Arbeiten von Fachwissenschaftlern der Geographie in und über Afghanistan. Doch in einem weiteren Sinne müssen auch diejenigen Forschungen von Angehörigen anderer Wissenschaftsdisziplinen berücksichtigt werden, die von geographischer Relevanz sind. Dazu zählen zahlreiche Arbeiten von Geologen und Klimatologen, von Ethnologen und Soziologen, um nur die wichtigsten Fächer zu nennen.

An der geographischen Afghanistanforschung waren Wissenschaftler unterschiedlicher Nationalität beteiligt. Es ist aber keine Übertreibung festzustellen, daß der Anteil deutscher Geographen an der Erforschung des Landes besonders groß ist; generell gilt ja, daß die einzelnen Nationen mit unterschiedlichen Interessenschwerpunkten daran beteiligt waren (z. B. von seiten Frankreichs vor allem Geologie und Archäologie). Das starke deutsche Engagement in der Geographie ist sicher dadurch entscheidend gefördert worden, daß von 1959 bis 1972 eine Reihe deutscher Kollegen an der Universität Kabul tätig waren (*H. Hahn, E. Reiner, G. Voppel, Ch. Jentsch, H. Toepfer*). *C. Rathjens,* der als Nestor der neueren deutschen Afghanistan-Geographie schon 1954/55 im Lande arbeitete, hat 1975 einen Aufsatz über deutsche geographische Forschung in Afghanistan veröffentlicht, so daß hier nicht weiter darauf eingegangen werden soll.

Wichtige Beiträge kamen auch von französischen Kollegen, worüber Herr *Balland* noch gesondert berichten wird. Weniger bekannt hingegen blieben die Arbeiten von Geographen aus den USA. Von diesen waren bzw. sind einige im Rahmen der Partnerschaft zwischen den Universitäten von Nebraska (in Omaha) und Kabul tätig (*G. B. Schilz, J. F. Shroder*), andere im Rahmen der Afghan Demographic Studies (*T. H. Eighmy*) oder als freie Forscher (*N. J. R. Allan*). Der Beitrag der US-Amerikaner zur geographischen Erforschung Afghanistans blieb aber relativ bescheiden, verglichen mit jenem in den Agrarwissenschaften, der Ethnologie und der Geschichtswissenschaft.

Auch unter den zahlreichen Sowjetrussen, die über Afghanistan arbeiteten, befanden und befinden sich nur wenige Geographen. Hier ist in erster Linie *V. A. Puljarkin* zu nennen, der 1964 ein wichtiges Buch über die Wirtschaftsgeographie Afghanistans veröffentlichte, das in westlichen Ländern leider unbekannt geblieben ist. *A. D. Davydov* hat, und zwar als Agrarsoziologe und -historiker, mehrere geographisch wichtige Arbeiten über den ländlichen Raum in Afghanistan geschrieben.

Schließlich sei hier auch der Beitrag afghanischer Geographen zur Erforschung ihres eigenen Landes kurz gewürdigt. Er findet sich hauptsächlich in der Zeitschrift "Geographical Review of Afghanistan", freilich überwiegend auf Persisch und Paschtu. Unter den zahlreichen zumeist kompilatorischen Arbeiten seien jene von *Hamidullah Amin* über die Verkehrs- und Außenhandelsgeographie des Landes hervorgehoben. Aus der Vielzahl von Dissertationen afghanischer Studenten im Ausland ragt als eine der ganz wenigen empirischen Untersuchungen die Arbeit von *Islam Uddin Sawez* über die Landwirtschaftsgeographie von Guldara und Ghori heraus.

Im folgenden sollen die wichtigsten Arbeitsgebiete geographischer Forschung in Afghanistan skizziert werden. Dabei sei zunächst die Physische Geographie, sodann die Kultur- und Wirtschaftsgeographie und schließlich die regionale Geographie behandelt.

Auf dem Gebiet der naturwissenschaftlich orientierten *Physischen Geographie* bleibt noch besonders viel zu tun. In einem weithin gebirgigen Land wie Afghanistan, wo die oft schroffen Oberflächenformen insbesondere dem Straßenbau kaum überwindliche Hindernisse entgegensetzen können, erscheint die *Geomorphologie* als die Wissenschaft von den Formen der Erdoberfläche besonders wichtig. Gestützt auf die inzwischen weit gediehene geologische Erkundung und Kartierung des Landes, bietet sich auf diesem Gebiet eine Fülle von Aufgaben an. Tatsächlich sind aber bislang nur einige kleinere Arbeiten in Form von Aufsätzen veröffentlicht worden. Hier ist als erster *C. Rathjens* (1972) zu nennen, der sich seit den fünfziger Jahren wiederholt mit den Gebirgen des Landes befaßt hat; ferner Madame *V. Balland* und *J. Lang* (1974) und als Geologen *U. Jux* zusammen mit *W. Kempf* (1971), *A. F. de Lapparent* (1971) u.a. Der räumliche Schwerpunkt dieser Untersuchungen liegt im östlichen Hochland von Zentralafghanistan um Bamyan.

Relativ gut erforscht von seiten der Geomorphologie ist inzwischen das Ausmaß der eiszeitlichen Vergletscherung in den afghanischen Hochgebirgen (*A. Desio* 1975, *E. Grötzbach* und *C. Rathjens* 1969, *A. F. de Lapparent* u.a. 1972; *G. Patzelt* 1978). Dabei ergab sich im Gegensatz zu älteren Auffassungen, daß die jungpleistozänen Gletscher des Hindukusch wohl nirgends das Vorland erreicht haben.

Auf dem Felde der Klimatologie oder *Klimageographie* ist mit dem Erscheinen des Klima-Atlas von Afghanistan (Cartes Climatiques de l'Afghanistan) ein wichtiger Fortschritt erzielt worden. Dieser Atlas, 1973/74 im Rahmen des Meteorologischen Instituts von *P. Lalande, N. M. Herman* und *J. Zillhardt* herausgegeben, stellt erstmals das reiche meteorologische Datenmaterial in vergleichbarer Kartenform dar. Auch *C. Rathjens* (1974 b, 1978) hat sich mit klimatologischen Fragen befaßt, insbesondere mit dem Problem der Starkniederschläge. Schließlich ist hier auch der Aufsatz von *H. Flohn* (1969) über Klima und Wasserhaushalt des Hindukusch zu nennen. Ohne Zweifel bieten die fortlaufend publizierten Daten des Afghanischen Meteorologischen Instituts wichtiges Grundlagenmaterial für weitere klimageographische Untersuchungen. Diese werden künftig auch feinere räumliche Differenzierungen des Klimas erfassen können, da das Netz der Beobachtungsstationen ständig weiter ausgebaut wird; 1977 gab es bereits über 70 solche Stationen.

In engem Zusammenhang mit dem Klima sind auch die Gewässer und Wasservorkommen zu sehen, deren Bedeutung in einem ariden Lande wie Afghanistan kaum überschätzt werden kann. Der *Gewässerkunde (Hydrologie)* und der *Grundwasserforschung (Hydrogeologie)* kommt allein schon im Hinblick auf die Bewässerungslandwirtschaft eine hervorragende Stellung zu. Inzwischen ist auch eine Fülle an hydrologischen Meßdaten, insbesondere über das Abflußverhalten wohl aller wichtigeren Flüsse Afghanistans, vorhanden, doch leider blieb dieses Material bislang nur teilweise zugänglich. Publiziert wurden die Daten für das Kabulgebiet (zuerst durch die deutsche Wasserwirtschaftsgruppe für 1960–64) und für das Helmand-Arghandabgebiet (durch den US Geological Survey bis 1968). Für die übrigen Flußgebiete findet sich Material gelegentlich in Projektstudien usw. Diese Lückenhaftigkeit der Datengrundlage dürfte ein wichtiger Grund dafür sein, daß die Zahl bislang veröffentlichter Arbeiten über hydrologische und hydrogeologische Probleme recht gering geblieben ist. Ein Buch des Russen *V. L. Šulc* (1968) über die Flüsse Afghanistans stellt den frühen Versuch eines Überblicks dar. Neben einigen Arbeiten aus dem Mitarbeiterkreis der ehemaligen Deutschen Wasserwirtschaftsgruppe (vor allem *S. v. Krosigk* 1971) sind hier auch die Untersuchungen über die Grundwasserverhältnisse in Südafghanistan (durch den US Geological Survey) und in Katawaz/Koh-i-Daman (durch UNDP 1972) zu nennen. Das für die weitere Entwicklung des Landes so überaus bedeutsame hydrologische und hydrogeologische Potential harrt trotz aller Ansätze noch immer einer fundierten zusammenfassenden Darstellung.

Eine wichtige Wasserreserve bilden die Gletscher des Hochgebirges, die im Rahmen der *Gletscherkunde (Glaziologie)* untersucht werden. Zwar gehört der größte Teil des

Afghanischen Hindukusch nicht zu den stark vergletscherten Hochgebirgen, doch bewirken auch die zahlreichen kleineren Gletscher, daß die Hindukusch-Flüsse *ganzjährig* Wasser führen. Die Erforschung der afghanischen Gletscher steckt noch in den Anfängen, wenn man von dem bereits genannten Problem der jungeiszeitlichen Vergletscherung absieht. Das verwundert kaum, sind doch die meisten Gletscher vergleichsweise schwer zugänglich, und auch dies nur im Sommer und Frühherbst. Einige kleinere Gletscherstudien wurden durch Mitglieder von Hochgebirgs-Expeditionen durchgeführt, worunter sich jene von *G. Patzelt* (1978) im Pamir durch besondere Fundiertheit auszeichnen. Waren diese Arbeiten bislang auf wenige Punkte des Hochgebirges beschränkt, so ist für die nächsten Jahre geplant, ein Gletscherinventar aufzustellen, das mit Hilfe von Luftbildern, Karten und Geländebegehungen alle Gletscher des Hindukusch verzeichnen soll (nach Mitteilung von *J. F. Shroder*). Ein solches Inventar könnte erstmals näheren Aufschluß über das Ausmaß und die Verbreitung der Wasserreserven in Gestalt von Gletschereis bringen.

Zur *Vegetationsgeographie* Afghanistans hat ohne Zweifel die Botanik die wichtigsten Beiträge geliefert, worüber die Herren *Breckle* und *Frey* bereits referiert haben. Aus geographischer Sicht erscheinen hierbei *ökologisch* orientierte Untersuchungen von besonderem Interesse, sind doch gerade die biotische Umwelt und ihre Veränderungen durch menschliche Eingriffe z. B. für die weitere Entwicklung der Viehweidewirtschaft von größter Bedeutung. Hiermit haben sich vor allem *O. H. Volk* (1969) und *S.-W. Breckle* (1973) von seiten der Botanik und *C. Rathjens* (1968/69, 1974 a) von seiten der Geographie befaßt, wobei *Rathjens* speziell das Problem der Wälder Ostafghanistans und ihrer Nutzung aufgriff, ebenso wie *D. Fischer* (1970). In diesem Zusammenhang sind die Aktivitäten des Instituts für Umweltforschung in Kabul hervorzuheben, das 1971 im afghanischen Landwirtschaftsministerium mit französischer Hilfe geschaffen wurde; *P. Lalande* (1976) hat hierüber Näheres berichtet.

Wie schon angedeutet, bilden die natürlichen Gegebenheiten, die u. a. im Rahmen der Physischen Geographie erforscht werden, eine der entscheidenden Grundlagen für Gesellschaft und Wirtschaft dieses ariden Landes. Letztere sind die Forschungsobjekte der Kultur- und Wirtschaftsgeographie, wobei vor allem die *Kulturgeographie* den Schwerpunkt geographischer Afghanistanforschung während der letzten 20 Jahre darstellt.

Die Tatsache, daß die Kulturgeographie weit intensiver an der Erforschung Afghanistans beteiligt war und ist als die Physische Geographie, ist in einem dergestalt unterentwickelten Lande durchaus nicht selbstverständlich. Denn Afghanistan bietet für die moderne sozial- und kulturwissenschaftliche Forschung ein zwar lohnendes, aber mühsam zu beackerndes Feld. Vor allem das Fehlen zuverlässiger Daten der Bevölkerungs- und Wirtschaftsstatistik stellt ein Hemmnis ersten Ranges dar. So gibt es z. B. noch immer keine exakten Angaben über Einwohnerzahlen sowohl für das ganze Land als auch für Provinzen, Städte und Dörfer. Die Schätzungen der Gesamtbevölkerungszahl um die Mitte der siebziger Jahre reichen von rund 12 Mio. (nach Afghan Demographic Survey) bis etwa 17 Mio. (Statistical Information of Afghanistan 1975 – 1976), was einer Abweichung von 40 bzw. 30 % entspricht!

Die bisher einzige Volkszählung im Jahre 1965 blieb auf Kabul beschränkt; ihre Ergebnisse sind inzwischen überholt. Ein erster allgemeiner Zensus war für den Herbst 1978 vorgesehen, doch wurde er infolge des politischen Umsturzes auf den Sommer 1979 verschoben. Erst wenn seine Ergebnisse vorliegen, wird die humanwissenschaftliche Forschung in Afghanistan über eine Grundlage verfügen, die inzwischen in den meisten Entwicklungsländern zu einer Selbstverständlichkeit geworden ist.

Trotz dieser Schwierigkeiten hat die Kulturgeographie bedeutende Beiträge zur Erforschung des Landes leisten können. Eine Anzahl von *bevölkerungs- und sozialgeo-*

graphischen Studien war bestimmten Gruppen der afghanischen Bevölkerung, ihren Lebens- und Wirtschaftsformen gewidmet. Dabei galt das Interesse vor allem den paschtunischen Nomaden. Dies verwundert nicht, zählt doch Afghanistan zu jenen Staaten der Alten Welt, in welchen die Nomaden noch einen vergleichsweise hohen Prozentsatz der Bevölkerung ausmachen. Hier ist an erster Stelle der umfassende Überblick von *Ch. Jentsch* (1973) zu nennen, ferner *X. de Planhol's* (1973, 1976 a) Aufsätze über Badghis. Von seiten der Ethnologie liegen mehrere auch aus geographischer Sicht wichtige Arbeiten über Nomaden vor, namentlich von *K. Ferdinand* (1962, 1969), *B. Glatzer* (1977) und *N. Tapper* (1973) sowie *R. Tapper* (1974).

Über die demographische Struktur und die sozioökonomische Situation der afghanischen Dorfbevölkerung geben die grundlegenden Dorfstudien von *H. Hahn* (1965 a, b, 1970, 1972 a) und *H. Toepfer* (1972, 1976) Aufschluß, und *L. Dupree* (1975) gab einen Überblick über räumliche Wanderungsmuster.

Sie leiten über zu den zahlreichen Arbeiten über *Probleme des ländlichen Raumes,* wobei sich Aspekte der Bevölkerungs-, Siedlungs-, Landwirtschafts- und Sozialgeographie durchdringen. Hier sind die umfasseneren Regionalstudien von *H. J. Wald* (1969) über das Becken von Khost, von *I. U. Sawez* (1972) über Ghori und Guldara sowie von *E. Grötzbach* (1972 a) über den kulturgeographischen Wandel in Nordafghanistan zu nennen. In allen drei Arbeiten stehen räumliche Differenzierung und Veränderung der landwirtschaftlichen Bodennutzung und des Siedlungssystems im Mittelpunkt. Dabei ergibt sich ziemlich übereinstimmend, daß die heutige Kulturlandschaft in ihrer Gliederung in alt- und jungbesiedeltes Land das Ergebnis z.T. recht junger Entwicklungen ist. Dabei bildeten steigende Bevölkerungszahlen – in Flußbewässerungsgebieten Nordostafghanistans vor allem durch Zuwanderung bedingt – und eine Tendenz zu abnehmender Mobilität unter der nomadisierenden Bevölkerung die wichtigsten Faktoren. Ähnliche Fragestellungen verfolgten *Ch. Jentsch* (1965) für das zentrale und östliche Afghanistan und *D. Balland* (1974) im Gebiet von Ghazni.

Hier sind wiederum einige Arbeiten von Ethnologen einzureihen, wie denn ganz allgemein zwischen der sozioökonomisch orientierten Ethnologie und der Kulturgeographie zahlreiche Berührungspunkte des Forschungsinteresses bestehen. Hierbei seien vor allem *F. Kussmaul* (1965 a, b) mit seinen Aufsätzen über Badakhshan und über die Siedlungen der Tadschiken in den Bergländern Afghanistans genannt sowie *H. F. Schurmann* (1962), dessen Buch über die Mongolen Afghanistans weit umfassender ist als der Titel anzeigt. Eine gewisse Sonderstellung nimmt die agrarsoziologische Arbeit von *R. Kraus* (1975) über den Erfolg ländlicher Siedlungspolitik in den Provinzen Helmand und Baghlan ein, die stark geographisch fundiert erscheint. Auf Grund mehrerer sozioökonomischer Variablen kommt der Verfasser für die untersuchten Neusiedlungsgebiete zu einem recht positiven Ergebnis.

Im engeren Sinne agrargeographische Untersuchungen führte vor allem *Ch. Jentsch* (1970, 1972 a, b) durch, dessen Hauptinteresse dem Regenfeldbau und der Karezbewässerung galt, dazu *D. Balland* (1973) über die Baumwollkultur in Afghanistan und *E. Grötzbach* (1972 b, 1976 c) über Probleme des Industriepflanzenanbaus in den Flußoasen Nordostafghanistans bzw. die regionale Entwicklung der afghanischen Landwirtschaft.

An dieser Stelle müssen auch die bislang noch nicht publizierten Untersuchungen von *K. Hottes* und *W. Aufderlandwehr* über die Landsteuern in Afghanistan und ihre regionale Differenzierung genannt werden, worüber Herr *Hottes* anschließend berichten wird; sie stellen einen neuen Ansatz zur Erforschung unterschiedlicher Strukturen im ländlichen Raum Afghanistans dar.

Im Verlauf der letzten zwei Jahrzehnte hat auch die *stadtgeographische Forschung* in Afghanistan entscheidende Impulse erfahren, ja, sie ist überhaupt erst seit 1964 begründet worden, wenn man von einem kurzen ersten Aufsatz von *C. Rathjens* (1957) über Kabul absieht. Seit der grundlegenden Darstellung Kabuls durch *H. Hahn* (1964) ist eine ganze Reihe von Arbeiten erschienen, welche Städte und Basare in Afghanistan zum Gegenstand haben, und zwar unter recht unterschiedlichen Gesichtspunkten. Einerseits dominierte das Interesse für die traditionellen Züge, andererseits zielte man auf die Analyse des modernen Wandels ab, dem die Städte in besonders augenfälliger Weise unterworfen waren und sind. [1]

Hier ist zunächst der wichtige Aufsatz von *H. Hahn* (1972 b) über Kabul zu nennen, in welchem der Verfasser die 1964 publizierten Ergebnisse fortführte und die hauptstädtischen Wachstumsabläufe zu erfassen suchte. Diese neueren Untersuchungen *Hahns* zeigten, daß Kabul einem Wandel seiner räumlichen Strukturen in Richtung auf jene Dichotomie unterworfen ist, die heute zahlreiche orientalische Großstädte kennzeichnet: Soziale Entmischung in der Altstadt und deren Abwertung bei gleichzeitiger Ausbreitung neuer randlicher Wohnviertel sowie die Bildung eines modernen Geschäftszentrums als Gegenpol zum altstädtischen Basar sind die wichtigsten vorläufigen Resultate dieser jungen Entwicklung.

Über Kabul liegen des weiteren die kompilatorische Arbeit von *J. Barrat* (1970) sowie Aufsätze von *D. Balland* (1976), *I. U. Sawez* (1976) und *C. L. Jung* (o. J.) über die Zuwanderung aus Turkestan, Koh-i-Daman bzw. dem Hazarajat vor, dazu Untersuchungen von *G. Voppel* (1967) über den Vorort Afschar und von *D. Wiebe* (1973a) über einen Saray in der Altstadt. Zählt man weiterhin noch die Beiträge über Kabul hinzu, die im Afghanistan Journal erschienen sind, so erweist sich Kabul als die am eingehendsten erforschte Stadt Afghanistans.

Im Hinblick auf diesen Superlativ konkurriert die Hauptstadt freilich mit Tashqurghan (Khulm), dessen noch recht traditioneller Basar nicht nur Touristen anlockt, sondern auch Wissenschaftler. Abgesehen von einer kleinen Studie von *M. P. Gentelle* (1969) über die Oase von Khulm liegen immerhin zwei umfangreiche Monographien über den Basar von Tashqurghan vor (*P. Centlivres* 1972, *C.-J. Charpentier* 1972). Beide Verfasser sind Ethnologen, wobei *Centlivres* allerdings auch zahlreiche Gesichtspunkte berücksichtigt, die man ebenso in einer stadtgeographischen Darstellung finden könnte, wie zentralörtliche Beziehungen und Markteinzugsgebiet, räumliches Gefüge von Basar und Stadt usw.

Die jüngste und umfassendste Darstellung einer afghanischen Stadt aus geographischer Sicht stellt *D. Wiebe*s (1978) Monographie über Sozialstruktur und kulturgeographischen Wandel in Kandahar und Südafghanistan dar; dieser Arbeit waren bereits mehrere Aufsätze des Verfassers (1973b, 1975a, 1976a,b,c) vorausgegangen. Die zweitgrößte Stadt Afghanistans wird von *Wiebe* nach unterschiedlichen Aspekten räumlich analysiert und auf ihre Stellung in Südafghanistan untersucht. Der Verfasser kommt zu dem Ergebnis, daß in Kandahar traditionale Strukturen weiterhin dominieren, moderne Wandlungen hingegen eher auf die Oberfläche beschränkt geblieben sind, bedingt durch die vorerst noch stabilen Sippen- und Stammesbedingungen der Bevölkerung. Von *Wiebe* wurden auch andere Städte in Südafghanistan vergleichend untersucht, insbesondere Lashkargah (Bost).

Weniger umfangreiche Studien galten Herat (*P. W. English* 1973), Ghazni und Mazar-i-Sharif (*E. Grötzbach* 1975a), Qala-i-Naw und Bala Murghab (*X. de Planhol* 1976 b). Eine andere Gruppe von Aufsätzen behandelte Probleme der Basare und periodischen Märkte, die für den Güteraustausch im ländlichen Raum weiterhin von größter Bedeutung sind; dabei standen innere Struktur sowie Marktbeziehungen und -organisation im Mittelpunkt. Hierzu zählen die Arbeiten von *P. Centlivres* (1976) über Nordafghanistan,

D. Wiebe (1976 c) über Südafghanistan, *N. J. R. Allan* (1976) über Koh-i-Daman und der Versuch eines Überblicks für das ganze Land von *E. Grötzbach* (1976 a).

Im Gegensatz zu traditionellen Stadtstrukturen haben Fragen der gegenwärtigen und künftigen *Stadtentwicklung, des Städtebaus und der Stadtplanung* erst in den letzten Jahren Beachtung gefunden. Dies ist eigentlich erstaunlich, sind doch die Städte zumindest in ihrem äußeren Erscheinungsbild den stärksten Veränderungen ausgesetzt gewesen. In den letzten 45 Jahren wurden die wichtigeren Städte Afghanistans fast ausnahmslos erneuert oder sogar neugeschaffen. Bislang haben sich lediglich *D. Wiebe* (1975 a) und *E. Grötzbach* (1975 b, 1976 b) mit der Modernisierung des afghanischen Städtesystems befaßt.

Es bleibt schließlich noch ein weiteres Feld allgemeingeographischer Forschung in Afghanistan zu nennen, das *die nichtlandwirtschaftlichen ökonomischen Aktivitäten* umfaßt. Dazu zählen einmal der Verkehr und das Verkehrsnetz, die in den letzten Jahrzehnten bedeutend ausgeweitet und modernisiert worden sind. *C. Rathjens* (1962) hat unter Benützung älterer Reiseliteratur die Verlagerungen der Karawanen- und Autostraßen seit dem 19. Jh. rekonstruiert. Von afghanischer Seite haben *A. W. Malekyar* (1966), *S. Scharaf* (1968) und *H. Amin* (1971) Studien zur modernen Verkehrsentwicklung geliefert. Hier lassen sich auch die Arbeiten von P. und M. *Centlivres* (1977) über die traditionellen Verkehrswege zwischen Darwaz und Qataghan, von *Ch. Jentsch* (1977) über die Zentralroute und von *X. de Planhol* (1974) über den Handel mit Schnee und Eis anführen.

Über die Industrie, die sich gegenwärtig in einer neuen Ausbauphase befindet, liegen Arbeiten von *D. Balland* (1973 a) und *D. Wiebe* (1975 b) vor. Leider gibt es über das noch immer weit verbreitete ländliche Handwerk keine größere Zusammenfassung. Hierzu dürften die Studien von *Schweizer, Fischer* und *Jebens,* über die auf dieser Tagung noch berichtet wird, wichtiges neues Material bringen. *D. Wiebe* (1976 d) hat sich auch mit dem Tourismus befaßt, einem Thema, über welches z.Zt. eine vom Verfasser selbst geleitete Untersuchung in Kabul im Gange ist.

Die zuletzt genannten Forschungsobjekte sind überwiegend jung, im Ausbau begriffen und deshalb *der zukunftsorientierten Angewandten Geographie* in besonderem Maße offen. Sie bieten zahlreiche Aufgaben für die Raumplanung und Regionalentwicklung (von der bereits in anderweitigem Zusammenhang behandelten Stadtplanung sei hier abgesehen). Trotz der Fülle allgemein entwicklungspolitischer und speziell projektbezogener planerischer Studien über Afghanistan sind Arbeiten zu Problemen der Regionalentwicklung selten geblieben. Vielleicht reflektiert sich darin die Tatsache, daß die afghanischen Regierungen einer *regional* konzipierten Entwicklungspolitik bisher keine größere Bedeutung beigemessen haben; jedenfalls fehlt bislang ein klares, umfassendes Konzept für die Regionalentwicklung und Raumplanung in Afghanistan. Lediglich im Rahmen einiger Entwicklungsprojekte — z.B. Helmand-Arghandab-, Paktya- und Konarprojekt — wurden bislang Ansätze zur regionalen Entwicklungspolitik sichtbar. Gleichwohl sind auch zu diesem Problemkreis einige Beiträge von seiten der Geographie und der ihr eng verwandten Raumforschung geliefert worden. So schlug *H. J. Arens* (1976) ein Regionalisierungskonzept für die künftige afghanische Raumplanung vor, *D. Wiebe* (1972, 1977) skizzierte die Probleme der Raumplanung in Afghanistan allgemein und die Bedeutung der Entwicklungsprojekte im besonderen. *K. Hottes* (1976) analysierte die raumwirksame Tätigkeit des afghanischen Staates, und *G. Lindauer* (1976) gab einen Überblick über Maßnahmen und Ergebnisse im Rahmen des Paktya-Projektes.

Es bleibt abschließend noch die Aufgabe, einen kurzen Überblick über den *Stand der regionalen Erforschung* Afghanistans zu geben, d.h. die Frage zu klären, inwieweit die einzelnen Teilgebiete des Landes wissenschaftlich bearbeitet worden sind.

Aus den neueren allgemein landeskundlichen Werken über Afghanistan (z.B. *L. Dupree* 1973; *M. Klimburg* 1966; *W. Kraus,* Hrsg., 1974) läßt sich keine Antwort auf diese Frage gewinnen. Sie behandeln sämtlich das Land mehr oder minder explizit als Ganzes, als eine räumliche Einheit. Es fehlt bisher eine wissenschaftliche Darstellung Afghanistans in seinen Teilräumen oder Landschaften, wenn man von *Humlums* frühem Versuch absieht. Auch der alte britische Gazetteer in der Neubearbeitung von *L. W. Adamec* vermag diese Lücke nicht auszufüllen.

Eine regional differenzierende Beschreibung und Analyse des Landes erscheint nicht nur berechtigt, sondern notwendig, wenn man bedenkt, wie sehr sich einzelne Landesteile in Naturausstattung, historisch-kulturellen Bindungen, Entwicklungspotential und Entwicklungsstand unterscheiden. In solchen Analysen liegt eine der Hauptaufgaben der geographischen Forschung in Afghanistan. Leider wird sie erschwert durch die bislang geringe Zahl von Monographien über einzelne Regionen des Landes.[2]

Eine gewisse Ergänzung könnten hier die inzwischen recht zahlreichen Vorstudien für größere Entwicklungsprojekte bieten. Sie werden in der Regel von ausländischen Beratungs- und Planungsfirmen im Auftrage internationaler Finanzierungsinstitutionen und der afghanischen Regierung erarbeitet und erwecken häufig allein schon durch ihren erheblichen äußeren Umfang den Anschein einer wichtigen Quelle regionaler Information. Es sei mir gestattet, zu diesem, wie ich glaube, etwas heiklen Thema einige kritische Bemerkungen zu machen. Ich spreche dabei als jemand, der zahlreiche, oft unter Schwierigkeiten beschaffte derartige *Expertenberichte* (meist feasibility reports) durchgearbeitet hat in der Hoffnung, dabei fundiertes und originäres Material über das jeweilige Projektgebiet zu finden. Von einigen Ausnahmen abgesehen[3] war die Ausbeute aber gering, ja in einigen Fällen geradezu dürftig. Dies gilt vor allem im Hinblick auf die sozioökonomischen Teile dieser Studien, welche z.B. Bevölkerung, Siedlung, Agrarverfassung, landwirtschaftliche Bodennutzung usw. behandeln, aber sogar für manche Kapitel über Klima, Böden und Wasservorkommen. Teils erwiesen sich die von den Experten durchgeführten Erhebungen als viel zu schmal und zu oberflächlich, teils wurde von bereits vorliegendem Material und von der einschlägigen Literatur kaum Notiz genommen. Man muß sich fragen, zu welchem Erfolg wohl ein kapitalaufwendiges Projekt führen wird, dessen Planung auf derart schwankenden empirischen Grundlagen beruht!

Abschließend ist noch der Stand der regionalen Erforschung Afghanistans etwas zu konkretisieren. Man ist versucht anzunehmen, daß die gut erschlossenen, weiter entwickelten Gebiete des Landes auch wissenschaftlich am eingehendsten durchleuchtet worden seien. Dies trifft tatsächlich aber nur z.T. zu, vor allem für Kabul. Obwohl über die Hauptstadt und ihre Region eine recht bedeutende Zahl von Publikationen vorliegt, sind doch einige wichtige Fragen offen geblieben. Kaum geklärt sind z.B. die Beziehungen zwischen Kabul und den nahen Hauptzuwanderungsgebieten im N (Koh-i-Daman, Kohistan) und S (Wardak, Maidan, Logar), insbesondere was Wohnvorortbildung und Pendelverkehr betrifft.

Das nach der Hauptstadt am eingehendsten erforschte Gebiet zählt paradoxerweise zu den unentwickeltsten und peripherhsten Räumen Afghanistans: es handelt sich um Wakhan und Pamir. Allein seit 1972 sind drei hervorragend ausgestattete Bücher darüber erschienen, die auch geographisch wichtig sind: die zwei Bände österreichischer Expeditionen mit den ersten großmaßstäbigen Hochgebirgskarten aus Afghanistan (*K. Gratzl,* Hrsg., 1972; *R. Senarclens de Grancy* und *R. Kostka,* Hrsg., 1978) sowie das Werk von *R. Dor* und *C. M. Naumann* (1978) über die Kirgisen; dazu kommen noch kleinere Arbeiten und Zeitschriftenartikel. So begreiflich das große wissenschaftliche Interesse für diesen entlegenen Raum ist, so sehr wünschte man sich ähnliche Darstellungen auch einmal für andere, freilich weniger spektakulär erscheinende Gebiete des

Landes, wie den zentralen Hindukusch, Nordbadakhshan und große Teile Zentralafghanistans.

Relativ gut bearbeitet sind auch Teile der Provinz Baghlan, insbesondere Landwirtschaft und Siedlung im Bewässerungsland von Baghlan und Ghori (*E. Grötzbach* 1972 a; *R. Kraus* 1975; *I. U. Sawez* 1972; *H. Toepfer* 1976), und ähnliches gilt für die Provinz Paktya, vor allem für das Becken von Khost (*D. Fischer* 1970; *G. Lindauer* 1972; *Planungsteam Paktia* 1972; *H.-J. Wald* 1969, 1971). Auch über den Afghanischen Hindukusch liegt eine Anzahl von Arbeiten vor, namentlich von *S.-W. Breckle* (1973), *Breckle* und *Frey* (1974, 1976), *E. Grötzbach* (1965, 1969, 1973), *Grötzbach* und *Rathjens* (1969), *F. Kussmaul* (1965 a) sowie *C. Rathjens* (1972). Aber gemessen an den zahlreichen Expeditionen, die dieses Hochgebirge seit 1959 besucht haben, erweist sich die Kenntnis davon eher als gering, eine Diskrepanz, auf die auch *C. Rathjens* (1975 b) hingewiesen hat. Über Nuristan, den südöstlichen Teil des Afghanischen Hindukusch, ist in den letzten Jahren eine Reihe von Arbeiten erschienen, doch blieb ihr Beitrag zur landeskundlichen Erforschung dieses auch geographisch so faszinierenden Gebietes eher beschränkt. Ausnahmen bilden vor allem die Arbeiten von *M. Ginestri* (1977) über Kafiristan und *R. F. Strand* (1975) über die Weidewirtschaft der Kom.

Mit der schon angedeuteten Verwunderung registriert man, daß einige wirtschaftlich wichtige und dicht besiedelte Teile Afghanistans noch kaum untersucht worden sind. Dazu zählen u.a. das Becken von Nangarhar und Laghman, Stadt und Oase von Herat und das große Bewässerungsgebiet des Balkhab von Mazar-i-Sharif bis Aqcha. Selbst bekannte große Entwicklungsprojekte haben bisher kaum eine wissenschaftliche Bearbeitung, etwa im Sinne einer Strukturanalyse oder gar Evaluierung, erfahren. So liegen für das Helmand-Arghandab-Projektgebiet zwar viele Einzelstudien, insbesondere US-amerikanische Expertenberichte, vor, doch fehlt noch immer eine dieses Material zusammenfassende Übersichtsdarstellung; dies ist sogar von der Helmand-Arghandabtal-Behörde beklagt worden. Weit weniger noch ist über das Nangarhar- und das Parwan-Projekt bekannt, wo Sowjetrussen bzw. Chinesen als Entwicklungshelfer die wissenschaftliche Publizität nicht gerade gefördert haben.

So bleiben auch im Hinblick auf die regionalgeographische Erforschung des Landes noch viele Lücken zu schließen. Dabei könnte dem geplanten *Nationalatlas* von Afghanistan eine wichtige Aufgabe zukommen, der von den Universitäten in Omaha und Kabul gemeinsam herausgegeben werden sollte (*J. F. Shroder* 1975). Ob dieser Plan unter den veränderten politischen Verhältnissen noch realisiert werden kann, ist fraglich geworden. Man kann nur hoffen, daß die afghanischen Behörden die Wichtigkeit einer breiten, möglichst unbehinderten geographischen Erforschung des Landes erkennen, die als Grundlage einer effektiven Entwicklungspolitik unerläßlich erscheint.

Anmerkungen

1 Hier sei der Hinweis auf das im Druck befindliche Buch "Städte und Basare in Afghanistan" erlaubt (*E. Grötzbach* 1979), das einen ersten umfassenden Überblick über die städtischen Siedlungen Afghanistans und ihre geographisch relevanten Probleme zu geben versucht.
2 Der Verf. empfindet diesen Mangel um so stärker, je weiter seine Arbeit an einer regional konzipierten Länderkunde von Afghanistan gedeiht. Dieses Buch wird in der Reihe "Wissenschaftliche Länderkunden" bei der Wissenschaftlichen Buchgesellschaft in Darmstadt erscheinen.
3 Zu diesen Ausnahmen zählt z.B. der siebenbändige Bericht des Planungsteams Paktia (1972).

Literaturverzeichnis

Adamec, L. W. (Ed.): Historical and Political Gazetteer of Afghanistan. Vol. 1, Badakhshan Province and Northeastern Afghanistan. Graz 1972. Vol. 2, Farah and Southwestern Afghanistan. Graz 1973. Vol. 3, Herat and Northwestern Afghanistan. Graz 1975.

Allan, N. J. R. 1976: Kuh Daman Periodic Markets: Cynosures for Rural Circulation and Potential Economic Development. – In: E. Grötzbach (Hrsg.) 1976, S. 173 – 193.

Amin, H. 1971: Road Transport in Afghanistan. – Geographical Review of Afghanistan, X, 1 – 2, S. 24 – 32.

Arens, H. J. 1976: Zur Problematik der Regionalisierung in Entwicklungsländern, dargestellt am Beispiel Afghanistans. – In: E. Grötzbach (Hrsg.) 1976, S. 54 – 74.

Balland, D. 1973 a: Une nouvelle génération d'industries en Afghanistan. Contribution à l'étude de l'industrialisation du Tiers-Monde. – Bull. de la Société Languedocienne de Géographie (3), VII, 1, S. 93 – 113.

Balland, D. 1973 b: Le coton en Afghanistan. Essai d'analyse géographique et économique d'une culture industrielle dans un pays sous-industrialisé. – Revue Géographique de l'Est, XIII, 1 – 2, S. 17 – 75.

Balland, D. 1974: Vieux sédentaires Tadjik et immigrants Pashtoun dans le sillon de Ghazni (Afghanistan oriental). – Bull. de l'Assoc. de Géographes Français, 417 – 418, S. 171 – 180.

Balland, D. 1976: L'immigration des ethnies turques à Kabul. – In: E. Grötzbach (Hrsg.) 1976, S. 210 – 224.

Balland, V. et J. Lang 1974: Les rapports géomorphologiques quaternaires et actuels du bassin de Bamyan et de ses bordures montagneuses (Afghanistan central). – Revue de Géographie Physique et de Géologie Dynamique, XVI, 3, S. 327 – 350.

Barrat, J. 1970: Kabul, capitale de l'Afghanistan. – Thèse du 3ème cycle de Géographie, Faculté des lettres et sciences humaines Paris (hektogr.).

Breckle, S.-W. 1973: Mikroklimatische Messungen und ökologische Beobachtungen in der alpinen Stufe des afghanischen Hindukusch. – Botan. Jahrbücher 93, S. 25 – 55.

Breckle, S.-W. und W. Frey 1974: Die Vegetationsstufen im Zentralen Hindukusch. – Afghanistan Journal 1, 3, S. 75 – 80.

Breckle, S.-W. und W. Frey 1976: Beobachtungen zur heutigen Vergletscherung der Hauptkette des Zentralen Hindukusch. – Afghanistan Journal, 3, 3, S. 95 – 100.

Charpentier, C.-J. 1972: Bazaar-e Tashqurghan. Ethnographical Studies in an Afghan Traditional Bazaar (= Studia Ethnographica Upsaliensia, XXXVI). Uppsala.

Centlivres, P. 1972: Un bazar d'Asie Centrale. Forme et organisation du bazar de Tâshqurghân. – Beiträge zur Iranistik, Wiesbaden.

Centlivres, P. 1976: Structure et évolution des bazars du Nord Afghan. – In: E. Grötzbach (Hrsg.) 1976, S. 119 – 145.

Centlivres, P. et M. Centlivres-Demont 1977: Chemins d'Eté, Chemins d'Hiver entre Darwaz et Qataghan (Afghanistan du nord-est). – Afghanistan Journal, 4, 4, S. 155 – 163.

Davydov, A. D. 1976: Socialno-ekonomiceskaja struktura derevni Afganistana (Die sozioökonomische Struktur der Dörfer in Afghanistan). Moskau.

Desio, A. (Ed.) 1975: Geology of Central Badakhshan (North-East Afghanistan and surrounding Countries). – Leiden.

Dor, R. und C. M. Naumann 1978: Die Kirghisen des afghanischen Pamir. – Graz.

Dupree, L. 1973: Afghanistan. – Princeton, N. J.

Dupree, L. 1975: Settlement and Migration Patterns in Afghanistan: A Tentative Statement. – Modern Asian Studies, 9, 3, S. 397 – 413.

Eighmy, T. H. 1976: Geographic Aspects of Afghanistan's National Demographic Survey. – In: E. Grötzbach (Hrsg.) 1976, S. 18 – 53.

English, P. W. 1973: The Traditional City of Herat, Afghanistan. – In: L. C. Brown (Ed.): From Medina to Metropolis. Heritage and Change in the Near Eastern City, S. 73 – 92. Princeton, N.J.

Ferdinand, K. 1962: Nomad Expansion and Commerce in Central Afghanistan. A Sketch of some modern Trends. – Folk, 4, S. 123 – 159.

Ferdinand, K. 1969: Nomadism in Afghanistan. – In: L. Földes (Hrsg.): Viehwirtschaft und Hirtenkultur, Ethnologische Studien, S. 127 – 160. Budapest.

Fischer, D. 1970: Waldverbreitung im östlichen Afghanistan (= Afghanische Studien, Bd. 2). Meisenheim am Glan.

Flohn, H. 1969: Zum Klima und Wasserhaushalt des Hindukuschs und der benachbarten Hochgebirge. – Erdkunde, 23, S. 205 – 215.

Gentelle, M. P. 1969: L'oasis de Khulm. – Bull. de l'Assoc. de Géographes Français, 370, S. 383 – 393.

375. Wiesbaden.
Jentsch, Ch. 1973: Das Nomadentum in Afghanistan (= Afghanische Studien, 9). Meisenheim am Glan.
Jentsch, Ch. 1977: Die afghanische Zentralroute. – Afghanistan Journal, *4*, 1, S. 9 – 19.
Jung, C. L. (o.J.): Some Observations on the Patterns and Processes of Rural-Urban Migrations to Kabul (= The Afghanistan Council of The Asia Society, Occasional Paper, 2). New York.
Jux, U. und *E. K. Kempf* (1971): Stauseen durch Travertinabsatz im zentralafghanischen Hochgebirge. – In: Zeitschr. f. Geomorphologie, Suppl. Bd. 12, S. 107 – 137.
Klimburg, M. 1966: Afghanistan. Das Land im historischen Spannungsfeld Mittelasiens. – Wien.
Kraus, R. 1975: Siedlungspolitik und Erfolg. Dargestellt an Siedlungen in den Provinzen Hilmend und Baghlan, Afghanistan (= Afghanische Studien, 12). Meisenheim am Glan.
Kraus, W. (Hrsg.) 1974: Afghanistan. Natur, Geschichte und Kultur, Staat, Gesellschaft und Wirtschaft. – 2. Aufl. Tübingen und Basel.
Krosigk, S. v. 1971: Die Bedeutung der Wasserwirtschaft für Afghanistan. – Die Wasserwirtschaft, *61*, 6, S. 178 – 186.
Kussmaul, F. 1965 a: Badaxšan und seine Tağiken. Vorläufiger Bericht über Reisen und Arbeiten der Stuttgarter Badaxšan-Expedition 1962/63. – Tribus, Veröff. d. Linden-Museums Stuttgart, 14, S. 11 – 99.
Kussmaul, F. 1965b: Siedlung und Gehöft bei den Tağiken in den Bergländern Afghanistans. – Anthropos, 60, S. 487 – 532.
Lalande, P., N. M. Herman, J. Zillhardt 1973/74: Cartes Climatiques de l'Afghanistan. Fasc. 1 Texte (1974), Fasc. 2 Cartes (1973). (= Publications de l'Institut de Météorologie, 4). Kabul.
Lalande, P. u.a. 1976: L'étude de l'environnement et le développement régional en Afghanistan. – In: E. Grötzbach (Hrsg.) 1976, S. 3 – 17.
Lapparent, A. F. de 1971: Sur les très hautes surfaces des montagnes afghanes. Essai géomorphologique et stratigraphique. – Géologie Alpine, 47, S. 59 – 67.
Lapparent, A. F. de u.a. 1972: Phénomènes glaciaires et périglaciaires dans la montagne de Bamyan (Hindu Kuch occidental, Afghanistan). – Comptes rendus des séances de l'Acad. des Sciences Paris, sér. D, 274, S. 2141 – 2144.
Lindauer, G. 1976: Das regionale Entwicklungsvorhaben Paktya. – In: E. Grötzbach (Hrsg.) 1976, S. 95 – 115.
Malekyar, A. W. 1966: Die Verkehrsentwicklung in Afghanistan (unter dem Einfluß von Natur, Mensch und Wirtschaft). – Diss. Philos. Fak. Univ. Köln.
Patzelt, G. 1978: Gletscherkundliche Untersuchungen im "Großen Pamir". – In: R. Senarclens de Grancy und R. Kostka (Hrsg.) 1978, S. 131 – 149.
Planhol, X. de 1973: Sur la frontière turkmène de l'Afghanistan. – Revue Géographique de l'Est, *XIII*, 1 – 2, S. 1 – 16.
Planhol, X. de 1974: La commerce de la neige en Afghanistan. – Revue de Géographie Alpine, *LXII*, 2, S. 269 – 276.
Planhol, X. de 1976a: Le repeuplement de la basse vallée afghane de Murghab. – Studia Iranica, *5*, 2, S. 279 – 290.
Planhol, X. de 1976b: Observations sur deux bazars du Badghis: Kala Nao et Bala Mourghab. – In: E. Grötzbach (Hrsg.) 1976, S. 146 – 151.
Planungsteam Paktia 1972: Grundlagen und Empfehlungen für eine Perspektivplanung zum Regionalen Entwicklungsvorhaben Paktia/Afghanistan (erstellt im Auftrag der Bundesstelle für Entwicklungshilfe für den Bundesminister für wirtschaftl. Zusammenarbeit), Bd. 1 – 7.
Puljarkin, V. A. 1964: Afganistan. Ekonomičeska Geografija. – Moskau.
Rathjens, C. 1957: Kabul, die Hauptstadt Afghanistans. – Leben und Umwelt, *13*, 4, S. 73 – 82.
Rathjens, C. 1962: Karawanenwege und Pässe im Kulturlandschaftswandel Afghanistans seit dem 19. Jahrhundert. – In: Hermann-von-Wissmann-Festschrift, S. 209 – 221. Tübingen.
Rathjens, C. 1966: Kulturgeographischer Wandel und Entwicklungsfragen zwischen Turan und dem Arabischen Meer. – In: Arbeiten aus dem Geograph. Institut d. Univ. d. Saarlandes, X (1965), S. 5 – 22. Saarbrücken.
Rathjens, C. 1968/69: Verbreitung, Nutzung und Zerstörung der Wälder und Gehölzfluren in Afghanistan. – Jahrb. d. Südasien-Instituts d. Univ. Heidelberg, III, S. 7 – 18.
Rathjens, C. 1971: Wirtschaftliche Raumbildungen im östlichen Orient. – In: Wirtschafts- und Kulturräume der außereuropäischen Welt, Festschr. f. A. Kolb (= Hamburger Geograph. Studien, 24), S. 149 – 157. Hamburg.
Rathjens, C. 1972: Fragen der horizontalen und vertikalen Landschaftsgliederung im Hochgebirgssystem des Hindukusch. – In: C. Troll (Hrsg.): Landschaftsökologie der Hochgebirge Eurasiens (= Erdwissenschaftl. Forschung, IV), S. 205 – 220. Wiesbaden.

Rathjens, C. 1974a: Die Wälder von Nuristan und Paktia. – Geograph. Zeitschr., 62, S. 295 – 311.
Rathjens, C. 1974b: Klimatische Jahreszeiten in Afghanistan. – Afghanistan Journal, *1*, S. 13 – 18.
Rathjens, C. 1975a: Witterungsbedingte Schwankungen der Ernährungsbasis in Afghanistan. – Erdkunde, 29, S. 182 – 188.
Rathjens, C. 1975b: Deutsche geographische Forschung in Afghanistan. – Geograph. Rundschau, 27, S. 405 – 407.
Rathjens, C. 1978: Hohe Tagessummen des Niederschlags in Afghanistan. – Afghanistan Journal, *5*, 1, S. 22 – 25.
Reiner, E. 1966: Die Kartographie in Afghanistan. – Kartograph. Nachrichten, *16*, 4, S. 137 – 145.
Sawez, I. U. 1972: Agrargeographische Untersuchung in Guldara und Ghor als Beispiele für Alt- und Jungsiedelland im Afghanischen Hindukusch. – Diss. Mathem. – Naturwiss. Fak. Univ. Köln.
Sawez, I. U. 1976: Sozialer Wandel im Gebiet von Koh-i-Daman am Beispiel einiger Kabul nahegelegener Dörfer. – In: E. Grötzbach (Hrsg.) 1976, S. 194 – 209.
Scharaf, S. Sch. 1968: Das Verkehrswesen in Afghanistan. – Orient, 1, S. 3 – 7.
Schurmann, H. F. 1962: The Mongols of Afghanistan. An Ethnography of the Moghols and Related Peoples of Afghanistan (= Central Asiatic Studies, 4). 's-Gravenhage.
Senarclens de Grancy, R. und R. Kostka (Hrsg.) 1978: Großer Pamir. Österreichisches Forschungsunternehmen 1975 in den Wakhan-Pamir/Afghanistan. – Graz.
Šulc, V. L. 1968: Reki Afganistana (Die Flüsse Afghanistans). – Moskau.
Shroder, J. F., Jr. 1975: National Atlas of Afghanistan. A Call for Contribution. – Afghanistan Journal, *2*, 3, S. 108 – 111.
Shroder, J. F., Jr. u. a. 1978: Remote Sensing in Afghanistan. – Afghanistan Journal, *5*, 4, S. 123 – 128.
Strand, R. F. 1975: The Changing Herding Economy of the Kom Nuristani. – Afghanistan Journal, *2*, 3, S. 123 – 134.
Tapper, N. 1973: The Advent of Pashtûn mâldârs in NW-Afghanistan. – Bull. of the School of Oriental and African Studies, *36*, 1, S. 55 – 79.
Tapper, R. 1974: Nomadism in Modern Afghanistan: Asset or Anachronism? – In: L. Dupree and L. Albert (Ed.): Afghanistan in the 1970s, S. 126 – 143. New York.
Toepfer, H. 1972: Wirtschafts- und sozialgeographische Fallstudien in ländlichen Gebieten Afghanistans (= Bonner Geograph. Abh., 46). Bonn.
Toepfer, H. 1976: Untersuchungen zur Wirtschafts- und Sozialstruktur der Dorfbevölkerung der Provinz Baghlan (Afghanistan) (= Afghanische Studien, 15). Meisenheim am Glan.
Volk, O. H. 1969: Ökologische Grundlagen des Nomadismus. – In: Nomadismus als Entwicklungsproblem (= Bochumer Schriften zur Entwicklungsforschung und Entwicklungspolitik, 5), S. 57 – 66.
Voppel, G. 1967: Afschar – Strukturgrundlagen und Wirtschaftsleben eines stadtnahen afghanischen Dorfes. – Geograph. Rundschau, 19, S. 251 – 260.
Wald, H.-J. 1969: Landnutzung und Siedlung der Pashtunen im Becken von Khost. – Schriften d. Deutschen Orient-Inst., Opladen.
Wald, H.-J. 1971: Sturzwasser-Bewässerung in Khost (Afghanistan). – Zeitschr. f. Bewässerungswirtschaft, S. 174 – 184.
Wiebe, D. 1972: Zum Problem der Wirtschafts- und Raumplanung in Entwicklungsländern, am Beispiel von Afghanistan. – Orient, *13*, 3, S. 138 – 146.
Wiebe, D. 1973a: Struktur und Funktion eines Serais in der Altstadt von Kabul/Afghanistan. – In: R. Stewig und H.-G. Wagner (Hrsg.): Kulturgeographische Untersuchungen im islamischen Orient (= Schriften d. Geograph. Inst. d. Univ. Kiel, 38), S. 213 – 240. Kiel.
Wiebe, D. 1973b: Raumordnung und Kommunalstruktur in Südafghanistan. – Informationen d. Inst. f. Raumordnung, 23, S. 199 – 219.
Wiebe, D. 1975a: Zum Problem stadtplanerischer Entscheidungsprozesse in Afghanistan. – Afghanistan Journal, *2*, 4, S. 135 – 147.
Wiebe, D. 1975b: Zur Industriestruktur von Afghanistan. – In: Geographisches Taschenbuch 1975/76, S. 80 – 105. Wiesbaden.
Wiebe, D. 1976a: Formen des ambulanten Gewerbes in Südafghanistan. – Erdkunde, 30, S. 31 – 44.
Wiebe, D. 1976b: Die räumliche Gestalt der Altstadt von Kandahar. Ein kulturgeographischer Beitrag zum Problem der partiellen Modernisierung. – Afghanistan Journal, *3*, 4, S. 132 – 146.
Wiebe, D. 1976c: Stadtentwicklung und Gewerbeleben in Südafghanistan. – In: E. Grötzbach (Hrsg.) 1976, S. 152 – 172.
Wiebe, D. 1976d: Freizeitverhalten und Tourismus in Afghanistan. Ein Beitrag zur Fremdenverkehrsgeographie drittweltlicher Länder. – Orient, *17*, 1, S. 141 – 157.

Wiebe, D. 1977: Entwicklungsprojekte und sozioökonomischer Wandel in Afghanistan. – Fragenkreise, Paderborn.
Wiebe, D. 1978: Stadtstruktur und kulturgeographischer Wandel in Kandahar und Südafghanistan (= Kieler Geograph. Schriften, 48). Kiel.

Probleme stadtgeographischer Forschung in Afghanistan - Wandel und Beharrung afghanischer Provinzstädte

Dietrich Wiebe, Kiel

Eine Auswertung der stadtgeographischen Literatur *(Grötzbach, Hahn, Rathjens)* über Afghanistan zeigt die Vielfalt der Forschungsprobleme und weist gleichzeitig auf verschiedene Phasen stadtgeographischer Untersuchungen hin. Die erste Detailkartierung einer islamisch-orientalischen Großstadt führte *Hahn* (1964) am Beispiel von Kabul durch. Er legte damit die Grundlage für viele ähnliche Arbeiten im Orient. Standen in den sechziger Jahren Strukturanalysen der Landeshauptstadt Kabul im Vordergrund, so wandte man sich in den siebziger Jahren verstärkt den Provinzhauptstädten *(Grötzbach)* zu. In den letzten Jahren wurden die kleineren Mittelpunktsiedlungen erfaßt und damit eine Forschungslücke erkannt, die lange Zeit für stadt- und siedlungsgeographische Arbeiten im Orient bestand.

Neben diesen raumspezifischen Komponenten (Großstadt – Provinzhauptstadt – Kleinstadt – Mittelpunktsiedlungen) gibt es eine große Bandbreite von Fragestellungen, wie z.B. Probleme der Infrastrukturausstattung, des Wandels gewerblicher Muster, der Zentralitätsgliederung, der Stadtplanung und des Städtebaus, der Anlage neuer Städte aufgrund administrativer Neugliederungen, der innerstädtischen Verlagerung der Basare, der Ausweisung von Industrie- und Wohnflächen am Stadtrand, der Verkehrserschließung und -bedienung, die planungsbezogen analysiert werden. Darüber hinaus spiegelt die "Wissenschaftsgeschichte" der Stadtgeographie in Afghanistan aber auch verschiedene Phasen der Stadtentwicklung wider. In Afghanistan lassen sich nämlich im 20. Jh. einige Phasen dynamischer städtebaulich-infrastruktureller Maßnahmen ausgliedern. In den 20er Jahren unter Amanullah beginnend und in den 30er Jahren verstärkt wirksam werdend setzte eine bauliche und funktionale Umgestaltung in den Städten ein, um sie an die modernen Erfordernisse anzupassen. So wurden die engen, nur für Tierkarawanen geeigneten Gassen verbreitert, der Sackgassengrundriß wurde von rechtwinkligen Straßenzügen abgelöst und neue flächenbeanspruchende Verwaltungs- und Infrastrukturbauten errichtet. Das öffentliche Infrastrukturangebot wie Krankenhäuser, Schulen, Behörden und Hotels führte zu Wandlungen im funktionalen Stadtgefüge; man errichtete diese Gebäude meistens außerhalb der Altstadt, teilweise verbunden mit Wohnanlagen für die Bediensteten. In der Altstadt verblieben traditionelle Einrichtungen wie Stadt- und Provinzverwaltung, Polizei, Garnison und Gefängnis. Die Veränderungen ließen die Gewerbestandorte zunächst unberührt. Ende der 50er Jahre und Anfang der

60er Jahre gab es eine zweite Phase städtebaulicher Aktivitäten. Die zentrale Trinkwasserversorgung mit Zapfstellen in den Hauptstraßen, die Installation von Telephonen und Elektrizität und der Auf- und Ausbau von Regionalprojekten unter ausländischer Regie bildeten die Grundlage für den Bau neuer Stadtteile, in denen die Ausländer mit ihren Angehörigen und teilweise die leitenden Afghanen des Projektes wohnten. Wir erleben die Gründung von Compounds, die abseits der bebauten Ortslage errichtet werden und mit der betreffenden Stadt nicht mehr verbunden sind (eigene Wasser- und Elektrizitätsversorgung, teilweise eigene Schulen und Verwaltung, eigene Einkaufsmöglichkeiten und Freizeiteinrichtungen). Ein weiteres segregierendes Element ist der Bau einer Neustadt neben der bestehenden Altstadt, wie z.B. in Aqcha, Taluqan, Andkhoi und Ghazni. Die Neustädte entstanden meistens im Rahmen administrativer Neugliederungen, als man z.B. aus den 8 Provinzen 28 schuf und dementsprechend neue Provinzstädte anlegte. Aber auch der Ausbau von Infrastrukturprojekten und die Bildung industrieller Komplexe führten zu dieser Neubautätigkeit. Im Hintergrund aller Maßnahmen steht die Überlegung, die in die Provinz versetzten afghanischen Eliten mit technischer und sozialer Infrastruktur und Waren so zu versorgen, daß man die Provinz als Wohn- und Arbeitsstandort für so attraktiv ansieht, um sich dort ständig niederzulassen. Die weitverbreitete Unzufriedenheit mit dem Leben in der Provinz bleibt aber bestehen, da die traditionalen familialen Bande sich nur aufrechterhalten lassen, wenn man alle Angehörigen in der Landeshauptstadt Kabul läßt und bei jeder sich bietenden Gelegenheit hierher fährt. Höhere Verwaltungsbeamte bleiben oft nur zwei Tage an ihrem Arbeitsplatz in der Provinz, die anderen Tage werden in Kabul damit verbracht, sich um eine Rückversetzung zu bemühen.

Im Gefolge regionaler Entwicklungsmaßnahmen wurden in Afghanistan verschiedene Städte planmäßig angelegt, wie z.B. Lashkargah, Pul-e Khumri, Baghlan, Shahr-e Maidan, Farahrod, Shahr-e Logar u.a. Diese Städte haben einige gemeinsame Entwicklungsprobleme. Ihre Gründung erfolgte aufgrund administrativer Maßnahmen, deshalb wurden zuerst die öffentlichen Gebäude und einige Wohnkomplexe für die Beamten errichtet, der Gewerbebau folgte recht zögernd. Da die Städte oft mit den bestehenden zentralörtlichen Strukturen konkurrieren, d.h. teilweise entsprechen Standort und Warenangebot nicht den überlieferten raumadäquaten Mustern, werden sie nur bedingt von der Bevölkerung des Umlands "angenommen". Vielfach konnte festgestellt werden, daß die Läden im planmäßig errichteten Basar leerstanden und sich in der Nähe eine Art "wilder Basar" mit Lehm-, Bretter- und Mattenbuden installierte, der von den Kunden besucht wird, da die Mieten und das sar kolfie in den neuen Bauten aus gebrannten Ziegeln, Beton und Stahl für die Dukkandare zu hoch waren.

Die kurz skizzierten Probleme lassen gerade Provinzstädte als Forschungsgegenstand für die Geographie reizvoll erscheinen, da an ihnen — sie sind überschaubar und ihre Einzugsbereiche gut abgrenzbar — gerade die Entwicklungsabläufe erfaßt werden können, die charakteristisch für die Modernisierungsprozesse in Afghanistan sind, wenn man unter Modernisierung den Grad der Anpassungsfähigkeit sozialer Systeme an ihre inneren und äußeren Existenzbedingungen versteht.

Es ist weiterhin zu beachten, daß das Gros der afghanischen Bevölkerung — nur ca. 10 % bis 15 % der Einwohner leben in Städten — auf dem Lande wohnt und demzufolge primär mit dem Angebot in den kleineren Städten konfrontiert wird und kaum das Waren- und Dienstleistungssortiment der Großstädte kennenlernt. Der Bau von Allwetterstraßen, die die Zentren des Landes miteinander verbinden, ist bisher ohne Einfluß auf diese Situation geblieben. Die verschiedenen Übergangsformen zwischen traditionalen und modernen Strukturen können also in den Provinzorten besser erfaßt werden als in den größeren Städten. Die geringe Zahl von Dauerarbeitsplätzen aufgrund fehlender wirtschaftlicher Dynamik in den Provinzstädten trägt mit dazu bei, daß rurale Lebensformen gegenüber den urbanen eindeutig dominieren, wie es noch zu zeigen sein wird. Auf der anderen Seite können diese Siedlungen auch zu Kernpunkten einer sekundären Innovationsweitergabe werden, und zwar für den ländlichen Raum. Man denke nur an die Ausbreitung der städtischen Sitte des Schleiertragens auf die weiblichen Oberschichtangehörigen in den Dörfern.

Aus der Fülle von Fragestellungen, die zur Erklärung der Entwicklungsphänomene in den Städten der afghanischen Provinz beitragen können, möchte ich die folgenden Fragenkreise näher behandeln:

— Welche Bedeutungsveränderungen erfahren Provinzstädte aufgrund von Maßnahmen der Landesentwicklung?
— Welches Innovationspotential besitzen Provinzstädte bzw. auf welche Diffusionswiderstände stoßen hier die Neuerungen?
— Welche Bedeutung haben regionalspezifische Lagefaktoren für den Wandel bzw. für die Beharrung traditionaler Muster?
— Welche Strukturen werden diese Städte zukünftig prägen?

Als Fallbeispiele wurden Girishk in Südafghanistan, Andkoi und Aqcha in Nordafghanistan ausgewählt. In Girishk können die Wandlungen im gewerblichen Bereich innerhalb eines Zeitraumes von 5 Jahren auch quantitativ behandelt werden, da ich hier 1972 und 1977 Strukturuntersuchungen durchführen konnte*.

Alle drei Siedlungen stellen verschiedene Typen von Provinzstädten dar, auch wenn sie den gleichen administrativen Rang — sie sind Woluswali I. Grades (Kreisstadt) — einnehmen. Zu ihrer Grundausstattung gehören jeweils ein Krankenhaus, eine Bank, ein Hotel und verschiedene öffentliche Einrichtungen wie z.B. Stadtverwaltung, Gericht, Finanz-, Polizeibehörde und weiterführende Schulen. Es hat sich gezeigt, daß die meisten dieser Verwaltungen nur in geringem Maße von der Bevölkerung frequentiert werden. Die Ursachen dafür liegen u.a. in mangelnder Kenntnis des öffentlichen Dienstleistungsangebots, in der Scheu, mit offiziellen Stellen in Kontakt zu treten, und in soziokulturell bedingten Ablehnungsmechanismen. Der gesamte staatliche Bereich spielt im Alltagsleben der Menschen nur eine unbedeutende Rolle, er trägt kaum dazu bei, die betreffende Stadt und ihr Umland zu modernisieren. Als Wirtschaftsfaktor ist dieser Sektor unbedeutend, da Büroausstattungen, Verbrauchsmaterial u.ä. zentral von Kabul ausgeliefert werden und damit Aufträge für das lokale Gewerbe so gut wie gar nicht zu vergeben sind.

Die Landesentwicklung und ihre Bedeutung für die Provinzstädte

Alle Maßnahmen der Landesentwicklung und damit auch der Stadtentwicklung und des Städtebaus werden zentral von Kabul aus geplant und durchgeführt. Dadurch werden die Chancen vermindert, z.B. regional- und lokalspezifische Ressourcen und Präferenzen sinnvoll zu nutzen. Das 1967 gegründete "City Planning and Housing Department"

---
* Dieser Beitrag basiert auf Untersuchungen, die in dankenswerter Weise durch Reisebeihilfen der Deutschen Forschungsgemeinschaft 1972 und 1977 ermöglicht wurden. Der Ethnologin *A. Stucki*, Australian National University, Canberra, danke ich für die Hilfe bei der Geländearbeit in Nordafghanistan. Herr *A. Safi* (Aqcha) war mir ein wichtiger Informant und half bei der Überwindung mancher Schwierigkeiten.

– eine Abteilung im Ministerium für Öffentliche Arbeit (Public Works) – hat die Aufgabe, für alle Städte die Flächennutzungs- und Bauleitplanung zu erarbeiten. Die entworfenen Flächennutzungspläne entsprechen nur bedingt den realen Verhältnissen; topographische und inhaltliche Ungenauigkeiten herrschen vor. Eine Darstellung der vorhandenen öffentlichen und privaten Einrichtungen gibt es nicht, aber dafür bis zu 15 Einzelpläne, die sich mit Problemen befassen, die in absehbarer Zeit nicht aus dem Planungsstadium herauskommen werden, da örtliche Interessen und Machtverhältnisse gegenüber allen Veränderungen Vorrang haben.

Eine weitere Möglichkeit, die Provinzstädte zu fördern, besteht darin, sie zu Mittelpunkten von Regionalen Entwicklungsprogrammen zu machen, wie z.B. Lashkargah zum Zentrum des Helmand-Projektes oder Khost zum Zentrum des Paktia-Projektes; d.h. Infrastrukturprojekte können als Motoren des sozioökonomischen Wandels benutzt werden, wenn eine dauerhafte Stärkung der regionalen Wirtschaftskraft erzielt wird. Eigene Untersuchungen 1977 haben aber ergeben, daß das modernisierte Stadtgefüge in diesen Gebieten nur solange als intakt bezeichnet werden kann, solange das betreffende Projekt voll von den ausländischen Geldgebern personell und materiell unterstützt wird. Nach Übergabe des Entwicklungsprojektes in afghanische Hände beginnen dann die bekannten Probleme. Der spekulative Wohn- und Gewerbebau – er orientierte sich an Wunschvorstellungen und nicht an der realen Nachfrage – zeigt sich in einer Vielzahl leerstehender oder halbfertiger Häuser und Dukkane. Die neuangelegten Stadtviertel und Basarteile werden nur in geringem Maße genutzt. Die kaufkräftigen Ausländer und die in ihrem Gefolge gut verdienenden Afghanen haben den Ort verlassen, um in Kabul, im Iran oder in den Golfküstenstaaten besser dotierten Tätigkeiten nachzugehen. Der beträchtliche Kaufkraftverlust und die geringere Warennachfrage führen zum Verschwinden ganzer Branchen, da die zurückbleibende Bevölkerung und ihre begrenzten Geldmittel viele der neuen Produkte zu Luxusgütern werden lassen, die man nur noch sporadisch erwerben kann. Diese Funktionsverluste werden wohl in absehbarer Zeit kaum zu ersetzen sein. Die zentralörtlichen Verknüpfungen der Städte mit ihrem agraren Umland reduzieren sich auf die überlieferten Strukturen mit dominierenden Waren-Tauschbeziehungen, bei denen die erst jüngst entwickelten Waren-Geld-Austauschbeziehungen rückläufig sind.

Es zeigt sich, daß sowohl landesplanerische Maßnahmen als auch infrastrukturelle Regionalprogramme für Land- und Forstwirtschaft bisher kaum in der Lage gewesen sind, die Strukturdefizite dieser Zentralen Orte abzubauen. Als Zwischenergebnis kann festgestellt werden, daß die Versuche einer Landesentwicklung nicht dazu geführt haben, die Strukturen und Funktionen der Provinzstädte zu erweitern und zu festigen, wobei die Frage offenbleibt, ob bei einer Förderung der Großstädte allein in den Provinzstädten nicht noch mehr Funktionsverluste eingetreten wären. Die physiognomischen Wandlungen im Aufriß- und Grundrißbild sind kein Indikator für durchgreifende strukturelle Änderungen.

Die Provinzstädte als Innovationszentren

Diese Situation wirft die Frage auf, ob Provinzstädte nicht zu Zentren einer sekundären Innovations-Weitergabe werden können, die von Kabul aus in die kleineren Zentralen Orte eindringt. Es kann zunächst davon ausgegangen werden, daß die Verhaltensweisen der Bevölkerung sich noch im Rahmen einer vorgegebenen klaren und beständigen Ordnung bewegen und nicht in einem heterogenen Felde mit Gemeinsamkeiten, Überschneidungen u.ä. Die zu erwartenden Diffusionswiderstände sind soziokulturell geprägt. Da

Afghanistan nie unter Kolonialherrschaft gestanden hat und dementsprechend von der Wirksamkeit eigener Strukturelemente weit mehr überzeugt ist als von den "importierten" Mustern, führt der Zusammenstoß von agrargesellschaftlichen und industriegesellschaftlichen Lebensformen zu verschiedenen Reaktionen. Der eingeleitete Wandlungsprozeß verläuft diskontinuierlich und disproportional und führt zu dem bekannten "cultural lag", dem Auseinanderklaffen von technischer, wirtschaftlicher und gesellschaftlicher Wandlung.

Die bessere Verkehrsanbindung und -bedienung nach Kabul und die permanente Rotation auf den höheren Beamtenstellen führen die Städte im ländlichen Raum etwas besser an die Ereignisse und Neuerungen in Afghanistan heran. So scheint die Verbreitung von Industriewaren recht gut zu sein, wenn die Produkte keine Tabus verletzen und mit Hilfe der örtlichen Infrastruktur (Elektrizität) zu nutzen sind. Der Absatz dieser Güter ist dann meist problemlos. Auf der anderen Seite wirkt sich das Fehlen von Betrieben, die Wartungs- und Reparaturarbeiten übernehmen könnten, negativ aus. Da eine pflegliche Behandlung von technischen Geräten mangels eigener Kenntnisse nicht durchgeführt wird, ist die Verschleißquote recht hoch, viele Produkte werden funktionslos und finden keine weitere Verbreitung.

Als Träger der Diffusion kommen diejenigen Einwohner in Frage, die im Sozialgefüge der Städte führende Rollen einnehmen, da sie über die besten Außenkontakte verfügen und ihre Leitbildfunktionen noch ungebrochen weiterbestehen. Es sind dies vor allem Großhändler, Seraieigentümer und in geringerem Maße die höheren Beamten. Dieser positiven Lage steht aber die aus historischen Erfahrungen gewonnene Zurückhaltung der Afghanen gegenüber, das eigene Vermögen und den persönlichen Wohlstand nicht der Öffentlichkeit zu zeigen, sondern abgeschlossen hinter Mauern zu verbergen, so daß nicht alle Neuerungsanstöße nach außen wirken können.

Aqcha, Andkhoi und Girishk als Beispiele für Wandel und Beharrung afghanischer Provinzstädte

Die aufgezeigten Probleme sollen nun mit Hilfe von drei regionalen Beispielen vertieft und erläutert werden. Da die Basare sich augenblicklich am besten dazu eignen, die divergierenden Tendenzen afghanischer Stadtentwicklung — Stagnation und Wachstumsansätze — darzustellen, werden ihre Strukturmuster als Ausdruck der bestehenden sozioökonomischen Verhältnisse des Landes behandelt.

Die unterschiedliche geographische Lage und Verkehrsanbindung der drei Städte hat zu regionaltypischen zentralörtlichen Ausprägungen geführt. Andkhoi besitzt noch das klassische zentralörtliche Muster. Da die Stadt bisher nicht an die asphaltierte Ringstraße angeschlossen ist und von größeren Zentren kaum überlagert wird, ist Andkhoi *der* Zentrale Ort für einen ländlichen Raum, der sich von der afghanisch-sowjetischen Grenze bis an die Ausläufer des Hindukusch erstreckt, und dessen Verflechtungsbereich nach Westen und Osten durch naturgeographische Faktoren (Halbwüsten und Wüsten) begrenzt wird. Eigene Beobachtungen ergaben, daß die Verflechtungen innerhalb einer bis zu 100 km breiten Zone am intensivsten sind. Der Basar spiegelt die enge Verknüpfung mit einer agraren Bevölkerung wider, wie z.B. in seinen Funktionen als Sammelstelle für spezielle Agrarprodukte (Felle, Wolle, Teppiche, Melonen). Das städtische Auftragshandwerk versorgt Siedlungen bis zu 120 km Entfernung, eine Strecke, die man mit einem Reisetag anzusetzen hat.

Die zentralörtlichen Muster von Aqcha und Girishk sind dagegen verschiedenen Veränderungen mit Überlagerungstendenzen ausgesetzt, da beide Orte durch die asphaltierte

Allwetterstraße verkehrsmäßig gut erschlossen sind. In Girishk haben die relativ günstigen Entfernungen nach Kandahar (ca. 150 km) und nach Lashkargah (ca. 90 km) zu Funktionsverlusten geführt. Als traditionelles Zentrum am Rand des Hindukusch war Girishk einmal ein wichtiges Regionalzentrum, wie es noch Zitadelle und Basar zeigen. Einen wirtschaftlichen Aufschwung erlebte die Stadt noch einmal im Rahmen der Arbeiten am Kajakai-Stausee und als Hauptstadt der Helmand-Provinz. Mit dem fortschreitenden Ausbau Lashkargahs und der Verlagerung der administrativen Aufgaben dorthin verlor Girishk zunehmend an Bedeutung. Der Verflechtungsbereich "Südliche Helmand-Region" orientierte sich nach Lashkargah um, für Girishk blieb ein relativ kleines Gebiet übrig. Die Stadt- und Basarentwicklung stagniert seitdem, wie es die Analysen des Waren- und Dienstleistungsangebots noch zeigen werden. Heute ist Girishk als eine Art afghanischer Landstadt anzusehen, die Umschlagsfunktionen für die Erzeugnisse der Agrarwirtschaft wahrnimmt. Die kaufkräftigen Einwohner dagegen fahren nach Kandahar, die Landbevölkerung und das Gros der städtisch geprägten Konsumenten versorgt sich in Girishk.

Auch in Aqcha unterliegt das zentralörtliche Gefüge den Einflüssen konkurrierender Provinzhauptstädte. Im Westen ist es die Provinzhauptstadt Shibarghan, die als Zentrum der sowjetischen Erdgasexploration und teilweisen -verarbeitung städtische Verbraucher beherbergt, und im Osten die Provinzhauptstadt Mazar-e Sharif, die das Regionszentrum für den gesamten nordafghanischen Raum darstellt. Die Verkehrsbedienung von Aqcha nach Shibarghan und Mazar-e Sharif ist sehr gut, Taxen und Autobusse fahren mehrmals täglich. Besonders Mazar-e Sharif ist für die Bevölkerung von Aqcha heute schon eine Stadt, in die man zum Einkaufen fährt, um Waren des mittel- und langfristigen Bedarfs zu erwerben.

Aus den zentralörtlichen Strukturen kann auf ein regional unterschiedliches Angebot in den betreffenden Basaren geschlossen werden, da ja hochwertige Industrieprodukte in den jeweiligen Regionszentren Kandahar bzw. Mazar-e Sharif erworben werden. Da Neuerungen — oft mit Hilfe städtischer ambulanter Händler — zuerst im zentralen Basarbereich eingeführt werden und von dort aus in andere Stadtteile und später in das Umland diffundieren, erscheint eine detaillierte Bewertung dieses Basarteils wichtig zu sein. Dieses Viertel, es ist durch eine optimale Verkehrsbedienung und Infrastrukturausstattung gekennzeichnet, beherbergt die meisten Serais und öffentlichen Einrichtungen wie Ark, Große Moschee und die Verwaltung. Es ist Kommunikationszentrum, Nachrichtenbörse und Warenumschlagsplatz zugleich zwischen Stadt- und Landbewohnern. Mieten und sar kolfie erreichen hier ihre höchsten Werte.

Die sektorale Analyse (s. Tab. 1) in den Basarzentren von Andkhoi (68,7 % aller Gewerbestätten gehören zum Einzelhandel) und Girishk (81,2 %) ergibt eine Dominanz des Einzelhandels, es folgt dann das Handwerk mit 23,3 % (Andkhoi) bzw. 17,1 % (Girishk). Der Dienstleistungssektor (6,0 % in Andkhoi und 1,7 % in Girishk) ist unbedeutend, Friseure und Apotheken überwiegen. Der relativ hohe Anteil der Geschäfte, die mit Waren des täglichen Bedarfs handeln (Andkhoi 36,8 % — Girishk 34,7 %), zeigt einmal die Orientierung auf die Ortsbevölkerung und zum anderen die Bedeutung der Städte als Sammel- und Umschlagsplätze des agraren Umlands. Es ist anzunehmen, daß noch immer ein erheblicher Teil der Stadtbewohner von Tätigkeiten in der Landwirtschaft lebt, sei es als Grundherr, Pächter oder vermarktender Händler. Besonders die Krämer, Schlachter, die Händler mit Fellen und Leder und die mit Grundnahrungsmitteln sind in Andkhoi bedeutend, so gehören 37,9 % aller Gewerbestätten in diese Gruppe. In Girishk dominieren die Händler mit Grundnahrungsmitteln, mit Haushaltswaren, die Schlachter und der Textilhandel, die 57,6 % aller Betriebe stellen.

Im Handwerksbereich sind die Schmiede und die Unternehmen, die mit einfachen

Mitteln Speiseöl produzieren (handbetriebene Ölpressen), am stärksten in Andkhoi vertreten, zu ihnen gehören 68,6 % aller Handwerksbetriebe. In Girishk ist die Situation ähnlich, auch hier überwiegt das traditionelle Handwerk. Es hat den Anschein, als ob die Funktionen und Verflechtungen des Handwerks noch am wenigsten von neueren Entwicklungen überformt worden sind. Das Industriehandwerk ist von untergeordneter Bedeutung, da die infrastrukturellen Rahmenbedingungen in den Städten und auf dem Lande weitgehend fehlen. Eine Unterscheidung des Basarangebots nach traditionalen und modernen Formen ergibt, daß 37,4 % aller Gewerbetreibenden in Andkhoi ein traditionales Angebot aufweisen, in Girishk liegt ihr Anteil bei 18,8 %. Der frühere Einfluß des Helmand-Projektes bzw. die periphere Lage von Andkhoi spiegeln sich in diesen Zahlen wider. Ein weiterer Indikator ist die Höhe des sar kolfie, in Girishk rechnet man mit durchschnittlich 60 000 Afs pro Dukkan im zentralen Basar, in Andkhoi werden 40 000 bis 50 000 Afs angegeben.

Die Bedeutung des Basars von Aqcha für das Umland zeigt sich an den Markttagen am Montag (sogenannter großer Markttag) und Donnerstag (sogenannter kleiner Markttag) — in Andkhoi wird an denselben Wochentagen der Markt abgehalten —, wenn alle Dukkane geöffnet sind, die Kunden mit Lastkamelen, zweirädrigen Karren und Wagen und auf Pferden in die Stadt strömen. Die starke Orientierung auf die Landbevölkerung spiegelt die vielen Serais wider, in denen die Landleute ihre Tiere bis zur Abreise lassen, eingekaufte Waren dort stapeln bzw. in den Wohnserais einen Raum mieten. Dabei werden die einzelnen Serais nur von dem Dorf genutzt, aus dem der jeweilige Seraiinhaber bzw. -betreiber stammt. Ähnlich ist es beim An- und Verkauf von Waren, hier werden soweit wie möglich die Dorfmitglieder unter den Dukkandaren aufgesucht. Das persönliche, vertraute Verhältnis ist wichtiger als mögliche ökonomische Erwägungen wie z.B. bei Preis- und Qualitätsunterschieden. Die städtischen Geldverleiher spielen ebenfalls eine bedeutende Rolle. Wenn sie Händler sind, schlagen die Schuldner soweit wie möglich ihre Waren beim Gläubiger um. Es ist schwierig, in diese geschlossenen Wirtschaftsverflechtungen Einblick zu gewinnen. Die Serais sind die Mittelpunkte, von denen aus der einzelne Dorfbewohner seine Kontakte in die Stadt knüpft und die ihm Orientierungshilfen bieten.

Das Basarangebot in Aqcha kann als traditional angesehen werden und weist auf intakte Stadt-Umland-Beziehungen hin, während die innerstädtischen Verflechtungen zwischen Wohnbevölkerung und Basar ja durch den Einfluß von Mazar-e Sharif problematischer erscheinen. Der Handelsanteil liegt bei 62,9 %, das Handwerk bei 33,6 % und die Dienstleistungen bei 3,5 % aller Gewerbestätten. Im Handel dominieren die Geschäfte des täglichen Bedarfs (25,8 % aller Gewerbestätten) und der Textilbereich (28,0 %). Das traditionelle Angebot wird durch den Verkauf von Mützen, Chapans (langärmelige Mäntel), Wolle und Garnen, mit denen das ländliche Heimgewerbe versorgt wird, und vom Teppich- und Kelimhandel geprägt (s. Tab. 1). Im Gegensatz ist der Basarhandel mit Fellen, Häuten und Leder unbedeutend, da ein großer Teil dieser Produkte in der örtlichen Fabrik bearbeitet wird (zeitweise bis zu 50 Arbeitskräfte). Im Handwerksbereich sind die Schuhmacher (10,3 % aller Handwerksstätten) wichtig, die das heimische Leder für die traditionelle Fußbekleidung der Turkmenen verarbeiten, weiterhin dominieren Tischler (21,1 %), die landwirtschaftliche Geräte und Fahrzeuge herstellen, die Blechschmiede (14,7 %), die Juweliere (12,3 %), die Ölmühlen (8,5 %) und die Betriebe, die Fahrräder reparieren (7,3 %); ein typisch modernes, städtisches Verkehrsmittel in Afghanistan.

Zu den internen wirtschaftlichen Strukturen ist zu sagen, daß das sar kolfie pro Dukkan an der Hauptbasargasse 100 000 Afs beträgt, in den unmittelbar angrenzenden Gassen 70 000 Afs und auf der Randzone auf 50 000 Afs absinkt. Ein ähnliches räumliches

Wertgefälle gibt es bei den Mieten. Im zentralen Basar an der Asphaltstraße liegt die Monatsmiete bei 1000 Afs, in den Nebengassen bei 500 Afs und am Rande des Basars zwischen 200 und 300 Afghani. Da die Getreidemärkte in staatlichem Eigentum sind, entfällt hier das sar kolfie. Die Händler in diesen Serais haben pro Dukkan 120 Afs Monatsmiete zu zahlen und darüber hinaus für jeden gehandelten Sack Getreide 2 Afs an die Verwaltung abzuführen. Das theoretische Mietaufkommen des ca. 1956 neuangelegten Basars von Aqcha beträgt ca. 650 000 Afs monatlich, ohne die Mieten aus den Serais, eine hypothetische Summe, die erst dann an Interpretationskraft gewinnen würde, wenn es gelänge, auch in anderen städtischen Basaren Afghanistans zu besseren Informationen zu gelangen.

Ergebnisformulierung

In der vorliegenden Analyse wurde versucht, einige Probleme stadtgeographischer Forschung in Afghanistan aufzuzeigen, die Problem*lösungen* werden wohl erst langfristig möglich sein und Erfolge erst dann sichtbar werden, wenn die Kenntnisse über die "inneren Strukturmuster" umfassender geworden sind. Die soziokulturell bedingten Barrieren können nur behutsam abgebaut werden. Aus den konkreten Fallbeispielen lassen sich jedoch schon einige Teilergebnisse gewinnen.

Als traditionelle Muster sind die Branchensortierung, die Größe des einzelnen Geschäftes, die Warendarbietung und die internen Verflechtungsmuster und Abhängigkeiten voll erhalten geblieben. Eine Standortverlagerung des Basarviertels, die Verwendung moderner Baustoffe und das Angebot von Industrieprodukten sind für das Gesamtgefüge bisher ohne Bedeutung geblieben. Die Verdrängungstendenzen einzelner Branchen aus dem Zentrum haben in den Provinzstädten noch nicht eingesetzt. Das gesamtwirtschaftliche Wachstum ist an den afghanischen Verhältnissen gemessen als unterdurchschnittlich anzusehen. Als ein potenter Wandlungsträger scheint sich immer mehr der Verkehr zu entwickeln, er fördert nicht nur die räumliche Mobilität der Bevölkerung — Einkaufsfahrten in höherrangige Zentren —, sondern er greift verändernd in das Basargefüge ein. Die Basare richten sich nach den Schwerpunkten des Verkehrs aus, wie z.B. durch die Motorserais und Garagen, in denen Waren umgeschlagen werden. An diesen Standorten haben die Mieten ihre höchsten Werte; früher war es der Bereich Große Moschee-Ark. Die neuen öffentlichen Einrichtungen bleiben dagegen fast bedeutungslos für die wirtschaftliche Entwicklung. Die Inhaber der Großhandelsserais steuern das Wirtschaftsleben in den kleineren Städten, als Geldgeber, Importeure, Innovatoren für neue Waren und als Bauträger von Basarkomplexen.

Der Neubau der Basare in Andkhoi und Aqcha hat zu Wandlungen in der Eigentumsstruktur an Grund und Boden geführt. Sie zeigen sich in einer Konzentration des Bodeneigentums in den Händen einiger weniger Familien. In den alten Basaren sind die Eigentumsanteile manchmal nur in Bruchteilen auszudrücken. Bei der Anlage der neuen Basare verfuhr man meistens so, daß eine Familie einen ganzen Straßenabschnitt kaufte und bebaute bzw. auf dem Basargelände große Ladenkomplexe errichtete und vermietete. Die traditionellen Eigentumsverhältnisse, die im Verlauf vieler Erbteilungen entstanden sind, werden sich wohl erst in den kommenden Generationen wieder bilden, falls man die geplante Verstaatlichung des Großgrundbesitzes nicht durchführen wird.

Die Macht der traditionellen Eliten wie der Grundherren, der Seraiinhaber und Großhändler ist im ökonomischen, gesellschaftlichen und prä-administrativen Bereich voll und ganz erhalten. Die modernen Eliten wie hohe Beamte, Militärs, Lehrer und Ärzte haben keinen Einfluß auf die Entscheidungsabläufe in diesen Städten. Ihre Wirksamkeit beschränkt sich auf administrative Aufgaben, die mehr formal als inhaltlich verändernd wirken können. Dieser Personenkreis rekrutiert sich oft aus Aufsteigern, die man zur Bewährung in die Provinz versetzt hat. Er entwickelt kaum persönliche Bindungen an seinen Arbeitsort und ist demzufolge relativ wirkungslos. Der ethno-ökonomische Aspekt ist in den Provinzstädten von Bedeutung. In Andkhoi und Aqcha sind Turkmenen als Heimgewerbetreibende dominierend, von den Paschtunen werden sie genauso gering geachtet wie in Girishk die schiitischen Farsiwan, die als Handwerker in den Basaren arbeiten. Die ethnischen Minderheiten gehören nicht zu den gesellschaftlich führenden Schichten in der Provinz.

Die Veränderungen im zentralen Basar von Girishk (s. Tab. 1) während der letzten 5 Jahre können vielleicht andeuten, wie die Entwicklung der Provinzstädte verlaufen wird. Es zeigt sich, daß z.B. die Mischläden, ein Indikator für kleinstädtische Gewerbestrukturen, ganz verschwunden sind. Ein Hinweis auf verschiedene Entmischungsprozesse. Das Warenangebot ist ausdifferenziert worden, da Spezialgeschäfte neu entstanden sind; zum anderen sind einige Produkte, mangels ausreichender Nachfrage, aus dem Basarhandel gezogen. Man erwirbt sie heute in Kandahar. Ebenfalls rückläufig ist die Zahl der Krämer und die der Händler mit Grundnahrungsmitteln. Der tägliche Bedarf hat einen Rückgang der Ladenzahl um 29,1 % erfahren. Dagegen haben der Textilhandel, der Verkauf von Haushaltswaren und der von Kunstdünger und Chemikalien erheblich an Bedeutung gewonnen. Handwerk und Dienstleistungen stagnieren.

Es bleibt abzuwarten, ob die Stadtentwicklung in Afghanistan zu dualistischen Entwicklungen führt, wie es *Hahn* in Kabul bereits 1972 in Ansätzen feststellen konnte. Unser Kenntnisstand scheint noch nicht genügend umfassend zu sein, um heute schon die zukünftigen Strukturen afghanischer Provinzstädte abschätzen zu können. Der stadtgeographischen Forschung in Afghanistan bleibt noch ein großes Feld zu bearbeiten übrig; interregionale Vergleiche (*Grötzbach* 1976) dürften dabei eine wichtige Rolle spielen.

Literatur

Ehlers, E.: Die Stadt Bam und ihr Oasen-Umland/Zentraliran. Ein Beitrag zur Theorie und Praxis der Beziehungen ländlicher Räume zu ihren kleinstädtischen Zentren im Orient, in: Erdkunde 1975, S. 38 – 52

Grötzbach, E.: Probleme der Stadtentwicklung und Stadtplanung in Afghanistan, in: Zeitschrift der Technischen Universität Hannover 1975, S. 3 – 14

Grötzbach, E.: Verstädterung und Städtebau in Afghanistan, in: E. Grötzbach (Hrsg.): Aktuelle Probleme der Regionalentwicklung und Stadtgeographie Afghanistans, Afghanische Studien, Band 14, Meisenheim am Glan 1976, S. 225 – 244

Grötzbach, E.: Zur jungen Entwicklung afghanischer Provinzstädte. Ghazni und Mazar-i-Sharif als Beispiele, in: Geographische Rundschau 1975, S. 416 – 424

Hahn, H.: Die Stadt Kabul (Afghanistan) und ihr Umland. I. Gestaltwandel einer orientalischen Stadt, Bonner Geographische Abhandlungen, H. 34, Bonn 1964

Hahn, H.: Wachstumsabläufe in einer orientalischen Stadt am Beispiel von Kabul/Afghanistan, in: Erdkunde 1972, S. 16 – 32

Hottes, K.: Raumwirksame Staatstätigkeit in Afghanistan, in: W. Leupold u. W. Rutz (Hrsg.): Der Staat und sein Territorium, Wiesbaden 1976, S. 36 – 60

Rathjens, C.: Deutsche geographische Forschung in Afghanistan, in: Geographische Rundschau 1975, S. 405 – 407

Schweizer, G.: Tabriz (Nordwest-Iran) und der Tabrizer Bazar, in: Erdkunde 1972, S. 32 – 46

Stewig, R.: Der Orient als Geosystem, Schriften des Deutschen Orient-Instituts, Opladen 1977

Wiebe, D.: Stadtentwicklung und Gewerbeleben in Südafghanistan, in: E. Grötzbach (Hrsg.): Aktuelle Probleme der Regionalentwicklung und Stadtgeographie Afghanistans, Afghanische Studien, Band 14, Meisenheim am Glan 1976, S. 152 – 172
Wiebe, D.: Stadtstruktur und kulturgeographischer Wandel in Kandahar und Südafghanistan, Kieler Geographische Schriften, Band 48, Kiel 1978
Wirth, E.: Die orientalische Stadt. Ein Überblick aufgrund jüngerer Forschungen zur materiellen Kultur, in: Saeculum 1975, S. 45 – 94

Tabelle 1: Gewerbestruktur ausgewählter Provinzbasare in Afghanistan

Handelsstätten	Aqcha 1977	Andkhoi 1977 (Zentraler Basarbereich)	Girishk 1972 (Zentraler Basarbereich)	Girishk 1977 (Zentraler Basarbereich)
Grundnahrungsmittel	23	19	23	42
Krämer	95	34	10	2
Obst, Gemüse	9	–	11	14
Schlachter	60	26	4	2
Brotbäcker	3	–	8	1
Mischladen	–	–	27	–
Getreide, Mehl	6	10	1	8
Reis	2	–	–	–
Yoghurt	1	–	1	–
Tee	16	2	2	–
Schnupftabak	1	1	1	1
Speisefett	2	1	4	–
Speiseöl	2	–	–	–
Steinsalz	7	–	–	1
Gewürze	2	–	1	–
Rosinen	1	–	1	–
Süßwaren, Kekse	14	14	1	1
Brennholz, Holzkohle	1	–	–	–
Teehaus	9	1	24	9
Restaurant	1	1	–	–
Garküche	3	2	1	4
Altes Brot	5	–	–	–
Täglicher Bedarf insgesamt	263	111	120	85
Chapan, Mützen	29	–	–	–
Altkleidung	5	–	16	9
Kleintextilien	16	12	2	–
Kleider	2	–	–	–
Neue Stoffe	74	32	44	64
Wolle, Garne	94	2	3	–
Rohbaumwolle	2	–	–	–
Teppiche, Kelims	63	9	3	1
Textilbereich insgesamt	285	55	68	74
Neue Lederschuhe	–	–	1	3
Alte Lederschuhe	3	–	2	1
Plastikschuhe	–	1	3	4
Felle, Leder	13	35	1	–
Kfz.-Ersatzteile	2	–	–	–
Motoröle	12	1	4	1
Eisenwaren	5	2	2	2
Haushaltswaren	9	–	3	11
Leere Behälter	–	–	2	–
Bücher, Papierwaren	2	3	1	1
Radiohandel u. -reparatur	5	1	2	4
Elektrowaren	–	–	1	–
Chemikalien, Kunstdünger	4	–	–	5
Vogelkäfige	–	–	2	–
Töpfereiwaren	10	–	3	5
Nähmaschinen	–	–	–	1
Matten	15	–	–	–
Stricke, Taue	10	3	–	–
Wasserpfeifen	–	–	1	1
Tonkassetten	1	1	–	1
Handelsstätten insgesamt	639	213	216	199

Handwerksstätten	Aqcha 1977	Andkhoi 1977 (Zentraler Basarbereich)	Girishk 1972 (Zentraler Basarbereich)	Girishk 1977 (Zentraler Basarbereich)
Schneider	19	2	8	8
Färberei	20	–	–	–
Korbflechter	12	–	–	–
Schuhmacher	35	–	8	2
Flickschuster	2	–	–	5
Sattler	2	–	1	1
Tischler	72	3	5	1
Juwelier	42	1	–	–
Blechschmied	50	4	5	10
Schmied	9	36	4	7
Glaser	2	–	–	–
Ölpressen	29	12	–	–
Uhrmacher	9	1	1	1
Kfz.-Reparatur	10	–	1	–
Motorradreparatur	2	–	1	–
Gaddireparatur	–	–	1	–
Fahrradreparatur	25	10	5	1
Waffenreparatur	1	–	–	6
Porzellanreparatur	–	1	1	–
Handwerksstätten insgesamt	341	70	41	42
Dienstleistungsstätten				
Friseur	21	9	2	–
Photograph	2	1	1	–
Arzt	2	1	1	–
Apotheke	3	3	2	2
Heilkundiger	2	1	–	–
Büros	4	2	–	–
Hotel	1	1	–	2
Bank	1	–	–	–
Dienstleistungsstätten insgesamt	36	18	6	4
Leerstehende Gewerbestätten	47	–	–	1
Gewerbestätten insgesamt	1016	301	263	245

Quelle: Eigene Erhebungen 1972 und 1977

"WANDERERHERBERGE 17"

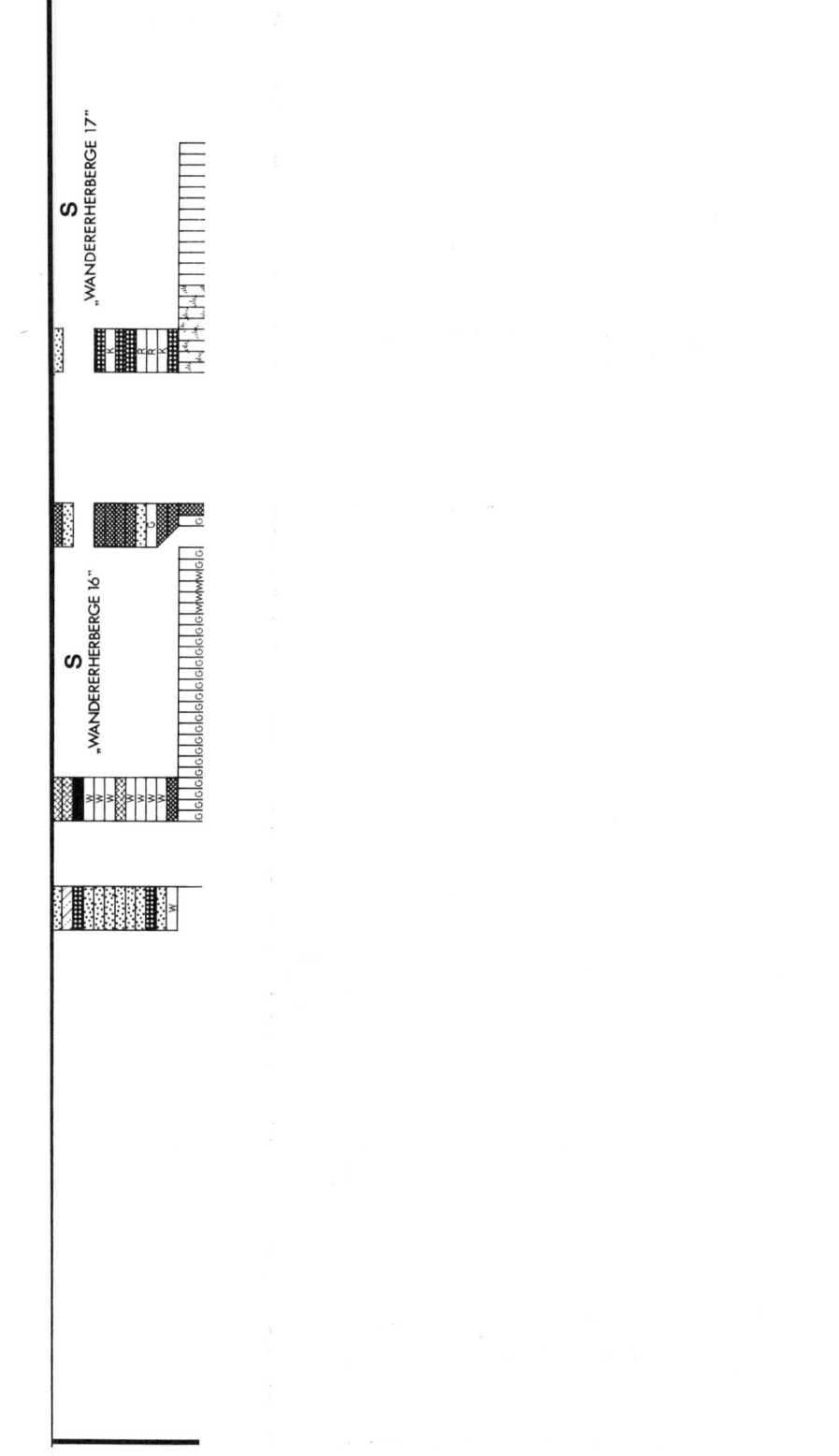

"WANDERERHERBERGE 16"

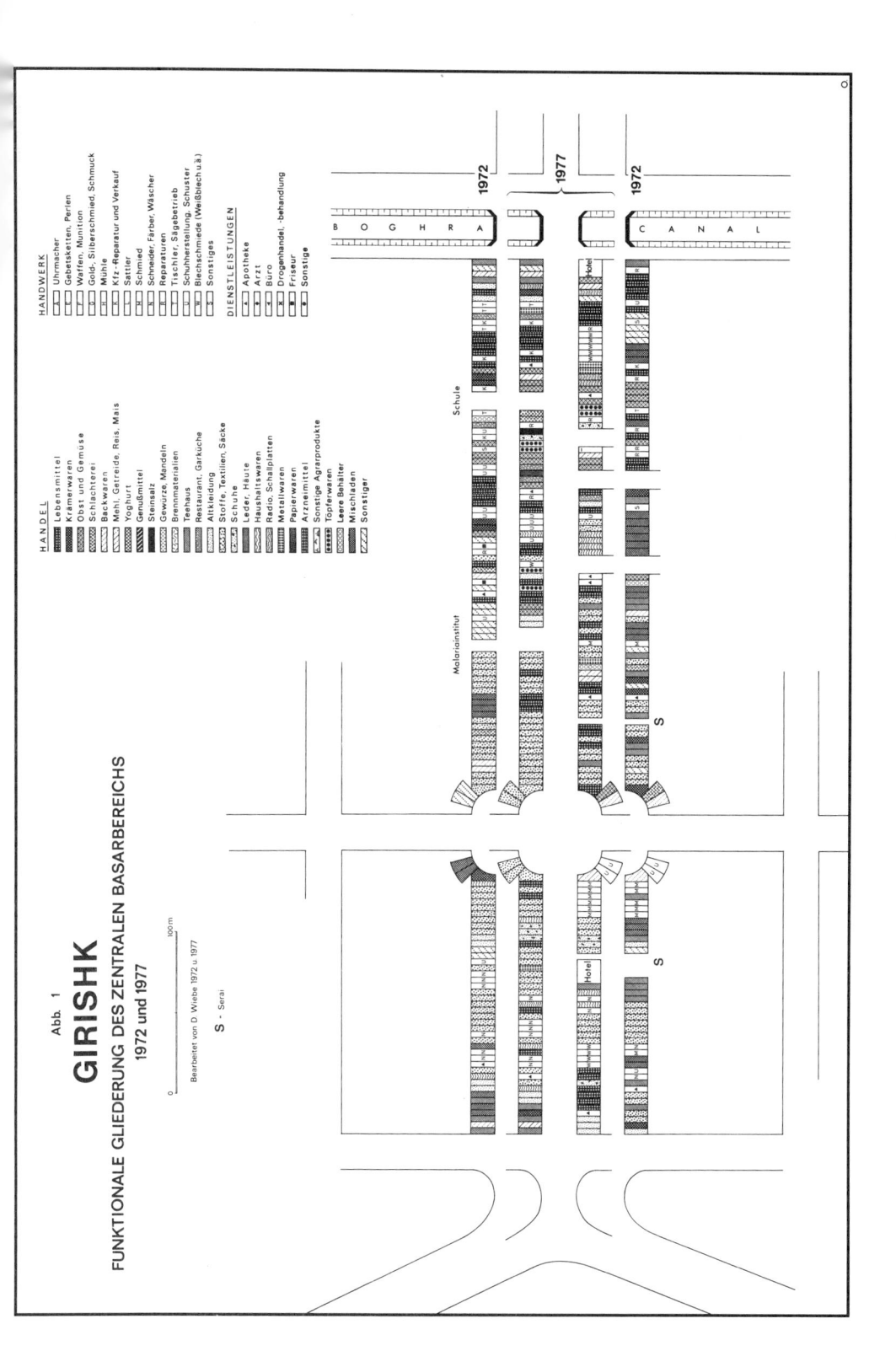

Abb. 1
GIRISHK
FUNKTIONALE GLIEDERUNG DES ZENTRALEN BASARBEREICHS
1972 und 1977

Bearbeitet von D. Wiebe 1972 u 1977

S - Serai

HANDEL
- Lebensmittel
- Krämerwaren
- Obst und Gemüse
- Schlachterei
- Backwaren
- Mehl, Getreide, Reis, Mais
- Yoghurt
- Genußmittel
- Steinsalz
- Gewürze, Mandeln
- Brennmaterialien
- Teehaus
- Restaurant, Garküche
- Stoffe, Textilien, Säcke
- Altkleidung
- Schuhe
- Leder, Häute
- Haushaltswaren
- Radio, Schallplatten
- Metallwaren
- Papierwaren
- Arzneimittel
- Sonstige Agrarprodukte
- Töpferwaren
- Leere Behälter
- Mischladen
- Sonstiger

HANDWERK
- Uhrmacher
- Gebetsketten, Perlen
- Waffen, Munition
- Gold-, Silberschmied, Schmuck
- Mühle
- Kfz.-Reparatur und Verkauf
- Sattler
- Schmied
- Schneider, Färber, Wäscher
- Reparaturen
- Tischler, Sägebetrieb
- Schuhherstellung, Schuster
- Blechschmiede (Weißblech u.ä.)
- Sonstiges

DIENSTLEISTUNGEN
- Apotheke
- Arzt
- Büro
- Drogenhandel, -behandlung
- Friseur
- Sonstige

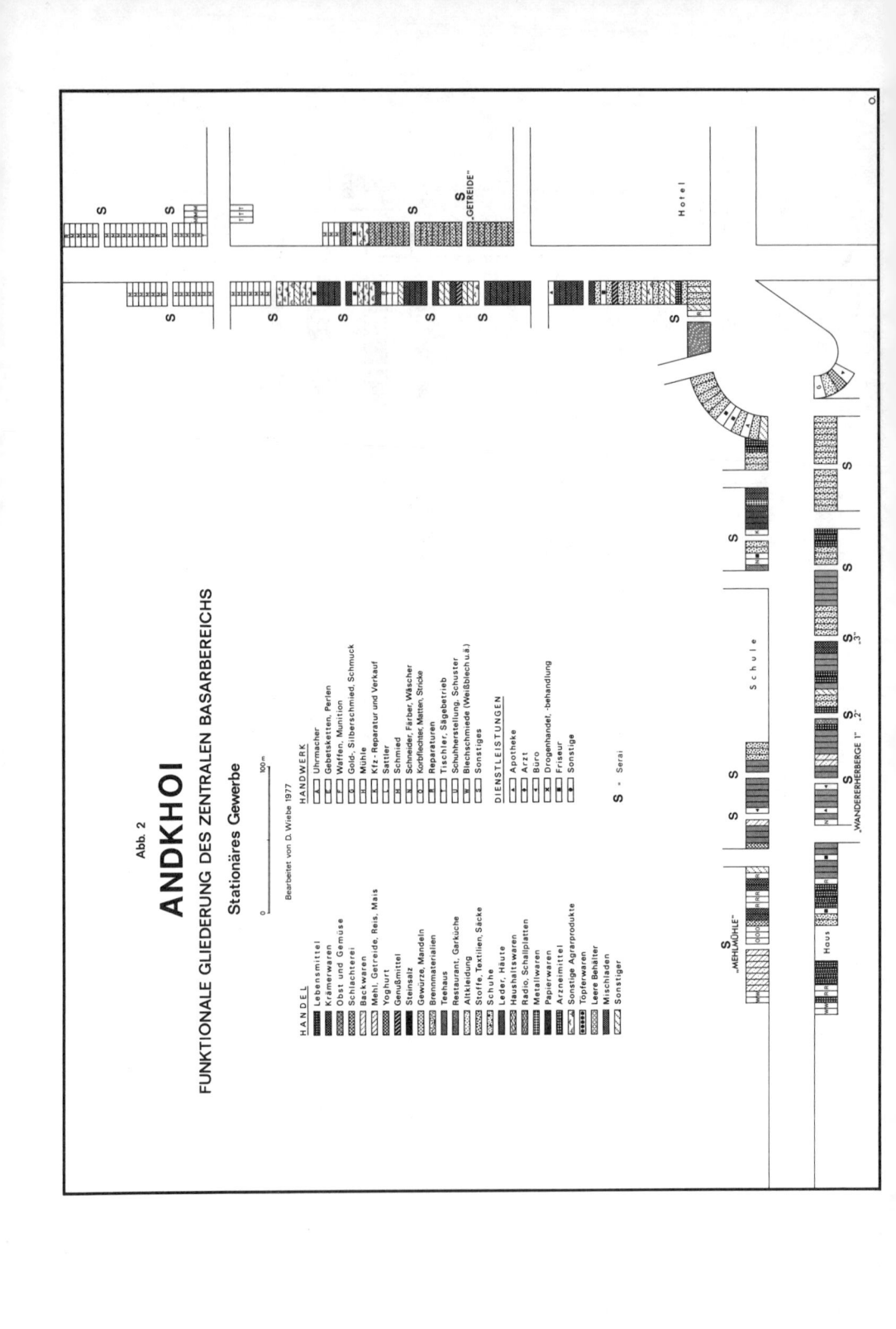

Abb. 2
ANDKHOI
FUNKTIONALE GLIEDERUNG DES ZENTRALEN BASARBEREICHS

Stationäres Gewerbe

Bearbeitet von D. Wiebe 1977

HANDEL
- Lebensmittel
- Krämerwaren
- Obst und Gemüse
- Schlachterei
- Backwaren
- Mehl, Getreide, Reis, Mais
- Yoghurt
- Genußmittel
- Steinsalz
- Gewürze, Mandeln
- Brennmaterialien
- Teehaus
- Restaurant, Garküche
- Altkleidung
- Stoffe, Textilien, Säcke
- Schuhe
- Leder, Häute
- Haushaltswaren
- Radio, Schallplatten
- Metallwaren
- Papierwaren
- Arzneimittel
- Sonstige Agrarprodukte
- Topferwaren
- Leere Behälter
- Mischladen
- Sonstiger

HANDWERK
- Uhrmacher
- Gebetsketten, Perlen
- Waffen, Munition
- Gold-, Silberschmied, Schmuck
- Mühle
- Kfz.- Reparatur und Verkauf
- Sattler
- Schmied
- Schneider, Färber, Wäscher
- Kopfflechter, Matten, Stricke
- Reparaturen
- Tischler, Sägebetrieb
- Schuhherstellung, Schuster
- Blechschmiede (Weißblech u.ä.)
- Sonstiges

DIENSTLEISTUNGEN
- Apotheke
- Arzt
- Büro
- Drogenhandel, -behandlung
- Friseur
- Sonstige

S = Serai

Réflexions d'un géographe sur une décennie de recherches françaises en Afghanistan (1968-1978)

Daniel Balland *, Paris

La recherche française occupe, dans l'histoire de l'exploration scientifique de l'Afghanistan au XXe siècle, une place privilégiée. C'est en effet avec la France que fut conclu, à Kaboul, le 9 septembre 1922, le premier accord scientifique liant l'Afghanistan à un partenaire étranger: il s'agit d'une convention archéologique qui accordait aux chercheurs français le «privilège exclusif de pratiquer des fouilles sur toute l'étendue du territoire afghan» pour une période de trente ans renouvelable [1]. Peu après (janvier 1923) arrivaient à Kaboul les premiers professeurs français du collège *Amâniya* (devenu lycée Esteqlâl en 1929), parmi lesquels le géologue Raymond *Furon* qui allait jeter les bases de la géologie moderne dans le pays [2].

De nos jours, la coopération scientifique franco-afghane porte encore largement la marque de ce double héritage historique: archéologie et géologie en restent en effet les deux fleurons les plus remarquables. Au fil des ans cependant, surtout après la seconde guerre mondiale, elle s'est élargie à d'autres disciplines: botanique, climatologie, entomologie, ethnologie [3], géographie, histoire, linguistique, zoologie se sont ajoutées de façon plus ou moins durable aux deux disciplines pionnières, sans qu'il y ait jamais eu pour autant de plan d'ensemble cohérent pour le développement de la coopération scientifique bilatérale.

Aussi les chercheurs français ont-ils, dans des domaines et à des titres très divers, largement participé à l'explosion de l'«afghanologie» *(sensu lato)* qui caractérise la dernière décennie et que concrétise la parution régulière, à partir de 1974, d'une revue internationale multidisciplinaire, l'*Afghanistan Journal*. La recherche des fondements d'un tel engouement scientifique dépasserait le cadre de cette communication; elle ne ferait d'ailleurs apparaître aucune spécificité sur le plan français. Plus modestement, cette contribution tente de dresser, du point de vue du géographe, un bilan des travaux français effectués depuis 1968 [4] et à mesurer l'originalité de leur apport. La position charnière de la géographie, au confluent des sciences de l'homme, de la vie et de la terre, explique le grand nombre de références retenues (un peu plus d'une centaine). On ne dissimulera pourtant pas que ce total ne mesure qu'une partie de l'effort français;

---

* Chargé de recherche au CNRS, sous-directeur de la Mission Scientifique en Afghanistan.

ont été éliminés, par exemple, tous les titres étroitement archéologiques et linguistiques ainsi que bon nombre de publications géologiques, pour ne citer que les disciplines les mieux représentées en Afghanistan.

I. L'organisation de la coopération scientifique franco-afghane

Trois importantes missions scientifiques françaises sont actuellement à l'œuvre en Afghanistan. Chacune d'entre elles dispose d'une base permanente à Kaboul avec chambres d'hôte, parc automobile tout terrain et bibliothèque ouverte à tous les chercheurs intéressés. Elles travaillent en étroite coopération avec les autorités locales et de jeunes collaborateurs afghans sont intégrés dans leurs équipes. Des recherches individuelles sont menées par ailleurs de manière plus irrégulière et plus anarchique même si certaines d'entre elles se trouvent, en France, fédérées au sein de groupes de travail non spécifiquement voués à l'étude de l'Afghanistan.

La doyenne de toutes les missions étrangères est la *Délégation Archéologique Française en Afghanistan* (DAFA). Son activité s'est poursuivie de façon quasi-ininterrompue depuis 1922, exception faite des années de guerre. Ses organismes de tutelle sont, du côté français, le Ministère des Affaires Etrangères (Direction Générale des relations culturelles, scientifiques et techniques, Commission des recherches archéologiques françaises à l'étranger) et, du côté afghan, le Ministère de l'Information et de la Culture. Son directeur actuel est Paul *Bernard,* maître de recherche au Centre National de la Recherche Scientifique (CNRS), qui a succédé à Daniel *Schlumberger* en 1965 [5]. Les opérations, présentement concentrées sur le site hellénistique d'Ay Xânom, au confluent du Kôkca et de l'Amu Daryâ (province de Taxâr), et sur le site voisin de Sortugay daté de l'âge du Bronze, se développent habituellement en deux campagnes annuelles, l'une au printemps et l'autre en été-automne.

Le Centre de Recherches Archéologiques (CRA) du CNRS possède par ailleurs une Unité de Recherches Archéologiques (URA 10) sur le thème du peuplement antique de la Bactriane orientale dont le responsable est Jean-Claude *Gardin,* directeur de recherche au CNRS. Constituée en 1974, cette équipe de quatre chercheurs travaille en très étroite coopération avec la DAFA. Elle a d'abord étudié le développement économique et démographique de la plaine d'Ay Xânom depuis l'âge du Bronze à partir de l'inventaire des vestiges de surface (sites d'habitat et canaux d'irrigation); à partir de 1977 elle a élargi son champ d'investigation à l'ensemble de la Bactriane orientale, du bas-Kondoz aux hautes vallées du Badaxsân, dans la même perspective historique.

Les deux missions françaises non archéologiques viennent d'entrer dans leur seconde décennie d'existence. Il s'agit de la *Mission Scientifique en Afghanistan* et de la *Mission d'Etude de l'Environnement et de Cartographie du Tapis Végétal en Afghanistan.* La première, rattachée au Ministère des Mines et de l'Industrie (Département de la géologie et des mines), a le statut de Mission Permanente (MP) du CNRS. Elle a été créée sous cette forme en 1974 pour prendre la suite des activités de deux Recherches Coopératives sur Programme (RCP) successives, les RCP 44 (Mission géologique en Afghanistan et études connexes, 1966 – 1971) et 274 (Géologie, écologie et morphologie de l'Hindou Kouch, 1972 – 1973). A sa tête, Jean-Pierre *Carbonnel,* chargé de recherche au CNRS, vient (1979) de succéder à Guy *Mennessier,* professeur à l'Université d'Amiens. La caracteristique de cette formation est sa pluridisciplinarité: à un fort noyau de géologues elle associe, depuis l'origine, des géographes, un pédologue et, jusqu'en 1973, des botanistes. Cela lui confère une vocation bien affirmée à coordonner des études intégrées du milieu naturel et de son utilisation par l'homme (par exemple *Pias* 1976).

Une partie des trente chercheurs qui la composent se succèdent chaque année sur le terrain de mai à octobre.

Quant à la Mission d'Etude de l'Environnement et de Cartographie du Tapis Végétal, rattachée au Ministère de l'Agriculture (Direction des forêts et pâturages) et dirigée depuis 1966 par Paul *Lalande,* maître-assistant à l'Université de Toulouse, ses acitivités ont été trop récemment décrites pour qu'il soit beson d'y revenir ici (*Anam* et alii 1976).

On ne fera pas la liste de tous les chercheurs français qui ont travaillé en Afghanistan en dehors de ces trois formations de recherche. Il convient pourtant de mentionner, pour l'importance de ses travaux dialectologiques et ethnographiques, la branche afghane (trois chercheurs) de l'Equipe de Recherche Associée (ERA) 355 du CNRS, Langues, littératures et culture iraniennes, dirigée par Gilbert *Lazard,* professeur à l'Université de Paris III. On rappellera aussi qu'a travaillé en Afghanistan, de 1967 à 1970, une mission zootechnique française, qui avait notamment la charge de la ferme expérimentale de Bini Hesâr, au sud de Kaboul (*Lung* et *Rechnou* 1972); certains de ses membres ont effectué des recherches de valeur (voir *infra*).

II. Les travaux géographiques

Le flou des limites disciplinaires classiques et le nombre élevé de travaux qui les chevauchent, notamment en science humaines, rend périlleuse toute tentative de classement des publications en un petit nombre de rubriques scientifiques. La solution à laquelle nous nous sommes arrêté consiste à distinguer ce qui paraît relever à titre principal de la géographie, définie comme science de l'organisation de l'espace terrestre, de ce qui se borne à alimenter la réflexion géographique en matériaux utiles et neufs. Elle n'est sans doute pas pleinement satisfaisante. Ella au moins le mérite d'établir, de notre point de vue, une hiérarchie opératoire entre des publications fort nombreuses.

Dans cette optique, les travaux géographiques comprennent une quarantaine de titres qui, de façon significative, ne sont pas toujours signés par des géographes de profession. Les thèmes abordés comme les méthodes et les échelles d'investigation sont très variés. Dans l'espace, ils privilégient nettement la moitié orientale de l'Afghanistan, qui est la plus peuplée, la plus diversifiée sur le plan des conditions naturelles, la plus aisément accessible aussi.

S'agissant des thèmes, le premier point à noter est la rareté de l'approche proprement géographique des milieux naturels. La principale exception est la publication, entièrement réalisée en Afghanistan même, d'un atlas climatique national qui, en 22 cartes et un fascicule de commentaire, renouvelle largement nos connaissances sur le sujet (*Lalande* et alii 1973 — 1974). Ce travail pionnier, premier atlas thématique jamais consacré à l'Afghanistan, est l'aboutissement naturel d'une série de publications antérieures qui avaient rassemblé les données climatiques brutes des stations afghanes (*Herman* et alii 1971) et de quelques stations bordières de référence (*Zillhardt* et alii 1973).

Dans les autres secteurs de la géographie des milieux naturels la recherche a abouti à des résultats moins spectaculaires. En géomorphologie, on ne peut guère citer qu'un seul travail approfondi décrivant l'étagement actuel des formes et des systèmes morphogéniques le long des versants de l'Hindou Kouch et du Kôh-e Bâbâ et y définissant les héritages quaternaires (*Balland* et *Lang* 1974). Le hasard de recherches sur des terrains vierges a en outre permis à quelques géologues avertis de faire état d'observations géomorphologiques d'autant plus précieuses qu'elles demeurent rares; il s'agit en général de notes ponctuelles (*Lang* et *Pias* 1971, *Lapparent* 1970, 1974, *Lapparent* et alii 1972), plus rarement d'essais de synthèse (*Lapparent* 1971, *Pias* 1977). Au total c'est la partie centrale des montagnes médianes de l'Afghanistan qui a le plus bénéficié de tels travaux. La biogéographie est encore plus mal servie au niveau des publications. Si l'on élimine en effet les travaux principalement orientés vers la description botanique (voir *infra*), on ne peut retenir que deux titres, tous les deux consacrés à l'analyse de l'étagement des formations végétales de l'Est afghan (*Lalande* 1968 b, *Hayon* et alii 1970), et tous les deux fâcheusement dépourvus de carte.

Cette situation de pénurie devrait se modifier dans les années à venir avec l'exploitation de recherches de terrain encore inédites (géomorphologie du Sud-Est de l'Afghanistan, cartographie du tapis végétal) et le démarrage de nouveaux programmes (dépressions fermées du Sud, étagement morphogénique en montagne calcaire).

En géographie humaine et économique, les recherches ont été plus productives. Elles se disposent selon deux axes d'enquête privilégiés. Le plus original est celui d'une géographie culturelle à forte composante historique. A côté de travaux de topographie historique pure réalisés par des archéologues de formation (*Bernard* 1974, *Bernard* et *Francfort* sous presse) et de la traduction française d'un texte persan fondamental pour la connaissance du Nord-Est afghan au début du XXe siècle (*Reut* sous presse), il faut insister sur toute une série de permanences géographiques remarquables qui ont été mises en évidence de cette manière. Tel est par exemple le cas des paysages de l'agriculture irriguée dont il paraît superflu de souligner l'importance en Afghanistan. La collaboration étroite d'un géographe et d'archéologues et céramologues a, par exemple, permis de restituer avec un degré de précision exceptionnel les réseaux d'irrigation antiques par diversion des eaux fluviales de la Bactriane orientale et de conclure à une étonnante stabilité technologique en la matière depuis l'âge du Bronze (3e millénaire avant J.-C.) jusqu'à nos jours (*Gardin* et *Gentelle* 1976 a et b, *Gentelle* 1977 c, 1978 a et b, sous presse), en dépit des vicissitudes du peuplement établies par ailleurs (*Gardin* et *Lyonnet* sous presse). C'est à une conclusion de même nature, quoique de portée chronologique moindre, qu'a conduit l'étude de l'irrigation à partir des barrages-réservoirs d'époque ghaznévide localisés autour de Ghazni (*Balland* 1976 b). Une telle pesanteur historique n'est pas prouvée, en revanche, pour l'irrigation par galeries drainantes souterraines, kârêz (ainsi *Dupaigne* 1977 pour un cas, il est vrai, exceptionnel à bien des égards); on a pu se demander de la sorte si cette dernière était aussi caractéristique du plateau iranien qu'on l'a affirmé (*Gentelle* 1977 a). On a aussi montré que les principes de la géographie urbaine de l'Afghanistan, comme de l'Iran d'ailleurs, remontaient fort loin dans le passé et que la période islamique dans son ensemble ne les avait guère altérés (*Planhol* 1974 b). Dans la même perspective, les clivages ethniques traditionnels restent un élément majeur de l'organisation régionale et constituent même une référence essentielle pour l'explication de certains paysages (*Balland* 1974). D'autres survivances enfin concernent le commerce de la neige pour le rafraîchissement des boissons (*Planhol* 1974 a, *Planhol* et *Denizot* 1977) ainsi que la fabrication et la consommation du vin (*Planhol* 1977). Pour toute une série de faits géographiques fort variés, de portée nationale ou régionale, et dont la liste n'est pas close, les continuités l'emportent donc de toute évidence sur les ruptures, justifiant la démarche rétrospective des géographes français.

Rien ne serait plus faux cependant que de conclure à une immuabilité de l'Afghanistan. Tout un autre versant des recherches de la dernière décennie a précisément eu pour objet d'apprécier les mutations en cours. Plusieurs mises au point synthétiques sur l'économie afghane ont été rédigées dans cet esprit (*Balland* et *Balland* 1972, *Barrat* 1972 b) et un ensemble de monographies a été consacré à des secteurs agricoles spéculatifs récemment constitués (mouton karakul: *Balland* 1972; coton: *Balland* 1973 b), aux transformations de la céréaliculture vivrière (*Gentelle* 1972), et aux développements industriels actuels (*Balland* 1973 a). Cependant, l'innovation essentielle du XXe siècle, ici comme ailleurs mais avec un décalage chronologique dû à l'évolution historique du pays, c'est probablement l'essor démographique. L'absence de données démographiques fiables interdit d'en faire une analyse directe (le premier recensement de l'Afghanistan aura lieu en juin 1979), mais on a pu mettre en évidence à plusieurs reprises un de ses effets les plus nets, la saturation croissante de l'espace rural. C'est elle qui explique dans une large mesure la crise du nomadisme paštun décelée en Afghanistan oriental (*Balland* et *Kieffer* 1979). C'est elle aussi qui est à l'origine de migrations internes d'une prodigieuse variété: colonisation agricole de terres neuves ou recolonisation de terroirs d'où la vie sédentaire avait reflué devant la poussée nomade comme dans le Bâdghis où la reconquête, principalement opérée par l'agriculture pluviale (*Planhol* 1973 a, 1976 b), a engendré une urbanisation pionnière caractérisée par des structures commerciales aberrantes (*Planhol* 1976 a); exode rural aussi qui peut conduire, dans certains cas extrêmes et encore rares, à une véritable déprise humaine avec recul des cultures comme cela a été signalé, pour la première fois, dans une vallée du Hazârajât où l'émigration vers Kaboul a acquis une ampleur d'une précocité exceptionnelle (*Denizot* et alii 1977), alors qu'ailleurs c'est une émigration surtout saisonnière qui se développe (*Barrat* 1970 b, *Woillet* 1971); exode urbain enfin, à partir des petites villes traditionnelles du Turkestan afghan par exemple (*Balland* 1976 a) où l'arrivée brutale et massive des réfugiés d'Asie centrale soviétique dans le premier tiers du XXe siècle a rompu les équilibres anciens (*Balland* 1978). Les principales villes du pays sont les exutoires naturels de ces mouvements: leur croissance est forte (*Barrat* 1972 a pour Kaboul, *Lung* 1970 pour Herât) et leur vieux centre engorgé se taudifie rapidement (*Barrat* 1970 a).

Aussi incomplet, voire imprécis, que soit le tableau de ces mutations contemporaines, on peut d'ores et déjà en tirer quelques conclusions. Au plan général, les forces nouvelles qui sont en jeu font apparaître des déséquilibres régionaux croissants qu'une étude partiellement consacrée, en dépit de son titre, à l'analyse de l'ensemble de l'armature urbaine de l'Afghanistan a montrés (*Barrat* 1972 a, *Planhol* 1973 b). Au niveau des individus, les mêmes forces tendent à gommer la référence à certaines valeurs traditionnelles et à privilégier les solidarités de type scio-économique aux dépens des solidarités de type ethno-culturel (*Balland* 1975). Certes, tout ceci est encore en filigrane, freiné par des structures sclérosantes (*Gentelle* 1977 b). Mais les processus novateurs sont de plus en plus actifs dans l'Afghanistan actuel; sous les yeux du géographe fasciné, ils modèlent avec lenteur et inégalement selon les régions les traits de l'Afghanistan de demain (voir par exemple les remarques sur l'évolution de l'oasis de Xolm dans *Gentelle* 1969).

Pour conforter son analyse, le géographe dispose d'ailleurs d'une masse de travaux fournis par les spécialistes d'autres disciplines, suivant leurs méthodes et leurs objets propres. Les ignorer le condamnerait à appauvrir grandement sa thématique.

III. L'apport géographique des autres disciplines

1. Les sciences de la terre et de la vie

Poursuivant l'exposé selon la même démarche, on mettra au compte des invariants géographiques l'apport des sciences dites naturelles. C'est en géologie que l'effort français a été le plus continu depuis une vingtaine d'années. Il n'est pas question de faire ici un bilan complet des recherches en la matière [6]. Celles-ci ont principalement porté sur l'Est et le Centre-Est de l'Afghanistan, avec quelques incursions occasionnelles dans d'autres régions (Badaxšân: *Bordet* et *Boutière* 1968; Afghanistan méridional: *Lapparent* et

Blaise 1970). A une phase exploratoire, dont un premier historique a été fait (*Mennessier* et *Lapparent* 1968) et qui a trouvé son couronnement dans une publication collective de synthèse [7], a succédé une seconde phase où les recherches, menées en général par équipes, sont désormais principalement structurées autour d'un petit nombre de thèmes unificateurs: géophysique, paléontologie des vertébrés [8], sutures ophiolitiques, paléogéographie comparée. La dernière publication collective des géologues de la Mission Scientifique en Afghanistan illustre bien cette évolution [9]. Il reste que la seconde phase n'a été rendue possible que par les résultats exceptionnellement fructueux de la première et que ceux-ci sont au moins aussi importants pour le géographe que les apports de la seconde, en matière cartographique tout spécialement.

Une des orientations les plus originales des recherches géologiques du CNRS en Afghanistan a en effet été, dès l'origine, le levé, appuyé sur l'interprétation photogéologique des vues aériennes disponibles, de cartes géologiques à grande échelle (1/50 000e ou 1/100 000e). Par comparaison, les autres missions géologiques travaillant dans le pays, russes et allemandes principalement, n'ont effectué que des levés à plus petite échelle, nécessairement sommaires, et des levés miniers très localisés. Seul un petit nombre des cartes levées a pu être publié jusqu'ici dans leur version définitive en couleurs, le problème de leur impression ayant été lent à trouver sa solution. Toutes les coupures parues sont accompagnées, selon le cas, d'un mémoire imprimé plus ou moins étendu ou d'une brève notice explicative ronéotée. La liste des feuilles disponibles s'établit actuellement comme suit (on a mis entre parenthèses, chaque fois que cela a paru utile, la référence à la couverture topographique du pays au 1/50 000e):

— au 1/50 000e, 5 cartes avec notices ronéotées: Kaboul (510 C I), Dâr ol-Amân — Cahârâsyâb (510 C III), Bagrâmi (510 C IV), Mohammad Agha (510 E I) et Ghazgay (510 E II), toutes levées par G. *Mennessier*.
— au 1/100 000e: carte géologique des bassins néogènes de Bâmyân et de Yakâwlang (in *Lang* 1975 – 1976); carte volcanologique du Sud du Dast-e Nâwor (in *Bordet* 1975); carte géologique de la chaîne d'Altamur par G. *Mennessier* (pour illustrer un important mémoire en préparation dans l'attente duquel on consultera *Mennessier* 1972c). A cette même échelle ont paru aussi 15 coupures (avec notices) au sud et à l'est de Kaboul; il s'agit d'un premier tirage provisoire, au format 21 x 29,7 et avec une gamme réduite de six couleurs en hachures, de feuilles levées au 1/50 000e par G. *Mennessier*: Naghlu (510 D I), Tizin (510 D III), Zarghunsahr (510 E III), Kôh-e Soltân Sâheb (510 E IV), Awzangâni (510 F I), Spin Jumat (510 F III), Baraki Barak (515 B II), Carx (515 B IV), Râmak (515 D I), Dawlatxân (515 D II), Pol-e Alam (516 A I), Dôbandaẏ (516 A II), Altamur (516 A III), Saydkaram (516 A IV) Gardêz (516 C I).
— au 1/250 000e: carte géologique du fossé de Kaboul (édition provisoire en six couleurs) par G. *Mennessier*, avec notice ronéotée (voir aussi *Mennessier* 1968 et 1977 pour le commentaire). La compagnie CFP-Total, qui a exploré un périmètre de recherche pétrolière dans le Sud-Est de l'Afghanistan, a inclus dans son rapport terminal à diffusion restreinte une carte géologique du Katawâz à la même échelle (*Total Exploration* 1976).

L'ensemble de cette couverture géologique constitue une source majeure pour la connaissance des milieux naturels de l'Est afghan et des marges orientales du Hazârajât. Les lacunes existantes doivent être progressivement comblées par la publication des maquettes en préparation (plusieurs feuilles au 1/100 000e des confins orientaux du Hazârajât) et la poursuite des recherches en cours.

Sur un plan plus général, la compréhension de la répartition spatiale des volumes montagneux a beaucoup progressé à la suite d'études géologiques menées dans la perspective de la tectonique des plaques. Sans faire ici référence à tous les stades de la réflexion développée sur ce thème depuis l'article pionnier de *Lapparent* 1972 b, on se bornera à signaler deux mises au point récentes qui fournissent la bibliographie antérieure et présentent des solutions d'ailleurs divergentes au problème de la limite gondwanienne en Afghanistan (*Boulin* et *Bouyx* 1977, *Montenat* et alii 1977). Tout dernièrement, la poursuite des recherches dans l'Afghanistan du sud-est a permis d'y mettre en évidence deux sutures océaniques et d'élaborer un nouveau modèle d'évolution paléogéographique régionale (*Mattauer* et alii 1978).

La géologie du Quaternaire récent présente évidemment pour l'étude des modelés un intérêt tout particulier. Longtemps négligée (voir cependant *Boutière* 1969, *Lang* et *Lucas* 1970, *Lapparent* et *Desparmet* 1973), elle a récemment reçu une impulsion nouvelle, en particulier grâce à plusieurs campagnes séismologiques qui, entre autres résultats, ont mis en évidence la multiplicité des mouvements actuels le long des grands décrochements de l'Afghanistan oriental (*Carbonnel* 1977, *Chatelain* 1978, *Chatelain* et alii 1977). Un de ces séismes récents, particulièrement dévastateur, a d'ailleurs fait l'objet d'une courte monographie (*Carbonnel* et *Denizot* 1977). On est ainsi conduit à accorder un rôle de plus en plus important à la néotectonique dans l'explication du relief de l'Afghanistan. Une politique rationnelle d'aménagement du territoire ne saurait ignorer les contraintes imposées par ce résultat.

Une discipline voisine, encore fort peu communément pratiquée en Afghanistan, la pédologie, a également fourni des matériaux de valeur aux géographes. Non seulement on a défini la valeur agricole des principaux types de sols reconnus dans le pays, et fixé ainsi une limite physique stricte aux possibilités d'extension des cultures, mais l'étude des paléosols a contribué à préciser l'évolution paléoclimatique de la région au Quaternaire récent (*Pias* 1971 à 1976). Parmi les résultats obtenus, on retiendra ici la cartographie pédologique au 1/100 000e des bassins du Lôgar et du Kaboul et, sur un plan plus général, la mise en évidence du contraste majeur qui oppose l'Afghanistan méridional, où prédominent les sols gypseux et sodiques, au reste du pays où les sols à différenciation calcaire prennent une extension considérable (siérozems sur loess, encroûtements calcaires), tandis que les forêts de conifères de l'extrême-Est se développent sur une gamme de sols bruns plus ou moins lessivés et de podzols.

On mentionnera encore quelques publications de caractère botanique qui apportent des informations de première main sur des régions presque inconnues: roselières du Sistân (*Lalande* 1975), parcours du Rêgestân et du Dast-e Bakwâ (*Lalande* 1970), ou sur des thèmes géographiques neufs: distribution spatiale des amandiers et pistachiers en Afghanistan (*Lalande* 1968 a et c), étude écologique et phytosociologique de stations à végétaion halophile des bords de l'Amu Daryâ (*Pelt* et alii 1968 a, 1970 c), du Hazârajât (*Pelt* et alii 1970 a et b) et des rives de l'Ab-e Estâda (*Pelt* et alii 1968 b, 1970 c). La même perspective écologique a conduit à une fort intéressante étude des eaux du Kaboul (*Kilbertus* et *Pierre* 1970).

Au carrefour des sciences de la vie et des sciences de l'homme, les recherches menées en Afghanistan par les agronomes français ont apporté d'utiles contribution à la connaissance de l'agriculture afghane, et il faut regretter qu'elles aient dû être interrompues. Deux domaines ont bénéficié d'études poussées: le vignoble tout d'abord, dont on a décrit successivement la distribution géographique (*Galet* 1969) et l'ampélographie (*Galet* 1970) [10]; l'élevage ensuite, qui a aussi bien fait l'objet de monographies assez superficielles (*Rohrbach* 1968 étudie par exemple l'élevage dans l'ensemble Nangrahâr-Paktyâ septentrional) que d'analyses approfondies, appuyées sur des enquêtes quantitatives fines en milieu sédentaire et nomade qui, outre le recensement du cheptel et de ses productions, abordent aussi les questions de démographie, d'irrigation et d'utilisation agricole du sol (*Leyrat* 1970, *Michelet* 1969, *Nicollet* 1972).

2. Les sciences de l'homme

La dispersion thématique des études devient extrême dans le secteur des sciences humaines; elle s'accompagne d'une dispersion au moins aussi grande des lieux de publication qui rend la tâche du recenseur particulièrement ardue. Comme précédemment ne seront retenues ici que les recherches susceptibles de faire progresser la connaissance et la réflexion géographiques sur l'Afghanistan. Il s'agit avant tout de celles qui, par des voies différentes de celles qui sont empruntées par le géographe, illustrent la dialectique de la tradition et de l'innovation dans la société afghane. Dans cette perspective deux disciplines prennent une importance particulière: l'ethnologie et la linguistique.

Les ethnologues travaillant dans le cadre français en Afghanistan se sont beaucoup penchés sur l'artisanat. Leur approche balance entre une thématique principalement technologique et des préoccupations plus socio-économiques. Dans la première manière se situe un exposé synthétique sur toute une série de techniques de production et de transformation, depuis la cuisson du pain jusqu'au travail des métaux précieux (*Dupaigne* 1968 qui prend la plupart de ses exemples dans les régions d'Aqca et Andxôy). Le même auteur a par la suite approfondi la description ethnographique de l'artisanat du feutre (*Dupaigne* 1975 b). Une étude stimulante sur les socs d'araire a mis en lumière une typologie régionale inattendue (*Gillmé* 1974). Les travaux les plus complets associent les deux point de vue: tels sont ceux qui ont été consacrés à l'artisanat du verre soufflé à Herât (*Reut* 1973), à celui de la soie à Herât encore (*Reut* 1976) et à Aqca (*Dupaigne* 1974) ou à la fabrication du *naswâr* (*Dupaigne* 1975 a). L'impression d'ensemble qui se dégage est celle d'un irrémédiable déclin de ces artisanats au passé souvent prestigieux, ruinés par la concurrence des produits industriels, en général importés, de qualité plus constante et de coût plus bas.

Une autre face des recherches anthropologiques a livré une série de publications de caractère monographique consacrées à diverses ethnies d'Afghanistan. La plus riche concerne les quelque 3 000 Kirghiz du Pâmir afghan (*Dor* 1975 a); on pourra la compléter sur plusieurs points qui intéressent particulièrement le géographe par un bref article sur l'élevage du yak (*Dor* 1976) et par une récente et luxueuse publication franco-allemande qui illustre les bienfaits de la collaboration de spécialistes de disciplines variées pour la connaissance d'une région (*Dor et Naumann* 1978). Des études plus courtes ont abordé le monde pastun, parent pauvre des études ethnologiques en Afghanistan malgré son statut majoritaire, son originalité et sa complexité: ont été décrits le code d'honneur qui y règle les relations sociales aux différents niveaux (*Kieffer* 1972b) et les caractéristiques principales de la tribu pastophone des Wardak, d'origine mystérieuses (*Kieffer* 1975 b), au territoire de laquelle a été consacrée par ailleurs une étude archéologique riche d'implications géohistoriques (*Fussman* 1974). Enfin une présentation d'ensemble des Parâci de trois vallées du versant méridional de l'Hindou Kouch et de leur environnement a été publiée comme introduction à une étude dialectologique de leur langue (*Kieffer* 1977a).

Du côté linguistique précisément, les travaux de dialectologie turque et iranienne éclairent d'un jour nouveau la violence des phénomènes d'acculturation à l'action en Afghanistan. Ceci a été montré dans des milieux aussi différents que les vallées du Lôgar et du versant méridional de l'Hindukus, relativement proches de Kaboul, où des langues iraniennes archaïques achèvent de mourir sous les attaques du persan kabôli (*Kieffer* 1972a, 1975 a, 1977 b), et les hauteurs très difficiles d'accès du Pâmir afghan

(*Dor* 1975 b). On est d'autant plus étonné de voir survivre quatre îlots arabophones en pleine Bactriane (*Kieffer* 1976). Une autre approche stimulante est celle de la geographie linguistique, si délaissée par les géographes. La richesse des matériaux réunis en vue de la composition d'un Atlas linguistique d'Afghanistan, entreprise suisse à laquelle collabore un dialectologue français [11], a permis de caractériser trois parlers pastô distincts dont la répartition spatiale mériterait d'être confrontrée à celle d'autres éléments du complexe culturel pastun (*Kieffer* 1975 c), et d'affirmer l'imperméabilité culturelle réciproque turco-pastun dans le Nord de l'Afghanistan (*Kieffer* 1975 d). Dans le même esprit, une thèse consacrée aux langues dardes et kafires a posé, à partir de la terminologie, des problèmes essentiels touchant à la diffusion géographique de certains traits de la culture matérielle de l'Est afghan (*Fussman* 1972).

En histoire, époque antique naturellement mise à part, les recherches n'ont pas été très actives. La rareté de la documentation écrite disponible peut l'expliquer; il y aurait pourtant urgence à entreprendre la collecte systématique et l'étude des archives orales ou écrites disséminées dans tout le pays. Quelques jalons pour une géographie historique de l'Afghanistan ont néanmoins été posés. Une thèse principalement orientée vers l'histoire politique et intellectuelle de l'Afghanistan au début du XXe siècle offre ainsi quelques aperçus nouveaux sur la croissance urbaine et industrielle de Kaboul, le développement des voies de communication et la conception même de la géographie du pays qu'avait l'élite afghane de l'époque (*Schinasi* 1975). Pour des périodes plus hautes, des recherches sur les anciennes exploitations minières ont abouti à des résultats préliminaires prometteurs (*Berthoud* et alii 1978) et on rappellera les travaux déjà mentionnés sur l'histoire du peuplement de la Bactriane orientale (URA 10 1977, 1978 en attendant une élaboration plus complète des matériaux recueillis).

On terminera cette revue de la contribution des sciences humaines à la connaissance géographique de l'Afghanistan en signalant une modeste étude sociologique consacrée aux élèves du lycée franco-afghan Esteqlâl de Kaboul (*Gille* 1973). Devant le peu de ce que l'on sait, ou croit savoir, sur les populations de l'Afghanistan, et particulièrement sur celles de Kaboul, c'est l'assemblage patient de telles enquêtes qui réalisera des progrès décisifs.

Au terme de cet examen, force est de constater que la coopération scientifique franco-afghane a produit, au cours des dix années dernières, des résultats fructueux. Elle a tout d'abord mis à la disposition des pouvoirs publics afghans d'irremplaçables instruments d'analyse et de connaissance des réalités régionales ou nationales: on pense ici en tout premier lieu, mais pas seulement, à la documentation de type cartographique (géologie, pédologie, climatologie). Sur un registre plus spéculatif, et s'agissant d'un vieux pays à évolution retardée par rapport au reste du Tiers-Monde et singulièrement à toutes les régions avoisinantes soumises depuis longtemps à des influences extérieures diverses (anglaise, russe, chinoise) ou touchées par la révolution pétrolière, elle a su dégager l'interaction complexe des invariants d'un milieu naturel particulièrement contraignant et des forces d'une tradition exceptionnellement vivace d'une part, avec les ferments de l'innovation véhiculés par les canaux les plus divers d'autre part. C'est bien finalement cet équilibre en état d'instabilité permanente qui compose la personnalité géographique si attachante de l'Afghanistan.

Sur aucun de ces deux plans, que l'on hésite à qualifier respectivement d'applicable et de fondamental tant cette distinction paraît artificielle d'un point de vue scientifique, la tâche n'est terminée. La décennie qui commence sera d'abord celle de l'approfondissement des sillons déjà creusés, dans la poursuite d'une liaison étroite avec les institutions et les chercheurs afghans et étrangers qui travaillent dans des perspectives comparables [12]. Mais elle apportera aussi un certain renouvellement des thèmes et des méthodes d'investigation: d'ores et déjà de nouvelles interventions sont engagées, en matière de télédétection et de recherches urbaines par exemple.

Notes

1   Le texte français complet de cette convention se trouve dans *Aitchison* 1933, pp. CCIV-CCV. L'historique des négociations est fait dans *Dollot* 1937, pp. 276 – 278 (on corrigera l'erreur de date du haut de la page 277).
2   Un bref aperçu historique de l'exploration géologique de l'Afghanistan est donné dans *Mennessier* 1972 a et b.
3   L'historique est fait pour ce secteur, entendu dans un sens très large, dans *Centlivres* 1972.
4   Cette date a été choisie de façon à couvrir la période récente non recensée dans les bibliographies spécialisées les plus courantes (*Wilber* 1968, *Arbeitsgemeinschaft Afghanistan* et *Deutsches Orient-Institut* 1968 – 1969). Il ne sera fait état ici que de travaux de caractère scientifique publiés entre 1968 et 1978, ou sous presse à l'achèvement du manuscrit (janvier 1979), à l'exclusion des recherches en cours qui n'ont encore fait l'objet d'aucune diffusion et de la littérature de voyage ou de vulgarisation sur laquelle on pourra consulter *Dupaigne* 1976. Un effort a par contre été fait pour prendre en considération des textes diffusés de manière non conventionelle: rapports de mission, thèses multigraphiées en petit nombre, communications à divers colloques. Enfin on n'a pas retenu les recherches effectuées en France par de jeunes chercheurs afghans, bien que certaines d'entre elles aient une réelle valeur. Nos remerciements vont à tous ceux dont l'amitié nous permet de faire mention de travaux sous presse ou de publications à diffusion limitée.
5   Sur le rôle de ce dernier, disparu en 1972, dans le développement de l'archéologie en Afghanistan au cour de la période antérieure, on consultera *Fussman* 1973.
6   Depuis 1977 le bulletin interne de la Mission Scientifique en Afghanistan publie chaque année, sous la signature de *J.-P. Carbonnel*, une bibliographie géologique internationale de l'Afghanistan qui recense de façon exhaustive les publications françaises. Pour la période antérieure à 1972 voir la bibliographie de *Lapparent* 1972 a.
7   Revue de Géographie Physique et de Géologie Dynamique (2), vol. XIV, fasc. 4, 1972: numéro spécial Afghanistan.
8   Pour ce domaine, dont il ne sera plus fait mention ici, voir la contribution d'E. *Heintz* dans ce même volume.
9   Livre à la mémoire de *Albert F. de Lapparent* (1905 – 1975) consacré aux recherches géologiques dans les chaînes alpines de l'Asie du Sud-Ouest, Paris, 1977 (Mémoire hors-série de la Société Géologique de France, 8).
10 Le lecteur doit être mis en garde contre la transcription particulièrement fautive des termes afghans les plus courants dans ces publications.
11 Sur l'ALA on cosultera en dernier lieu L'Atlas linguistique des parlers iraniens: Atlas de l'Afghanistan, Berne 1974 (Institut für Sprachwissenschaft, Arbeitspapier 13).
12 Le cadre fixé à cet exposé interdisait toute référence aux études effectuées par des chercheurs étrangers. Il est bien évident que l'«afghanologie» française, entendue dans son sens le plus large, ne s'est pas développée en vase clos: les contacts internationaux ont été nombreux, parfois étroits, toujours fructueux. La tenue de colloques spécialisés tels que celui devant lequel cette communication a été présentée représente une forme particulièrement heureuse de ces échanges.

Bibliographie

Liste des abbréviations utilisées:
APRA: Grötzbach, E. (Hrsg.), *Aktuelle Probleme der Regionalentwicklung und Stadtgeographie Afghanistans*, Meisenheim am Glan, 1976 (*Afghanische Studien*, Bd. 14).
ASGN: Annales de la Société Géologique du Nord, Villeneuve d'Ascq.
BAGF: Bulletin de l'Association de Géographes Français, Paris.
BSGF: Bulletin de la Société Géologique de France, Paris.

CRAS: Comptes rendus des séances de l'Académie des Sciences, Paris.
LMAL: Livre à la mémoire de Albert F. de Lapparent (1905 – 1975) consacré aux recherches géologiques dans les chaînes alpines de l'Asie du Sud-Ouest, Paris, 1977 *(Mémoire hors-série de la Société Géologique de France,* 8).
RGE: Revue Géographique de l'Est, Nancy.
RGPGD: Revue de Géographie Physique et de Géologie Dynamique, Paris.
SI: Studia Iranica, Paris.

Aitchison, C. U. 1933: A Collection of Treaties, Engagements and Sanads relating to India and Neighbouring Countries, vol. XIII (Persia and Afghanistan), Calcutta.
Anam, S. A., Q. Azghari et P. Lalande 1976: L'étude de l'environnement et le développement régional en Afghanistan, APRA, pp. 3 – 17.
Arbeitsgemeinschaft Afghanistan et *Deutsches Orient-Institut* (Hrsg.) 1968 – 1969: Bibliographie der Afghanistan-Literatur 1945 – 1967, 2 vol., Hambourg.
Balland, D. 1972: Une spéculation originale: l'astrakan en Afghanistan, Hannon, VII, pp. 89 – 113.
Balland, D. 1973 a: Une nouvelle génération d'industries en Afghanistan. Contribution à l'étude de l'industrialisation du Tiers-Monde, Bulletin de la Société Languedocienne de Géographie (3), VII, 1, pp. 93 – 113.
Balland, D. 1973 b: Le coton en Afghanistan. Essai d'analyse géographique et économique d'une culture industrielle dans un pays sous-industrialisé, RGE, XIII, 1 – 2, pp. 17 – 75.
Balland, D. 1974: Vieux sédentaires Tadjik et immigrants Pashtoun dans le sillon de Ghazni (Afghanistan oriental), BAGF, 417 – 418, pp. 171 – 180.
Balland, D. 1975: Les Turcs à Kabul: notes de géographie sociale, communication au colloque international sur «L'acculturation turque dans l'Orient et la Méditerranée: emprunts et apports» (Paris, octobre 1975), sous presse dans les actes du colloque.
Balland, D. 1976 a: L'immigration des ethnies turques à Kabul, APRA, pp. 210 – 224.
Balland, D. 1976 b: Passé et présent d'une politique des barrages dans la région de Ghazni, SI, V, 2, pp. 239 – 253.
Balland, D. 1978: La diaspora des Turcs de basse-Asie centrale soviétique au XXe siècle, in: Etudes de géographie historique, Paris (Bulletin de la section de géographie du Comité des travaux historiques et scientifiques, LXXXII), pp. 23 – 38.
Balland, D. et C. M. Kieffer 1979: Nomadisme et sécheresse en Afghanistan: l'exemple des nomades Pastun du Dast-e Nâwor, in: Equipe écologie et anthropologie des sociétés pastorales ed., Pastoral Production and Society, Cambridge-Paris, pp. 75 – 90.
Balland, V. et D. Balland 1972: La géographie de l'Afghanistan. Données nouvelles et transformations économiques récentes, Information Géographique, XXXVI, 2, pp. 73 – 83 et 3, pp. 113 – 121.
Balland, V. et J. Lang 1974: Les rapports géomorphologiques quaternaires et actuels du bassin de Bamyan et de ses bordures montagneuses (Afghanistan central), RGPGD (2), XVI, 3, pp. 327 – 350.
Barrat, J. 1970 a: Exemple de taudification d'un vieux centre: le vieille ville de Kabul, in: Secrétariat des Missions d'Urbanisme et d'Habitat, Document n° 3 pour la préparation du colloque sur les formes de croissance urbaine sous-intégrées, Paris, pp. 36 – 39.
Barrat, J. 1970 b: Monographies de 7 villes des provinces centrales de l'Afghanistan (Yakawlang, Panjab, Lal-Sarjangal, Daulatyar, Chakcharan, Sharak et Tulak), rapport ronéoté, Kaboul, Ministère du Plan.
Barrat, J. 1972 a: Kabul, capitale de l'Afghanistan, Bulletin du Secrétariat des Missions d'Urbanisme et d'Habitat, 70 – 71, pp. 10 – 148 (texte bilingue français-anglais).
Barrat, J. 1972 b: Quelques traits caractéristiques de l'Afghanistan, Annales de Géographie, LXXXI, 444, pp. 206 – 229.
Bernard, P. 1974: Un problème de toponymie antique dans l'Asie centrale: les noms anciens de Qandahar, SI, III, 2, pp. 171 – 185.
Bernard, P. et H.-P. Francfort sous presse: Etudes de géographie historique sur la plaine d'Aî Khanoum, Paris (Mémoire n° 1 de l'URA 10 du CRA).
Berthoud, T., R. Besenval, J.-P. Carbonnel, F. Cesbron et J. Liszak-Hours 1978: Les anciennes mines d'Afghanistan, rapport ronéoté, Paris, RCP 442 du CNRS.
Bordet, P. 1975: Les volcans récents du Dacht-e-Nawar (Afghanistan central), Clermont-Ferrand (Annales Scientifiques de l'Université de Clermont, n° 53).
Bordet, P. et A. Boutiere 1968: Reconnaissance géologique dans l'Hindou Kouch oriental (Badakhchan), BSGF (7), X, 4, pp. 486 – 496.
Boulin, J. et E. Bouyx 1977: Orogenèse hercynienne, bordure gondwanienne et espace téthysien en

Afghanistan, ASGN, XCVII, 4, pp. 297 – 308.

Boutiere, A. 1969: Formations récentes (volcanisme, travertins) observées dans la région du Dasht-e-Nawar (Afghanistan central), in: Etudes françaises sur le Quaternaire présentées à l'occasion du VIIIe Congrès International de l'INQUA, Paris, pp. 241 – 245.

Carbonnel, J.-P. 1977: La limite de la plaque indienne en Afghanistan. Nouvelles données géologiques et séismologiques, LMAL, pp. 145 – 152.

Carbonnel, J.-P. et F. Denizot 1977: Le tremblement de terre de Tachkourgan (N. Afghanistan) du 19 – 20 mars 1976, Revue de Géomorphologie Dynamique, XXVI, 4, pp. 121 – 133.

Centlivres, P. 1972: La contribution française et suisse à l'ethnographie de l'Afghanistan depuis la seconde guerre mondiale, Central Asiatic Journal, XVI, 3, pp. 181 – 193.

Chatelain, J.-L. 1978: Etude fine de la sismicité en zone de collision continentale au moyen d'un réseau de stations portables: la région Hindu Kush-Pamir, thèse de 3e cycle en géophysique, Université Scientifique et Médicale de Grenoble.

Chatelain, J.-L., S. Roecker, D. Hatzfeld, P. Molnar et G. Perrier 1977: Etude sismologique en Afghanistan. Premiers résultats, Compte rendu sommaire des séances de la Société Géologique de France, 5, pp. 260 – 262.

Denizot, F., H. Haider et X. de Planhol 1977: Peuplement et mise en valeur de la vallée de Golak (Afghanistan central), RGE, XVII, 1 – 2, pp. 53 – 71.

Dollot, R. 1937: L'Afghanistan, Paris.

Dor, R. 1975 a: Contribution à l'étude des Kirghiz du Pamir afghan, Paris (Cahiers Turcica, 1).

Dor, R. 1975 b: Quelques emprunts lexicaux kirghiz dans le vocabulaire de la nourriture, communication au colloque international sur «L'acculturation turque dans l'Orient et la Méditerranée: emprunts et apports» (Paris, octobre 1975), sous presse dans les actes du colloque.

Dor, R. 1976: Note sur le yak au Pamir, Ethnozootechnie, 15, pp. 126 – 132.

Dor, R. et C. M. Naumann 1978: Die Kirghisen des Afghanischen Pamir, Graz.

Dupaigne, B. 1968: Aperçus sur quelques techniques afghanes, Objets et Mondes, VIII, 1, pp. 41 – 84.

Dupaigne, B. 1974: Un artisan d'Afghanistan. Sa vie, ses problèmes, ses espoirs, id., XIV, 3, pp. 143 – 170.

Dupaigne, B. 1975 a: Chique et tabatières de courges gravées en Afghanistan, id., XV, 1, pp. 57 – 68.

Dupaigne, B. 1975 b: Les feutres du Nord de l'Afghanistan. Peut-on parler de caractéristiques turques?, communication au colloque international sur «L'acculturation turque dans l'Orient et la Méditerranée: emprunts et apports» (Paris, octobre 1975), sous presse dans les actes du colloque.

Dupaigne, B. 1976: Cinquante nouveaux livres en français sur l'Afghanistan, Objets et Mondes, XVI, 2, pp. 79 – 88.

Dupaigne, B. 1977: Du kârêz aux puits dans le Nord de l'Afghanistan, RGE, XVII, 1 – 2, pp. 27 – 36.

Fussman, G. 1972: Atlas linguistique des parlers dardes et kafirs, 2 vol., Paris (Publications de l'Ecole Française d'Extrême-Orient, LXXXVI).

Fussman, G. 1973: Daniel Schlumberger (1904 – 1972), Bulletin de l'Ecole Française d'Extrême-Orient, LX, pp. 411 – 422.

Fussman, G. 1974: Ruines de la vallée de Wardak, Arts Asiatiques, XXX, pp. 65 – 130.

Galet, P. 1969: Rapport sur la viticulture en Afghanistan, I: Vitis, 8, pp. 114 – 128.

Galet, P. 1970: Rapport sur la viticulture en Afghanistan, II: Ampélographie, id., 9, pp. 15 – 46.

Gardin, J.-C. et P. Gentelle 1976 a: Irrigation et peuplement dans la plaine d'Aî Khanoum de l'époque achéménide à l'époque musulmane, Bulletin de l'Ecole Française d'Extrême-Orient, LXIII, pp. 59 – 99.

Gardin, J.-C. et P. Gentelle 1976 b: L'exploitation du sol en Bactriane antique, communication au colloque sur «L'écologie de l'Asie du Sud-Est» (Paris, juin 1976), sous presse dans les actes du colloque.

Gardin, J.-C. et B. Lyonnet sous presse: La prospection archéologique de la Bactriane orientale (1974 – 1978): premiers résultats, Mesopotamia (1979).

Gentelle, P. 1969: L'oasis de Khulm, BAGF, 370, pp. 383 – 393.

Gentelle, P. 1972: Le blé en Afghanistan, SI, I, 1, pp. 103 – 114.

Gentelle, P. 1977 a: Quelques observations sur l'extension de deux techniques d'irrigation sur le plateau iranien et en Asie Centrale, in: Le plateau iranien et l'Asie centrale des origines à la conquête islamique. Leurs relations à la lumière des documents archéologiques, Paris (Colloques internationaux du CNRS n° 567), pp. 249 – 262.

Gentelle, P. 1977 b: L'Afghanistan: une société rétive au développement, communication au colloque sur «Organismes de développement et espace dans les pays en voie de développement»

(Université de Toulouse-Le Mirail, décembre 1977), sous presse dans les actes du colloque.

Gentelle, P. 1977 c: Traces d'irrigations antiques dans les plaines d'Archi, Imam Sahib, Hazar Bagh, Taluqan nord, de l'époque du bronze à l'époque timouride, rapport ronéoté de l'URA 10, Paris.

Gentelle, P. 1978 a: Conditions géographiques d'établissement des systèmes d'irrigation antiques dans les basses vallées de la rivière de Kunduz et de la rivière de Khanabad, dans la vallée de la rivière de Taluqan (sud) et de Bangi, rapport ronéoté de l'URA 10, Paris.

Gentelle, P. 1978 b: Etude géographique de la Plaine d'Aî Khanoum et de son irrigation depuis les temps antiques, Paris (Mémoire n° 2 de l'URA 10 du CRA).

Gentelle, P. sous presse: Les irrigations antiques de la Bactriane orientale, L'Espace Géographique, VIII (1979).

Gille, E. 1973: Enquête socio-économique sur les élèves du lycée Esteqlal, rapport ronéoté, Kaboul.

Gillme, C. 1974: Note sur les socs d'araire d'Afghanistan, Afghanistan, XXVII, 2, pp. 34 – 45.

Hayon, J.-C., J.-M. Pelt et C. Younos 1970: Les formations végétales de la moyenne vallée du Kaboul et des massifs montagneux du Nuristan, Vegetatio, XX, 5 – 6, pp. 279 – 306.

Herman, N. M., J. Zillhardt et P. Lalande 1971: Recueil de données des stations météorologiques de l'Afghanistan, Kaboul (Publications de l'Institut de Météorologie, 2).

Kieffer, C. M. 1972 a: Le multilinguisme des Ormurs de Baraki-Barak (Afghanistan), SI, I, 1, pp. 115 – 126.

Kieffer, C. M. 1972 b: Ueber das Volk der Paštunen und seinen Paštunwali. Beitrag zur afghanischen Ethnologie, Mitteilungen des Instituts für Orientforschung, XVII, 4, pp. 614 – 624.

Kieffer, C. M. 1975 a: Les parlers de la vallée du Lôgar-Wardak, thèse de doctorat ès-lettres, Université de Paris III (sous presse).

Kieffer, C. M. 1975 b: Wardak, toponyme et ethnique d'Afghanistan, in: Monumentum H. S. Nyberg I, Téhéran-Liège, pp. 475 – 483.

Kieffer, C. M. 1975 c: Dialectologie du pastô. Distribution et typologie des parlers pastô d'après les premières cartes de l'Atlas linguistique de l'Afghanistan, communication au colloque international sur «L'établissement d'un Centre d'étude de la langue et de la littérature pastô» (Kaboul, novembre 1975).

Kieffer, C. M. 1975 d: La présence turco-mongole en Afghanistan. Témoignages dialectologiques, faits de contacts, communication au colloque international sur «L'acculturation turque dans l'Orient et la Méditerranée: emprunts et apports» (Paris, octobre 1975), sous presse dans les actes du colloque.

Kieffer, C. M. 1976: L'arabe et les arabophones de Bactriane (Afghanistan), communication au XXXe Congrès international des sciences humaines en Asie et en Afrique du Nord (Mexico, août 1976).

Kieffer, C. M. 1977 a: Etudes parâci: I – Les Parâci et leur environnement, SI, VI, 1, pp. 97 – 125.

Kieffer, C. M. 1977 b: The Approaching End of the Relict South-east Iranian Languages Ormuri and Parâci in Afghanistan, Linguistics, 191, pp. 71 – 100.

Kilbertus, G. et J.-F. Pierre 1970: Etude hydrologique, microbiologique et algologique des eaux du Kaboul (Afghanistan), Bulletin de l'Académie et de la Société lorraines des Sciences, IX, pp. 433 – 448.

Lalande, P. 1968 a: Observations sur quelques arbres afghans, Bulletin de la Société d'Histoire Naturelle de Toulouse, 104, 1 – 2, pp. 131 – 137.

Lalande, P. 1968 b: Généralités sur la végétation du bassin du Kaboul en Afghanistan, Travaux du laboratoire forestier de Toulouse, V, 1, III, art. III, pp. 1 – 17.

Lalande, P. 1968 c: Etages à genèvriers en Afghanistan, CRAS, 267, pp. 503 – 504.

Lalande, P. 1970: Modernisation du nomadisme pastoral afghan, rapport ronéoté, Kaboul.

Lalande, P. 1975: Possibilité d'implantation d'une fabrique de papier et de plastique dans le Seistan, rapport ronéoté, Kaboul.

Lalande, P., N. M. Herman et J. Zillhardt 1973 – 1974: Cartes climatiques de l'Afghanistan, 2 vol., Kaboul (Publications de l'Institut de Météorologie, 4).

Lang, J. 1975 – 1976: Un modèle de sédimentation molassique continentale en climat semi-aride. Les bassins intramontagneux cénozoïques de l'Afghanistan central, Sciences de la Terre, XX, 1, pp. 5 – 115.

Lang, J. et G. Lucas 1970: Contribution à l'étude de biohermes continentaux: barrages des lacs de Band-e Amir (Afghanistan central), BSGF (7), XII, 5, pp. 834 – 842.

Lang, J. et J. Pias 1971: Morphogenèse «dunaire» et pédogenèse dans le bassin intramontagneux de Bamian (Afghanistan central), RGPGD (2), XIII, 4, pp. 359 – 368.

Lapparent, A. F. de 1970: Quelques exemples de néotectonique dans le Turkestan afghan, CRAS, 271, pp. 896 – 899.

Lapparent, A. F. de 1971: Sur les très hautes surfaces des montagnes afghanes. Essai géomorphologique et stratigraphique, Géologie Alpine, 47, pp. 59 – 67.

Lapparent, A. F. de 1972 a: Esquisse géologique de l'Afghanistan, RGPGD (2), XIV, 4, pp. 327 – 344.
Lapparent, A. F. de 1972 b: L'Afghanistan et la dérive du continent indien, ibid., pp. 449 – 456.
Lapparent, A. F. de 1974: Très hautes terrasses et phénomènes de captures dans les Monts de Turkman, Revue de Géomorphologie Dynamique, XXIII, pp. 159 – 162.
Lapparent, A. F. de et J. Blaise 1970: La structure annulaire granitique de Suf-Kajiran (Afghanistan central), ASGN, XC, pp. 87 – 92.
Lapparent, A. F. de, E. Bouyx et J. Pias 1972: Phénomènes glaciaires et périglaciaires dans la Montagne de Bamyan (Hindou Kouch occidental), CRAS, 274, pp. 2141 – 2144.
Lapparent, A. F. de et R. Desparmet 1973: Observations sur la géologie du site, in: Fouilles d'Aî Khanoum I (Campagnes 1965, 1966, 1967, 1968), Paris (Mémoires de la DAFA, XXI), pp. 239 – 246.
Leyrat, Dr 1970: Rapport sur l'élevage dans la province de Caboul, rapport ronéoté, Kaboul.
Lung, L. 1970: Hérat et sa région, rapport ronéoté, Kaboul, Ministère du Plan.
Lung, L. et A. Rechnou 1972: La coopération économique et technique franco-afghane, rapport ronéoté, Kaboul, Ministère du Plan.
Mattauer, M., F. Proust, P. Tapponnier et C. Cassaigneau 1978: Ophiolites, obductions et tectonique globale dans l'est de l'Afghanistan, CRAS, 287, pp. 983 – 985.
Mennessier, G. 1968: Etude tectonique des montagnes de la région de Kaboul, Notes et Mémoires sur le Moyen-Orient, IX, pp. 1 – 185.
Mennessier, G. 1972 a: Géologie, biologie végétale et géographie en Afghanistan, Le Courrier du CNRS, 6, pp. 25 – 30.
Mennessier, G. 1972 b: Présentation des recherches géologiques en Afghanistan, RGPGD (2), XIV, 4, pp. 323 – 326.
Mennessier, G. 1972 c: Géologie de la chaîne d'Altimour (Afghanistan oriental), ibid., pp. 345 – 356.
Mennessier, G. 1977: Stratigraphie, tectonique et évolution du fossé de Kaboul, LMAL, pp. 153 – 168.
Mennessier, G. et A. F. de Lapparent 1968: Dix ans d'explorations géologiques en Afghanistan: 1958 – 1968, Notes et Mémoires sur le Moyen-Orient, IX, pp. VIII – XI.
Michelet, Dr 1969: Rapport sur l'élevage dans la province du Logar, rapport ronéoté, Kaboul.
Montenat, C., D. Vachard et G. Termier 1977: L'Afghanistan et le domaine gondwan. Différenciation paléogéographique au Permo-Carbonifère, ASGN, XCVII, 4, pp. 287 – 296.
Nicollet, S. 1972: L'élevage dans la province afghane de Caboul, thèse de doctorat vétérinaire, Alfort.
Pelt, J.-M., J.-C. Hayon et C. Younos 1968 a: Sur la flore et la végétation d'une zone halophile steppique en bordure de l'Amou-Daria (Afghanistan), CRAS, 267, pp. 505 – 508.
Pelt, J.-M., J.-C. Hayon et C. Younos 1968 b: Sur la flore et la végétation des bords du lac Ab-i-Istada (Afghanistan), ibid., pp. 1279 – 1282.
Pelt, J.-M., J.-C. Hayon, P. Marlin et C. Younos 1970 a: La végétation de la vallée d'Hadjar (Afghanistan central), Bulletin de la Société Botanique de France, 117, pp. 297 – 306.
Pelt, J.-M., J.-C. Hayon, P. Marlin et C. Younos 1970 b: La végétation d'une cuvette halophile du bassin de Bamian (Afghanistan central), CRAS, 271, pp. 320 – 323.
Pelt, J.-M., J.-C. Hayon et C. Younos 1970 c: Caractères écologiques et floristiques de deux stations halophiles d'Afghanistan, Vegetatio, XX, 5 – 6, pp. 307 – 328.
Pias, J. 1971: Les loess en Afghanistan oriental et leurs pédogenèses successives au Quaternaire récent, CRAS, 272, pp. 1602 – 1605.
Pias, J. 1972: Signification géologique, pédologique et paléoclimatologique des formations paléolacustres et deltaïques au Seistan (Afghanistan méridional), id., 274, pp. 1143 – 1147.
Pias, J. 1974: Pédogenèses et accumulations calcaires successives en Afghanistan au cours des quarante derniers millénaires, id., 278, pp. 2625 – 2628.
Pias, J. 1976: Formations superficielles et sols d'Afghanistan, Paris (Travaux et Documents de l'ORSTOM, 55).
Pias, J. 1977: Différents aspects de l'évolution périglaciaire en Afghanistan, LMAL, pp. 269 – 278.
Planhol, X. de 1973 a: Sur la frontière turkmène de l'Afghanistan, RGE, XIII, 1 – 2, pp. 1 – 16.
Planhol, X. de 1973 b: Kabul et le réseau urbain de l'Afghanistan, d'après Jacques Barrat, ibid., pp. 189 – 197.
Planhol, X. de 1974 a: Le commerce de la neige en Afghanistan, Revue de Géographie Alpine, LXII, 2, pp. 269 – 276.
Planhol, X. de 1974 b: Eléments autochtones et éléments turco-mongols dans la géographie urbaine de l'Iran et de l'Afghanistan, BAGF, 417 – 418, pp. 149 – 160.
Planhol, X. de 1976 a: Observations sur deux bazars du Badghis: Kala Nao et Bâlâ Mourghâb, APRA, pp. 146 – 151.

Planhol, X. de 1976 b: Le repeuplement de la basse vallée afghane du Murghâb, SI, V, 2, pp. 279 – 290.

Planhol, X. de 1977: Le vin de l'Afghanistan et de l'Himalaya occidental, RGE, XVII, 1 – 2, pp. 3 – 26.

Planhol, X. de et F. Denizot 1977: Le neige qui vient du Salang, Afghanistan Journal, IV, 2, pp. 74 – 75.

Reut, M. 1973: Le verre soufflé de Hérat, SI, II, 1, pp. 97 – 111.

Reut, M. 1976: L'élevage du ver à soie en Afghanistan et l'artisanat de la soie de Hérat, thèse de 3e cycle, Université de Paris III (sous presse dans la série Beiträge zur Iranistik, Wiesbaden).

Reut, M. sous presse: Qataghan et Badakhshân ou Résumé du récit de voyage fait en 1301 par le général Ghâzi Sardâr Mohammad Nâder Khân, ministre de la guerre de l'Afghanistan, rédigé par Mawlawi Borhân al-din Khân Koshkaki (édition du texte persan original, traduction, introduction et index par M. Reut), Paris (Mémoires de l'URA 10 du CRA).

Rohrbach, C. 1968: L'élevage dans l'est de l'Afghanistan, thèse de doctorat vétérinaire, Alfort.

Schinasi, M. 1975: L'Afghanistan à l'époque serâdjiya (1901 – 1919). Etude du Serâdj ul-akhbar (1911 – 1918), thèse de 3e cycle, Université de Paris III (sous presse en traduction anglaise à Naples).

Total Exploration 1976: Carte géologique du Katawaz au 1/250 000e (réf. RG 159, CFP-TEP-DE-BBF n° 23008).

URA 10 1977: Prospection archéologique de la Bactriane orientale (1977 – 1980). Rapport sur la première campagne, sept.-oct. 1977, rapport ronéoté, Paris.

URA 10 1978: Prospection archéologique de la Bactriane orientale (1977 – 1980). Rapport sur la seconde campagne, sept.-oct. 1978, rapport ronéoté, Paris.

Wilber, D. N. 1968: Annotated Bibliography of Afghanistan, 3e éd., New Haven.

Woillet, J.-C. 1971: Le développement des provinces centrales, rapport ronéoté, Paris, CINAM.

Zillhardt, J., N. M. Herman et P. Lalande 1973: Recueil de données des stations météorologiques des pays limitrophes de l'Afghanistan, Kaboul (Publications de l'Institut de Météorologie, 3).

Recent Swiss Researches in Afghanistan

Micheline Centlivres-Démont, Neuchâtel

The Swiss researches in human sciences in Afghanistan deal with two main domains: anthropology and linguistics.

Linguistics:

"The linguistic Atlas of Afghanistan" (for Iranian languages) is a monumental enterprise, directed by Prof. Georges *Redard*, Berne, and sponsored by the Swiss National Research Fund since 1962. It is based on two questionnaires made of a selected list of words and sentences. Some general reports and papers have been published (like Camelina, shoes) or presented at conferences. The general results will soon be published. The maps, tables, figures of the six foreseen volumes are ready for printing, as well as the text of the first volume.

Anthropology:

— Annelies *Stücki*, a Swiss researcher presently at the Australian National University in Canberra, carried out fieldwork for her dissertation among Ersari Türkmen in the Jowzjan Province between 1976 and 1977.
— Iren *von Moos* and Edwin *Huwyler*, of Basle, have worked since 1972 during several periods in the Munjan Valley, Badakhshan. Their studies are centered on economy, especially on the dependance and the indebtedness of the peasantry, consequence of the opium traffic, for example. Their interest led them also into the study of the pre-islamic beliefs in relation with the wild-goat.
— François-Xavier *Meyer*, of Neuchâtel, carried out fieldwork among some Pashtun and Pashtunized nomads groups in the Baghlan region. These cattle-breeders, mainly Timuri, coming originally from the North-Western Afghanistan, are confronted with other ethnic groups, newly settled like them, in the hills region between Aibak, Qunduz and Baghlan. Most of them, but not all, are turning to be more and more farmers. The difference in the type of adaptation, as well as the resistance to sedentarisation and plough belong to the scope of the project.

- Since our field research, sponsored by the Swiss National Research Fund and devoted to the "Interethnic relations in North Afghanistan" 1972 – 1974, Pierre *Centlivres* and I have analyzed most of our material and partly published it according to four different perspectives:
  - The first one concerns the ethnic identity and the relations between ethnic groups in Afghanistan; but a synchronical perspective is not sufficient to explain the present configuration of these ethnic groups. It is necessary to take in account the historical events like the Afghan unification and the pashtunization of the country, as well as the related migrations in the North of Afghanistan, which very often started in political events in the South of the country.
  - The second perspective deals with the sexual division of labour and the analysis of the role of women in production, in social life and in rituals. One of the main aims of this study is to analyze in which way and on which level these three fields are connected.
  - Third, I studied the nomadic dwellings, their typology and their relations with environmental facts.
  - And forth, we draw special attention to folk classification, mainly in the field of dietetics, colours and directions.

Ethnologisch-biologische Forschungen bei nomadischen und seßhaften Paschtunen in Westafghanistan

Bernd Glatzer, Heidelberg

1970 begann ich meine Arbeiten zu diesem Thema mit einer siebenmonatigen Feldforschung bei paschtunischen Nomaden in den Provinzen Ghor und Badghis in Nordwestafghanistan, deren Ergebnisse ich in einer Dissertation veröffentlichte [1].

Es zeigte sich, daß ethnologische Methoden allein nicht ausreichen, um die Probleme des Nomadismus ganz zu verstehen, da der Nomadismus eine Wirtschaftsweise ist [2], die nur in engem Zusammenhang mit der Ökologie des afroasiatischen Steppengürtels gesehen werden kann. Das gleiche gilt für die Beziehungen zwischen Seßhaften und Nomaden und die Probleme von Nomadisierung und Sedentarisierung.

Von Sommer 1975 bis Sommer 1977 unternahmen daher der Ökologe und Ethologe Michael *Casimir* und ich eine größer angelegte, gemeinsame Untersuchung bei nomadischen und seßhaften Durrani-Paschtunen in den Gebieten Shindand, Farsi und Farah-Rud in der westafghanischen Provinz Farah.

Unsere Themen sind: Beziehungen zwischen Nomaden und Bauern und zwischen nomadischer und bäuerlicher Wirtschaft und der Ökologie ihres Lebensraums. Das zweite Thema ist: Unterschiede in der Sozialisation bei Bauern und Nomaden dieses Gebiets [3].

Der Ökologe bestimmte die Steppenflora durch Pflanzentransekte, Mitnahme und Analyse von Pflanzenproben in allen Jahreszeiten, maß Biomassen auf Steppen und Agrarflächen, nahm Wasser- und Bodenproben, besorgte Klimadaten von den benachbarten Wetterstationen und wertete Satellitenaufnahmen aus. Das Freßverhalten und die Gewichtsveränderungen der Herdentiere wurden ermittelt, die Milchproduktion der Nomadentiere und die Agrarproduktion der Bauern gemessen und später nahrungsmittelchemisch analysiert.

Gleichzeitig nahm ich mit den üblichen ethnologischen Methoden direkter Beobachtung und mit Interviews die wirtschaftliche, soziale und politische Organisation der Vergleichsgruppen auf. Selbstverständlich wurden auch Herdendynamik, d. h. die Wachstums- und Verlustraten der einzelnen Tierkategorien, und die Budgetdaten der Haushalte ermittelt.

Auf dem Gebiet der Sozialisation ergänzten sich der Ethologe und der Ethnologe mit den unterschiedlichen Untersuchungsmethoden ihrer Fächer.

Wir untersuchten vergleichend und teilnehmend eine Nomaden- und eine Bauerngruppe, die dem gleichen Clan der Durrani-Paschtunen, nämlich den Nurzay, angehören,

181

die jedoch keine direkten sozialen und wirtschaftlichen Beziehungen miteinander haben. Dies war notwendig, damit eventuelle Unterschiede in der sozialen Organisation und in der Sozialisation mit der unterschiedlichen Wirtschafts- und Lebensweise korreliert werden können und nicht etwa auf ethnischen oder stammesmäßigen Differenzen beruhen. Beide Gruppen leben in der Provinz Farah, die Bauern im Farah-Rud-Distrikt, die Nomaden in Shindand. In dieser Provinz bilden die Paschtunen sowohl bei den Nomaden als auch bei den Bauern den zahlenmäßig stärksten Anteil, gefolgt von persisch sprechenden Stammesgruppen, wie Zuri, Taymani etc. Auch diese nichtpaschtunischen Gruppen betreiben sowohl Nomadismus als auch Ackerbau.

Zunächst zur nomadischen Gruppe:

Ihr Winter- und Frühjahrsgebiet liegt ca. 20 km südlich von Shindand, das Sommergebiet in der Farsi-Tulak-Region im gebirgigen Nordosten der Provinz. Alle Angehörigen unserer Nomadengruppe sind zweisprachig, sie gehören zwei verschiedenen Subclans der Nurzay an, die Badrzay-Nurzay bevorzugen das Persische, während die Milarzay-Nurzay untereinander Paschtu sprechen; alle Kinder wachsen vollkommen zweisprachig auf.

Die Nomadenlager sind keine verwandtschaftlich definierten Gruppen, obwohl zwischen den meisten Mitgliedern eines Lagers konsanguinale und affinale Beziehungen bestehen, die Lagerzusammensetzung beruht aber mehr noch auf gemeinsamen wirtschaftlichen Interessen.

Die Wirtschaft der Nomadengruppe basiert auf Schaf- und Ziegenzucht. Im Gegensatz zu zahlreichen anderen westafghanischen Nomaden betätigt sie sich nicht zusätzlich mit Ackerbau, sondern erwirbt agrarische Güter ausschließlich von seßhaften Bauern durch Tausch oder Verkauf tierischer Produkte. Außerdem verdient sie Bargeld durch Verkauf von Steppenpflanzen als Brennmaterial an Seßhafte, und einige Nomaden sind als Fremdarbeiter in Persien.

Die Haushalte sind selbständig wirtschaftende Einheiten; außer dem Hüten der Herden und der Schur gibt es kaum wirtschaftliche Aktivitäten, die von mehreren Haushalten gemeinsam durchgeführt werden. Vieh ist Privateigentum der einzelnen Haushalte. Da aber Herdengrößen von 500 Schafen oder Ziegen aus weidetechnischen Gründen als optimal angesehen werden, die einzelnen Haushalte aber nur 100 Tiere im Durchschnitt besitzen, schließen sich stets mehrere Haushalte zu Herdengemeinschaften zusammen. Diese Gruppen konstituieren sich jedes Frühjahr neu, bedingt durch die während des vorausgegangenen Jahres veränderten Besitzverhältnisse an Vieh. Jedoch auch während des Jahres finden immer wieder Umgruppierungen statt. Dies führt zu einer erheblichen Instabilität sozialer Beziehungen auf lokaler Ebene, deren Implikation für die Sozialisation eines unserer zentralen Untersuchungsthemen ist. Wir notierten dabei nicht nur die Fluktuation der Lagerbevölkerung, sondern erstellten in jedem der 12 Lager, die die Gruppe während unseres Aufenthaltes aufschlug, je einen Lageplan der Zelte und maßen die Zeltabstände. Die wechselnde Konstellation der Zelte zueinander ist nicht nur geographisch und wirtschaftlich bedingt, sondern zeigt auch die wechselnden sozialen Beziehungen der einzelnen Haushalte zueinander an.

Die Instabilität der Lokalgruppen wird bei diesen Nomaden durch feste soziale und wirtschaftliche Beziehungen zu seßhaften Bauern ausgeglichen: während man seine Lagerzugehörigkeit alle sechs oder 12 Monate überprüft, bleiben die Verbindungen zu den Bauernfamilien konstant. Diese Beziehungen werden über Generationen vererbt, sie basieren meist auf agnatischer Verwandtschaft, werden durch Zwischenheiraten verstärkt und kanalisieren den Güteraustausch zwischen nomadischer Viehzucht und Ackerbau.

Diese Beziehungen entstehen in der Regel auf folgende Weise:

Bauern betreiben häufig nebenbei etwas stationäre Viehzucht, es werden Rinder, Schafe und Ziegen gehalten. Wenn der Schaf- und Ziegenbestand über eine kritische Zahl (etwa 30) anwächst, wird die stationäre Haltung unrentabel, und man gibt die Tiere gegen Bezahlung an Nomaden zum Hüten. Der bäuerliche Haushalt schickt dann im Sommer Angehörige in das Nomadenlager, um das Melken und Verarbeiten der Milchprodukte selbst vornehmen zu können. Wenn ein Besitzstand von ca. 80 Schafen und/oder Ziegen erreicht ist, geht ein erwachsenes Mitglied der Bauernfamilie mit seiner Kernfamilie ganzjährig zu den Nomaden, nachdem er sich ein Zelt, den übrigen nomadischen Hausrat und Kamele für den Transport bei den Wanderungen besorgt hat. Diese "neue" Nomadenfamilie lernt die nomadischen Kenntnisse und die damit verbundenen Normen und Werte von den Lagernachbarn. Zunächst fühlt sie sich noch als Teil der bäuerlichen Großfamilie, falls aber keine schweren viehzüchterischen Rückschläge eintreten, hat sie die Tendenz, sich wirtschaftlich zu verselbständigen, den Viehbestand als eigenen Besitz zu betrachten und mit der restlichen Großfamilie gleichberechtigten wirtschaftlichen Austausch zu pflegen. Falls sie nicht durch Verarmung zur Resedentarisation gezwungen werden, bleiben die Nachkommen dieser neuen Nomadenfamilie Nomaden, halten aber noch nach vielen Generationen sozialen und wirtschaftlichen Kontakt zur ursprünglichen Bauernfamilie und ihren Nachkommen.

Es gibt hier keine Gruppen, die zum Nomadismus übergehen, sondern es sind stets einzelne Kleinfamilien, die sich vorhandenen Nomadenlagern anschließen, und zwar bevorzugt solchen Lagern, zu denen bereits Verwandtschaftsbeziehungen bestehen, seien es auch nur affinale.

Wir haben selbstverständlich auch Sedentarisation beobachtet, und zwar geschieht sie hier nicht durch staatlichen Eingriff, sondern durch Verarmung einzelner Haushalte. Wie zu erwarten, überwiegt während und nach Dürreperioden die Tendenz zu Sedentarisation und während einer Reihe landwirtschaftlich günstiger Jahre (z. B. der Zeit von 1972 bis 1977) die Tendenz zur Nomadisierung.

Diese wechselnden Tendenzen: Nomadisation – Sedentarisation sind nicht neu, aus Befragungen wissen wir, daß bis vor etwa einer Generation im Raum Shindand andere Gruppen nomadisierten, nämlich Angehörige der Durrani-Clans Atsakzay und Alizay, daß diese teils durch Landzuteilungen, teils durch Verarmung seßhaft geworden sind und daß darauf diejenigen Gruppen nachrückten, die wir dort angetroffen haben.

Die bäuerliche Vergleichsgruppe, das Dorf Dawlatabad bei Farah-Rud:

Der größte Teil bzw. Kern des Dorfes wird von einer Lineage gebildet, deren gemeinsamer patrilinearer Vorfahr vor fünf Generationen lebte. Im Unterschied zu den Nomadenlagern handelt es sich hier also im wesentlichen um eine verwandtschaftlich definierte Gruppe. Die lokale Gruppenzugehörigkeit ist ererbt und kann nicht wie bei den Nomaden nach Belieben geändert werden; entsprechend geringer ist die Fähigkeit und Bereitschaft, neue soziale Beziehungen anzuknüpfen oder Fremde im Dorf zu integrieren, was übrigens auch unsere Forschung erschwert hat.

Die Haushalte bewirtschaften vorwiegend den ihnen gehörenden Boden, Großgrundbesitz existiert in diesem Dorf nicht, das durchschnittliche Landeigentum beträgt etwa 1,5 ha bewässerten Landes pro Haushalt. Es wird vorwiegend Weizen gebaut, daneben auch Reis, Gemüse und Obst. Der Viehbesitz beschränkt sich auf zwei bis drei Milchkühe, ein bis zwei Pflugochsen und ein bis zwei Schafe oder Ziegen pro Haushalt.

Die politische Organisation ist auch hier egalitär, politische Entscheidungen werden auf dörflichen Ratsversammlungen ähnlich wie bei den Nomaden gefällt; zur Konfliktschlichtung und zum Fällen konflikträchtiger Entscheidungen werden auch ältere angesehene Männer aus Nachbardörfern zu Rate gezogen. Im Dorf leben keine Khane oder Maliks. Für die Kontakte mit den staatlichen Behörden nimmt man die Dienste von Maliks in anderen Dörfern in Anspruch. Das einzige politische Amt im Dorf ist das des Miraw, des Organisators und Kontrolleurs des Bewässerungssystems. Er wird jährlich neu aus dem Kreis der Bauern gewählt, wobei Wiederwahl nur in Ausnahmefällen geschieht. Er hat über die genau definierten Grenzen seines Amtes hinaus keinen politischen Einfluß und keine Möglichkeiten, sich materiell zu bereichern, abgesehen von geringen Abgaben, die er von jedem Haushalt als Aufwandsentschädigung kassiert.

Interessant sind auch hier die Beziehungen zwischen Bauern und Nomaden; wohlgemerkt: die Nomaden, mit denen die Dawlatabader zu tun haben, sind nicht identisch mit denen, die ich eben beschrieben habe.

Die Nomaden in den Steppen um Dawlatabad sind keine Paschtunen wie die Dawlatabader, sondern gehören verschiedenen kleineren persisch sprechenden Stammesgruppen an, z. B. den Zuri, die dort von der paschtunischen Bevölkerung unter der Bezeichnung "Elat" zusammengefaßt werden.

Die Bauern von Dawlatabad haben keine Verwandtschaftsbeziehungen, auch keine Heiratsverbindungen zu ihren nomadischen Nachbarn; es besteht, wie erwähnt, eine ethnische Kluft.

Trotzdem pflegen die meisten Dawlatabader stabile wirtschaftliche Beziehungen zu diesen Nomaden, und zwar von Haushalt zu Haushalt. Sie bezeichnen ihre nomadischen Partner mit dem Paschtu-Wort "ashnay" (= "Freund"), obwohl sie die Elat als sozial inferior betrachten. Die Bauern geben ihren Nomadenfreunden Stroh als Viehfutter umsonst, verkaufen ihnen zu Vorzugspreisen Zerealien und beziehen von ihnen tierische Produkte, teils gegen Geld, teils im Tausch. Einige Nomaden überwintern in Dawlatabad und bringen ihr Vieh in Ställen unter, die ihnen ihre Bauernfreunde gegen Überlassung des Viehdungs zur Verfügung stellen. Die Bauern können sich bei ihren nomadischen Partnern unentgeltlich Kamele zum Transport der Ernte ausleihen.

Es zeigt sich, daß im gleichen geographischen Raum, nämlich in der Provinz Farah, verschiedenartige Beziehungen zwischen Nomaden und Bauern entstanden sind, die zwar den gleichen wirtschaftlichen Bedürfnissen genügen, nämlich dem Austausch von Produkten und Dienstleistungen, jedoch auf unterschiedlichen sozialen Beziehungen basieren. In den meisten Fällen bleiben diese Beziehungen über Generationen stabil.

Auch aus Dawlatabad sind uns Fälle bekannt, daß sich Angehörige viehreicher Bauernfamilien Nomadenlagern angeschlossen haben.

Zum Thema Sozialisation:

Bekanntlich streben Eltern an, und zwar nicht nur bei den Paschtunen, ihre Kinder so zu erziehen, daß diese später den Normen und Werten ihrer Gesellschaft in möglichst idealer Weise entsprechen. Die Paschtunen haben für ihre hoch bewerteten menschlichen Eigenschaften einen zusammenfassenden Begriff, nämlich "ghayratman". Im Osten wird auch der damit verbundene Begriff "pashtunwali" verwendet. Den meisten Paschtunen ist die damit implizierte Wertskala bewußt und viele können auf Befragen detailliert angeben, welche menschlichen Eigenschaften in welcher Reihenfolge dazugehören. Es bestehen jedoch clanmäßig und regional deutliche Unterschiede, besonders zwischen den von uns untersuchten Nomaden und Bauern. Die Grundwerte sind aber gleich. Hoch in dieser Skala rangieren Mut im Kampf, Verteidigung der eigenen Ehre und der

der Frauen, der Familie und des Clans, und Gastfreundschaft. Deutlich geringer werden Religiosität und intellektuelle Fähigkeiten geschätzt.

Wir gewannen den Eindruck, daß ghayratman bei den Bauern stärker explizit verbal tradiert wird als bei den Nomaden, entsprechend konnten die Bauern auch uns gegenüber im Interview ghayratman leichter in Worte fassen als die Nomaden. Die nomadischen Informanten meinten, daß ghayratman zum einen Teil angeboren sei und zum anderen Teil durch das Vorbild der Erwachsenen gelernt werde.

Auch bezüglich anderer Sozialisationsziele maßen die Informanten der direkten und gezielten Unterweisung durch die Älteren geringe Bedeutung bei, vielmehr waren sie der Ansicht, daß Kinder das Meiste von selbst oder durch Nachahmung lernten, wenn sie alt genug dafür seien.

Nach unseren Beobachtungen ist die Erziehung in praxi unautoritär, auch wenn die Informanten dem Befrager gegenüber die Prügelstrafe als wirksames Erziehungsmittel bezeichneten; wir haben aber nie erlebt, daß Kinder geschlagen, und selten, daß sie geschimpft wurden; Ermahnungen und Anweisungen richteten sich stets an das Verständnis des Kindes.

Zur Mitarbeit im Haushalt werden Kinder ebenfalls nicht durch Drohungen oder Befehle motiviert, sondern dadurch, daß sie früh wie Erwachsene als verantwortliche Mitglieder des Haushalts betrachtet werden. Die Kinder selbst gewinnen durch unaufgeforderte Mitarbeit im Haushalt oder in der Viehzucht nicht nur die Anerkennung in der eigenen Familie, sondern auch Statuserhöhung in ihrer peergroup. Arbeit ist für die Kinder nicht unangenehm und mit Entbehrungen verbunden (z.B. Nicht-spielen-dürfen), sondern ist ein Mittel, möglichst früh als Angehörige der nächst höheren Altersgruppe oder der Erwachsenengesellschaft anerkannt zu werden.

Nomaden- und Bauernjungen werden in unterschiedlichem Alter in den Arbeits- und Wirtschaftsprozeß integriert: Während bei den Nomaden bereits dreijährige Jungen z.B. Brennmaterial aus der Steppe holen und Lämmer mitbeaufsichtigen, wird von den Bauernsöhnen erst ab 10 Jahren Mitarbeit erwartet, was von den Informanten mit der körperlich schwereren Bauernarbeit begründet wird. Was die Mitarbeit der Mädchen im Haushalt anbetrifft, sind die Unterschiede zwischen Bauern und Nomaden gering.

Ein besonders auffallendes Merkmal der Sozialisation bei unseren Nomaden ist, wie erwähnt, die intensive Vater-Sohn-Bindung. Bereits für männliche Säuglinge von sechs Monaten wird der Vater zur ebenso wichtigen Bezugsperson wie die Mutter und übertrifft später die Mutter in dem Maße, wie das Kind von der Muttermilch unabhängig wird. Im Alter von eineinhalb bis zwei Jahren schläft der Sohn auch nachts nicht mehr neben der Mutter, sondern allein oder neben dem Vater.

Bei den von uns untersuchten Nomaden arbeiten die Frauen zeitlich mehr als die Männer. Letztere verwenden ihre "Freizeit" zum großen Teil dazu, mit ihren Kindern — vorwiegend allerdings Söhnen — zu spielen und ihnen nomadische Fähigkeiten beizubringen. Selbst zu Männerversammlungen bringen sie ihre Kinder — oft noch Säuglinge — mit. Wenn Frauen außerhalb des Zeltes zu arbeiten haben, z.B. zu melken, beauftragen sie ihre Ehemänner ausdrücklich mit der Aufsicht über die Kleinkinder, wenn nicht ältere Kinder diese Aufgabe übernehmen können.

In der arbeitsreichsten Jahreszeit während der Melk- und Milchverarbeitungssaison im Sommer haben die Mütter nur noch beim Stillen Gelegenheit, sich um ihre Kleinkinder zu kümmern.

Bei den Bauern von Dawlatabad ist das zeitliche Verhältnis von Frauenarbeit zu Männerarbeit umgekehrt, d.h. die bäuerlichen Väter können sich weniger um ihre Kinder kümmern als die nomadischen.

Wir können annehmen, daß diese Unterschiede in der Vater-Sohn-Beziehung Differenzen in der Entwicklung der männlichen Persönlichkeit bedingen.

In den sozialen Beziehungen der Nomadenkinder untereinander spiegelt sich die instabile und häufig wechselnde Zusammensetzung des Nomadenlagers wider. Kinderfreundschaften über die engste Verwandtschaftsebene hinaus werden zwar rasch und leicht geschlossen, auch zu Fremden bzw. neu im Lager zugezogenen, jedoch ebenso leicht wieder aufgelöst; Spiel- und Arbeitsgruppen (z. B. gemeinsames Sammeln von Brennmaterial) wechseln ständig in ihrer Zusammensetzung, stabil bleiben nur Geschwisterbeziehungen.

Mädchen spielen bis zum Alter von drei bis vier Jahren gemeinsam mit den Jungen und werden von da an für den größten Teil des Tages mit leichteren Arbeiten im Zelt betraut, z. B. mit der Beaufsichtigung von Kleinkindern, auch dabei bilden sich nachbarschaftliche Mädchengruppen, für die ähnliches gilt wie für die oben beschriebenen Jungengruppen.

Anmerkungen

1 "Nomaden von Gharjistan; Aspekte der wirtschaftlichen, sozialen und politischen Organisation nomadischer Durrani-Paschtunen in Nordwestafghanistan" (Beiträge zur Südasienforschung, Südasieninstitut, Bd. 22), Wiesbaden 1977.
2 Ich verstehe Nomadismus als Wirtschafts- und Lebensweise von Gruppen, die primär Viehzucht treiben, d. h. deren Subsistenz zu über 50 % aus viehzüchterischen Erträgen stammt; die aus viehzuchttechnischen Gründen mindestens einmal pro Jahr ihre Wohnsitze verlagern, dabei den größten Teil ihres beweglichen Besitzes mit sich führen, mindestens einen Teil des Jahres in transportablen Behausungen leben und in ganzen sozialen Einheiten wandern, zumindest in vollständigen Familien und Haushalten.
3 Dieses Projekt wurde uns durch Forschungsstipendien der Deutschen Forschungsgemeinschaft ermöglicht.

5. Beiträge zur
   Kultur- und Kunstgeschichte

Archäologische Forschungen in Afghanistan 1974 - 1978

Klaus Fischer, Bonn

Ausgrabungen, Vermessungen, Architekturaufnahmen, Oberflächenfunde bei Geländebegehungen, zufällige Entdeckungen und historische Studien über alle dabei bekannt gewordenen Denkmäler bestätigten im vergangenen Lustrum Afghanistans hervorragende Bedeutung als "Kreuzweg Asiens" und "Schmelztiegel östlicher und westlicher Kulturen".

Dies wird auch in einer der jüngsten der hier zu zitierenden Veröffentlichungen betont: The archaeology of Afghanistan from earliest times to the Timurid period, ed. by *F. R. Allchin* and *N. Hammond, London, Academic Press 1978 (S. R. Bowlby,* The geographical background; *R. S. Davies,* The palaeolithic; *J. G. Shaffer,* The later prehistoric periods; *D. W. Mac Dowall & M. Taddei,* The early historic period — Achaemenids and Greeks; idem, The pre-Muslim period; *K. Fischer,* From the rise of Islam to the Mongol invasion; idem, From the Mongols to the Mughals), u.a. S. 1, 169, 214, 255, 307, 405. Alle Handwerker und Künstler auf dem Boden des heutigen Afghanistan standen von der frühesten Zeit bis zum späteren islamischen Mittelalter mit den Nachbarkulturen Zentralasiens, Ostirans und den nordwestlichen Teilen des Subkontinents Indien in Verbindung: ibid. u.a. S. 1, 408, 410, 412.

Während der Arbeiten an diesem Band erschienen Bücher und Aufsätze, über die hier in der Chronologie der Altertümer berichtet werden soll; desgleichen werden Referate von Tagungen genannt, bei denen die Funde aus Afghanistan eine wesentliche Rolle spielten: "Central Asia in the Kushan period" = Proceedings of the International Conference on the History, Archaeology and Culture of Central Asia in the Kushan Period, Dushanbe ... 1968, *Moskva I 1974, II 1975;* "Le plateau iranien et l'Asie centrale des origines à la conquête islamique, Leurs relations à la lumière des documents archéologiques" = Colloques Internationaux du Centre National de la Recherche Scientifique 567, *Paris 1976;* "The Role of the City in Islamic History", World of Islam Festival, *Cambridge 1976;* XX. Deutscher Orientalistentag, Deutsche Morgenländische Gesellschaft, *Erlangen 1977;* Colloquium "Die Stellung des Künstlers in den orientalischen Gesellschaften", Sektion 13 der Deutschen Morgenländischen Gesellschaft, *Hamburg I 1978, Berlin II 1979;* Seminary "The Stupa — its symbolism, its religious, historical and architectural relevances", *Heidelberg 1978;* "Kushana Conference", Ministry of Information and Culture and Afghan Institute of Archaeology, *Kabul 1978.*

Hierzu kommen zwei Sonderfragen: 1) Die Entstehung früher und mittelalterlicher Kulturen beruhte auch auf den praktischen Bedingungen des täglichen Lebens. In den größtenteils ariden Landschaften war man von künstlicher Bewässerung abhängig, wie es in den angrenzenden zentralasiatischen Gebieten, im nordafghanischen Baktrien und im Südwesten Afghanistans untersucht wurde. *Y. Gulyamov,* Irrigation in Central Asia in the Kushan period, *A. Mukhamedzhanov,* Irrigation in Central Asia in the Kushana period *(Central Asia . . . I und II); H. Radermacher,* Historical irrigation systems in Afghan Sistan, *International Commission on Irrigation and Drainage Bulletin, July 1974,* id., Historische Bewässerungssysteme in Afghanistan-Sistan — Gründe für ihren Verfall und Möglichkeiten ihrer Reaktivierung, *Kulturtechnik und Flurbereinigung 16, 1975; J.-C. Gardin & P. Gentelle,* Irrigation et peuplement dans la plaine d'Ai Khanoum de l'époque achéménide à l'époque musulmane, *Bulletin de l'Ecole Française d'Extrême-Orient LXIII, 1976; P. Gentelle,* Quelques observations sur l'extension de deux techniques d'irrigation sur le plateau iranien et en Asie centrale *(Le Plateau . . .);* id., Etude géographique de la plaine d'Ai Khanoum et de son irrigation depuis les temps antiques, *Paris 1978.*

2) Der Reichtum von Kunstformen in den Funden aus Afghanistan wird auch durch den Handel mit Gütern erklärt, die Jahrtausende lang in und durch dieses Land hindurch transportiert wurden und gelegentlich als Anregung für die hier ansässigen Werkstätten dienten; neuerdings wurde die Bedeutung afghanischer Grenzlandschaften für diesen Kulturaustausch dargestellt: *M. Tosi,* The Lapis Lazuli trade across the Iranian plateau in the 3rd mill. B.C., *Gururajamanjarika . . . in onore di G. Tucci, Napoli 1974; W. Raunig,* Einige Bemerkungen zu Verkehr und Handelstendenzen in der afghanischen Provinz Badakshan, *Beiträge zur Wirtschaftsgeschichte 7, 1978.*

Das ältere Paläolithikum ist im Vergleich mit anderen Stationen des frühen Menschen in Zentralasien, dem Vorderen Orient oder Nordindiens nur südlich des Hindukush zu erwarten; zur Klärung dieser frühesten Schichten sind von besonderer Wichtigkeit die Funde in der Dasht-i Nawur: *L. Dupree,* New palaeolithic localities near Dasht-i Nawur, *Afghanistan Journal 2, 1975.* Später entspricht das bisher einzige Radiocarbon-Datum der Höhle von Dara-i Kur im mittleren und jüngeren Paläolithikum mit etwa 30 000 v.Chr. Funden aus den Zagros-Gebirgsketten *(The archaeology . . . 1978, 406).* Mit dieser Methode datiert man das nicht-keramische Neolithikum Afghanistans in Aq Kupruk etwa 8 566 — 6 960, und das keramische Neolithikum etwa 5 214 — 2 685; Interpretationen zu dieser Phase gaben die Ausgräber: *L. Dupree & C. Kolb,* Ceramics from Aq Kupruk, Dara-i Kur and Hazar Gusfand, *Afghanistan 27, 1974/5, N. 4.*

Die Kultur der frühen Siedler im Übergang vom 4. zum 3. Jahrtausend und ihre Verbindungen mit den zentralasiatischen und indopakistanischen Fundorten sind besonders durch die Ausgrabungen von Mundigak bekannt geworden *(The archaeology . . . 1978, 91, 408).* Architektur und Kleinfunde werden immer mehr in die vergleichende naturwissenschaftliche, ethnographische und vorgeschichtliche Forschung einbezogen: *H.-E. Nellissen,* Vorgeschichtliche Stadtkultur Zentralasiens im Spiegel der Ausgrabungen in Mundigak (Afghanistan), *Köln 1976; L. B. Pollak,* The animal style of the pottery of Mundigak, *Afghanistan 30, 1977/8, N. 2. u. 4; R. E. Snead,* Geomorphic history of the Mundigak valley, *Afghanistan Journal 5, 1978;* auf der *Fifth International Conference of South Asian Archaeologists, Berlin 1979* (im Folgenden: *FIC 1979),* sprachen R. Ciarla über "The manufacture of stone vases at Shahr-i Sokhta and Mundigak" und *C. Jarrige/M. Tosi* über "The natural resources of Mundigak". Bei Iranisten, Indologen, Prähistorikern und Archäologen erregte kürzlich die Entdeckung des Tepe von Shortugai in Baktrien *(The archaeology . . . 1978, S. XXI)* besonderes Interesse, da hier aus der Wende vom 3. zum 2. Jahrtausend eine Art Kolonie oder vorgeschobener Posten der Industal-Kultur entdeckt werden konnte: *H.-P. Francfort* et *M.-H. Pottier,* Sondage préliminaire sur l'établissement protohistorique harappéen et postharappéen de Shortugai (Afghanistan du N.-E.), *Arts Asiatiques 34, 1978; H.-P. Francfort,* The late periods of Shortugai (N. E. Afghanistan) and the problem of the Bishkent culture, *FIC 1979.* Im afghanischen Sistan wurden ältere Untersuchungen von *Ghirshman* zu den frühesten Perioden dieser Kulturprovinz fortgesetzt: George F. *Dales,* New excavations at Nad-i Ali (Surkh Dagh), Afghanistan, *Berkeley 1977.* Eine Zusammenstellung neuerer Schrifttums enthält: *V. C. Srivastava,* Historiographical bibliography of protohistoric research in Afghanistan, *Afghanistan 31, 1978/9, N. 2.* Neue Gedanken über die Begründung der frühesten indischen Hochkultur und über ihre Verbindungen zu den Nachbarländern mit Einschluß Afghanistans enthält: *M. R. N. Jansen,* Architektur in der Harappa-Kultur — eine kritische Betrachtung, *als Aachener TH-Diss. vorgelegt 1979.*

Während in den ausgedehnten ariden (s. o. *Radermacher, Gulyamov, Gardin* usw.) und den wenigen von Natur aus fruchtbaren Gebieten Afghanistans der Übergang zu den geschichtlichen Zeiträumen aus Mangel an Inschriften bisher im Vergleich mit den sicher dokumentierten Stätten Zentralasiens nördlich des Oxus, des ostiranischen Dahan-i Ghulaman und des indischen Raums z. B. mit den Grabungen von Taxila und Charsadda *(The archaeology . . . 1978, 410)* studiert werden mußte, lieferten die jüngsten Ausgrabungen in Afghanistan nicht nur wichtige keramische Funde für die medischen und achämenidischen Epochen, sondern in Kandahar *(The archaeology . . . 1978, S. XXI, XXII)* auch Bruchstücke von Tafeln mit elamitischen Keilinschriften wahrscheinlich aus achämenidischer Zeit: *A. Cattenat & J.-C. Gardin,* Diffusion comparée de quelques genres de poterie caractéristiques de l'époque achéménide sur le plateau iranien et en Asie centrale *(Le Plateau . . .); S. V. Helms,* The British excavations at old Kandahar, *Afghan Studies vol. 1 – 3, im Erscheinen.* Dieser Fundstoff wurde kürzlich diskutiert von *T. R. Blurton,* "The British Institute of Afghan Studies: Excavations of the Stupa and Vihara of Old Kandahar", *FIC 1979.*

Durch die genannten und noch zu nennenden Grabungen und Studien ist jetzt besonders die alte Kulturlandschaft von Baktrien mit Funden aus den weiten Steppengebieten nördlich und südlich des Amu Darya, des antiken Oxus, in den Mittelpunkt des Interesses gerückt. Von der Frühgeschichte bis zur vorislamischen Zeit finden wir Darstellungen in: Drevnjaja Baktrija, Predvaritel'nye soobscenija ob archeologiceskich rabotach na juge Uzbekistana, *Leningrad 1974;* Drevnjaja Baktrija, Materialy Sovetsko-Afganskoj ekspedicii 1969 – 1973 gg. *(U. T. Kruglikova, V. I. Sarianidi* u.a.) *Moskva 1976; P. Amiet,* Bactriane proto-historique, *Syria 54, 1977; K. Jettmar,* Auf den Spuren der Indoiranier? Bronzezeitfunde sowjetischer Archäologen in Nordwest-Afghanistan, *Afghanistan Journal 5, 1978* (mit ausführlichen Literaturangaben). Dazu sprach derselbe Verfasser "Bronzes from North-West Afghanistan", *FIC 1979.* Über Geländebegehungen berichtete auf derselben Tagung in *Berlin 1979 U. Scerrato* "An archaeological survey in Abistada area". Auf dieser Konferenz wurden berühmte Fundstätten und Kunstorte wie Ghazni nach ihren Funden aus vorislamischer *(C. S. Antonini* u. *M. Taddei* über *Tapa Sardar)* und islamischer *(G. Ventrone* über *Ghaznavid inscriptions)* Zeit behandelt. Hier vgl. auch *C. E. Bosworth,* The later Ghaznavids, *Edinburgh 1977.*

Siedler schufen sich in historischen Zeiten günstige Lebensbedingungen in der baktrischen Tiefebene (s. o. *Gardin, Gentelle).* Die Ausgrabungen von Ai Khanoum liefern seit einigen Jahren die frühesten verläßlichen Grundlagen für das Studium von Sonderentwicklungen, welche die Kunst im Orient zeitweise unter Anregungen aus dem Okzident nahm: *K. Fischer,* Besprechung von "Fouilles d'Ai Khanoum . . . 1973", *Gnomon 48, 1976,* bes. S. 293 – 295 m. Anm. 29 – 37. Der neuesten Mitteilung des Ausgräbers entnehmen wir, daß man nun am Oxus in einer griechischen Kolonialstadt ein typisches hellenistisches Gymnasion und Theater freilegt, in einem Schatzhaus des Palastes u.a. an Funden von Lapislazuli den Handelsverkehr zwischen Ost und West verfolgen kann und Reste eines griechischen Papyrus mit einem philosophischen Text aus der Zeit um 300 v. Chr. entdeckt hat; man wird den ersten Schlußfolgerungen aus diesen überraschenden Entdeckungen zustimmen und die Bedeutung des fremden, mittelmeerländischen Elements für die Entstehung einer baktrischen Kultur höher veranschlagen als bisher: *P. Bernard,* Campagne de fouilles 1976 – 1977 à Ai Khanoum (Afghanistan), *Comptes rendus . . . Académie des Inscriptions & Belles Lettres 1978.* Durch die sowjetisch-afghanische archäologische Expedition wird in Baktrien noch eine zweite Stadt ausgegraben, die von den Griechen im 2. Jh. v. Chr. gegründet wurde und bis zum 5. Jh. n. Chr. bestand. Etwa 40 km nordwestlich der alten Hauptstadt Baktra, dem modernen Balkh, entdeckte man eine befestigte Stadt, einen Dioskuren-Tempel, einen Tempel mit shivaitischer Wandmalerei und ein buddhistisches Heiligtum. Hierüber berichten I. T. *Kruglikova, Dilberdjin, Moskva 1974* (mit Farbtafeln) und ead. & G. A. *Pugacenkova, Dilberdjin, Moskva 1977; Kruglikova* schrieb über diese Ausgrabungen auch in den *Comptes rendus . . . Académie des Inscriptions & Belles Lettres 1977.* Unter den Stichworten Baktra, Baktrien, Bamiyan, Begram und Seistan findet man auch vergleichende archäologische und historische Beobachtungen bei *B. Brentjes,* Mittelasien, eine Kulturgeschichte der Völker zwischen Kaspischem Meer und Tien-Schan, *Leipzig 1977.*

Der mittelmeerländisch-asiatische Kulturaustausch dauerte etwa während der 1. Hälfte des 1. nachchristlichen Jahrtausends, besonders aber unter der Herrschaft der Kushanas und ihres Königs Kanishka, in Baktrien, im ostafghanischen und nordwest-pakistanischen Gandhara, im pakistanischen Swat, im zentralindischen Mathura und im südindischen Andhra-Land fort. The Institute of Archaeology, Darulaman, Kabul, unterstützt durch das Ministry of Information and Culture of Afghanistan, fördert die Studien an diesen Denkmälern durch ein International Centre of Kushan Studies. Zunächst wurde ein "International Meeting on the Co-ordination of Kushan Studies and Archaeological Research in Central Asia" für den Mai 1970 nach Kabul einberufen. Bei Berichten über Bodenfunde wurden Verbindungen des Kushana-Reichs mit den kulturellen Mittelpunkten der Zeit *(The archaeology . . . 1978, 234),* geschildert: *K. Fischer,* Besprechung von "Papers on the Date of Kanishka . . . 1960", *Bibliotheca Orientalis 27, 1970* mit einem Referat über das Treffen in Kabul und Nachricht über kushanazeitliche Denkmäler in China (hierzu u.a. *M. Sullivan,* Chinesische Kunst, *München 1974;* s. unten *Kuwayama, Orient 11, 1975; Central Asia . . . I Y. Zuev,* Chinese sources of the Yüeh-Chih and the Kushans; *K. Enoki,* Hsieh, Viceroy of the Yüeh-Chih; II *B. Ogel,* The history of Kushans and its Chinese sources; *I. Kozhomberdiyev,* Culture of the Tien-Shan and Alai nomads; The caves of Tun-Huang . . . Exhibition . . . *Birmingham . . . and Durham . . . 1978),* Indien, Pakistan, der Sowjetunion, Afghanistan, Iran und Südostasien, S. 405 m. Anm. 20 – 26. – Zur Entwicklung der antik-asiatischen Mischkunst am Beispiel von Funden aus Pakistan und Afghanistan äußerte sich auch *H. Ch. Ackermann,* Narrative stone reliefs from Gandhara in the Victoria & Albert Museum in London, *Rome 1975.*

Seit dieser Tagung erschienen u.a. folgende Veröffentlichungen über Bauten und Bilder der Kushana-Zeit in Afghanistan und ihre Interpretation im Zusammenhang mit den Fundstätten der Nachbarländer: *Z. Tarzi,* Les vases d'abondance de la grotte I de Bamiyan, *Afghanistan 26, 1973/4, N. 2; S. Mustamindi,* The Herakle of Hadda, *Afghanistan 26, 1973/4, N. 4; R. Kostka,* Die stereophotogrammetrische Aufnahme des Großen Buddha in Bamiyan, *Afghanistan Journal 1, 1974; G. Fussman,* Ruines de la vallée de Wardak, *Arts Asiatiques 30, 1974; S. Kuwayama,* The walls of Begram III –

renewing its dating, *Orient 10, 1974;* E. A. *Jourkevitch,* Histoire de l'exploration des monuments kouchans d'Afghanistan, *Afghanistan 27, 1974/5, N. 1 & 2;* G. *Fussman &* Dir.-Gen. Archéol. et Conservation, Nouvelle découverte à Bamiyan, *Afghanistan 27, 1974/5, N. 2;* H. *Motamedi,* The influence of Buddhist art of Afghanistan on the Buddhist art of Japan, *Afghanistan 27, 1974/5, N. 4;* M. N. *Deshpande,* Cultural relations between Afghanistan and India with special reference to archaeological findings in the two countries, *Afghanistan 28, 1975/6, N. 2;* Z. *Tarzi,* Fondukistan excavation, *Afghanistan 28, 1975/6, N. 2;* S. *Gaulier, R. Jera-Bézard & M. Maillard,* Buddhism in Afghanistan and Central Asia, *Leiden 1976;* G. *Fussman & M. Le Berre,* Le monastère de Gul Dara, *Paris 1976;* Z. *Tarzi,* L'architecture et le décor rupestre des grottes de Bamiyan, *Paris 1977;* G. *Verardi,* Report on a visit to some rock-cut monasteries in the province of Ghazni, *East and West 27, 1977;* id., Notes on Afghan archaeology I, A Gandharan relief from Qarabag-e Ghazni, *Afghanistan 30, 1977/8, N. 1;* H. *Motamedi,* The footprints of Buddha at the Kabul Museum, *Afghanistan 30, 1977/8, N. 1;* H. G. *Franz,* Der buddhistische Stupa in Afghanistan, Ursprünge und Entwicklung, *Afghanistan Journal 4, 1977 u. 5, 1978;* id., Das Chakri Minar als buddhistische Kultsäule, *Afghanistan Journal 5, 1978;* id., Stupa und Umgangstempel in Zentralasien und im Bereich der Gandharakunst, *"The Stupa ... 1978";* id., Pagode, Turmtempel, Stupa, *Graz 1978;* K. *Fischer,* Hidden symbolism in stupa reliefs – coincidentia oppositorum of Mara and Kama, *"The Stupa...1978";* G. J. *Arez,* On the horizon of history, The extreme limit of the Kushan Empire, *Kushan Studies (International Centre, Darulaman, Kabul) 1, 1978;* S. O. *Sultan,* Hellenistic influence in Afghanistan, *ibid.;* G. *Fussman,* Chronique des études kouchanes (1975 – 1977), *Journal Asiatique 1978;* M. I. *Stwodah & A. Z. Modarissi,* Kushans, Annotated bibliography, 2 vol., *Kabul 1978;* M. *Taddei,* Il santuario buddhistico di Tapa Sardar (Afghanistan), *Quaderni de la Ricerca Scientifica 100, 1978;* A. *Miyaji,* The parinirvana scenes of Bamiyan, an iconographical analysis, in "Japan-Afghanistan Joint Archaeological Survey in 1970", *Kyoto 1978;* K. *Fischer,* Darstellungen vom Tode auf einigen buddhistischen Kunstwerken, in "Tod und Jenseits im Glauben der Völker", *Wiesbaden 1978,* Abb. 10. – Kushanazeitliche Kunstwerke aus Baktrien und Bamiyan werden auch zu wesentlichen stilistischen Vergleichen herangezogen von G. *Gropp,* Archäologische Funde aus Khotan (Chinesisch-Ostturkestan), Die Trinkler-Sammlung im Übersee-Museum, Bremen, *Bremen 1974.*

Bei einer *"Kushana Conference", Kabul 1978,* hatte man Gelegenheit zu einem Gedankenaustausch über alle diese und neu auftauchende Fragen. Es referierten über Denkmäler aus Afghanistan: S. *Antonini,* Tepe Sardar at Ghazni; N. *Azizi* (Direktor des Museums Kabul Darulaman, Mitarbeiter am Band "Nimruz", s. unten, Mitarbeiter der französischen Forscher *Gardin* und *Gentelle,* s.o.) in Dari über die historischen Bewässerungsanlagen in der baktrischen Ebene; P. *Bernard,* Pseudo-documents des époques parthe et kouchane en Asie centrale; K. *Fischer,* Origin of kama-tapas-iconography in Kushana sculpture and painting; H.-P. *Francfort,* Une nouvelle hypothèse sur les cultes pratiqués au sanctuaire du temple à redans d'Ai Khanoum; G. *Fussman,* Chronologie; I. *Gerchevitch,* The well at Surkh Kotal; F. *Grenet,* Une necropole zoroastrienne à Ai Khanoum? D. *Kawaian,* Tepe Kalan at Hadda; D. *Mac Dowall,* Numismatics; V. C. *Shrivastava,* The Kushans and the sun-cult; M. I. *Stwodah,* Libraries in Kushan times; M. *Taddei,* Meditations on death in Gandhara; Z. *Tarzi* (Direktor des Institute of Archaeology, Kabul Darulaman und Ausgräber von Hadda), La technique des sculptures en argile couvertes de plâtre; F. *Tissot,* Note sur la présence de nomades Kushana au Gandhara.

Während der nach-Kushana-Zeit und vor-Muslim-Periode erreichten Bau- und Bildkunst unter den Turki-Shahis und Hindu-Shahis eine Blüte *(The archaeology ... 1978,*

289). Der Ausgräber von Tapa Skandar bei Kabul, *S. Kuwayama,* schilderte anschaulich die kulturellen Wechselwirkungen in dieser Epoche: Khair Khaneh and its Chinese evidences, *Orient 11, 1975;* The Turki Shahis and relevant Brahmanical sculptures in Afghanistan, *East and West 26, 1976.* Den kulturellen Hintergrund der Zeit beschrieb *A. Rahman,* The last two dynasties of the Shahis (An analysis of their history, archaeology, coinage and palaeography), thesis, Australian National University, *Canberra 1976.* Iranische Konstruktionsweisen dieser Übergangsperiode illustrierte *K. Fischer,* Dächer, Decken und Gewölbe indischer Kultstätten und Nutzbauten, *Wiesbaden 1974,* Bild 124. Auf ikonographische Besonderheiten des Shivaismus in der bildenden Kunst von Tapa Skanda wiesen u.a. hin *P. L. Gupta* und *D. S. Sircar, Journal of Ancient Indian History (University of Calcutta) 6, 1972 – 3,* 1 – 4 u. 177, und *K. Fischer,* Erotik und Askese in Kult und Kunst der Inder, *Köln 1979,* Abb. 57.

Auf dem Gebiet der islamischen Kunstforschung fesselt weiterhin das älteste bisher in Afghanistan entdeckte Denkmal *(The archaeology . . . 1978, 306)* in seiner Verbindung von wohlproportionierter Bauform und hochentwickeltem zeitgenössischem Bauschmuck das Interesse — die abbasidische Moschee (Bild 1) in Balkh: *D. Kuban,* Muslim religious architecture, *Leiden 1974,* pl. XLIV. Architektur und Dekoration und geschichtliche Bedeutung einer ghaznavidischen und ghoridischen Residenz (Bild 2) am Zusammenfluß von Hilmend und Arghandab sind jetzt im jüngsten Band XVIII der Mémoires de la Délégation Archéologique Française en Afghanistan übersichtlich dargestellt: Lashkari Bazar. Une résidence royale ghaznévide et ghoride. 1 A: *D. Schlumberger,* L'architecture, avec la collaboration de *M. Le Berre* et des contributions de *J.-C. Gardin* et *G. Casal. 1 B: J. Sourdel-Thomine,* Le décor non figuratif et les inscriptions, *Paris 1978.* (2: *J.-C. Gardin,* Les trouvailles, Céramiques et Monnaies de Lashkari Bazar et de Bust, 1963). Diese Kunst wirkte auf die Gestaltung der Wehranlagen, Siedlungen, Gouverneurssitze, Sakralbauten und Keramik in der Provinz Sistan: Nimruz. Geländebegehungen in Sistan 1955 – 1973 und die Aufnahme von Dewal-i Khodaydad 1970. Hrsg. v. *K. Fischer* in Zusammenarbeit mit *D. Morgenstern* und *V. Thewalt, Bonn, Band 1 u. 2, 1974 – 1976.* (Darin: *M. Klinkott,* Vorislamische Baufragmente vom Nordrand der Wüste Registan; *H. Fehr,* Sondagen an einem Kanal und im Wanderdünengürtel; *A. Dieterle,* Alte Bewässerungssysteme und Feldbauspuren in der Umgebung von Dewal-i Khodaydad; *D. Morgenstern,* Untersuchungen zum Siedlungsbild der Ruinenstädte Sistans mit kartographischen Methoden; *M. Klinkott,* Die Lehmziegelarchitektur; *L. Mauelshagen,* Photogrammetrische Aufnahme und Auswertung ausgewählter Lehmziegelruinen; *H. Radermacher,* Wasserwirtschaft und Kulturbauwesen in Sistan in historischer und aktueller Sicht; *M. Tosi,* Umwelt, Wirtschaft und Besiedlung im vorgeschichtlichen Sistan; *U. Schultze-Frentzel* u. *H. Salge,* Zur Technologie islamischer Keramiken; *G. Wallbrecht,* Inschriften auf Baukeramik; *G. Wallbrecht,* Münzen von Lesefunden; *G. Wallbrecht,* Auszug aus al-Muqaddasi 304 – 307; *M. Forstner,* Zur Topographie Sistans in frühislamischer Zeit; *G. Wallbrecht,* Qandahar und Sistan im Spiegel persischer Dichtung.) Der neue Fundstoff wurde weiterhin diskutiert von: *H. Radermacher,* s. oben 1974 und 1975; *M. Klinkott,* Das Ivan-Hofhaus von Dewal-i Khodaydad, *Bericht über die Tagung für Ausgrabungswissenschaft und Bauforschung 26/27, 1976;* id., Hürdenhäuser in Afghanistan, *Architectura 1976;* id., Baugeschichtliche Beiträge zur Sistan-Forschung, Islamische Baukunst in Afghanisch-Sistan, *Karlsruher TU-Habil.-Schr. 1977; K. Fischer,* Ruins of South West Afghanistan and the Tarikh-i Sistan, *"The Role of the City" . . . 1976; L. Hünerfeld,* Luftbildinterpretation als optimale Vorbereitung der Feldarchäologie, dargestellt am Beispiel Afghanisch-Sistan, *XX. Deutscher Orientalistentag . . . 1977; K. Fischer,* Fortified and open settlements in mediaeval Sistan, *International Review of Town Planning History 13, 1978;* id., *L. Mauelshagen* u. *K. Tönnessen,*

Photogrammetrische Aufnahme schwer zugänglicher Ruinen im Orient, Architektur-Photogrammetrie, *Internationales Symposium, Bonn 1976, Bd. II.* – Wichtig für die Verbindung von geodätischer und archäologischer Feldforschung mit orientalischer Philologie die Kommentare bei: The Tarikh-e Sistan. Translated by *M. Gold, Roma 1976.*

Die berühmten und bekannten Minaretts von Ghazni (Bild 3) riefen eine technische Studie hervor, die vor allem ihrer Konservierung dienen soll: *E. Galdieri,* A few conservation problems concerning several Islamic monuments in Ghazni (Afghanistan), Technical report and notes on a plan of action, *Rome 1978.* Der später entdeckte Turm von Jam (Bild 4) steht jetzt im Mittelpunkt der Frage nach der Hauptstadt der Ghoriden: *W. Herberg,* Topographische Feldarbeiten in Ghor, Bericht über Forschungsarbeiten zum Problem Jam-Feroz Koh, *Afghanistan Journal 3, 1976; G. Vercellin,* The identification of Firuzkuh – a conclusive proof, *East and West 26, 1976; G. J. Davary,* Jam and Feroz-koh, A new study, *Afghanistan 30, 1977/8, N. 4.* Am Kushk-i Kak südlich von Jam entdeckten Frau und Herr *Herberg* einen hebräischen Friedhof mit wichtigen Inschriftsteinen: Vgl. *E. L. Rapp,* Mainzer Afghanica III, A. Persisch-Hebräische Inschriften des Mittelalters, *Jahrbuch der Vereinigung "Freunde der Universität Mainz" 1974/75.* Dazu kommen verschiedene neuere Studien zur islamischen Kunst von Afghanistan. Mit dem Norden des Landes befaßt sich *G. A. Pugachenkova,* Little known monuments of the Balkh area, *aarp 13, 1978.* Die Verbindung von Hydrologie und Architekturanlagen wird in diesem Zusammenhang dargestellt von *D. Balland,* Passé et présent d'une politique des barrages dans la région de Ghazni, *Studia Iranica 5, 1976.* Von besonderem Interesse ist auch das Studium eines Baudenkmals aus neuerer Zeit: *Djelani* (G. J.), *Davary & H. Erdmann,* Die Moschee von Takhta Pol in Nordafghanistan, *Afghanistan Journal 4, 1977.* Mit der Frage nach der inschriftlich, literarisch oder legendär überlieferten Person des islamischen Künstlers befaßte sich Donald N. *Wilber,* Builders and craftsmen of Islamic Iran – The earlier periods, Art and Archaeological Research Papers *(aarp) 10, 1976,* darin über Denkmäler aus Afghanistan S. 35 f., Nrn. 6, 15 – 17, 32. (Vgl. dazu auch *K. Fischer, Dächer . . . 1974,* S. 14 u. Colloquium "Die Stellung des Künstlers . . .", *Berlin II 1979.) D. Brandenburg* hat die timuridischen Denkmäler der alten Hauptstadt Herat in einer topographischen Studie monographisch behandelt (Herat, Eine timuridische Hauptstadt, *Graz 1977)* und die Spuren einer islamischen Hochschule dieser Stadt in einer Darstellung dieses Bautypus beschrieben (Die Madrasa. Ursprung, Entwicklung, Ausbreitung und künstlerische Gestaltung der islamischen Moschee-Hochschule, *Graz 1978,* S. 72).

Schließlich gehen aus der Verbindung ethnographischer, kunstwissenschaftlicher, architekturgeschichtlicher und philologischer Forschungen Beiträge hervor, die das Nachleben herkömmlicher iranischer und indischer Lebensweisen und Denk- und Bauformen im indisch-iranischen und im afghanisch-pakistanischen Grenzgebiet erkennen lassen. Wesentlich war eine Aufnahme z.B. in Ost-Afghanistan: *P. Snoy,* Die Kafiren – Formen der Wirtschaft und geistigen Kultur, *Frankfurt 1962.* Später wurden verschiedene Einzelfragen behandelt: *M. Klimburg,* Male-female polarity symbolism in Kafir art and religion, *East and West 26, 1976; G. Fussman,* Pour une problématique nouvelle des religions indiennes anciennes, *Journal Asiatique 1977; K. Wutt,* Zur Bausubstanz des Darrah-e Nur, *Afghanistan Journal 4, 1977;* id., Über Herkunft und kulturelle Merkmale einiger Pashai-Gruppen, *ibid. 5, 1978;* id., Zur Architektur einiger Hindukush-Täler im Umkreis von Nuristan, *Wiener TU-Diss. 1979; M. Alam Melabar,* The role of Endr in the mythology of ancient Nuristan, *Afghanistan 31, 1978/9, N. 1 u. 2; J. Ovensen,* Ethnographic field research among the Pashai people of Darra-i Nur, *Afghanistan 31, 1978/9, N. 2.*

Kurz nach unserer Mannheimer Tagung über allgemeine kulturgeschichtliche Fragen und verschiedene Einzelprobleme im Lichte archäologischer Denkmäler Afghanistans erschienen Veröffentlichungen, in denen ebenfalls grundsätzliche, einführende Darstellungen über dieses Land sich mit detaillierten Fachforschungen verbinden.

Nancy Hatch *Dupree* hat 1970 "An historical guide to Afghanistan" verlegt (Library of Congress, Cat. N. 78 – 131 379, Afghan Air Authority, Afghan Tourist Organization, *Kabul 1971,* Printed by Jagra, Ltd, Tokyo), und nach dieser, mit großem Beifall aufgenommenen Information wichtige Einzeldarstellungen vorgelegt: Gemeinsam mit ihrem Mann Louis *Dupree* (s. oben Afghanistan Journal 2, 1975 u. Afghanistan 27, 1974/5, Nr. 4) und dem damaligen Direktor des Kabuler Museums, *A. A. Motamedi* (s. oben Schriften seiner Frau *H. Motamedi* Afghanistan 27, 1974/5, Nr. 4 u. 30, 1977/8, Nr. 1) "The National Museum of Afghanistan: A pictorial guide", *Kabul, Afghan Tourist Organization 1974,* und "Kabul: City at the crossroads", *New York, Asia Society 1975.* Die Neuauflage von "An historical guide to Afghanistan, revised and enlarged", *Kabul 1977* (gedruckt wiederum in Tokyo) ist zur Zeit schwierig erhältlich, sei aber u. a. wegen der neuen Kapitel über die archäologischen Fundstätten von Ai Khanoum (s. oben *P. Bernard,* Comptes rendus ... 1978), Tapa Sardar (s. oben *C. S. Antonini* u. *M. Taddei,* FIC 1979) und die islamischen Ruinen im Ghorat (s. oben *Herbert, Vercellin, Davary* 1976 – 1978) besonders empfohlen.

V. I. Sarianidi "Drevnie zemledel'cy Afganistana, Materialy sovetsko – afganskoj ekspedicii 1969 – 1974", *Moskva 1977* enthält Forschungsberichte über die "Alte Landbevölkerung Afghanistans" (Beginn des Ackerbaus, Bronzezeit, Eisenzeit, Palaeo-Anthropologie, Ausbildung der baktrischen Stadtkultur) und u.a. einen "Appendix: Selected Radio-Carbon Dates", z.B. mit Nachrichten über Begräbnisstätten, Tempel und Palast von Dashli 3 von der Mitte des dritten bis zur Mitte des zweiten vorchristlichen Jahrtausends.

Auf der Fourth World Sanskrit Conference, Weimar, May 1979 ("Summary of Papers" *Weimar 1979,* ausführlicher Kongreßbericht im Erscheinen) wurden zahlreiche Sprachdenkmale und archäologische Fundstätten Afghanistans unter den Gesichtspunkten der Vor- und Frühgeschichte, Gandhara-Kunst, hinduistischen Kultur und Islamisierung Zentralasiens diskutiert. – *B. Brentjes,* "Weltbilder und indo-iranische Architekturformen", berichtete über die Ausgrabungen von Dashli 3 (The archaeology ... 1978, 182 – 184) und die Möglichkeit, in den Grundrissen und Rekonstruktionen von Mandala-artigen Bauten erstmals ein Weltbild aus der Kombination von Kreis = Himmel und Quadrat = Erde zu erkennen, das in späteren iranischen, zentralasiatischen, ostasiatischen, indischen und islamischen Grabanlagen, Kultstätten und Herrschersitzen monumentalen Ausdruck fand. – *H. Plaeschke,* "Mathura und die Entstehung des Gupta-Stils", fand bei Indologen, Iranisten und Vertretern der orientalischen wie klassischen Archäologie Zustimmung, als er zur Streitfrage über die Chronologie des Kushana-Reichs und die Datierung der Gandhara-Plastik von Nordafghanistan, Swat und Südostafghanistan (The archaeology ... 1978, 233, 240) Stellung nahm und aufgrund exakter palaeographischer Studien und überzeugender stilkritischer Analysen für die Thronbesteigung des Kanishka I. ein Jahr um 200 n. Chr. vorschlug. Seine Ergebnisse basieren auf Untersuchungen zur Reliefplastik und Epigraphik Nordindiens und Afghanistans aus folgender Reihe von Universitäts-Schriften: "Die Gestalt des Buddha in Relief und Freiplastik in der frühen indischen Kunst". Diplomarbeit Halle 1958 (maschinenschriftlich). Teilabdruck daraus: "Zur Stilentwicklung und Verwendung des Buddhabildes in der Gandharaschule". Wissenschaftliche Zeitschrift der Martin-Luther-Universität Halle-Wittenberg, gesellschafts- und sprachwissenschaftliche Reihe 10, 1961. "Die Mithuna-Gruppen von Karla und ihre Stellung in der frühen indischen Kunst". Dissertation Halle 1962 (masch.). Teilabdrucke daraus: "Zur Datierung der Cauri-Trägerin von Didarganj. Eine Studie zur Stilentwicklung der frühen indischen Kunst". Wiss. Zs. ... Halle ... 12,

1963, und "Die Mithuna-Gruppen der Caitya-Halle von Karla. Eine Studie zur Stilentwicklung der frühen indischen Kunst". Wiss. Zs... Halle ... 13, 1964. "Die Mathura-Schule. Ein paläographischer und kunsthistorischer Beitrag zur Lösung des Kanishka-Problems". Habilitationsschrift Halle 1971. Teilabdrucke daraus: "Notes on Mathura Inscriptions". Buddhist Yearly 1970, sowie der hier angezeigte Konferenz-Vortrag. — *H. Mode-Simon*, "Zur Entwicklung mittelasiatischer Wandmalerei unter indischem Einfluß", erläuterte die griechisch-römischen, iranischen, buddhistischen und hinduistischen Wurzeln der kürzlich entdeckten Fresken von Dilberdjin (The archaeology ... 1978, 288), Chalcajan, Varaksha, Adjina-Tepe und Pendshikent. — *H. Humbach*, "Hindu Shahi inscriptions from Laghman" wies darauf hin, daß im ostafghanischen Laghman nicht nur wichtige Maurya-Inschriften, sondern auch historische Zeugnisse der etwa tausend Jahre späteren Shahi-Herrscher gefunden wurden (The archaeology ... 1978, 289).

A. Welch, "Calligraphy in the arts of the Muslim world", published in co-operation with The Asia Society, New York, Catalogue of an exhibition in Asia House Gallery in the winter of 1979, as an activity of the Asia Society", University of Texas Press, Austin and London 1979, enthält aus Privatsammlungen als Nr. 72 die Seite aus einem Diwan des Sultan Husayn Bayqara, Herat, spätes 15. oder frühes 16. Jh., und als Nr. 73 ein Albumblatt für Husayn Khan Shamlu, Herat, etwa 1599 – 1607.

Zusatz bei Drucklegung 1980: In unserem Bericht wurden naturgemäß häufig das Afghan National Museum, Kabul-Darulaman, und Dr. Z. Tarzi, Director of the Institute of Archaeology, Kabul-Duralaman, erwähnt. Letzterer lehrt seit dem vergangenen Wintersemester Archäologie an der Université de Strasbourg. — Amanullah begann die Errichtung von Gebäuden in Darulaman außerhalb von Kabul als Grundlage für einen neuen Regierungssitz. Mohammed Nadir Shah ließ nach Amanullahs Sturz 1929 die Kunstschätze aus Afghanistan, die bisher in der Burg in der Mitte der Stadt aufbewahrt waren, in einem der nicht benötigten Häuser von Darulaman unterbringen. Nach dem Zweiten Weltkrieg richteten UNESCO-Museumsfachleute einige Räume, besonders diejenigen mit den wertvollen und zerbrechlichen Funden aus Begram und Ghazni neu ein. Während der Kushana-Konferenz sah man dort im November 1978 auch Wandgemälde aus den neuen Funden in Nord-Afghanistan. Im Jahre 1979 benötigte die Regierung dieses Haus und verfügte den Abtransport der Sammlungen in eine behelfsmäßige Unterkunft. Über den gegenwärtigen Aufbewahrungsort und Zustand der Kunstwerke liegen widersprüchliche Nachrichten vor.

Abbildungsverzeichnis

1 Balkh. Abbasiden-Moschee 198
2 Lashkari Bazar, Palast 198
3 Ghazni, Minarett des Bahram Shah, mit dem Minarett des Masud III im Hintergrund 199
4 Jam. Tal des Hari-Rud mit dem Backstein-Turm 201
Abbildungen nach: Fischer, The Archaeology of Afghanistan ... 1978, S. 306, 310, 319, 332

Abb. 1: Balkh. Abbasiden-Moschee

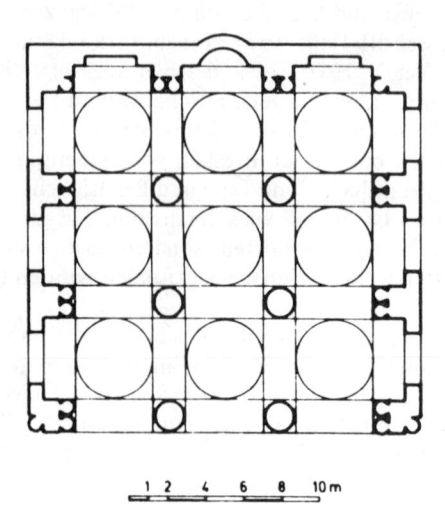

Abb. 2: Lashkari Bazar, Palast

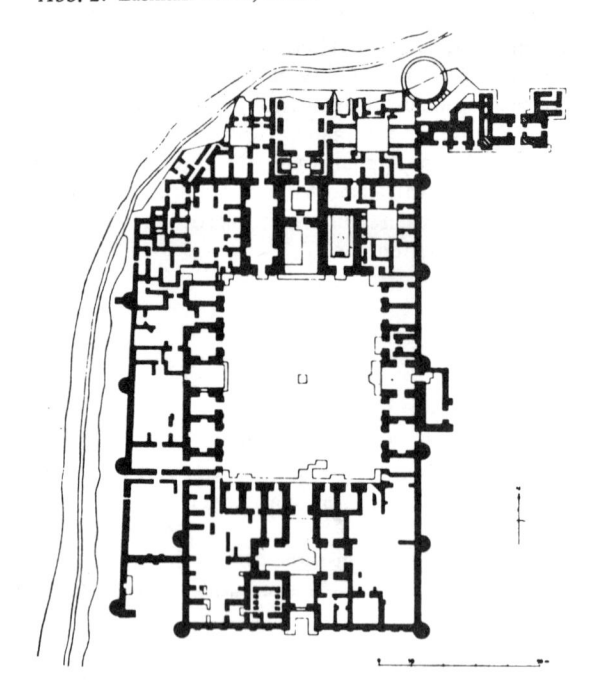

Abb. 3: Ghazni, Minarett des Bahram Shah, mit dem Minarett des Masud III im Hintergrund

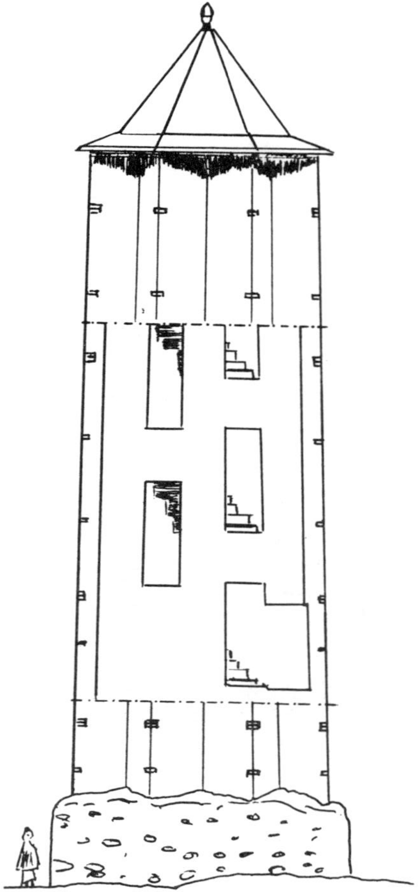

Abb. 3a: Ghazni. Minarett des Masud III.

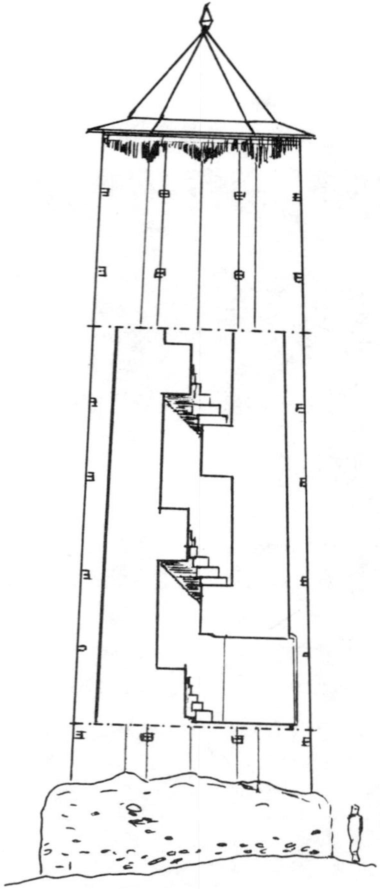

Abb. 3b: Ghazni. Minarett des Bahram Shah.

200

Abb. 4: Jam. Tal des Hari-Rud mit dem Backstein-Turm

Herat und sein näheres Umland im 15. Jahrhundert nach literarischen und archäologischen Quellen[1]

Heinz Gaube, Tübingen

I. Herat hatte seine Blütezeit im 15. Jahrhundert. Damals war es die Hauptstadt des Timuridenreiches und das unangefochtene geistige wie kulturelle Zentrum Irans.[2] Einzig das Kairo der Mamluken konnte sich mit ihm messen.[3]

Diese beiden Städte bildeten in jener Zeit die maßgeblichen Zentren in der islamisch-arabischen Welt. Da wie dort zog der Hof Künstler und Intellektuelle an, die Arabisches und Iranisches zu einem spätmittelalterlich-maximilianischen Höhepunkt führten.

Im Westen, in Ägypten-Syrien, treffen wir unter den Gelehrten auf Systematiker und fast im modernen Sinne Geisteswissenschaftler, die uns in bis zu 10 000 Druckseiten umfassenden Werken detailreiche und abgewogene Darstellungen der Vorgänge im Mamlukenreich geben und in genauso umfangreichen enzyklopädischen Darstellungen des Wissens ihrer Zeit verdeutlichen, vor welchem breiten Bildungshintergrund solche Werke entstanden sind.[4]

Aber nicht nur in der wissenschaftlichen, staatskundlichen und historischen Literatur wurden im Kairo der Mamluken einmalige Leistungen vollbracht: auch die Baukunst des arabisch-islamischen Mittelalters fand unter den Mamluken ihren Höhepunkt und ihre Vollendung. Nie vorher und nie nachher wurde das erbte Repertoire an Formen und Techniken so geschickt und bedacht neuverdinglicht wie in der Kairener Architektur der Mamlukenzeit.[5]

Jeder, der heute von Kairo nach Herat kommt, muß dieses soeben umrissene erste Vergleichsglied unpassend finden, denn Herat ist jetzt eine verträumte Provinzstadt, an deren einstige Größe nur noch wenig Sichtbares erinnert und über die die Stellung, welche sie im 15. Jahrhundert hatte, wie ein Traum hinweggegangen zu sein scheint.[6].

Dennoch hat das heute an Größe und Bedeutung mit Kairo unvergleichliche Herat in Kunst und Literatur des islamischen Kulturkreises Kairo vergleichbare Spuren hinterlassen. Herrschte dort mehr Rationalität, Genauigkeit und Gediegenheit, die das Erbte sinnvoll zusammenfaßten – so lag über dem Herat des 15. Jahrhunderts Genialität. Die islamische Malerei wurde durch die Herater Behzâd-Schule[7] in einer der florentinischen Frührenaissance vergleichbaren Weise auf eine neue Stufe gehoben, der Herater Wesir 'Alî-Shîr machte durch seine türkisch abgefaßten Werke Türkisch zur Literatursprache, der letzte der großen persischen Dichter, Jâmî, wirkte damals in Herat, und an Geschichtsschreibern, Geographen, Staatstheoretikern, Mystikern, Theologen, Ingenieuren

---

Das hier benutzte Satzverfahren erlaubte es nicht, diakritische Zeichen unterhalb der Buchstaben anzubringen. Wo es möglich war, wurde auf andere Transkriptionsmöglichkeiten ausgewichen. Das war aber nicht bei dem Punkt unter den emphatischen Lauten möglich. Nicht emphatische Laute und emphatische Laute erscheinen somit gleich als h, s, d und z.

und Baumeistern, deren Leistungen die Baukunst Irans für Jahrhunderte beeinflussen sollten, mangelte es im Umkreis des timuridischen Hofes von Herat — und von diesem reichlich unterstützt — nicht. [8]

Die kurzlebige Metropolenfunktion Herats, die seine Erforscher mit ganz anderen Problemen konfrontiert als die 'ewige' Hauptstadt Kairo, darf uns bei allen Unterschieden nicht darüber hinwegtäuschen, daß Kairo einen seiner Höhepunkte und Herat seinen Höhepunkt in derselben Zeit hatten. Obgleich dort Arabisch und hier Persisch das sprachliche Medium ist, in dem uns die Quellen des 15. Jahrhunderts überliefert sind, waren beide Hauptstädte im islamischen Kulturkreis verbunden, und geistige wie künstlerische Kontakte bestanden auf vielfältige Art. Ja, einer der Repräsentanten des arabischen Geistes der Mamlukenzeit, Ibn Khaldûn, der erste Soziologe, wie man ihn nennt, soll 1401 in Damaskus mit Tîmûr verhandelt und diskutiert haben. [9] Auch die Verwaltung hat in beiden Reichen ähnlich funktioniert, und für die historisch-topographische Forschung sind uns vergleichbare — und auch die Unterschiede zwischen Herat und Kairo kennzeichnende — Informationen überliefert.

Bieten uns für das mamlukenzeitliche Ägypten die durch Heinz Halm ausgewerteten Lehensregister [10] erstrangige topographische Quellen und gibt uns Maqrîzî in seinen 'Khitat' [11] eine detaillierte Beschreibung der ägyptischen Hauptstadt und ihres Wachstums bis in das 15. Jahrhundert, so verfügen wir — namentlich in den Werken Esfezârîs [12], Khwândâmîrs [13] und Hâfez-e Abrûs [14] über ähnlich genaue Angaben für Herat und das hurâsânische Kerngebiet der Timuriden.

Die Oasenstadt Herat scheint aber auf diese Quellen nicht ohne Einfluß gewesen zu sein, wie auch die andere persische kulturelle Tradition, die sich in ihnen widerspiegelt. Alles ist leichter, mit Dichtung durchsetzt, von geistreichem Manierismus — weniger universalistisch als individuell. In unseren Herater Quellen spielen Gärten und Paläste eine große Rolle, und auch eine gewisse geographische Einengung auf die Hauptstadt ist merklich, die mit ihrer Oase von dem Historiker Khwândâmîr beispielsweise als "die Seele" bezeichnet wird, "der diese Welt nur Körper ist". [15]

II. Mit der timuridischen Hauptstadt Herat, genauer ihrer Topographie im 15. Jahrhundert, beschäftige ich mich schon seit einiger Zeit. In der Lehmhäuser- und Lehmhügel-Landschaft der ummauerten Altstadt sind neben allgemeinen Lageangaben in den literarischen Quellen oft einzig Kenotaphe, die sich an verschiedenen Stellen der Altstadt finden, Hilfen zur Lokalisierung verschwundener Bauten. [16]

Diese Kenotaphe (Abb. 1 — 7), in der Regel aus einem weißen, marmorartigen Stein hergestellt, der — wie uns der Historiker *Esfezârî* [17] überliefert — nahe Ōbe, ca. 100 km östlich von Herat gebrochen wurde, sind wegen ihrer Vielzahl, ihres Gewichtes, das eine Verschleppung fast ganz ausschließt, und wegen der an ihnen erhaltenen Inschriften (Abb. 8) eine hervorragende materielle Quelle zur Geschichte und historischen Topographie Herats. Ich kenne keine andere islamische Stadt, die und deren Umgebung über solch eine Vielzahl von Grabdenkmälern aus einem relativ kurzen Entstehungsraum verfügt. Kenotaphe waren fraglos eine der Modebesonderheiten des timuridischen Herat überhaupt. Diese bisweilen über 2 m langen und über einen halben Meter hohen und breiten Steinquader variieren merklich in der Größe, lassen sich aber nach ihren Dekorationen in wenige Gruppen scheiden (Abb. 6 — 7). Ihre Produktion erfolgte 'auf Halde' in zwei Etappen. Erst wurde der Stein in Form gebracht und sorgfältig geglättet, so gelagert und danach je nach Trend mit der gerade gängigen Dekoration versehen. Die Hinterbliebenen wählten die Steine nach Größe und Dekoration vom Lager aus und ließen die Inschriften anbringen. Ein Verfahren, das genauso an die spätrömische Kunstindustrie wie an die heutige Grabsteinherstellung erinnert.

Auf der Kopfseite, d.h. auf der Seite, zu der hin sich bei den meisten Stücken die Dekoration entwickelt, wurden in der Regel die "Angaben zur Person": Name, gelegentlich Titel, Vatername eingemeißelt — auf der Fußseite steht das Todesdatum: Wochentag, Tag, Monat, Jahr.

III. Als ich mich 1977 erstmals vor Ort mit der historischen Topographie Herats beschäftigt hatte und dabei schnell die Wichtigkeit der Quellengattung Kenotaph erkannte, entstand in mir der Wunsch, auch die Bewässerungsoase von Herat nach diesen Zeugnissen der Timuridenzeit zu durchsuchen. Herbst 1978 schon bot sich die Gelegenheit. Nach einigen fehlgeschlagenen Versuchen mit Motorrädern, lieh ich mir ein Fahrrad und fuhr damit die Oase ab. Auch hier finden sich zahlreiche Kenotaphe, deren geographische Streuung und Inschriften Informationen geben, die uns, mit jenen der literarischen Quellen kombiniert, zu Einsichten verhelfen, die jede Quellengattung für sich allein nicht bereitstellen könnte.

Obgleich ich mich hier nur mit topographischen Fragen beschäftigen möchte, sei trotzdem kurz erwähnt, daß die in den Kenotaphinschriften zu finden Titel 'Amîr' und 'Khvâje' beispielsweise als sicherer Hinweis darauf gewertet werden können, daß ein Teil des Landes der Oase von Herat als Lehen an hohe Beamte und Militärs vergeben war und daß ein anderer Teil sich in den Händen städtischer Kapitalisten, der 'Khvâjes', befand.

Betrachten wir die beigegebene Karte, auf der die Größe der Signaturen über die Zahl der dort gefundenen Kenotaphe Auskunft gibt (die größte schwarz ausgefüllte Signatur bedeutet mehr als 20 Kenotaphe, die nächst kleinere mehr als 15 — und so bis zur kleinsten, die weniger als fünf Kenotaphe verzeichnet; die Punkte ohne Nummer stehen für Dörfer des 15. Jahrh. in der Oase von Herat, die heute noch mit Sicherheit lokalisiert werden können), so lassen sich auf den ersten Blick gewisse Schwerpunkte erkennen. Die höchste Funddichte haben wir im Bereich südöstlich der Stadt inmitten der Oase und südlich des Jûi-ye Mâlân, des südlichsten der die Oase von Herat bewässernden Kanäle. Südwestlich, westlich und nordwestlich der Stadt treffen wir auf eine annähernd gleichmäßige, wenn auch keinesfalls so dichte Streuung, weit im Osten liegen zwei Schwerpunkte, und westlich davon zeichnet sich zwischen Nr. 18 und 20 eine Linie ab, die ähnlich der Linie 43-41-60 im Süden zu interpretieren ist: auch hier liegen die Friedhöfe im landwirtschaftlich nicht genutzten Gebiet. Der Bereich nördlich der Stadt ist hier bewußt ausgespart, hier finden sich um hochverehrte Heiligtümer die Friedhöfe der Heratis und jener Oasenbewohner, die es sich leisten konnten, dort bestattet zu werden.[18]

Diese Funde allein wären schon in anderen Oasen (was wüßten wir doch mehr über jene Isfahans und Damaskus', beispielsweise, fänden sich dort auch Kenotaphe!) Quellen von höchster Wichtigkeit. Herat aber hat mehr zu bieten: der oben geschilderten 'Oasenmentalität' der timuridenzeitlichen Intelligenzia Herats haben wir nämlich auch eine detaillierte Auflistung der Bulûkât (= Distrikte) der Oase von Herat und ihrer Dörfer zu verdanken, die sich in der Geographe des *Hâfez-e Abrû*[19] findet. Dieser Autor hat über weite Teile seines Werkes frühere Autoren ausgeschrieben, hier aber einen Blick in die Bücher des Steueramtes geworfen.

Hâfez-e Abrû gliedert die Oase von Herat in 10 Bulûkât, manche von ihnen sind Doppelbulûkât, die ich aufgeteilt habe und deshalb auf die Zahl 12 komme.

In diesen Distrikten zählt *Hâfez-e Abrû* nicht weniger als 211 Dörfer auf. Hier liegt unsere Quelle weit über den ägyptischen Lehensregistern [20], die in den dichtest besiedelten Gebieten, im Delta, auf derselben Fläche ca. 80 Dörfer verzeichnen. Diese Aussagen sind aber mit Angaben über die Steuerkraft versehen, die bei *Hâfez-e Abrû* fehlen. Unsere Kenotaphe können aber helfen, in diese Verhältnisse etwas Licht zu bringen.

IV. *Hâfez-e Abrûs* Beschreibung des Umlandes von Herat ist formularhaft abgefaßt. Unter dem Namen des jeweiligen Bulûk stehen Lageangaben in der Art: "Südlich der Stadt, nördlich des Flusses" oder "nördlich/südlich des Flusses, oberhalb/unterhalb (in Flußrichtung) der Stadt". Diesen folgen Angaben über die vorwiegende Art der Landwirtschaft, unterteilt in 'Gärten' (bâgh) und 'Felder' (mazra). Danach folgen Angaben über die überwiegende Art der Bewässerung: Flußwasser oder Qanatwasser (kârêz), an die sich eine Aufzählung der Dörfer anschließt. Am Fuße dieser Angaben stehen bisweilen weitere Informationen wie: "Der bulûk zieht sich am Fluß entlang, seine Länge beträgt fünf Farsakh." etc.

So konstant die Namen der Distrikte von Herat seit dem Mittelalter sind, so konstant sind auch viele Ortsnamen. 1904 sind noch dieselben Distriktnamen wie bei *Hâfez-e Abrû* belegt [21], und heute werden diese Namen noch von den Einheimischen benutzt. Nur die moderne Administration hat neue, größere Einheiten gebildet, in denen aber der Hauptdistrikt Herats, zwar wesentlich größer als im Mittelalter, seinen alten Namen 'Injîl' trägt. Setzt man die in der neuesten Quelle von 1975 [22] gegebene Dorfzahl für die jetzt ganz oder teilweise das mittelalterliche Territorium von Herat bildenden drei Distrikte auf unser Gebiet um, so kommt man auf die Zahl von ca. 210 Dörfern. Von ihnen trägt ein ansehnlicher Teil — und was hier wichtig ist: auch von Distrikt zu Distrikt proportional nahezu gleicher Teil der Dörfer, seinen mittelalterlichen Namen.

Auf unserer Karte sind die sicher lokalisierbaren Dörfer aus *Hâfez-e Abrûs* Angaben in Form von Kreisen ohne Nummern verzeichnet. Sie erlauben uns auch, eine recht gute Vorstellung von der Lage der mittelalterlichen Distrikte und ihrer Grenzen zu gewinnen.

Die Numerierung (1) — (12) ist auf der Karte nicht *Hâfez-e Abrû* folgend vorgenommen. Von Distrikt zu Distrikt wurden die sicher lokalisierten Orte eingetragen. Die Distriktgrenzen sind gerissen dargestellt. Die Verteilung der Siedlungen zeigt klar, daß praktisch alle der hier dick ausgezogenen Hauptkanäle schon im 15. Jahrhundert bestanden. Jene südlich der Stadt lassen sich fast ausnahmslos mit Kanälen identifizieren, die *Ibn Hauqal* [23], ein arabischer Geograph des 10. Jahrhunderts, schon aufzählt. Nur die beiden nördlich die Stadt umlaufenden Kanäle wurden zwischen dem 10. und dem 15. Jahrhundert angelegt. Der südlichere von beiden, der Nahr Injîl, stammt aus vortimuridischer Zeit, der nördlichere, der Jûi-ye Soltânî ist timuridisch und hatte im 15. Jahrhundert einen anderen Verlauf. Er folgte von dem Knick östlich der Nr. 7 damals den Bergen nach Westen. Erst nach dem Niedergang des timuridischen Herat und dem Verfall der königlichen Gärten, zu deren Bewässerung er angelegt worden war, wurde der von ihm nun in Distrikt (8) nach Südosten abzweigende Jûi-ye Nou, der neue Kanal, angelegt.

Mustern wir diese Distrikte auf das Verhältnis zwischen mittelalterlichen Orten und Kenotaph-Funden wie -Lagen, so können die archäologischen Quellen, sprich Kenotaphe, zu hier nur kurz skizzierbaren Folgerungen Material bereitstellen, die aus dem Text des *Hâfez-e Abrû* allein nicht gezogen werden können und hoffentlich zeigen, wie leicht literarische und materielle Quellen allein benutzt selbst den Bestmeinenden zu Fehlschlüssen führen können.

V. Im Bereich südlich des Flusses, im *Distrikt (1)*, ist eine klare Tendenz zu erkennen, die Toten aus dem landwirtschaftlich nutzbaren Areal herauszubringen. Das ist für eine Bewässerungsoase nicht überraschend. Die Wertschätzung des produzierenden Bodens drückt sich in der gesamten Oase von Herat auch in den Dorfformen aus. Durchwegs treffen wir auf eine geradezu städtische Bebauungsdichte mit bis zu dreigeschossigen Häusern.

Die archäologischen Befunde in den *Distrikten (2)* und *(3)* spiegeln wider, was sich aus *Hâfez-e Abrûs* Angaben ableiten läßt: sie hatten keinerlei wirtschaftliche Bedeutung.

Nördlich des Flusses erstreckt sich der *Distrikt (4)* über ein weites Areal. Nach *Hâfez-e Abrû* war er der dorfreichste. Diese Dörfer mögen zwar der Kasse von Herat beachtliche Einnahmen verschafft haben – wie die Kenotaphverteilung zeigt, war dort aber nicht viel Geld für luxuriöse Gräber.

Distrikt (5), der die Stadt im Osten, Westen und Süden umgrenzt, würde nach den archäologischen Quellen allein recht ärmlich abschneiden. Seine Wirtschaftskraft repräsentieren im Norden, wo der Boden schlecht und das Wasser rar ist, die Kenotaphfunde zutreffend. Im Süden aber, der nach *Hâfez-e Abrû* voller Gärten, Paläste und Pavillons war, können nur die literarischen Quellen eine Erklärung für den Mangel an Kenotaphen geben: hier war man zu reich und zu sehr auf die Stadt orientiert, darum ließ man sich in den Distrikten (6) und (7) auf den Friedhöfen der Städter begraben.

Anderes gilt für den Distrikt (12). Dieser wasser-, siedlungs- und kenotaphreiche Distrikt bildete, und bildet heute noch, ein Nebenzentrum zur Stadt Herat. Hier findet sich heute der einzige Kleinstadtbazar in der Oase. Die hohe Anzahl der Kenotaphe in diesem Gebiet bezeugt genauso Reichtum wie Selbstbewußtsein. Anders als die Bewohner des Südteiles von Distrikt (5) schielte man nicht auf die Friedhöfe der Städter, sondern ließ sich in der Nähe seines Dorfes begraben.

Die *Distrikte (6)* und *(7)* gehören zur Stadt Herat. Hier lagen im 15. Jahrhundert die königlichen Gärten und Paläste sowie große Heiligtümer, die ausgedehnte Friedhöfe umgaben.

Distrikt (8) wiederum ist historisch-topographisch ein Problem. Keiner der bei *Hâfez-e Abrû* für diesen Distrikt genannten Orte hat heute noch seinen alten Namen. Das kann nur seinen Grund in einer Verlagerung der Bewässerungskanäle haben. Heute bewässert der Jûi-ye Nou den Distrikt, eine nachtimuridische Ableitung von Jûi-ye Soltânî, der früher, wie schon erwähnt, dem Gebirgsfuß folgend, weiter nach Westen lief. Die Friedhöfe (18) – (20) im Distrikt (9) wurden früher sicher von diesem Distrikt her be- oder mitbeschickt, denn er lag im Osten an das Qanatsystem von Distrikt (9) angrenzend und erhielt hier durch diese Qanate Wasser. Seine Westteile wurden damals durch den Injîl-Kanal bewässert. Erst die Anlage des Jûi-ye Nou führte zu einer Umwandlung der Siedlungsstruktur in diesem Distrikt, die auch die sprachliche Form der Ortsnamen bezeugt.

Die *Distrikte (9)* und *(10)* waren und sind spärlich bewässert. Die Ostteile des Distrikts (9) erhalten ihr Wasser vom Karûkh-Fluß, bilden aber gleichzeitig auch über weite Teile dessen Geröllfächer. Die zwei Orte in seinem Westteil sind heute durch Qanate bewässert und waren das auch im 15. Jahrhundert. Sinnvoll ist hier Landwirtschaft nur an wenigen Stellen möglich.

Dasselbe gilt für den Distrikt (10), der sein Wasser vom Harî-Rûd erhält. In beiden Distrikten ist eine Konzentration der Kenotaphe auf je eine Stelle zu beobachten, was nur religiös mit der 'Heiligkeit' dieser Orte zu erklären ist.

Distrikt (11) schließlich hat zwar eine Reihe lokalisierbarer mittelalterlicher Orte – aber fast keine Kenotaphe. Hier kann jedoch nicht dasselbe wie für die Südteile von Distrikt (5) gelten. Arm ist und war dieser Distrikt nicht. Er lag aber zu fern von der Stadt, um ihre Moden mitzumachen. Die große, vor ca. 20 Jahren neu aufgebaute Hauptmoschee des Gebietes steht neben einem alten Grabheiligtum, in dem und um das sich Grabsteine und Grabsäulen (Abb. 10 u. 11) aus der Timuridenzeit finden, kaum aber Kenotaphe. Hieraus kann nur der Schluß gezogen werden, daß der Distrikt sich schon an den übrigen Distrikten des Harî-Rûd-Tales orientierte, in denen sich mit der Ausnahme Ōbes, gleichfalls keine Kenotaphe finden.

Dort beginnt für den historischen Topographen das mühsamere und unzuverlässigere Geschäft des Scherbensammelns, will er ein extra-philologisches Korrektiv für seine literarischen Quellen finden. Daß er dessen bedarf, habe ich hoffentlich, wenn auch nur andeutungsweise, hier zeigen können.

Anmerkungen

1. Dies ist ein erster, mehr methodische Fragen berücksichtigender Überblick zu den reichen epigraphischen Schätzen Herats und seiner nächsten Umgebung. Eine ausführliche Darstellung des Materials und eine Deutung der Inschriften-Inhalte ist für die nähere Zukunft im Rahmen des *'Corpus Inscriptionum Iranicarum'* vorgesehen.
2. Cf. *W. Barthold:* Herât unter Husein Baiqara dem Timuriden. Leipzig 1937.
3. Eine der Bartholdschen Arbeit vergleichbare Arbeit über das Kairo der Mamluken steht noch aus. Sie ist auch wegen der enormen Quellenfülle nicht so schnell zu erwarten. Beste Überblicke bilden deshalb noch auszugsweise Übersetzungen der großen Mamlukenchroniken, z.B.: *E. Quatremère:* Histoire des Sultanes mamloukes. Paris 1837 – 1844 (= Maqrîzî) oder *G. Wiet:* Journal d'un bourgeois du Caire. Paris 1955 – 1960 (= Ibn Iyâs).
4. Zu der reichen literarischen Produktion unter den Mamluken siehe: *C. Brockelmann:* Geschichte der arabischen Literatur. II. Leiden [2]1949, 6 – 203 u. Supplementband II, Leiden 1938, 1 – 198.
5. Beste Übersicht hierzu bei: *K. A. C. Creswell:* A brief chronology of the Muhammadan monuments of Egypt to 1517. In: Bulletin de l'Institut Français d'Archéologie Orientale, 16 (1919) 39 – 164 und *L. Hautecoeur – G. Wiet:* Les Mosquées du Caire. Paris 1932.
6. Eine Übersicht zu Geschichte und Entwicklung der Stadt bei: *H. Gaube:* Iranian cities. New York 1979, 51 – 62.
7. Cf. *B. Gray:* La peinture Persane. Genf [2]1977, 109 – 126, mit weiterführender Literatur zur Heraler Schule S. 174.
8. Neben *W. Barthold* (s. o. Anm. 2) siehe: *E. G. Brown:* A Literary history of Persia. III. Cambridge 1920.
9. Hierzu: *W. J. Fischel:* Ibn Khaldûn und Tamerlane. Berkley/Los Angeles 1952.
10. *H. Halm:* Ägypten nach den mamlukischen Lehensregistern. I. Wiesbaden 1979.
11. *al-Maqrîzî*, Abû 'l-'Abbâs Ahmad: al-Mawâ'iz wa-l-i:tibâr bi-dhikr al-khitat wa-l-âthâr. Bûlâq 1270 (1853).
12. *Esfezârî*, Mu'în ad-Dîn Mohammad: Raudât al-jannât fî ansâf Herât. Ed. M. K. Imâm. Tehrân 1338 (1960).
13. *Khvândâmîr*, Ghîyâth ad-Dîn: Khulâsat al-akhbâr. Teiled. der Herat betreffenden Abschnitte von N. N. Kâbul 1345 (1967). Auszugsweise übersetzt durch: *D. Price:* Mohammedan history. III. London 1821.
14. *Hâfez-e Abrû:* Jughrâfiya. Teiled. der Herat betreffenden Teile von M. Harawî. Tehrân 1449 (1970).
15. *D. Price*, op. cit. III, 641.
16. Cf. *H. Gaube:* Innenstadt – Außenstadt. Kontinuität und Wandel im Grundriß von Herat (Afghanistan) zwischen dem X. und dem XV. Jahrhundert. In: *G. Schweizer* (Hrsg.): Beiträge zur Geographie orientalischer Städte und Märkte. Wiesbaden 1977, 213 – 240.
17. *Esfezârî*, op. cit., 103.
18. Zu einem der großen Grabkomplexe cf.: *L. Golombek:* The Timurid shrine at Gazur Gah. Toronto 1969.
19. *Hâfez-e Abrû:* op. cit. 16 – 27.
20. Siehe: *H. Halm:* op. cit.
21. *L. W. Adamec:* Historical and political gazetteer of Afghanistan. III. Herat and northwestern Afghanistan. Graz 1975, 152 – 159.
22. *Central Statistic Office:* A provisional gazetteer of Afghanistan. Kabul 1975.
23. *Ibn Hauqal*, Abû 'l-Qâsim: Kitâb sûrat al-ard. Ed. J. H. Kramers. Leiden/Leipzig 1938, 438 f.

Abb. 1: Friedhof mit timuridenzeitlichen Kenotaphen im Osten von Herat

Abb. 2: Friedhof mit timuridenzeitlichen Kenotaphen im Westen von Herat

Abb. 3 – 5: Timuridenzeitliche Kenotaphe aus der Umgebung von Herat, Seitenansichten

Abb. 6 und 7: Timuridenzeitliche Kenotaphe aus der Umgebung von Herat, Vorderansichten

Abb. 8: Inschrift auf einem timuridenzeitlichen Kenotaph aus der Umgebung von Herat, datiert Safar 829 = November/Dezember 1425

Abb. 9: Vortimuridischer Grabstein aus der Umgebung von Herat, datiert Rajab 603 = Februar 1207

Abb. 10: Timuridenzeitlicher Grabstein aus der Umgebung von Herat, datiert 13. Safar 847 = 12. Juni 1443

Abb. 11: Timuridenzeitliche Grabsäule aus der Umgebung von Herat, datiert Dhû '-Hijja 890 = Dezember 1485/Januar 1486

Herat und sein näheres Umland

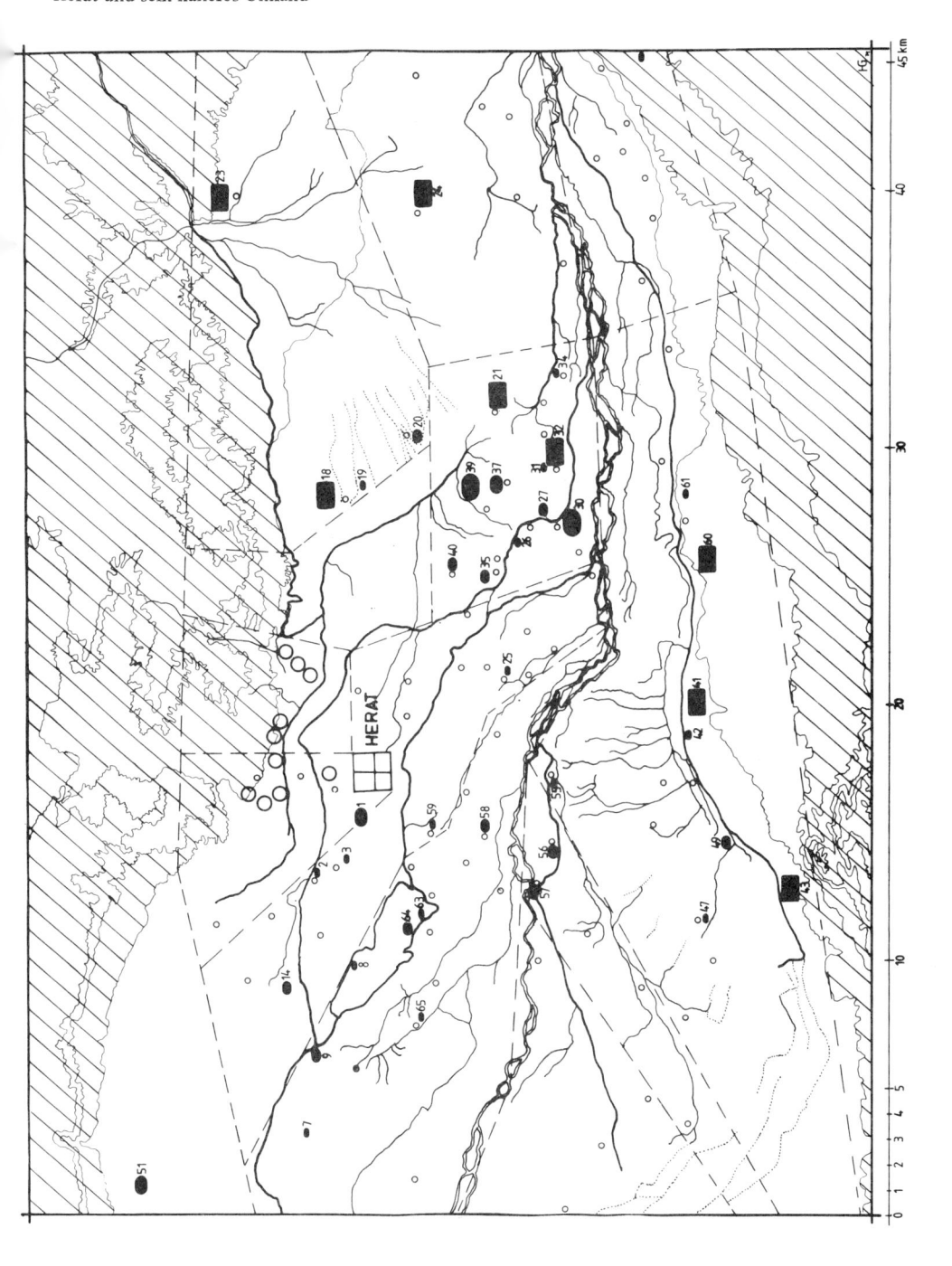

Neue Forschungen zur Baugeschichte von Ghor

Werner Herberg, Berlin

In der zweiten Hälfte des 12. Jahrhunderts entwickelte sich das Reich der Ghoriden zu einem der wichtigsten Machtfaktoren Asiens. Seit dem Jahre 1162/63 stand das rasch wachsende Imperium unter der Regentschaft des wohl bedeutendsten Sultans Ghiyath al-Din Muhammad ibn Sam. In seinem Todesjahr (1203) erstreckte sich das ghoridische Herrschaftsgebiet von Khorasan im Westen bis zum Golf von Bengalen im Osten.

Aber schon im Jahre 1211 hatte das Ghoridenreich aufgehört zu bestehen, selbst die Region Ghor, das Ausgangsgebiet aller Eroberungen, war mit ihrer legendären Hauptstadt Ferozkoh in die Hände der Khwarizm Shahs gefallen. 1222, so ist es uns durch den ghoridischen Geschichtsschreiber *Djouzdjani* überliefert, wurde Ferozkoh durch Ögödäi, den Sohn Dschingis Khans, aus der Geschichte gelöscht.

Im heutigen Zentralafghanistan befinden sich vier den Ghoriden sicher zuzuschreibende Zeugnisse ihrer Baukunst. Es sind die beiden Kuppelbauten von Chesht, Überreste eines ehemals großen Gebäudekomplexes, die Madrasah von Shah-i-Mashhad, das Minarett von Jam und die kleine Steinmoschee von Larwand. Letztere unterscheidet sich stilistisch und im Baumaterial deutlich von den anderen ghoridischen Ziegelsteinbauten. Nach *Max Klimburg,* der die Moschee von Larwand entdeckte, ist sie eine Arbeit indischer Steinmetze, die durch die Ghoriden hierher verbracht worden waren.

Vom Minarett von Jam, dem wohl bekanntesten ghoridischen Bauwerk, nahm *André Maricq,* der das Bauwerk 1959 erstmals publizierte, an, daß es die Lage der verschollenen Ghoridenhauptstadt Ferozkoh markiere. Obwohl diese Auffassung nicht unwidersprochen blieb, setzte sie sich allgemein durch.

Djouzdjani beschreibt zwar die Stadt recht ausführlich, nennt aber nicht ihre geographische Lage, da er dies bei seinen Zeitgenossen wohl als bekannt voraussetzen konnte.

Die Reste der mittelgroßen Festung, nördlich des Minaretts, hat *Maricq* als das ehemalige Schloß von Ferozkoh und das Minarett als noch erhaltenen Teil der Freitagsmoschee gedeutet.

Konkrete, gegenständliche Anhaltspunkte, die es erlauben würden, Jam mit Ferozkoh zu identifizieren, gibt es nicht. Die Festung und der darunterliegende schmale Bazartrakt können schwerlich als einer Hauptstadt angemessene Anlagen gesehen werden. Die Lage Jams am Rande von Ghor, von dort nur über einen einzigen, nicht ganzjährig passierbaren Weg erreichbar, hätte Schwierigkeiten zur Folge gehab, man denke nur an militärische, organisatorische und Versorgungsprobleme. Eine Hauptstadt an dieser Stelle wäre, nicht zuletzt wegen der räumlichen Enge, kaum lebensfähig gewesen. Auch das Minarett verrät durch nichts, daß es Teil einer Moschee war.

Neben den beschriebenen Bauten gibt es in Ghor große, bisher kaum erforschte Ruinengebiete, von denen die zahllosen Ruinen der Gegend um Taywara schon früher bekannt geworden waren. *Thomas Holdich* glaubte deshalb schon 1910, im Raum Taywara einen Standort für Ferozkoh gefunden zu haben.

Ein relativ kurzer Aufenthalt 1975 in der Gegend von Taywara und Yaman zeigte, daß das Gebiet von wehrhaft ausgeführten Bauten gleicher Art geradezu übersät ist. Zwei Jahre später konnten im Raum Shahjoy, Dahane Bum, Pasaband, Nawrak und südlich von Taywara über 150 Ruinen aufgenommen werden.

Nach der Eintragung aller Objekte in die Landkarte und auf Grund eines Hinweises von *Alfred Janata* schien die Gegend um den Oberlauf des Farahrud zur weiteren Forschung geradezu prädestiniert.

Durch die 1978 hinzugekommenen Ruinenfunde zwischen Shahrak und Taywara zeichnet sich das Bild eines regelmäßig und stark befestigten Teils von Ghor ab. Nimmt man die während dreier Reisen gesammelten Auskünfte Einheimischer über weitere "ruinenträchtige" Gebiete hinzu, so läßt sich schon heute die befestigte Region Ghors relativ klar abgrenzen. Größere Ruinenansammlungen sollen sich nördlich und südlich von Dahane Bum, südlich von Taywara und Yaman, westlich von Taywara und den Farahrud flußabwärts befinden.

Bei den kartierten Ruinen Ghors handelt es sich durchweg um Wehrbauten. Deutlich wird dies schon auf Grund der extrem dicken Mauern mit ihren schießschartenähnlichen Lichteinlässen. Es gibt kein einziges Bauwerk, das soweit erhalten wäre, um wirklich eindeutig Auskunft über sein früheres Aussehen geben zu können. Die wirkliche Höhe der heute noch bis zu zwanzig Meter hohen Bauten und ihr oberer Abschluß wird wohl niemals feststellbar sein. Auch die Grundrisse ließen sich bei 90 % der Ruinen genausowenig rekonstruieren, gäbe es nicht einige gerade noch erkennbare Grundrißlösungen. Und so war es anfangs ein wahres Verwirrspiel, die stark verwitterten, fragmentarischen Teile mancher Bauten in die sich langsam entwickelnden Vorstellungen von verschiedenen Grundrißkonzeptionen einzuordnen. Nach Auswertung eines großen Teils der aufgemessenen Bauten zeichnet sich ein sehr begrenzter Formenreichtum ab. Nur wenige Grundrißtypen treten immer wieder, oft nur wenig variiert auf.

An Stellen mit guter Fernsicht und in der Nähe größerer Bauten sind häufig Türme mit kreisförmigem und viereckigem Grundriß anzutreffen. Der Innenraum ist meistens knapp bemessen, so daß sie in ihrer Mehrzahl als Wachttürme anzusprechen sind (Fig. 1).

Verhältnismäßig hoch ist die Zahl denkbarer Grundrißvariationen bei Bauten mit halbkreisförmigen Erweiterungen (Fig. 2 u. 3). Bei Konzepten wie in Fig. 2 kann von einem, dem Baukörper angeschlossenen, ihn überragenden halbkreisförmigen Turm ausgegangen werden.

Außer der in Fig. 3 gezeigten Lösung gibt es solche mit halbrunden Erweiterungen an drei oder an allen vier Bauwerksseiten. In einigen Fällen sind sie auf reine Mauervorlagen reduziert. Es gibt keinen Nachweis dafür, die hervortretenden Bauteile als "absidial" zu deuten, vielmehr muß es sich im allgemeinen um "bastionsartige Vorsprünge" gehandelt haben.

Die Bandbreite bei Bauten mit kreuzförmigem Grundriß (Fig. 4) ist eingeschränkt; sie variiert zwischen "quadratischen Bauten mit ausgeklinkten Ecken", dem "echten Kreuzgrundriß" und "kreuzförmigen Bauten mit einer halbrund ausgeführten Kreuzseite".

Alle Wehrbauten Ghors waren — soweit feststellbar — mehrgeschossig ausgeführt. Bevorzugte Deckenkonstruktion war die Tonne (Fig. 2 u. 3). Halbkuppeln trugen die

Geschosse der bastionsartigen Vorsprünge. Tonnenüberwölbt waren auch die außenliegenden Räume der kreuzförmigen Bauten; die zentralen Räume waren wahrscheinlich überkuppelt.

Außen sind die Wehrbauten oft an den Ecken durch Lisenen gegliedert. Auf das Mauerwerk aus luftgetrockneten Lehmziegeln ist ein glatter Lehmverputz in waagerechten Streifen aufgetragen. Der Sockelbereich, meistens aus Feldsteinen, dürfte ebenfalls verputzt gewesen sein, doch ist dies schwer feststellbar, da die Putzstreifen von unten nach oben der Erosion zum Opfer fallen.

Ein die Fassaden netzartig überziehendes Rautenmuster aus in den Lehmbewurf geschnittenen Dreiecken ist das augenfälligste Merkmal aller Wehrbauten Ghors.

Oft sind die Lichteinlässe von archaisch anmutenden Stuckornamenten bekrönt oder von geometrischen Stukkaturen eingefaßt. Vereinzelt finden sich auch ornamentgefüllte Rechtecke mit sich kreisförmig an den Enden einrollenden Gabelranken. Eine Beziehung zur Stuckornamentik von Samarra ist nicht zu übersehen, wohingegen die Bauformen mehr auf mittelasiatische Vorbilder zurückgehen.

Betrachtet man die Wehrbauten Ghors auf Grund ihrer Lage im Gelände und zueinander, so ergeben sich folgende Funktionen:
1. Schutz von Talzugängen
2. Reihung in der Form, daß Tallandschaften flankiert werden bzw. eine Art Wall entsteht.
3. Umschließung bestimmter Gebiete, wie wichtiger Siedlungen und Residenzen.

Am Beispiel der Ortschaft Tang-e Nawrak, einer Siedlung, deren frühere Bauten wahrscheinlich genauso verstreut lagen wie die heutigen, läßt sich die Verteidigungskonzeption erkennen. Durch einen Ring kleiner, jeder für sich fast uneinnehmbarer Festungen war die Siedlung ohne großen Bauaufwand von relativ wenigen Personen zu schützen. Gleichzeitig boten die mit zahlreichen Räumen ausgestatteten Gebäude ihren Besatzern die Möglichkeit, lange auszuharren.

Angreifer konnten erst dann von der Einnahme einer solcherart befestigten Siedlung reden, wenn sie durch zeitraubende Belagerungstechniken alle, oder zumindest die meisten, der Wehrbauten eingenommen hatten. Die Abstände der Gebäude untereinander sind so bemessen, daß kein Teil von Tang-e Nawrak nicht mit Pfeil und Bogen zu erreichen gewesen wäre.

Faßt man zusammen, sowohl die Ergebnisse aus der Gesamtschau wie auch aus den Detailuntersuchungen — und um damit auch auf die Datierung zu kommen —, läßt sich folgendes vermerken: Die Wehrbauten Ghors sind nach einem einheitlichen Konzept angelegt.

Es darf deshalb angenommen werden, daß sie alle in einer ganz bestimmten Epoche entstanden sind. Bauherren dieser Festungen können eigentlich nur die Ghoriden gewesen sein, da es in der Zeit nach dem Einfall Dschingis Khans keine den Ghoriden auch nur annähernd vergleichbare Macht gab.

Die Ghoriden, auf deren Stammland die Wehrbauten beschränkt sind, wurden durch die Ghaznewiden islamisiert, als sie schon eine militärische Macht darstellten. Dies mag den teilweise vorislamischen Charakter der Wehrbauten erklären.

Folgt man dieser These, so wären zur Zeit der Ghoriden drei Kategorien von Bauwerken zu unterscheiden gewesen:
1. Die Kultbauten, wie Jam, Chesht, Shah-i-Mashhad und Larwand, die alle außerhalb des befestigten Landesteils liegen. Sie sind wahrscheinlich an Orten historischer oder religiöser Bedeutung oder auf Grund eines bestimmten Ereignisses, ohne direkten Bezug zum ghoridischen Stammgebiet, errichtet worden.
2. Die Wehrbauten. Sie schützten das ghoridische Stammgebiet insgesamt und im

besonderen die Siedlungen und Residenzen. Als Residenzen werden hier Verdichtungen von Wehrbauten der bekannten Art auf engem Raum verstanden.
3. Die Siedlungen. Von den offenen ländlichen Siedlungen ist uns nichts erhalten. Die frühere Bevölkerung Ghors dürfte, ähnlich der heute hier lebenden, eine halbseßhafte Lebensweise geführt und den Winter in einfachen Dörfern verbracht haben. Größere oder stadtähnliche Siedlungen sind selten; ein Beispiel dafür ist Shahr-e Chirbast.

Shahr-e Chirbast liegt am Oberlauf des Farahrud. Das Tal von Chirbast wird von einer mächtigen Festung auf einem Bergrücken beherrscht, auf dessen Südseite sich turmbewehrte Maueranlagen bis an den Rand der Talsohle erstrecken.

Gegenüber der Festung, auf der anderen Seite des Farahrud, erstreckt sich über mehrere hundert Meter ein ausgedehntes Ruinenfeld.

Zahlreiche Oberflächenfunde von Keramikfragmenten sowie das häufige Vorkommen gebrannter Ziegel lassen den Schluß zu, daß es sich hier zumindest um eine stadtähnliche Anlage gehandelt haben muß.

Shahr-e Chirbast erfüllt zahlreiche Bedingungen der von *Djouzdjani* beschriebenen Ghoridenhauptstadt Ferozkoh; für eine eindeutige Identifikation reichen sie jedoch nicht aus. Immerhin führt die Existenz von Chirbast zu der Erkenntnis, daß es im befestigten Teil von Ghor mindestens *einen* Platz gibt, der unserer Vorstellung von einer Stadt, wie auch dem von *Djouzdjani* beschriebenen Ferozkoh, nahekommt. Dadurch erscheint auch die von *Maricq* sich etwas distanzierende Auffassung, im dezentral gelegenen Jam hätten die Ghoridensultane in Zelten logiert, in etwas weitere Ferne gerückt.

Literatur

Herberg, Werner: Topographische Feldarbeiten in Ghor. In: Afghanistan Journal, Jg. 3, Heft 2, Graz 1976
Holdich, Thomas: The gates of India, London 1910
Klimburg, Max: Blick auf Ghor. In: "DU" 232, Zürich 1960
Leshnik, Laurence: Ghor, Firuzkoh and the Minar-i-Jam. In: Central Asiatic Journal, Vol. XII, No. 1, 1968
Maricq, André et Wiet, Gaston: Le Minaret de Djam. In: Mémoires de la délégation archéologique française en Afghanistan, Tome XVI, Paris 1959
Raverty, Henry George: Tabakat-i-Nasiri (Übersetzung des Manuskriptes von *Djouzdjani),* 2 Vols., London 1881

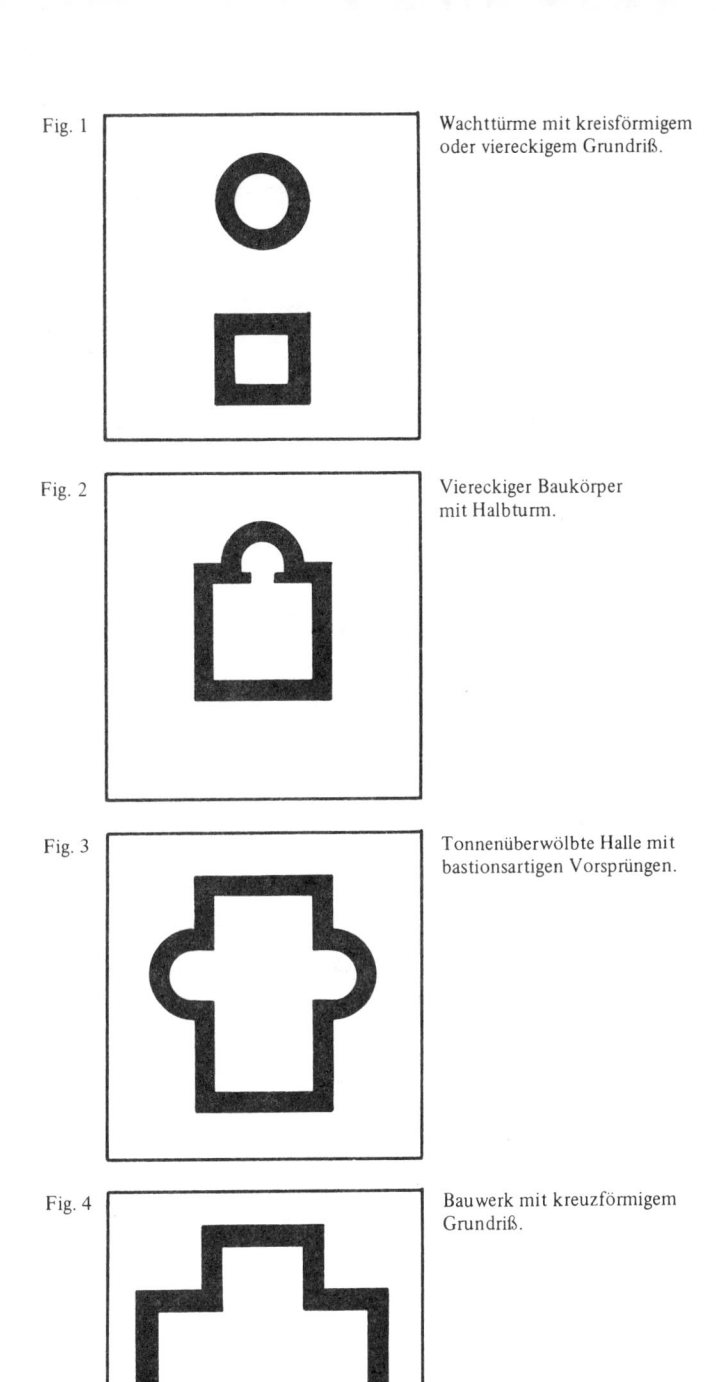

Fig. 1 — Wachttürme mit kreisförmigem oder viereckigem Grundriß.

Fig. 2 — Viereckiger Baukörper mit Halbturm.

Fig. 3 — Tonnenüberwölbte Halle mit bastionsartigen Vorsprüngen.

Fig. 4 — Bauwerk mit kreuzförmigem Grundriß.

Abb. 1:
Übersichtskarte von Ghor.
Die ghoridischen Kultbauten von Jam, Chesht, Larwand und Shah-i-Mash-had (außerhalb der Karte, nordwestlich von Jam) liegen abseits des befestigten Teils von Ghor.
Die hellen Punkte bezeichnen die Ruinenfunde der Jahre 1975 und 1977. Dunkel dargestellt sind die 1978 gefundenen Objekte.

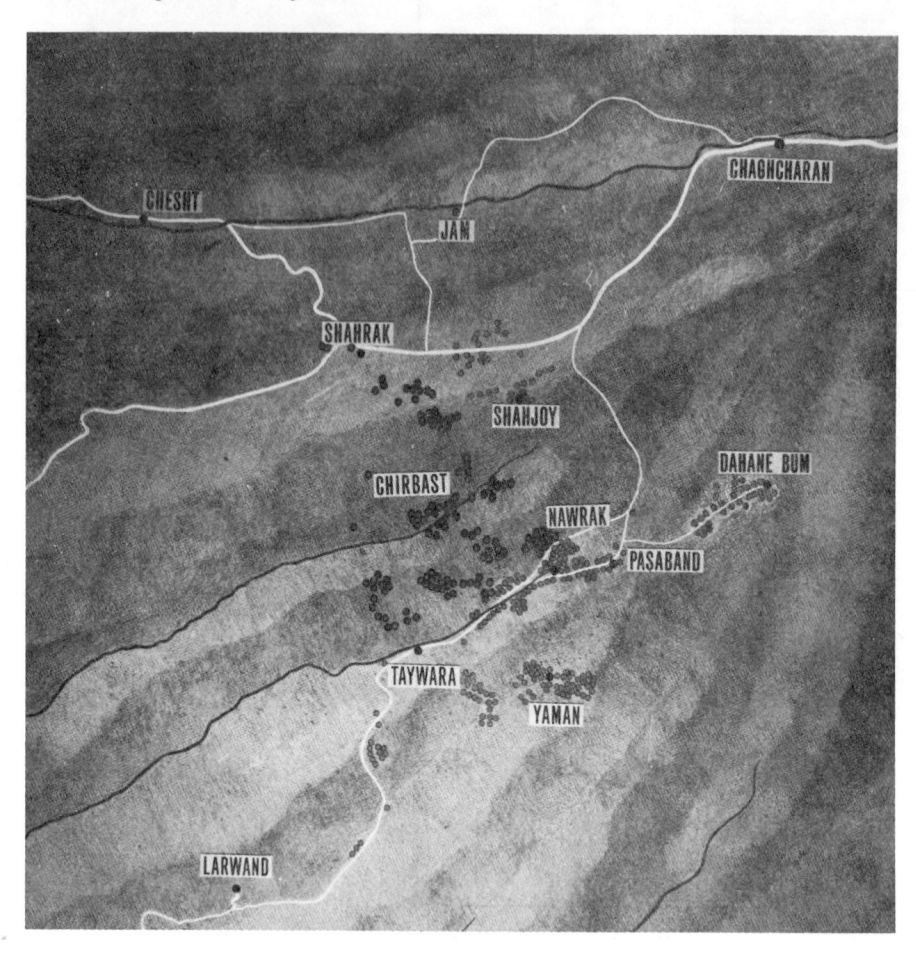

Abb. 2:
Fassade eines Wehrturmes
in Yaman mit überbreiten Ecklisenen. Die Lichteinlässe sind mit Hörner- und Pfeilmotiven verziert. Über zwei zugemauerten Öffnungen befindet sich ein Rundbogenfries.

Abb. 3:
Rest eines Bauwerks wie in Fig. 2 in Tang-e Nawrak.
Die mehrgeschossigen Bauten waren für langes Ausharren eingerichtet.

Abb. 4:
Die Festung von Shahr-e Chirbast.
Der Verlauf der Mauern ist eingezeichnet; die Pfeile bezeichnen zwei, die sehr steile Nordseite sichernde Bauten.

Abb. 5:
Die Ruinen von Shahr-e Chirbast,
gegenüber der Festung. Links im Bild der Farahrud.
Die zahlreichen Lehmhügel zwischen den insgesamt acht Bauwerksresten, weisen auf eine dichte, frühere Bebauung hin.

Motivwanderungen vom Mittelmeerraum nach Baktrien-Gandhara: Das Metopen-Motiv in der Gandhara-Kunst
– mit möglichen Spuren in der recenten Volkskunst Afghanistans –

Georg-Werner Gross, Friedberg (Hessen)

Die Beschäftigung mit den weltweiten Symbol-, Ornament- und Motivwanderungen gehört zu den interessantesten Aufgaben der Kultur- und Kunstgeschichte. Auf den griechisch-römischen Handelswegen nach Zentralasien kam es häufig zu Motivwanderungen über Ostturkestan bis China und über Baktrien nach Nordwestindien. Einige Motive sind möglicherweise noch in der recenten afghanischen Volkskunst erkennbar.

Als Folge der griechisch-baktrischen Herrschaftsgebilde nach dem Alexanderzug und durch den späteren römischen Fernhandel, namentlich unter Trajan und Hadrian, entstand eine Kunstepoche aus griechisch-römisch-iranisch-indischen Elementen, die in der Kunstgeschichte als Gandhara-Periode bekannt wurde. Die Ausstrahlung geht weit hinaus über die alte achämenidische Satrapie Gandhara in Nordwestindien. — Ein wichtiges mediterranes Schmuckelement der Gandharakunst ist das bisher kaum untersuchte Metopen-Ornament. — In den 'Mitteilungen des Deutschen Archäologischen Institutes', Berlin 1948, erschien eine Arbeit über "Gewandornamentik auf griechischen Vasenbildern des orientalisierenden und schwarzfigurigen Stils" von *Andrea Kloss*. Hier wird u.a. der sogen. *Metopensaum* behandelt. Dieses Saumornament weist keine durchgehende Bewegung, wie der Mäander auf, sondern wird als 'ruhend', d.h. statisch bezeichnet. Typisch ist die gleichmäßige Füllung der Metopenfelder mit konzentrischen Rechtecken oder durch Diagonalteilung, wodurch ein 'Stundenglasornament' entsteht. Hier wird erstmalig gezeigt, daß das Metopen-Motiv als ursprüngliches Architekturelement des dorischen Tempels schon früh zu Ornamentformen angeregt hat.

Unter Metope versteht man nach der Definition von *Zschietzschmann* eine 'glatte, rechteckige, bemalte oder reliefgeschmückte Platte, die in regelmäßigem Wechsel mit der Triglyphe das dorische Gebälk bildet'. — Das Motiv des Metopenfrieses als reines Ornament wurde schon in sehr frühgriechischer Zeit an Kultobjekten verwendet, die mit dem dorischen Architrav selbst nichts zu tun haben. Unter *Dörpfeld* wurde auf Veranlassung Kaiser Wilhelms II. in Korfu nahe einem frühdorischen Gorgo-Tempel ein Altar mit dem Metopen-Muster in reiner Form freigelegt. Analoge Ornamente der Gandhara-Kunst hält *Möbius* nach persönlicher Rücksprache eindeutig für mediterranen Ursprungs, wie viele andere bekannte Formen, z.B. der Früchtekranz von römischen Sarkophagen.

In einer Dissertation (1971) "Ornamente der Gandharakunst und recenten Volkskunst im Hindukusch und Karakorum" stellt *Erika Schmitt* zur Diskussion, ob antikisierende Elemente aus dem Mittelmeerraum kommen oder aus der autochthonen Volkskunst. Die Gandhara-Periode fällt in die Zeiten großer Völkerzüge aus den innerasiatischen Steppengebieten. Diese nomadischen Mischvölker unter dem Sammelnamen Skythen gelangten nach Baktrien und Nordwest-Indien. Sie brachten keine antikisierenden Formen oder autochthone Ornamente von ähnlichem Aussehen mit. Griechischer Einfluß machte sich allenfalls noch am Schwarzen Meer (Chersones) abgeschwächt geltend, aber nicht in den unermeßlichen Räumen der östlichen eurasischen Steppengebiete. Antikisierende Formelemente können nur über die großen Handelswege vom Mittelmeer in die Hindukusch-Länder gelangt sein. *Erika Schmitt* bringt die Abbildung einer Gandhara-Plastik darstellend Buddha in Meditationshaltung auf einem kistenartigen Sockel sitzend (Museum f. Ind. Kunst Berlin). Der Sockel weist ein typisches Metopenmuster auf. Ein ähnliches Stück sah ich 1963 in Karachi (Privatbesitz). Weitere Stücke finden sich in den Museen von New Delhi, Taxila, Lahore, Leiden u. a. Wer einmal auf das Metopenmotiv am Sockel von Gandhara-Buddhas oder Bodhisatvas aufmerksam geworden ist, wird es immer wieder entdecken. Es erscheint nicht nur an Kultfiguren, sondern auch auf *Schminkpaletten* (Museen in Karachi, Brit. Museum). Auf dem London-Exemplar sind die Triglyphen noch angedeutet, während sie sonst meist durch einen senkrechten Balken ersetzt sind. Ein Fund aus den buddhistischen Horizonten von Harappa weist kaum Unterschiede auf, so daß man annehmen könnte, die Stücke stammten aus einer Serienfabrikation von Schminkpaletten.

Für das Metopen-Schmuckornament an Votiv-Stupas ist das guterhaltene Exemplar aus dem Swat-Tal (Museum of Indian Art Kalkutta) und in Rom (Museum f. Oriental. Kunst) ein Beispiel für viele.

Es wäre nun von großem Interesse nachzuweisen, daß sich das Metopen-Motiv in der islamischen Volkskunst Afghanistans erhalten hat.

Erika Schmitt legt sich die Frage vor, ob es überhaupt noch Spuren hellenistischer bzw. römischer Kultureinflüsse gibt. Kann man z. B. das Metopenmotiv abgewandelt an recenten afghanischen Gebrauchsgegenständen als vage Erinnerung an die mediterrane Antike feststellen? Aus eigenem Besitz sind hier 2 alte Stein-Lampen mit unverkennbar metopenartiger Verzierung zu nennen, ferner Behälter für Schreibzeug (eig. Slg., Slg. *Janata)* und Nuristan-Stühle. *Erika Schmitt* bringt eine hölzerne Zierschachtel von 22 cm Durchmesser mit metopensaumartiger Ornamentik. – In der Anlage der Qala-e-Shah (Munjan-Tal) fand *Paul Bucherer* 1975 eine Gebälkanordnung mit Metopen und Triglyphen, die an die Ordnung des dorischen Tempels erinnerte. Die Entscheidung, ob die Gandhara-Periode Spuren hinterlassen hat oder ob es sich bei den Gebrauchsgegenständen nur um einfache Kerbschnittmuster handelt, dürfte nicht leicht sein. Aus der innerasiatischen Steppenkunst stammen diese Ornamente sicher nicht.

In etwas modifizierter Form scheint der Metopenfries auch im frühen indischen Kunsthandwerk Nordwestindiens und vor allem in der nachweisbar römisch beeinflußten Kunst von Amaravati Eingang gefunden zu haben, wahrscheinlich über den römischen Seehandel mit einem großen Stützpunkt bei Arikamedu, wo um 1945 Hafenanlagen, ein Jupitertempel und große Mengen römischer Gebrauchsgegenstände und Münzen gefunden wurden *(Wheeler)*. Ein Architrav (jetzt in Madras) zeigt Metopenfelder und Triglyphen.

Zusammenfassung

Das Metopenmotiv als Architektur-Element des dorischen Tempels wird schon früh zum Schmuckornament abgewandelt und gelangt mit den hellenistisch-römischen Fernverbindungen über Baktrien nach Nordwestindien, wo es in der Gandharakunst erscheint. In der Kunstrichtung von Mathura und in der späteren Guptakunst erscheint das Metopenmotiv nicht mehr, nachdem sich der griechische Einfluß überlebt hat. — Möglicherweise läßt sich das Metopen-Ornament noch als vage Erinnerung in der recenten Volkskunst Afghanistans nachweisen.

Literatur

Altheim, Franz: Die Krise der Alten Welt. Berlin-Dahlem 1943, S. 124
Auboyer, Jeannine: Afghanistan und seine Kunst. Prag 1968
Boulnois, Luce: Die Straßen der Seide. Wien 1964
Bucherer, Paul: Die Qala-e Shah im Munjan-Tal (Afghanistan). Ethnol. Zschr. Zürich II/1975
Bussagli, Mario: Osservazioni sulle persistenza delle forme hellenistice nell'arte del Gandhara. Rivista dell'Ist. Naz. Arch. e Storia dell'Arte N. S. 5/6 1956/57
Bussagli, Mario: Arte del Gandhara (Forma e Colore, T. XII)
Erdely, Istvan: Die Kunst der Awaren. Budapest 1966
Franz, Heinr. Gerh.: Der buddhistische Stupa in Afghanistan, Ursprünge und Entwicklung. Afghanistan Journal 1/1928, S. 28
Franz, Heinr. Gerh.: Buddhistische Kunst Indiens. Leipzig 1965
Fuhrmann, Ernst: Der Sinn im Gegenstand. München 1923
Hallade, Madeleine: Indien-Gandhara. München 1968
Janata, Alfred/Wilh. *Bauer:* Kosmetik, Schmuck und Symbolik in Afghanistan. Archiv f. Völkerk., Bd. 28, 1 – 43, Wien 1974, T. IV.
Janata, Alfred: Die Afghanistan-Sammlungen des Museums für Völkerkunde in Wien. Afghanistan Journal 1/1974
Jettmar, Karl: Die frühen Steppenvölker. Baden-Baden 1965
Jettmar, Karl: Tibeter in Pakistan: Die Balti. Indo-Asia 3/1978, Abb. S. 252/253
Johansen, Rudolf Broby: Kunst und Umwelt (Orig. Dänisch). Dresden 1960
Kloss, Andrea: Gewandornamentik auf griechischen Vasenbildern des orientalisierenden und schwarzfigurigen Stils. Mitt. Dtsch. Archäol. Inst. Berlin 1970
Kornemann, Ernst: Gestalten und Reiche (Motivwanderungen). Wiesbaden 1943
Krämer, Augustin: Atlas der Völkerkunde (Westindonesien). Stuttgart 1927
Kunst, Jaap: Cultural Relations between the Balkans and Indonesia. Royal Tropic. Inst. Amsterdam 1960
Le Coq, Albert von: Auf Hellas Spuren in Ostturkestan. Graz 1964 (Nachdr.)
Marshall, Sir John: A guide to Taxila. Cambridge 1960
Möbius, Hans: Studia vara (Aufsätze zur Kunst und Kultur der Antike). Wiesbaden 1967
Pakistan: 5000 Jahre Kunst in Pakistan. Katal. der Ausstellg. d. Deutschen Kunstrates 1962/63
Schlumberger, Daniel: Der hellenisierte Orient. Baden-Baden 1969
Schmitt, Erika: Ornamente der Gandharakunst und recenten Volkskunst im Hindukusch und Karakorum. Dissert. 1971, Bd. X Diss. Reihe Südasien-Instit. Univ. Heidelberg
Taddei, Maurizio: Archaeologia Mundi: Indien. Stuttg.-München 1970, Abb. 66
Tucci, Guiseppe: Torino Mostra (L'Afghanistan dalla Preistorie all'Islam). Torino 1961
Webster, T. B. L.: Hellenismus. Baden-Baden 1966, Abb. S. 36
Wheeler, Sir Mortimer: Rome beyond the Imperial frontiers. London 1955
Wilhelm II, Deutscher Kaiser: Erinnerungen an Korfu. Berlin-Leipzig 1924
Zschietzschmann, Willy: Kunstgeschichte der Griechen und Römer. Stuttgart 1955

Abb. 1:
Das Metopen-Motiv als Ornament
(Aus A. Kloss, Gewandornamentik auf griech. Vasenbildern des orientalisierenden und schwarzfigurigen Stils.) Mitt. Dtsch. Arch. Inst. Berlin 1948

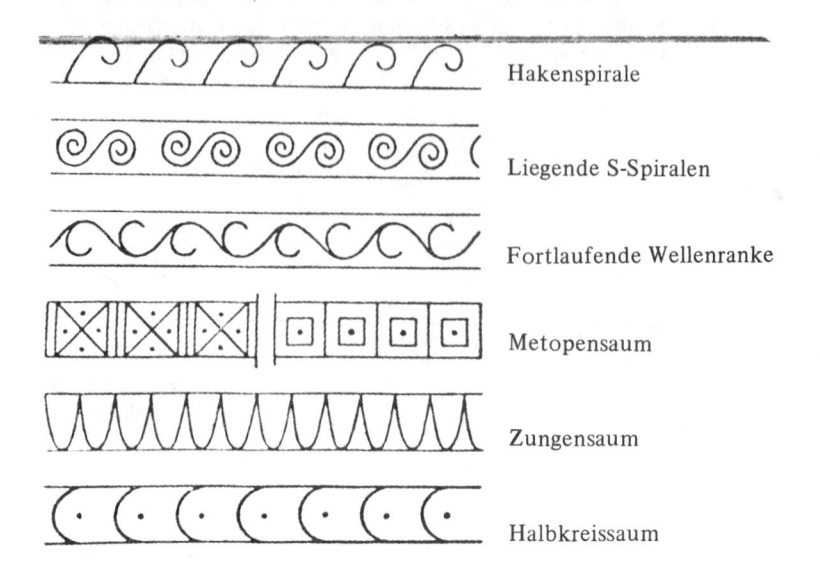

Hakenspirale

Liegende S-Spiralen

Fortlaufende Wellenranke

Metopensaum

Zungensaum

Halbkreissaum

Abb. 2:
Metopen und Triglyphen am Gebälk eines frühen Dorischen Gorgotempels in Korfu.
Ausgrabung Dörpfeld 1911. (Nach Wilhelm II, Erinnerungen an Kurfu, Berlin-Leipzig 1924.)

Abb. 3a:
Metopen-Ornament auf einem Fresco der Villa Boscoreale
bei Rom. 2. Jh. v. Chr., Nat. Mus. Neapel.

Abb. 3:
Gorgo-Altar nahe einem frühdorischen Gorgo-Tempel auf Korfu mit *Metopen-Motiv als Ornament.* s.o.

Abb. 4:
Metopen-Ornament, modifiz., sog. Stundenglastyp. Triglyphen sind durch senkrechten Balken ersetzt, häufig als Sockeldekor. Gandharaplastik, 2.-3. Jh. n. Cr. Priv. Besitz.

Abb. 5:
Metopen-Ornament, modifiz., Stundenglastyp. Triglyphen ersetzt durch senkrechten Balken. Sockeldekor einer Gandharaplastik, 2.-3. Jh. n. Chr., Nat. Mus. New-Delhi.

Abb. 7:
Kosmetikschale, Taxila, Gandhara-Periode Metopen-Dekor und Triglyphen. Wahrscheinlich aus einer Serien-Fabrikation.

Abb.: 6
Metopen-Ornament, modifiz. Stundenglastyp, Triglyphen ersetzt durch senkrechten Balken, Sockeldekor einer Gandhara-Plastik, 2.-3. Jh. n. Chr. Mus. Naz. d.'Arte Orient. Roma.

Abb. 7a:
Kosmetikschale, Gandhara-Periode mit Metopen-Dekor und Triglyphen,
aus gleicher Serien-Fabrikation. Mus. Guimet, Paris.

Abb. 8:
Kosmetik-Schale, dreiteilig mit Metopen-Ornament, Gandhara-Periode
Triglyphen reduziert zu senkrechter Rinne. Stundenglastyp. Aus Taxila-Bezirk. Mus. Karachi.

Abb. 9:
Metopen-Ornament an einer Votiv-Stupa, Swat,
wahrscheinlich 2. Jh. Die Triglyphen in Form von 2 senkrechten Rinnen. Mus. Ind. Art Kalkutta.

Abb. 10 u. 11:
Metopen-artiges Dekor an recenten afghanisschen Gebrauchsgegenständen: Öllampen aus Mamor
(schwarzverfärbt durch Ölschmauch) (Slg. Gross)

Abb. 12:
Metopenartiges Dekor an recenten afghan. Gebrauchsgut:
Stühle aus Nuristan
(Mus. f. Völkerkunde Wien, nach Janata)

Abb. 13:
Metopen-artiges Dekor aus afghan. Gebrauchsgegenständen: Kästen für Schreibzeug.
(aus der Slg. Gross, Friedberg und Mus. f. Völkerkunde Wien, nach Janata). Vergl. Diss. E. Schmitt, S-Asien-Inst. Heidelb. 1971.

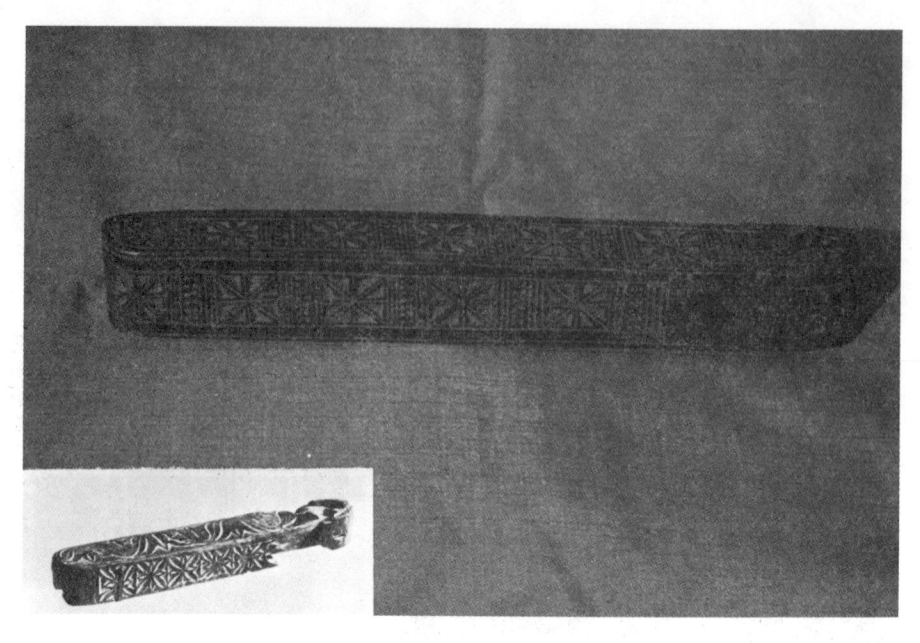

Abb. 14:
Metopen-Architrav mit Triglyphen, wahrscheinlich aus Amaravati,
Südindien. Deutl. röm.-hellen. Einflüsse vermutlich über den großen römischen Hafen Arikamedu, vgl. Grabg. Wheeler 1942.

Nachwort

Die vorliegende Studie ist dem Andenken an den am 28. XI. 1977 verstorbenen bedeutenden Archäologen Professor emerit. Dr.

Hans Möbius

in Dankbarkeit für Hinweise und Anregungen gewidmet.

6. Dokumentation

Die BIBLIOTHECA AFGHANICA und ihre Zielsetzungen

Paul Bucherer-Dietschi, Liestal

Wie der Name sagt, handelt es sich bei der BIBLIOTHECA AFGHANICA um eine Bibliothek — eine Bücherei —, deren allgemeine Zielsetzung das Sammeln und Erschließen von Schrifttum über Afghanistan ist. Sie ist kein nach kaufmännischen Gesichtspunkten aufgebautes Unternehmen, und es handelt sich auch nicht um eine Buchhandlung — wie in verschiedenen Anfragen vermutet worden ist —, sondern um eine reine 'Non Profit Organization', für die ich meine ganze Freizeit opfere.

Die finanzielle Grundlage der BIBLIOTHECA AFGHANICA ist zugegebenermaßen sehr schmal, da ich sie völlig aus meinen privaten Mitteln aufbaue. Nur dank dem Umstand, daß auch meine Frau berufstätig ist, ist es mir überhaupt möglich, jeden Monat 500 bis 600 Mark in die Bibliothek zu investieren. Ein finanzieller Beitrag von staatlicher Seite ist in der Schweiz praktisch ausgeschlossen. Ich bitte Sie deshalb, Verständnis zu zeigen, wenn ich bei den Dienstleistungen Kostendeckung anstrebe.

Der Rahmen der BIBLIOTHECA AFGHANICA ist bewußt sehr weit gespannt. Jedoch liegt das Schwergewicht auf den Gebieten Naturwissenschaft und Kultur. In diesen Bereichen versuche ich, das Afghanistan-Archiv der Ruhr-Universität Bochum zu ergänzen. Hand in Hand mit Bochum möchte ich Schrifttum über Afghanistan sammeln und archivieren, wobei mein Interesse auch älteren Publikationen gilt. Um das gute Einvernehmen nicht zu trüben, habe ich die Bochumer Interessengebiete Politik und Wirtschaft ausgeschlossen. Ebenfalls erwerbe ich keine russische Literatur. Es ist mir bewußt, daß zahlreiche wichtige Veröffentlichungen gerade in dieser Sprache erschienen sind, doch widerstrebt es mir, Geld für Bücher auszugeben, die ich nicht lesen kann. Anderseits erfasse ich aber die in kultureller oder geographischer Hinsicht verwandten Gebiete Zentralasien, Belutschistan etc. und Volksgruppen, wie die der Kalasch.

Das Zusammentragen von Büchern und Artikeln über Afghanistan ist die eine Seite meiner selbstgestellten Aufgabe. Nun will ich aber nicht wie ein Briefmarken- oder Netsuke-Sammler diese 'Schätze' im stillen Kämmerlein für mich alleine genießen, sondern — und das ist die andere Seite — die gesammelten Informationen aufbereiten und weitergeben. Ganz allgemein möchte ich versuchen, das Interesse an Afghanistan wachzuhalten und die Beschäftigung mit diesem Land, seinen Problemen und seinem Reichtum zu fördern.

Studierenden und Wissenschaftlern soll mit Literaturhinweisen und durch die Möglichkeit, Kopien aus den Beständen der BIBLIOTHECA AFGHANICA anzufertigen, bei der Beschaffung von Unterlagen geholfen werden. Tourismus und Öffentlichkeit, die gerade durch die aktuellen Ereignisse auf Afghanistan aufmerksam geworden sind, sollen politisch und konfessionell neutrale Informationen über dieses Land und seine touristisch-bergsteigerischen Möglichkeiten erhalten.

Die Anerkennung von offizieller Seite ist durch ein Schreiben des Eidgenössischen Politischen Departements gewährleistet. Über unsere Botschaft in Teheran wurde die afghanische Regierung durch eine Note von der Existenz und Unterstützungswürdigkeit der BIBLIOTHECA AFGHANICA unterrichtet. Persönliche Kontakte in Kabul werden allerdings notwendig sein, um die guten Beziehungen zu den verschiedensten Stellen wieder aufzubauen.

Zur Zeit steht und fällt die Bibliothek und alle ihre Aktivitäten mit meinem persönlichen Einsatz, meiner Möglichkeit, Zeit und Geld für ihren Aufbau zu opfern. Hier möchte ich nun an Sie appellieren, mir zu helfen — und gleichzeitig all jenen danken, die mir bisher schon Separatdrucke und Autorenexemplare ihrer Veröffentlichungen zukommen ließen oder durch Auskünfte und Anregungen weitergeholfen haben. Besonders bei der Beschaffung von Dissertationen, Lizentiats- und Seminararbeiten, die nicht im Buchhandel erhältlich sind, bin ich auf Ihre Vermittlung angewiesen. Dank Ihrer Unterstützung war es mir möglich, bis heute die stolze Zahl von über 3.000 Monographien, Artikeln und Aufsätzen zusammenzutragen. Und mit Ihrer Hilfe wird es gelingen, die BIBLIOTHECA AFGHANICA zu einem brauchbaren Informationszentrum auszubauen.

Durch die Entgegennahme solcher Spenden übernehme ich aber auch die Verantwortung, das Schrifttum dem vorgesehenen Verwendungszweck zuzuführen und zu erhalten. Ich versichere Ihnen, daß ich mein Möglichstes tun werde, um die Sammlung auch für die Zukunft als geschlossene Einheit zu erhalten. Sobald es der Umfang der Bibliothek tunlich erscheinen läßt, werde ich einige interessierte Afghanistan-Kenner bitten, einen 'Beirat' oder eine Art 'Patronats-Kommitee' zu bilden. Für später ist vorgesehen, die Sammlung gesamthaft einem Institut, einer Universitäts-Bibliothek oder vielleicht auch einem Nachfolger zu übergeben, der Dienstleistungen und Ausbau weiterführt.

Nun noch einige Worte zu den Aktivitäten der BIBLIOTHECA AFGHANICA:
— Der Information über die aktuellen Geschehnisse in Afghanistan dient der Ausschnitts-Dienst. Artikel über Afghanistan, die mir durch eine Agentur aus der gesamten deutschsprachigen Presse und der französischsprachigen Schweizer Presse vermittelt werden, gebe ich gegen Kostenbeteiligung, sauber auf A4-Format kopiert, weiter.
— Von neuerschienenen Büchern und zugesandten Separata verfasse ich Besprechungen und Reviews für das Afghanistan-Journal.
— Um das Chaos in der Gliederung der verschiedenen Bibliographien über Afghanistan in den Griff zu bekommen, habe ich mit Hilfe kompetenter Fachleute eine systematische Klassifikation erarbeitet, deren Schlüsselung auch für die geplante 'Bibliographie der deutschsprachigen Afghanistan-Literatur' angewendet werden soll.
— Als erste Arbeit in dieser Richtung habe ich auf Anfrage von Herrn Dr. Gratzl einen Index für das Afghanistan-Journal zusammengestellt.
— Und als neueste Dienstleistung biete ich Vervielfältigungen von Bibliothekskärtchen an, die vorderhand den Bestand der BIBLIOTHECA AFGHANICA wiedergeben, später aber zu einer Kartei-Bibliographie ausgebaut werden sollen.

Nachwort

Afghanistan-Bibliographie der BIBLIOTHECA AFGHANICA
auf Bibliothekskärtchen im Format 12,5/7,5 cm

Die Auswertung der eingegangenen Antworten auf die im letzten Jahr durchgeführte Umfrage über die Ansichten zu einer "Bibliographie der deutschsprachigen Afghanistan-Literatur" hat folgendes Resultat ergeben:
- Eine derartige Bibliographie wird (mit wenigen Ausnahmen) für sinnvoll gehalten.
- In vorhandenen Allgemein- und Spezialbibliographien aufgeführte Titel sollen aufgenommen werden. Ein entsprechender Verweis ist unwesentlich.
- Fremdsprachige Arbeiten deutscher Autoren und Übersetzungen sollten enthalten sein. Die Anführung von Rezensionen findet geteilte Ansichten.
- Titel aus direkt angrenzenden Sachgebieten, die geographisch oder kulturell mit Afghanistan eng zusammenhängen, sollten aufgenommen werden.
- Eine Annotation wird allgemein nur bei unklarem Titel gewünscht.
- Fast durchwegs wird eine Ausweitung der Bibliographie auf die Literatur über Afghanistan in sämtlichen westlichen Kultursprachen gewünscht, wobei besonders der Zeitraum nach 1968 zu berücksichtigen wäre.

Aufgrund dieser Ergebnisse und der Diskussionen in Mannheim habe ich mich zu folgendem Vorgehen entschlossen:
- Die Bibliographie wird in Form eines Zettelkataloges (siehe beiliegendes Muster) in einer Auflage von höchstens 25 Exemplaren gedruckt, wobei pro Jahr mit ca. 1.000 bis 1.500 Kärtchen zu rechnen ist.
- In einer ersten Stufe wird der Bestand der BIBLIOTHECA AFGHANICA wiedergegeben und damit auch die neuere Literatur in Englisch und Französisch erfaßt.
- In einer zweiten Stufe sollen sämtliche deutschsprachige Titel (zur Zeit sind ungefähr 3.000 erfaßt) gedruckt werden.
- Der dritte Schritt ist die Aufarbeitung der Literatur in den westlichen Kultursprachen nach 1968.
- Als letzte Stufe ist die Erfassung der älteren Literatur in westlichen Sprachen vorgesehen, die bereits bei Akram, Wilber, AA + DOI und in diversen Spezialbibliographien teilweise enthalten ist.

Die Bibliographie wird an interessierte Institutionen zum Selbstkostenpreis abgegeben und entspricht den folgenden Spezifikationen:

Inhalt: Titelaufnahmen mit bibliographischen Angaben und kurzer Annotation von Veröffentlichungen über Afghanistan (und kulturell oder geographisch eng mit diesem Land zusammenhängenden Gebieten) in westlichen Kultursprachen.

Aufmachung: Bibliothekskärtchen im internationalen Format von 12,5/7,5 cm, in tadellosem Offsetdruck auf holzfreiem Karteikarton.

Umfang: Voraussichtlich ca. 6.000 bis 8.000 Titelaufnahmen in Lieferungen à 200 Titel. Die in einer Lieferung enthaltenen Kärtchen haben meist untereinander keinen Zusammenhang. Sie umfassen Monographien, Zeitschriftenartikel etc. und sind innerhalb der Serie alphabetisch geordnet, um das Einordnen in eine Kartei zu erleichtern.

Darstellung:

> **Name**, V[orname]
>
> Titel. Untertitel. (in Klammern stehende Teile des
> Titels). [ev. ergänzende Annotation]
>
> Ort, Verlag, Jahr. Format, Seitenzahl, Abbildungen,
> Karten, Tabellen, Figuren + Tafeln mit Abbildun-
> gen + lose Beilagen
>
> Publikationsreihe, Nummer
>
> Sachkatalognummern   BIBLIOTHECA AFGHANICA
>   Inventar-Nummer
> 79/../..   Mo.   ISBN

Adressen der Autoren

Dr. Mohammed Naim Assad, Königstr. 195, 5305 Bornheim

Dr. Daniel Balland, Université de Paris-Sorbonne, U.E.R. de Géographie 191, rue Saint-Jacques, F-75005 Paris, Frankreich

Dr. Amin Barin-Zuri, Hustadtring 57, 4630 Bochum

Prof. Dr. Siegmar-W. Breckle, Fakultät für Biologie, Universität, 4800 Bielefeld 1

Paul Bucherer-Dietschi, Ob. Burghaldenweg 31, CH-4410 Liestal, Schweiz

Dr. Micheline Centlivres-Démont, Université de Neuchâtel, CH-2000 Neuchâtel, Schweiz

Prof. Dr. Klaus Fischer, Sem. f. Orient. Kunstgeschichte der Universität, Universitätsgebäude Westflügel, 5300 Bonn

Wolfram Fischer, Geographisches Institut der Universität, Hölderlinstr. 12, 7400 Tübingen

Priv.-Doz. Dr. Heinz Gaube, Hauffstr. 1, 7400 Tübingen

Dr. Bernt Glatzer, Seminar für Ethnologie, Südasieninstitut, Im Neuenheimer Feld 33, 6900 Heidelberg

Jan-Heeren Grevemeyer, Berliner Institut f. Vergleichende Sozialforschung, Postfach 1125, 1000 Berlin 30

Prof. Dr. Erwin Grötzbach, Kath. Universität, Ostenstraße 26 – 28, 8078 Eichstätt

Dr. Georg Werner Gross, Kaiserstr. 85, 6330 Friedberg (Hessen)

E. Heintz, Maitre de Recherche de CNRS, F-75005 Paris

Werner Herberg, Clayallee 329, 1000 Berlin 37

Albrecht Jebens, Geographisches Institut der Universität, Hölderlinstr. 12, 7400 Tübingen

Prof. Dr. E. K. Kempf, Geologisches Institut der Universität, Zülpicher Str. 49, 5000 Köln 1

Dipl. Ing. Robert Kostka, Technische Universität, Rechbauerstr. 12, A-8010 Graz, Österreich

Priv.-Doz. Dr. Klaus Krumsiek, Geologisches Institut d. Rhein-Friedrich-Wilhelm-Universität, Nußallee 8, 5300 Bonn

Dr. Gerhard Moltmann, Gaedechenweg 18, 2000 Hamburg 20

Prof. Dr. Clas Naumann, Fakultät für Biologie der Universität, Postfach 8640, 4800 Bielefeld 1

Prof. Dr. Carl Rathjens, Geographisches Institut der Universität des Saarlandes, 6600 Saarbrücken

Prof. Dr. Günther Schweizer, Eschenweg 46, 7400 Tübingen

Priv.-Doz. Dr. Dietrich Wiebe, Geographisches Institut der Universität, Olshausenstr. 40 – 60, 2300 Kiel

ORIENT

ISSN 0030-5227 — 21. JAHRGANG 1980 HEFT 3

ZEITSCHRIFT DES DEUTSCHEN ORIENT-INSTITUTS

AUS DEM INHALT
- Kurzbiographien
- Forschungsreisen nach Saudi-Arabien und Irak
- Internationale Türkei-Konferenz
- Politisches System Saudi-Arabiens
- Verfassungssystem Irans
- Probleme der Islamisierung
- Strafrechtlicher Bevölkerungsschutz in der Türkei
- Aspekte der türkischen Wirtschaftsentwicklung
- Agrarreform in Algerien
- Buchbesprechungen
- Bibliographie

3/80

Im Verbund der Stiftung
Deutsches Übersee-Institut
Begründet vom Nah- und Mittelost-Verein
Leske Verlag + Budrich GmbH, Opladen

Deutsche Zeitschrift für Politik und Wirtschaft des Orients
German Journal for Politics and Economics of the Middle East

Herausgeber:
ORIENT wurde 1960 vom Nah- und Mittelost-Verein begründet und wird vom Deutschen Orient-Institut in Hamburg herausgegeben.

Redaktion:
Dr. Udo Steinbach

Erscheinen:
ORIENT erscheint im 21. Jahrgang (1980) in vierteljährlicher Reihenfolge (März/Juni/September/Dezember). Ein Heft umfaßt ca. 140 Seiten.

Bezugsbedingungen:
Das Einzelheft kostet DM 15,—, ein Jahresabonnement DM 54,— zuzüglich Zustellgebühr.

Programm:
ORIENT ist die einzige Zeitschrift in der Bundesrepublik Deutschland, die ausschließlich den politischen und sozio-ökonomischen Entwicklungen des modernen Nahen Ostens gewidmet ist. Ihr regionaler Bereich umfaßt die arabischen Staaten, Israel, Türkei, Iran, Afghanistan und Pakistan.

Inhalt:
ORIENT enthält regelmäßig:
— wissenschaftliche Aufsätze
— Hintergrundberichte und Analysen zu wichtigen aktuellen Ereignissen und Entwicklungen
— Tagungs-, Konferenz- und Forschungsberichte
— Kurzbiographien orientalischer Persönlichkeiten
— Dokumente
— Besprechungen neuer Literatur
— eine ländermäßig aufgegliederte Bibliographie einschließlich internationaler Zeitschriftenliteratur

Aus dem Inhalt
Modernisierung des traditionellen politischen Systems in Saudi-Arabien — Das Selbstverständnis der Islamischen Republik Iran im Spiegel ihrer neuen Verfassung — „Re-Islamisierung". Fortschritt ins Goldene Zeitalter? — Strafrechtlicher Bevölkerungsschutz und Bevölkerungsplanung in der Türkischen Republik — The question of foreign private capital in Turkey — Zum Verhältnis von Politik, Religion und Staat in islamisch legitimierten Monarchien. Eine komparative Studie über Marokko und Saudi-Arabien — Zwischen Kooperation und Konfrontation. Beziehung zwischen San'a und Aden und die Frage der Einheit des Jemen — Besetzung der großen Moschee in Mekka 1979. Zum Verhältnis von Staat und Religion in Saudi-Arabien — Der euro-arabische Kulturdialog: Hürden und Möglichkeiten

Leske

Veröffentlichungen des Deutschen Orient-Instituts

Peter-Georg Ahrens
Die Entwicklung der Stadt Teheran
Eine städtebauliche Untersuchung ihrer zukünftigen Gestaltung
1966. 92 S., zahlr. Fotos und Tabellen, 1 Faltkarte, kart. 33,00 DM

Jens Plass und Ulrich Gehrke
Die Aden-Grenze in der Südarabienfrage (1900 bis 1967)
1967. 346 S., 3 Karten, kart. 32,00 DM

Friedrich-Wilhelm Fernau
Patriarchen am Goldenen Horn
Gegenwart und Tradition des orthodoxen Orients
1967. 184 S., 2 Karten, 8 Fotos, geb. 28,00 DM

Frithjof Kuhnen
Landwirtschaft und anfängliche Industrialisierung: West-Pakistan
Sozialökonomische Untersuchungen in fünf pakistanischen Dörfern
1968. 194 S., kart. 33,00 DM

Hermann-Josef Wald
Landnutzung und Siedlung der Pashtunen im Becken von Khost (östl. Afghanistan)
1969. 124 S., 5 Karten, kart. 22,00 DM

Der algerische Sozialismus
Eine Dokumentation
Hrsg. von Ursel Clausen
1969. 463 S., kart. 39,00 DM

Horst Didden
Der Irak
Eine sozio-ökonomische Betrachtung
1969. 278 S., 1 Karte, kart. 36,00 DM

Rainer Büren
Die Arabische Sozialistische Union
Einheitspartei und Verfassungssystem der Vereinigten Arabischen Republik unter Berücksichtigung der Verfassungsgeschichte von 1840-1968
1970. 304 S., kart. 29,00 DM

Anthon Heinrich Schröder
Das ländliche Genossenschaftswesen in Pakistan
Entwicklung, Struktur und wirtschaftspolitische Bedeutung
1971. 175 S., kart. 27,00 DM

Rainer Büren
Nassers Ägypten als Arabisches Verfassungsmodell
1972. 171 S., kart. 28,00 DM

Ulrich Planck
Iranische Dörfer nach der Bodenreform
1975. 160 S., kart. 25,00 DM

Friedrich-Wilhelm Fernau
Zwischen Konstantinopel und Moskau
Orthodoxe Kirchenpolitik im Nahen Osten 1967-75
1977. 160 S., geb. 24,80 DM

Reinhard Stewig
Der Orient als Geosystem
1977. 248 S., 41 Abbildungen, kart. 36,00 DM

Gerhard Weiher
Militär und Entwicklung in der Türkei 1945-1973
1978. 324 S., kart. 48,00 DM

The Contemporary Middle Eastern Scene
Basic Issues and Major Trends
Hrsg. von Udo Steinbach und Gustav Stein
1979. 192 S., geb. 36,00 DM

Neue Forschungen in Afghanistan
Vorträge auf der 5. Arbeitstagung der Arbeitsgemeinschaft Afghanistan in Mannheim
Hrsg. von Carl Ratjens
1981. Ca. 260 S., geb. ca. 40,00 DM

Michael Wolffsohn
Politik in Israel
1981. Ca. 800 S., in Vorbereitung

Leske

71°
72°
73°
74°
38°
37°
36°
HIKISTAN
SINKIANG
DARWAZ
O
N
Murghab
Pamir
SHEGNAN
Shiwa-See
Darya Pamir
Zor Qol
C H I N A
ZARDEU
Faizabad
1200
Zardeu
Baharak
Jurm
2800
3030
Zebak
Farghamu
1990
Qala-e Panja
WAKHAN
Darya Wakhan
5992
7485
Noshaq
CHITRAL
Indus
Nanga Parbat

Entwur
35°
30°